한국민주주의 대전환

새로운 정치경제 가치와 사회정의의 모색

최한수 지음

명인문화사

한국민주주의 대전환: 새로운 정치경제 가치와 사회정의의 모색

1쇄 펴낸 날 /　2011년 6월 21일

지은이_　최한수
펴낸이_　박선영
펴낸곳_　명인문화사

내지디자인_　이지혜
표지디자인_　조수연
편집 및 교정_　김유경

등 록_　제2005-77호(2005.11.10)
주 소_　서울시 송파구 석촌동 58-24 미주빌딩 202호
이메일_　myunginbooks@hanmail.net
전 화_　02)416-3059
팩 스_　02)417-3095

ISBN_　978-89-92803-32-8
가 격_　29,000원

ⓒ 명인문화사

▪ 간략 목차 ▪

■ 세부 목차 ■

저자서문

나는 부강하며 질서 있는, 모든 사람들이 다 같이 자유롭게 잘 사는 세상을 동경한다. 이것은 나 개인만이 아니라 모든 사람 그리고 정치가 구현하고자 하는 이상이자 목표다. 그러나 모두가 목표에는 동의하면서도 방법에 들어가면 각자의 이해와 이념에 따라 갈라진다. 이해와 이념의 문제는 당위나 가치 심지어는 정의마저도 뛰어 넘어 도저히 타협하기 어려운 갈등을 수반한다. 결론은 강자의 몫이 되고, 사회는 권력과 돈과 명예를 독차지하고 있는 소수가 좌우하게 된다.

다수의 약자들은 자유민주주의 환상과 자본주의의 허상에 매달려 화려한 TV쇼에 취하고, 부자들의 고민을 다루는 드라마에서 위안을 찾으며, 스포츠에서 승리감에 도취되고, 미개한 나라의 실상을 다루는 다큐멘터리에서 우월감을 느낀다. 지배계급들이 뿌려놓은 낙관주의에 취해 아련한 신기루를 쫓고, 긍정주의는 비판이나 전환의 뇌관을 마비시켜 순종과 답습의 노예로 묶어놓는다. 이런 가치나 매체들은 강자들에게 편리한 지배도구가 될 수 있지만 약자들에게는 자신들의 불평등한 처지를 당연한 것으로 인식하면서 위안을 삼는 아편이나 마찬가지다.

그러나 사회의 모든 가치가 균형을 이루어야 하듯, 강자들의 권리뿐만 아니라 약자들의 권리 역시 논의되고 회복되어야 한다. 이것은 정치와 경제의 가치, 즉 이념에 대한 새로운 인식을 필요로 한다. 고인 물은 썩는다. 우리사회의 중심가치로서의 자유민주주의와 자본주의는 시간이 지나면서 치유불능의 만성적 고질병의 한계를 노정하고 있다. 따라서 정밀진단과 새로운 항체주입이 필요하다.

하지만 고양이 목에 방울을 달기가 쉽지 않듯, 우리 사회의 자유민주주의와 자본주의에 청진기를 들이대고 항체까지 주입하는 일은 쉽지 않다. 그러나 예방과 치유를 위해, 더 강건한 미래를 위해서는 필요하다. 이것이 이 책을 세상에 내는 이유다.

관점에 따라서는 이 책의 내용이 나의 걸어온 길로 보아 상당히 진보적으로 보일 수 있다. 그러나 정치학도의 현실분석과 가치추구는 표와 자금을 염두에 두어야 하는 정치인과는 다르다. 의사로 따진다면 나는 서툰 의사다. 진단을 하겠다면서 여기저기 생채기만 내는 것은 아닌지, 새로 준비하는 항체에 대한 충분한 실험결과나 복용법도 잘 모르면서 불쑥 꺼내든 것은 아닌지 염려스럽다. 그러나 우리의 중심가치들이 진단을 받고 처방에 따른 치료가 필요하다는 것은 분명하다. 나의 무모한 도전에 명의들이 가세하여 제대로 진단하고 적절히 처방하면 자유와 평등이라는 민주주의는 훨씬 더 건강해 질 것이다. 이것은 다수의 약자들에 대한 평등의 강화요 사회정의의 구현이다.

이 책은 필자가 '한국정치'에 대한 강의 노트를 정리 보완한 것이다. 내용 중에서 시의적인 현실정치문제는 거의 다 제외했다. 마지막까지 논란의 대상이 된 것은 '인민'이라는 용어를 사용하는 문제였다. 이 용어는 북한에서 사용하는 일종의 정치적 용어기 때문에 책의 내용이 좌파적 색채로 보인다는 의견이었다. 마르크스주의적 사회주의 국가(중국과 북한)에서 표면적으로는 평등지향적인 관점에서 '시민'대신에 '인민'이라는 용어를 사용하지만, 실은 이 사회의 인민은 정치용어로도, 분석용어로도 이미 그 의미가 훼손되고 변질된 죽은 용어다.

많은 학자들과 지인들이 '인민'이라는 용어 대신에 '국민'이나 '시민'이라는 용어를 권했다. 그러나 나에게 '국민'은 정체성의 뉘앙스는 있지만 구성원들에 대한 구별이 어려워 분석개념으로는 부적절할 뿐만 아니라 국가중심의 언어로 받아들여진다. 따라서 '국민'은 자유롭고 평등한 순수한 '인간'으로서의 이미지가 약화된다. '시민'은 대의민주주의가 제공하는 투표용지를 통해 스스로가 주인이라는 환상을 갖는 사실상 '신민'이라는 인식으로, '민중'은 지나치게 저항적 개념이 담겨있고, 서민은 계급적 분별 용어라서, '대중'과 '공중'은 고유한 의미를 갖는 사회학적 용어라서 부적합하다.

　권위주의 정권에서는 '계급'이라는 용어의 사용이 금기시되고 배제되었다. 구차한 이유들이 있었지만 마르크스가 사용한 '공산주의' 용어라는 이유가 핵심이었다. 그러나 '계급'은 사회구성원들에 대한 유용한 분석적 용어로서의 위치를 확립했다. '인민'도 이와 유사한 인식의 범위에 있다. 남북은 같은 민족이다. 언어가 공유되는 것은 당연하다. 여기에 정치적 용어가 금기 또는 배제된다는 것은 어불성설이다. 문제는 용어가 아니라 그 의미고 그 용어를 사용해 구성된 말이나 글의 내용이다.

　'인민'이 '평등'이라는 뉘앙스를 갖고 있다면 오히려 내가 나타내고자 하는 의미에 근접한다. 나는 여기에 '자유'를 더하여 지배엘리트를 제외한 자유롭고 평등한 모든 사람의 의미로 사용한다. 북한이 사용하면서 우리에게는 기피되고 북한에서는 본래의 의미가 상실된 '인민'이라는 용어를 생생하게 되살려 내고, 아울러 이를 토대로 '인민주의'도 회복시키려 한다.

　이 책은 몇 년간의 강의과정에서 정리해놓은 자료를 중심으로하다 보니 일부의 인용 자료와 특히 인터넷 사이트자료 중 일부는 당시에 출처를 명기하지 않은 것을 제대로 보완하지 못했음을 밝히면서 이 지면을 통해 당사자들에게 감사한다.

　비록 작은 책이지만 필자의 부족한 능력 때문에 많은 사람의 신세를 졌다. 영문 자료는 미국 일리노이대학교(얼바나-샴페인)도서관의 친절한 도움을 받았다. 세계적인 이 도서관은 필요한 책을 손쉽게 찾을 수 있었고 온라인을 이용해서 모든 저널을 안방에서 읽을 수 있었다. 본인이 위원으로 몸담았던 민주화운동관련자 명예회복 및 보상심의원회의 전문위원인 송병헌, 이인숙 박사는 시간을 내어 원고를 읽고 귀중한 코멘트를 주었으며 특히 사회주의 전공자인 송박사는 자신의 저술처럼 몇 번이고 읽으면서 교정은 물론 내용에 관한 깊이 있는 의견도 제시했다. 이 자리를 빌려 노고에 깊이 감사한다.

사회과학 서적은 필자뿐만 아니라 출판하는 사람도 일종의 고행이다. 잘 안 팔리기 때문이다. 그 고행을 자처한 명인문화사의 박선영사장과 편집진에 깊이 감사한다. 미국의 영문 자료들에 대한 요청에 마다하지 않던 노던 아이오와 대학교수로 재직하고 있는 둘째 딸 가영과 책상 앞에만 매달려 있는 나를 이해하고 뒷바라지 해준 아내도 고맙다.

네 딸을 두면서 페미니즘에 관심을 가졌던 것이 이기적 행동이었다면, 가난한 인민에 대한 작은 연민이 인민의 자유와 평등한 삶의 방향에 대해 천착하게 만들어 이 책을 쓰게 했다. 책의 부족한 부분에 대해서는 독자제현의 질책과 가르침을 기대한다.

유난히 긴 겨울 추위 속에서도 일감호가 바라보이는 연구실의 창에 따스한 햇살이 부딪치는 것을 보니 봄날이 멀지 않은 것 같다. 대지뿐만 아니라 우리사회의 곳곳에도 따스함이 퍼져 나가길 바란다.

2011년 새봄을 맞으며
해정 최한수

제1부

지배와 정치

제1장 지배와 자유민주주의에 대한 환상

18세기의 필름을 다시 보면 자유민주주의에서 평등의 가치가 상실될수록 사회주의가 다시 부활하는 것은 필연적이다. '돈에 대한 사랑이 모든 악의 근원이라면, 평등에 대한 사랑은 유사 이래 인류를 동요시켜온 많은 불안의 근원'[1]이기 때문이다. 광기의 레닌-스탈린 공산주의의 부활을 막는 방법은 민주주의를 부활시키는 것이다. 소극적으로는 자유민주주의가 평등의 지위를 강화하는 것이고 적극적으로는 인민민주주의의 관념을 자유민주주의에 이식하는 것이다.

시작하는 말

… 자연법에 따르면, 아버지는 그의 도움이 아이들에게 필요한 동안만 그들의 주인이며 이 기간이 지나면 양자는 평등해 진다. 그때 자식은 아버지에게서 완전히 독립하며, 아버지를 존경할 의무는

---

1) Francis M. Wilhoit, *The Quest for Equality in Freedom* (New Brunswick, New Jersey,1979), 1

있지만 복종할 의무는 없다.…아버지가 마음대로 처리할 수 있는
재산은 자식들이 그에게 의존하도록 매어두기 위한 사슬이다. 아
버지는 자신의 호의에 대해 자식들이 경의를 표하는 정도에 따라
재산을 상속할 수도 있고 그렇지 않을 수도 있다.

 백성들은 전제 군주에게 이와 비슷한 은혜를 기대할 수 있기는
커녕, 그들 자신이나 그들이 가지고 있는 모든 것이 군주의 것이거
나(…), 분명 자기 재산임에도 불구하고 군주가 적선하듯 주는 것
을 은혜인양 받아들여야할 입장이다. 군주가 백성의 재산을 약탈
하는 것이 정의를 행하는 것이며, 백성을 살려두는 것이 은총을 베
푸는 것이 되었다.[2]

루소(J. Rousseau)

장면 #1

돼지들이 혁명을 주도해 인간을 내쫓고 동물에 의한 동물을 위한
동물의 왕국을 수립하지만 시간이 흐르면서 권력을 잡은 돼지들은
서로의 암투로 숙청을 단행하고 간교한 동물을 대변자로 내세워 설
득과 조작을 하며, 개를 앞장 세워 공포분위기를 조성한다.

 돼지들은 인간보다 더 사치스러운 생활 속에서 호의호식하면서,
이상적인 사회를 꿈꾸던 혁명은 완전히 타락되고 정책마다 위협과
명분만이 동원될 뿐이었다. 혁명과 함께 내걸었던 7계명도 수정된
다. "어떤 동물도 술을 마셔서는 안 된다"가 "지나치게 마셔서는
안 된다"로, "어떤 동물도 다른 동물을 죽여서는 안 된다"가 "이유
없이 죽여서는 안 된다"로, "모든 동물은 평등하다"가 "그러나 몇
몇은 다른 동물보다 더 평등하다"로 변경된다.

조지 오웰(George Orwell)이라는 필명으로 더 잘 알려진 에릭 아서
블레어(Eric Arthur Blair)의 동물농장은 소련 스탈린시대의 전체주의

---

2) J. Rousseau, "Discourse on the Origin of Inequality," J. J. Rousseau *The Social
Contract and Discourses*, G. D. H. Cole(trans.), (Dent: London and Melbourne,
1982), 94.

에 대한 비판과 풍자다. 이 소설은 현대정치에서도 권력을 가진 자들이 권력을 어떻게 획득하고 유지하는 가에 대한 한 단면을 보여주는 것 같다. 권력을 획득하고 행사하며 유지하는 표면적인 방법이 사자의 방식에서 여우의 방식으로 달라졌을지라도 그 이면은 더 교활한 것은 아닌가? 대의민주주의라는 제도가 이 교활함을 덮고 자유와 평등이라는 이상이 이 교활함을 가리는 것은 아닌가? 홉스로부터 들어본다.

> "나는 첫째로 전 인류의 일반적 성향으로서 영원히, 그리고 쉴 새 없이 계속해서 추구하는 권력에 대한 욕망, 죽어야만 비로소 멎을 수 있는 욕망을 꼽는다. 원인은 사람이 이미 취득한 것보다도 더 강도가 높은 기쁨을 원한다던가, 또는 온당한 정도의 권력에 만족할 수가 없다던가 하는 것으로써, 언제나 그런 것은 아니지만, 그가 현재 가지고 있는 것보다 더 많은 권력과 부귀영화를 누리기 위한 수단을 취득하지 않고는 마음을 놓을 수가 없기 때문이다."
>
> 홉스 : 리바이어던 제 11장

장면 # 2

쥐들이 사는 마을에서는 4년마다 대표를 뽑는 선거가 실시되는데, 선거 때마다 고양이가 당선된다. 쥐들이 고양이를 선택하는 것이다. 한번은 흰 고양이를 뽑았다가 다음에는 검은 고양이를 뽑는다. 고양이들은 당선되고 나면 새로운 법률을 만든다. 쥐의 주행속도를 제한하는 법, 쥐구멍의 크기를 제한하는 법 등이다. 이런 법률들은 고양이가 쥐를 쉽게 잡기 위한 목적이다. 이 법률 때문에 쥐들은 고양이 앞에 혼비백산해 이리저리 도망 다니다가 물려 죽거나 졸도한다. 언론은 고양이를 선택하는 것이 쥐에게는 최선의 선택이라고 선전한다. 다음 선거에서도 쥐들은 역시 또 다시 고양이를 뽑는다. 이번에는 얼룩 고양이다.

쥐마을(Mouseconsin)은 1994년 발표된 7분짜리의 미국 독립 애니

메이션 영화다. 이 영화는 캐나다의 사회민주주의 정치가 토미 더글라스(Tommy Douglas)의 연설에 기초해서 노동만화가 마이크 코노파키(Mike Konopacki)가 만들었다. 쥐들은 왜 고양이를 대표로 뽑는 것일까? 정권교체를 한다고 다른 고양이를 뽑아도 결국은 무늬만 다를 뿐이다. 자신들이 대표가 될 생각은 왜 안하는가, 아니면 못 하는가? 유권자들은 어떤 생각으로 누구를 뽑는가? 쥐와는 어떻게 얼마나 다른가? 누구를 어떤 제도를 통해서 어떻게 뽑아야 우리의 자유와 평등이 보장될 수 있는가?

> 국민들은 대표를 선거하는 동안만 자유롭고, 대표들이 선출되자마자 노예로 전락된다.[3]

이 책은 이 문제를 고민한다.

지배구조

누가 우리사회를 지배하는가? 그 지배구조는 정당한가? 지배는 권력과 돈 그리고 전문성을 바탕으로 사회의 가치와 규범 그리고 법을 정하고 집행하며 국가와 사회의 자원을 통제하고 관리해 다수 구성원들의 기본적인 삶에 절대적으로 영향을 미치는 작용이다. 그리고 이런 요소들을 가진 부류들을 총칭해 지배그룹이라고 부를 수 있다. 그러면 누가 권력과 돈 그리고 전문성을 갖는가? 그리고 이러한 요소들은 어떻게 작용하는가? 이것은 사회의 지배구조와 관련되고, 우리의 삶에 가장 영향을 미치는 배경 중의 하나다.

사회의 지배구조에 대해서는 여러 이론들이 있다. 엘리트론은 사회

---

3) Rousseau, *Social Contract*, BK. III, No. XV.

의 지배구조에 대한 고전적 관념으로 초기 민주주의자의 소박한 기대에 대한 반작용이다. 지배자로서 엘리트는 인간 활동의 어느 분야에서 최고의 성취자다. 그들은 살고 있는 사회에서 매우 영향력 있고 대단히 존경스런 어떤 실질적이거나 표면적인 특성을 갖고 있는 존재다.[4] 엘리트 지배론은 권력의 위치에 있는 이런 개인들이 지배한다는 관념이다.[5] 엘리트론은 사회의 속성이나 본질과 관계없이 소집단 즉 엘리트가 대부분의 권력을 항상 소유한다고 생각함으로써[6] 민주주의 이론의 거의 모든 학설(version)들에 상반된 입장을 취한다. 만일 엘리트론이 옳다면, 민주주의는 구름 잡는 것 같이 『허황되거나 속임수의 장식용』이 될 것이다.[7]

엘리트론의 새로운 관점은 사회의 최대조직이 권력을 행사한다는 이른바 제도적 엘리트론[8]으로 발전했다. 또한 번햄(James Burnham)은 자본가들과 함께 새로운 관리자들이 지배계급으로 출현해 새로운 관리사회(managerial society)로 변형된다고 전제하고 이를 '관리혁명(managerial revolution)'[9]으로 불렀다.

마르크스(K. Marx)는 사회를 지배하는 것은 경제력 특히 자본이라고 보는 경제결정론을 제기했다. 그는 '독일이데올로기(German Ideology)'

---

4) G. Mosca, *The Myth of the Ruling Class* (Ann Arbor, Michigan: University of Michigan Press, 1939, 1958).

5) C. Wright Mills, *The Power Elite* (New York: Oxford University Press, 1956).

6) Martin N. Marger, *Elites and Masses* (Belmont, California: Wadsworth Publishing Co., 1981), 64.

7) W.G. Runciman, *Social Science and Political Theory* (Cambridge: Cambridge University. Press, 1963), 74: A. H. Birch, *The Concepts and Theories of Modern Democracy*, 169에서 재인용.

8) Michael Burton and John Higley, "Invitation to Elite Theory: The Basic Contentions Reconsidered," in *Power Elites and Organizations*, G. William Domhoff and Thomas R. Dye(eds.), (Beverly Hills: Sage Publications, 1987), 219-238.

9) James Burnham, *The Managerial Revolution* (Bloomington: Indiana University Press, 1940, 1960).

에서 자본가계급을 지배계급으로, 국가를 지배계급의 공통이익을 옹호하는 조직으로 묘사했다. 공산당선언(1848)에서는 정치권력을 자본가계급이 다른 계급(노동자계급)을 억압하기 위한 조직화된 권력으로 보고,[10] 근대국가의 행정부는 전체 자본가계급의 공통적인 일을 처리하기 위한 위원회일 뿐이라고 주장했다.[11] 그러나 1871년 '프랑스내전(The Civil War in France)'에서는 자본주의사회의 국가권력이 항상 자본가계급의 도구인 것은 아니라는 점을 강조함으로써 그의 입장을 수정했다.[12] 마르크스에게 권력은 경제제도에서 발견된다. 누가 지배하느냐? 마르크스의 대답은 분명하다. 경제적 자원을 통제하는 자들이 지배한다.

이 세 가지 부류의 이론들은 결국 현대사회는 권력을 가진 엘리트, 돈을 가진 자본가(기업가) 그리고 전문가들이 지배한다는 것을 나타내준다. 여기에서 제기되는 점은 이들이 소유하고 행사하는 권력과 돈이 정당하게 취득된 것이며 정당하게 행사되고 있는가와 전문가의 전문지식이 타당하며 정의를 지향하는가의 문제다. 이에 대한 판단기준이 지배자들에 의해 설정되고 그에 따라 실제 작용이 이루어지는가, 아니면 다른 패러다임에서 변화가 모색되는가에 따라 지배받는 다수의 삶이 좌우된다.

새로운 패러다임의 모색과 구축은 지배구조를 변화시키는 동시에 지배자들을 교체해 순환시키는 작업이기 때문에 일종의 '혁명'이며 따라서 어려운 과제다. 현재의 지배구조가 정당하고 이상적이라면 고수되어야 하지만 부당한 측면이 있다면 어렵더라도 고쳐나가야 한다. 무엇이 문제이고 어떻게 고쳐나가야 하는가?

---

10) Robert C. Tucker(ed.), *The Marx-Engels: Reader* (New York: W.W. Norton & Co., 1960), 490.
11) Tucker(ed.), *The Marx-Engels: Reader*, 475.
12) Tucker(ed.), *The Marx-Engels: Reader*, 618-621.

'자유민주주의'에 대한 환상

'올바른 사회는 평등한 사람들로 구성된 사회로서, 사람들이 더 이상 서로의 도구나 희생자가 되지 않으면서 이성에 의해 정당성이 인정되고 양심에 받아들여진 법에 복종하는 것이 필요한 사회'다. 13)

지배그룹은 자신들의 지배가 당연하고 정당하다고 생각한다. 그렇다면 피지배그룹, 구별한다면 중산층과 서민층도 자신들의 처지가 정당하다고 생각하는가? 피지배자들이 스스로의 위치를 자각하지 못하면 지배세력의 지배력은 더 강화될 수밖에 없다. 이런 사회구조가 타파되어야 한다고 주장하는 집단들이 있지만 기득권세력의 총공세와 다수의 피지배계급들의 무관심으로 아침 햇살을 가리는 안개에 지나지 않는다.

피지배대상에 있는 국민들이 스스로의 위치를 자각하지 못하고, 자신들의 입장이 당연한 것으로 인식하는 것은 지배계급이 만들어 주입하고 있는 그 사회의 이념적 정향과 가치의 방향 때문이다. 인류의 역사에서 피지배계급들의 저항은 지배그룹들의 이러한 가치와 교육을 극복하고 피지배계급 스스로가 자각했을 때 일어났다. 이 과정에서 피지배계급이 이루어낸 것이 인간의 자유와 평등을 이상으로 하는 '민주주의'다. 그러나 민주주의는 사회의 지배집단들에 의해 변질되고 있다. 국민들은 민주주의 슬로건에만 의존해 변질된 민주주의에 자신들을 적합 시키고 스스로 자유와 평등의 상태에 있다는 환상 속에 안주하고 있다.

자유와 평등은 너무나 모호하고 다양하기 때문에 완전하게 구현하기는 사실상 불가능하다. 그렇다고 이것이 자유와 평등의 모호성에 기인하는 것만은 아니다. 민주주의를 구현하기 위한 제도와 운영과정, 운

---

13) John Plamenatz, *Man and Society*, Vol. 1 (New York: McGraw-Hill Book Co. Inc., 1963), 385; J. 플라므나츠, 김홍명(역), 『정치사상사2』 (서울: 풀빛, 1986), 37.

영자들의 사고와 행태가 주요한 원인이다. 자유와 평등을 기본이념으로 하는 민주주의 이론은 어느새 정치권력이 선거를 통해서 부여되어야 하며, 권력을 부여받는 사람은 국민의 대표이고 정치권력은 이들이 지배해야 한다는 이른바 대의체계를 기본으로 하는 선거주의로 변질되었다. 지배자들은 자유와 평등을 내세우지만, 그 자유는 일부의 특권이 되고 평등은 수식어로 전락되는 현실이다.

일반 시민들은 현재의 상황을 수용하면서 당연한 것으로 생각한다. 시민들은 현상을 정당하게 받아들이도록 만들어 주는 환각제인 '자유민주주의' 또는 '민주주의'라는 용어에 마취되어 있기 때문이다. 뒤틀린 자유와 일그러진 평등에 대해 문제를 제기하고 대의제의 일탈에 대해 일부 비판과 대안제시가 있지만, 낡은 연립주택을 헐고 아파트를 짓자는 것이 아니라 금간 부분을 때우자는 정도의 대증요법에 불과하다. 기득권세력은 본래의 민주주의 대신에 자유민주주의라는 이름으로 '자유'를 강조하며 평등에 대해서는 '기회의 평등'이라는 소극적 평등을 평등의 본질로 호도하거나 자본주의를 강조하고, 지식인들은 이 구조를 논리적으로 뒷받침한다.

거의 모든 문헌들은 현재의 사회구조를 떠받치고 있는 제도와 운영과정을 당위론적 가치로 전제하고 있다. 이러한 이론들은 우리사회의 이념적 토대로 굳어지면서 다른 주장들이 짓눌리고 있다. 정치인들이나 정부의 관리들도 이러한 이데올로기를 자신의 기득권유지를 위한 도구로 사용하고 있다. 그렇다고 언론이 사회적으로 필요한 내용을 적절하게 반영하는 것도 아니다.14)

---

14) 예를 들면 기륭전자 비정규직 노조는 2008년 6월 회사 측이 1년 뒤 정규직으로 바꿔 주겠다는 교섭안을 내놓았다가 철회한 데 항의해 회사 앞에서 60여일 째 연좌농성을 이어가다 두 달 넘게 단식 농성을 벌여온 근로자 2명이 8월 16일 오전 11시께 탈진상태로 쓰러져 병원으로 옮겨진 사실에 대해 언론은 외면하거나 단신으로 보도했다. 반면에 한국의 노장 프로골퍼의 우승기사는 스포츠면 전면을 덮었다.

자유민주주의 이론은 신성불가침의 원칙으로 자리를 굳히고 자본주의 이론에 대해서는 일부 비판적 견해가 있으나 소수의 불평으로 치부되면서 오히려 미국이 주도하는 신자유주의세계로 한발 더 나아가고 있다. 우리사회는 아직도 천차만별의 계급구조 속에 막강한 권력을 행사하는 권력자와 천문학적인 액수의 돈을 주무르는 재벌이 존재하는가 하면 자신의 개인적 권리마저 지키지 못하는 약자, 빚에 쪼들리다 스스로 목숨을 끊는 서민, 노숙자 등 가난한 사람들이 얽혀있다.

영세서민들은 안방의 TV에서 빛을 발하는 현란한 쇼(show)에 자신을 잊고, 축구와 야구소식에 열광하며, 근심과 걱정으로 이어지는 부자들의 생활을 그린 드라마에 위안을 삼는다. 전체주의 국가에서 세뇌용으로 기능하는 영화와 TV가 자유민주주의에서는 자신의 불평등한 처지를 잊게 하는 이완제로 작용한다.

그렇다면 민주주의는 허구인가? 아니면 민주주의를 구현하기 위해 도입된 대의제와 자본주의가 잘못된 제도인가? 혹은 민주주의가 아닌 자유민주주의가 문제인가? 제도가 정당하다면 잘못 운영되거나 오작동을 하고 있는 것인가? 여기에서 우리는 우리사회의 현실을 직시하면서 우리사회를 얽어매고 있는 정치와 이념의 적실성 및 현실적 정당성을 되짚어 보면서 인간의 최고 가치인 자유와 함께 평등한 사회를 구현하는 과제를 안아야 한다.

코페르니쿠스적 발상

천동설이 우리 사회를 지배한 것은 천동설에 신학적 권위가 부여되었기 때문이었다. 코페르니쿠스(Nicolaus Copernicus)는 천동설의 우주관에 의문을 가지고 새로운 지동설을 주장했지만 사실상 창세기를 부정하는 내용이라서 수용되지 않았다. 갈릴레이(Galileo Galilei)나 다윈도 마찬가지였다. 다윈은 자신이 주장하는 진화론이 불러올 정치 및 종교 세력과의 충돌을 우려해 '종의 기원'에서 인간의 문제를 전혀 언급하지 않았다. 다만 끝부분에 "인류의 기원과 역사는 재조명될 것이다"라는 함축적인 표현을 삽입했을 뿐이다. 그러나 이 한 마디와 "인간과 원숭이가 공통된 조상을 가졌다"는 한 구절은 인류의 역사에 대한 인식을 바꿔놓았다.

현대사회를 지배하고 있는 자유민주주의 이론에 지배세력의 권위가 부여된 천동설적 오류는 없는가? 이 땅의 코페르니쿠스와 갈릴레이 그리고 다윈은 없는가? 인류역사에서 사회의 지배구조에 대한 대부분의 근본적 변화는 혁명을 통해서 이루어졌다. 그러나 사회를 변화시키는 것은 혁명만이 아니다. 사회의 지배계급이 패러다임만 전환해도 가능하다. 변혁에는 민중의 각성이 필요하지만 민중들은 현재 값싼 자유와 환상적인 평등에 취해 있기 때문에 현 상태를 새롭게 인식하고 이를 변혁하려는 의지를 찾기란 사실상 불가능하다.

갈릴레이 갈릴레오의 주장이 이단으로 몰려 교황청으로부터 유죄판결을 받은 지 330년이 지나, 교황청으로부터 잘못된 판단이라는 사과를 받은 것처럼 기존의 가치 및 이념과 제도 등에 대한 비판도 정당성이 인정되고 수용될 것이라는 확신이 필요하다.

공정한 사회

이명박대통령의 2010년 8·15광복절 화두는 '공정한 사회'였다. 청와대나 집권 한나라당은 물론 우리사회는 '공정한 사회'에 대한 담론이 활발하다. 그러나 보수 세력이 추구하는 공정한 사회는 극히 제한적일 수밖에 없다. 경부선열차를 타고서는 '목포'로 갈 수 없는 것처럼 원천적으로

불공정할 수밖에 없는 이념의 열차를 타고서는 공정한 사회에 도달하기
가 어렵다. 우리사회의 공정의 대상은 수없이 많다. 그 중에서 핵심은
모든 사람에게 공정한 자유와 평등 즉 평등한 자유와 일정 수준의 경제
적 평등을 보장하는 것이다.

자유민주주의는 시민들에게 자유주의적 자유를 보장해주는 데는 어
느 정도의 성과를 거두고 있다. 그러나 18세기 계몽주의가 제시한 민주
적 목표 즉 평등의 실현은 상대적으로 낮은 수준이다. 경제적 불평등의
심화는 부여된 자유마저도 누릴 수 없어 결국은 불평등과 함께 불평등한
자유의 상태가 된다. 자유가 강자에 기울고 평등이 강자의 전유물이 되
는 사회는 불공정한 사회다. 소수의 참여와 소수의 지지로 기득권을 보
호하며 정치권력을 행사하는 왜곡된 대의민주주의는 공정한 정치과정
이 아니다. 국민의 세금을 토대로 유지되고 운영되는 국가기관과 공, 사
기업의 임직원들이 억대의 연봉을 받아가는 것도 공정한 사회가 아니다.

자유가 평등하게 배분되고 평등의 수준이 평등하게 이루어지는 사
회가 바로 공정한 사회다. 공정의 과제는 바로 불평등의 개선을 통한 공
정한 자유와 공정한 평등을 실현하는 것이다. 조건적으로 심각하게 불
평등한 상태에서 기회의 평등을 강조하는 것은 자동차 탄 사람이 마차
탄 사람과 경주하는 것과 다를 바 없다. 공정한 사회는 마차 탄 사람에게
자동차는 못 주더라도 마차에 엔진이라도 달아주는 것이다. 일정 수준
의 조건적 평등의 실현이다.

공정한 사회를 위한 근본적인 방향은 정치적으로는 시민이 주도하
고 통제할 수 있는 정치과정, 예를 들면 지방자치과정이나 국가정책에
서 주민의 참여가 실질적으로 확대보장 될 수 있도록 하는 것이다. 대표
는 유권자의 실질적인 다수의 지지를 받아야 하고, 봉사를 통해 돈이 아
니라 명예와 존경의 대가가 제공되어야 한다. 경제적으로는 일정한 수
준의 분배가 실현되어야 한다. 이것이 조건적 평등을 바탕으로 하는 공

정한 사회의 핵심이다. 분배문제를 비켜가는 '공정'은 구호에 불과하다. '목포'에 가려면 경부선열차에서 내려 호남선 열차로 갈아타야 하는 것처럼 기존의 이념에 대한 광범위한 교정과정.즉 자유민주주의와 자본주의에 대한 비판적 검토와 인민주의와 사회주의에 대한 긍정적 검토가 필요하다. 이것이 오히려 자유민주주의를 건강히 발전시키는 것이다.

이 책의 목적과 구성

필자는 이 책에서 우리 사회의 주류가치와 이념을 검토하면서 우리가 추구해야 할 새로운 패러다임을 찾아보기로 한다. 새로운 패러다임의 모색은 거대한 것이 아니다. 우리 사회의 추동력으로 작용하는 사회의 가치와 이념, 그를 바탕으로 하는 정치제도와 정책 등이 정당한지, 올바르게 적용되는지, 버려지거나 거부되거나 금지되는 가치와 이념은 실제로 가치가 없는 것들인지, 그 속에서도 우리에게 취해야 할 것이 있는지에 대한 토론을 통해서 우리사회가 다수의 약자들이 자유와 평등을 누리는 사회가 될 수 있는 방향을 모색하는 것이다. 바로 공정한 사회를 통해 정의로운 사회를 확립하는 것이다.

　필자는 이 책에서 정치가 인간의 삶에 어떻게 영향을 미치고 어떻게 영향을 미쳐야 하는가의 문제를 고민하고자 한다. 인간의 삶은 다양하다. 인간의 사고나 이념도 다양하고, 정치의 제도나 과정도 다양하다. 다수의 자유롭고 평등한 삶의 문제, 이에 토대가 되는 국가와 이념, 대표의 선출에 관련되는 여러 제도와 과정에 대해 관심을 모으고자 한다.

　이 책은 모두 6부로 구성된다. 제1부는 우리사회의 지배구조와 시민들의 자유민주주의에 대한 환상의 지적을 통해서 기존 정치와 이념의 문제를 제기한다. 정치를 좌우하는 정치인(대표)과 권력 그리고 정치의 방향을 좌우하는 이념의 본질에 대한 토론이다.

　제2부는 자유와 평등을 위한 정치의 이론을 토대로 현실을 진단하고 방향을 찾아본다. 자유와 평등의 본질을 찾고 우리사회에서 자유와 평등이 어떻게 구현되고 있는지를 판단해 본다.

　제3부는 자유민주주의의 양면성을 분석하고 자유민주주의의 핵심 장치인 정당과 선거의 본질에 대한 구명(究明)을 통해 대안을 시도해본다. 이상적인 대안으로 인민주의(populism)에 대한 이론을 정리한다. 이것은 인민주의를 통해 대의민주주의를 보완할 수 있는 가능성의 여지를 보기 위한 것이다.

　제4부는 이념에 대한 정리다. 현대정치의 숨결인 동시에 피로서 작용하는 보수이념과 진보이념을 정리하는 것은, 이 이념들이 인간의 자유와 평등과 관련된 정책의 조타수이기 때문이다. 이 부분이 사실은 제2부에 자리해야 하지만 뒤로 한 것은 많은 독자들이 이념에 관해 이미 어느 정도 인식하고 있기 때문이다. 필요하다면 순서를 바꿔서 읽으면 된다.

　제5부는 국가의 특성과 역할 그리고 국가의 구조에 관해 기술했다. 국가역할의 증대 필요성이 제기되고 실제로 역할이 증대되면서 국가에 대한 본질과 역할에 대한 이해가 필요하기 때문이다. 아울러 국가의 구조에 관한 토론은 국가의 바람직한 역할과 통일을 지향하는 우리나라 미래의 국가모델을 위해 필요할 것이다.

　마지막으로 제6부는 지금까지 토론한 내용을 토대로 인민들의 지위와 삶의 환경을 향상시킬 수 있는 방향으로의 전환, 즉 민주주의의 대전환을 모색하고자 한다.

　이상의 모든 내용들은 우리사회에 또다시 광기의 레닌-스탈린주의나 파시즘의 출현을 막고 모두가 자유롭고 평등한 삶을 영위하면서 통일을 향해 나가기 위한 바람에서 비롯된 것이다.

제2장　정치와 정치인

정치의 개념

어원적 의미

'정치(政治)'는 '政' 즉 한자의 正(바르고 옳다)자와 攴 → 攵(치다)자의 두 글자가 합쳐 "바르지 아니한 것을 쳐서 바르게 만든다."는 의미다. '治'는 "다스리거나 관리한다."는 뜻으로, 정치(政治)는 '나라를 바르게 다스리는 일'을 의미한다. 정치는 반드시 바르고 옳게 해야 한다는 당위론적 인식을 바탕으로 한다는 점에서 정치에 대한 전통적 인식은 규범적이다.[1]

정치가 추구하는 당위적 가치의 실천자는 지배자다. 군주제에서 지배자는 당위적 가치를 스스로 창출하는 가치창출의 주체자라는 점에서 모든 규범의 통제 밖에서 군림하는 절대 권력자였다. 고전적 정치의 관념은 지배자와 피지배자를 구분하고 지배자가 피지배자를 다스리기 때문에 권력자의 신민에 대한 우월적 지위와 지배 그리고 신민의 복종을 당연한 것으로 인식하게 만들었다.

정치를 당위론적으로 본 것은 동양만이 아니라 서양도 마찬가지였지

---

1) 정치의 개념에 관한 일부 내용은 졸저, 『정치학연구방법론』(서울: 대왕사, 1994), 16-28의 내용을 약술한 것이다.

만 서양의 정치에 대한 당위적 관념은 동양과는 달랐다. 그리스 철학자 플라톤(Plato) 및 아리스토텔레스(Aristotle) 등을 중심으로 한 아테네인 들은 정치를 공공이익(public interest) 또는 공공선(common good)의 추구로 이해했다. 공공선은 루소(Jean-Jacques Rousseau)가 말하는 일반의사(general will)를 가진 시민들이 의도하는 것으로 그들의 공동 이익에 의해 구체화되는 것이다.[2] 여기에서 사용되는 '정치(politics)'는 어원상으로는 그리스어로 도시국가(city-state)를 의미하는 'polis'에서 유래되었다. polis는 '도시국가'로 번역되지만 politics에 관한 그리스의 개념은 사람들이 전체 공동체에 관한 문제들을 토론하고 공공 이익이나 공동선을 실현하려는 시도로 행동을 취하는 과정을 말했다.[3]

　　동양의 정치와 서양의 정치가 어원상으로 다른 점은, 전자는 지배자 와 피지배자가 위계관계인데 반해 후자는 모든 구성원이 수평적인 관계 이고 전자가 지배자의 전유물이라면 후자는 구성원들의 직접참여로 이 루어지는 것이다. 당시의 서양에서도 노예나 이방인들은 제외되었지만 도시국가의 시민들은 모두 동등한 입장에서 국가정책을 결정하고 집행 하는데 참여하는 주체였다는 점에서 'polis'와 '政治'는 다른 관념을 가 지고 출발했다. 정치의 어원은 동서양이 달랐으나 그 이후 정치에 관한 관념과 형태는 공통성을 갖게 되었다.

갈등의 조정과 조종

학자들은 아리스토텔레스(Aristotle) 이후 정치에 대한 관념을 여러 측 면에서 발전시켜왔다. 현대의 학자로서 크리크(Bernard Crick)는 아리 스토텔레스의 개념을 바탕으로 정치를 자유인들의 공공행위와 그 관계

---

2) John Rawls, *Lectures on the History of Political Philosophy*, Samuel Freeman(ed.) (Cambridge: The Belknap Press of Harvard University Press, 2007), 225.
3) Charles F. Andrain, *Political Life and Social Change* (Belmont, California: Duxbury, 1970), 8.

에서 나타나는 질서문제의 해결[4]로 보고 아리스토텔레스의 사유적 대립을 이익적 대립으로 전환시키면서 정치는 강제가 아닌 조정으로 대립을 해결하는 과정으로 보았다.[5] 이것은 정치에 대한 극히 긍정적인 평가다. 정치는 오히려 이익을 부각하고 그를 통해 지지를 확대, 결집한다. 이런 면에서 정치는 갈등의 조정자인 동시에 다른 한편으로 갈등의 조종자다.

권력과 영향력

20세기에 접어들면서 미국의 정치학자들은 그동안의 정치에 대한 규범적 논쟁에서 정치의 실체를 권력의 설명을 통해 찾으려는 시도로 전환했다. 선구자는 메리암(Charles E. Merriam)[6]과 그의 제자인 라스웰(Harold D. Lasswell)이다. 라스웰은 『정치: 누가 무엇을 언제 어떻게 얻는가, Politics: Who Gets What, When, How』[7]를 통해 정치를 각기 이용 가능한 영향력의 획득으로 구체화 시키고 있다. 그에게 가치란 존경이나 수입, 안정 등 사회에서 요구되는 광범위한 대상들이며, 가치의 대부분은 엘리트가 획득하게 되고 나머지는 대중들에게 돌아간다.[8] 그의 명제에서 『누구, who』는 권력을 갖거나 권력을 가질 수 있는 요소에 접근하는 자들로 권력이나 기술 또는 어느 다른 영향력을 갖고 있는

---

4) Bernard Crick, *In Defence of Politics* (London: Penguin Books, 1983), 18.
5) Crick, *In Defence of Politics*, 25.
6) Charles E. Merriam, *New Aspects of Politics* (Chicago : The University of Chicago Press, 1925), 217; Merriam, *Political Power* (New York: Collier Books,1934), 7.
7) Harold D. Lasswell, *Politics: Who Get What, When, How* (New York: Neridian Books, 1958)
8) Lasswell의 이러한 명제를 변형해 Bell은 *Politics: Who Talks to Whom, When How* 즉 그는 정치를 '대화'로 보았다. D. V. J. Bell, *Power: Influence and Authority* (New York: Oxford University Press, 1975), 10. 이러한 주장은 Aristotle의 견해에도 발견된다. 즉 그는 인간은 정치적 동물이면서, 다른 동물과 구별되는 점은 인간이 언어를 가진 동물이라는 점이라고 갈파하고 있다. E. Barker(ed & trans.), *The Politics of Aristotle* (New York: Oxford University Press, 1962),7.

사람들이다. 같은 부류인 달(Dahl)도 정치를 통제, 영향력, 권력, 권위
등과 관련시켰는데[9], 이러한 관점은 이미 베버(Weber)로부터 제기된
바 있으며 그의 정의가 오히려 더 명료하고 현실적이다.

집단기초이론

정치에 대한 또 다른 접근은 규범적 관점에서 벗어나 실제적인 정치현
상을 동적으로 파악하려는 시도로[10] 벤틀리(Arthur R. Bentley)나 트
루맨(David B. Truman)으로 대표되는 현실주의자들의 집단기초이론
(group basis theory)이다.[11] 정치과정의 특성을 발견하는 최선의 방
법은 인간들의 실제적 생활에 나타나는 정치집단의 활동 즉 과정에서
비롯된다는 주장이다. 이러한 시각은 모든 역사를 집단 간의 투쟁의 역
사로 보는 오스트리아의 사학자 굼플로비츠(Ludwig Gumplowicz의)
사상으로부터 영향을 받은 것이었다.[12] **이들에게 집단은 개인들이 이익을
위해 조직한 결사이며 이 집단은 각기의 이익을 위해 활동하며, 정치를 이러한
일련의 과정으로 파악하는 것이다.**

---

9) Robert A. Dahl, *Modern Political Analysis* (New York: Prentice-Hall, 1984),
   9-10.
10) 이러한 관점에서 정치를 접근한 최초의 대표적 인물은 Bentley를 꼽을 수 있다.
   이에 대해서는 다음을 참조할 것. Arthur R. Bentley, *The Process of Government*
   (Bloomington: Principia, 1949[초판은 1908]). 그리고 그로부터 시사 받아 이에 대
   한 관점을 학계에 보편화시킨 것은 Truman이다. 이에 관하여는 다음을 참조할 것.
   David B. Truman, *The Governmental Process*; Graham Wallas, *Human Nature in
   Politics* (Lincoln: University of Ne braska, 1962).
11) Bentley, *The Process of Government*.
12) Ludwig Gumplowicz, *The Outlines of Sociology* (Philadelphia: American Academy
   of Political and Social Science, 1899) spec. 41, 156. 그러나 Bentley의 주장은 당
   장에 미국 정치학자들의 주목을 받지 못하였다. 그것은 그가 미국 정치학계의 주류에
   포함되지 않았다는데도 큰 이유가 있었다. 그 후 그의 주장은 Truman이 수용발전 시
   키면서 주목을 받고 정치학 연구에 큰 영향을 미치게 되었다. 이에 관하여는 David
   B. Truman, *The Governmental Process*를 참고할 것.

기능론

다이크(Van Dyke)는 정치를 공공이슈에 대한 상충되는 요구를 추구하는 개인들 간의 투쟁으로 보았다.[13] 그러나 이 정의는 상충되는 요구에 대한 투쟁이나 갈등만을 제시하였지, 투쟁의 결과에 대한 의미가 결여되어 있다. 이스튼(David Easton)의 정의는 정치를 '가치의 권위적 배분'[14]으로 정의하면서 이를 보완한다. 이 정의는 정치학자들이 정치를 정의하는데 경구처럼 애용되고 있으나 그 정의의 모호함이나 허점을 간과하고 있다.

이스튼이 제시한 '가치'나 '권위적 배분'에 대해서는 많은 논란의 여지가 있다. 그는 정치를 사회의 가치에 대한 권위적 배분에 특히 초점을 맞추고 다른 사회적 상호작용과 구별하고자 한다. 그에게 권위는 이 과정에서 구성원들이 권위에 의해 속박된다고 생각할 때 나타난다. 속박의 의미는 힘이나 심각한 심리적 억제에 대한 공포감에서 나타나는 것과 관계된다. 자기이익이나 전통, 충성심, 합법 및 정통성 등에 대한 인식은 결정을 권위적인 것으로 받아들이는 의무감의 바탕이 된다는 것이다.[15]

정부의 정책 또는 대통령의 국정수행에 대한 국민들의 태도조사결과는 절대다수가 부정적으로 나타나는 경우가 허다하다. '권위'는 국가에 대한 충성심이나 의무감 또는 정통성과는 달리 지지하는 정파에

---

13) Van Dyke, *Political Science: A Philosophical Analysis* (Stanford, California: Stanford University Press, 1960), 134. 한편 정치를 개인들, 집단 및 국가들 간의 무혈적 상충(bloodless conflict)으로 보기도 한다. John C. Ponovan and Richard E. Morgan & Christian P. Potholm, *Peoples Power & Politics* (Massachusetts: Addison-Wesley Publishing Co.,1981), 4.

14) David Easton, "An Approach to the Analysis of Political System," *World Politics*,9 (1957), 383-400; *A Framework for Political Analysis* (Chicago: The University of Chicago Press, 1979); *The Political System: An Inquiry into the State of Political Science* (New York: Alfred A. Knopf, 1971), 129 참조.

15) Easton, *A Framework for Political Analysis*, 47-50.

따른 선호여부의 반응이거나, 상당수 시민들이 정부의 정책을 거부할 수 있는 수단이 없기 때문에 그저 지켜만 보고 있다는 것이 더 정확한 설명일 것이다.

이스튼의 설명은 정치를 너무 당위적인 것으로 인식하고 있다. 이러한 인식은 기능주의적 사회학자16)들의 패러다임에서 비롯된 것이다. 이스튼은 사회학자들의 기능주의 이론을 정치학에 도입해 사회의 모든 행위자들이 기본적으로는 부족한 가치의 분배를 놓고 갈등상태에 있다는 가정에서 출발하면서 정치가 이를 권위적으로 조정하는 것으로 진단하지만, 이것은 형식적이고 표면적인 관찰에 한정된다. 갈등이 심리적 또는 육체적 속박에 의해서만 해결되는 것은 아니다. 그의 정의는 정치를 하나의 기능으로 파악함으로써 결과에 중점을 두고 있다.

이스튼의 주장이 갖는 함정은 사회체계의 유지를 가치의 배분된 결과로 판단하고 있다는 점이다. 따라서 사회적 가치가 배분되지 않는다면 사회체계는 붕괴된다. 즉 폭동이나 혁명이 일어나 다른 사회체계로 전환될 것이다. 그러나 사회를 한 꺼풀 벗겨보면 가치의 배분은 합리화에 불과하다. '배분'이라는 용어는 모두에게 공정하게 나누어지는 것을 상정한다. 그러나 시민들이 계약을 하지 않았는데도 '계약론'으로 사회를 보는 홉스의 관점처럼 '배분'도 허구적인 관념이며 설령 분배가 이루어진다고 해도 평등하게 이루어지는 것은 아니다. 이스튼의 정의는 현실정치의 모순과 불합리성에 대한 예리한 비판을 통해 자유와 평등을 구현할 수 있는 수단을 모색하는 데는 오히려 걸림돌이다.

이스튼은 정치현상의 범위를 너무 광범위하게 설정함으로서 정치에

---

16) 이 분야의 선구적 학자중의 대표적 인물은, ① Talcott Parsons, *The Structure of Social Action: A Study in Social Theory With Addresses* (London: Cohon & West: Glencoe, Illinois: Free Press, 1937). ② Robert K. Merton, *Social Theory and Social Structure* (New York: The Free Press, 1949). ③ Marion J. Levy, Jr., *The Structure of Society* (Princeton, New Jersey: Princeton University Press, 1952).

대한 본질의 파악을 모호하게 만들고 현실정치체계나 과정의 긍정을 유도한다. 또한 이런 개념들이 '행정'과 정치를 혼합시킴으로써 행정이 갖는 긍정적인 기능도 정치의 기능으로 여겨지도록 만들어 정치가 미화되는 결과를 초래한다.

정치와 행정

정치와 행정을 명확히 구별하기는 쉽지 않다. 행정학에서는 행정을 '일정한 공동목적을 달성하기 위한 두 사람 이상의 협동행위'로, 공동목적은 '공공목적'즉 공익으로 한정한다.[17] 이러한 정의는 너무 모호하고 포괄적이다. 모든 국가의 모든 공공기관에 속한 모든 사람들의 행위는 모두 공공목적 즉 공익을 위한 것으로 포장되고 있기 때문이다. 이런 점에서 정치를 정치과정에서 투입, 행정을 산출로 구별하기도 한다. 정책의 결정과정을 정치로, 집행과정을 행정으로 나누는 것이다.

그러나 입법부와 행정부 그리고 정당이 상호 혼합되어 정책결정과 집행이 이루어지고 상당비율의 정책결정 즉 법률안의 제안이 행정부에서 출발된다는 점에서 양자를 명확하게 구별하기도 어렵다. 그렇다고 정치와 행정을 동일시 할 수도 없다. 만일 정치와 행정을 동일시한다면 국가와 그 산하기관의 모든 작용을 정치로 보아야 한다. 정치의 정의는 행정과 분리해 엄격하게 정립되어야 한다. 일반적으로 행정은 결정된 정책의 집행과 관련된다는 점에서 정치와 구별할 수 있을 것이다.

거버넌스

정치에 대한 또 다른 접근은 정치가 선거를 통한 국민대표의 선출과 대표들을 통한 이익갈등의 조정 그리고 국가의 관리라는 인식으로서, 최근에 대두된 거버넌스(governance)개념이다. 거버넌스는 정부를 중

---

17) 최창호, 하미승,『새행정학』(서울: 삼영사, 2007), 24.

심으로 하는 기존의 독점적 지배의 관념에 비해 다원적 지배형태로서
국가가 시민사회와 더 밀접한 유대를 갖고 상호작용 하는 과정이라는
의미를 갖는다. 이러한 정치의 관념은 국가가 정치와 공적분야에서 신
뢰성의 위기를 극복하기 위한 필요로 제기되었다. 거버넌스는 국가의
공공정책집행과 대의민주주의정치의 과정에 대한 도전이다.[18]

그러나 거버넌스는 정치를 사실적으로 이해하는 데는 유용하지
만 이익집단과 선거라는 영역으로 한정함으로써 정치를 엘리트중심
으로 본다는 한계가 있다. 거버넌스의 과정론적 관점은 기능론적 관
점과 연관되어 현 사회의 존속 자체를 정치의 기능으로 본다. 그러나
이러한 관념은 현재 상태를 이상적 상황으로 인식함으로써 사회가
안고 있는 각종 모순과 부정의를 인정하고 불의가 정당화되도록 할
우려가 있다.

현대정치의 특성

그동안 제시되어온 정치의 다양한 의미는 오히려 정치를 모호하게 만들
고 모호한 만큼 정치가 인간의 삶의 바른 길에서 일탈해도 용인되도록
만든다. 실체가 분명하지 않으면 공과(功過)에 대한 상벌도 모호해진
다. 정치연구의 가치중립성을 내세우다 보면 방관자적 입장에서 목표나
목적이 외면된 채 과정에 대한 분석에 안주하게 된다. 정치의 본질은 보
다 적극적 관점에서 현실적으로 추구되어야 한다.

현대정치의 특성은 바버(Benjaman R. Barber)가 묘사한 동물원관
리로서의 정치(politics as zookeeping)가 잘 나타내준다. 동물원에는
최고 권력을 가진 사자들, 사자왕자들과 여우들, 맴맴 울고 있는 양들과
가련한 파충류, 무자비한 돼지들과 군림하는 고래들, 교활한 스컹크와

---

18) Mark Bevir, *Democratic Governance* (Princeton: Princeton University Press, 2010), 1.

영리한 이리(코요테), (양의 탈을 쓴)고약한 늑대, 그리고 가장 위대한 동물인 인간 자신 등 온갖 동물들로 차있다.[19] 이러한 정치동물학적 관점에서 볼 때 사회는 홉스가 갈파한 대로 만인의 만인에 대한 투쟁이 전개되는 정글이며 이 정글을 벗어나기 위해서는 시민이 최대로 참여하는 시민사회의 정치가 대안이라고 바버는 주장한다.

다른 표현으로 정치를 보면 정치는 어느 극단소속의 무대 위의 배우와 객석에 있는 국민이란 관객의 관계이다. 극단(정당)의 배우(정치인)는 작가(정책브레인)의 정교한 대사(정책)를 통해 관객(유권자)을 매료시키면서 박수(표)를 유도한다. 박수를 많이 받는 배우는 공연이 끝나면 '대표'로서 바라던 '권력'을 갖고 레드카펫을 밟게 된다. 여기에서 정치는 '권력'을 추구하는 사람들이 국민을 대상으로 하는 선거를 통해 권력을 획득하고 행사하며 유지하기 위한 활동'이다. 이런 정치는 매스 미디어의 발달로 인해 더욱 현실화되고 있다.

정치를 어떻게 묘사해도 정치의 핵심은 권력의 작용이다. 권력은 국가의 자원을 토대로 국가의 정책을 수립하고 집행하는 힘이다. 권력은 단순한 힘뿐만 아니라 명예나 권위 또는 사회의 각 분야에 대한 영향력을 갖는다. 권력의 대상은 크게는 국가에서 작게는 기초단체에 이르기까지 다양하다. 권력에 대한 야심가는 자신의 입장에 따라 어느 정당을 배경으로 하거나 또는 개별로 권력을 위해 각급 단계의 선거에서 표를 얻기 위해 국민의 관심을 모을 '정책'이란 이름의 묘책을 짜내어 유권자에게 제시하고 집행한다. 선거에서 승리한 쪽은 권력을 차지하고 패배한 쪽은 다음의 선거를 위해 승자의 권력행사를 견제·비판하면서 다음 선거를 향해 서로 투쟁한다.

---

19) Benjaman R. Barber, *Strong Democracy: Participatory Politics for a New Age* (Los Angeles: University of California Press, 1984), 20.

정치인과 대표

정치인

20세기 저명한 행태주의 학자 라스웰(Harold D. Lasswell)은 정치인을 사적 동기를 공적동기로 전환해 합리화시키는 사람(p=p.d.r)으로 정의했다. 정치인은 개인적인 욕망을 공공목적의 성취를 통해서 충족하는 사람이라는 것이다. 이런 정치인은 자기희생을 통해서 사회에 공헌하는 존경받는 인물이다. 그러한 정치인이 과연 얼마나 존재하는가? 라스웰의 정의는 정치를 규범적으로 생각하고 정치인의 외양만 본 판단이다.

대부분의 정치인은 국민을 위한다는 명목으로 권력의 획득을 통해서 지배 욕구를 충족시킨다. 정치인은 서로를 보호한다는 명목으로 가난한 사람에게는 표를 받고 부자로부터는 돈을 받는 사람으로 묘사되는가 하면[20] 전 미국대통령 지미 카터는 "정치는 세계에서 두 번째로 오래된 직업인데 최초의 직업과 밀접히 연관된다."고 비유한 바 있다.[21] 정치를 정치인이 자신을 팔기 위해 외모를 조종하는 기술에 자니지 않는다는 의미로 정치인을 거리의 여인에 빗댄 것이다.

지배욕구는 모든 인간이 가지고 있는 동물적 본성이다. 그렇기 때문에 모든 인간 집단에서는 지배력을 위한 투쟁이 계속된다. 교육자, 예술가, 기업가들도 지배력을 놓고 치열하게 경쟁한다. 종교계에서 목사나 승려들이 어떤 직책을 놓고 벌이는 선거전은 인간지배본능의 가장 극명한 예다. 인간의 욕망과 정치적 속성이 그대로 나타나고 있는 것이다.

정치인들은 선거를 통해 대표로 당선되어 지배 욕구를 충족하려는 부류의 사람들이다. 따라서 정치인은 선거에 매달리게 된다. 정치인은

---

20) Michael Parenti, *Democracy for the Few* 6th (New York: St. Martin's Press, 1995), 3.
21) Parenti, *Democracy for the Few* 6th, 3.

미디어 및 인터넷시대를 맞아 미디어를 통해 자신들의 이미지를 파는 정치자영업자다. 소비자인 유권자를 대상으로 이미지혈투에 매달린다. 이미지는 정치인 자신 혹은 전문가를 통해 만들어진다. 미디어는 정치인의 이미지를 그대로 전달하기도 하지만 재단하고 가공하며 창조하기도 한다.

정치인 중에는 라스웰이 그려내는 부류도 있다. 선거구민을 위한 열정과 헌신을 통해 보람을 찾으려는 정치인이다. 정치인이 그러한 일을 하기 위해서는 선거에서 당선되어야 한다. 선거에서 유권자들은 투표하거나 기권하며, 투표하는 경우, 어느 후보를 선택하는 데는 합리적 선택뿐만 아니라 감정적 선택도 하기 때문에 다양한 선택의 과녁에 들기 위해서 후보들은 영합해야 한다. 이 과정에서 정치인의 순수성은 당선의 욕심으로 변질된다. 상당수의 정치인은 인간의 이중적 본성에서 자유롭지 못한 지킬박사와 하이드(Dr. Jekyll and Mr. Hyde)를 연상하게 만든다.[22] 유권자들은 정교하게 만들어진 이미지와 실체를 구별하지 못하거나 아예 구별하려고 하지도 않는다. 이미지정치는 유권자를 호도하는 것이다. 정치인은 유권자에게 그 책임을 전가하지만, 소비자가 처음부터 코카콜라나 아이스크림을 원했던 것은 아니다. 소비자의 입맛을 만든 것은 생산자다.

가난한 사람들과 도움을 필요로 하는 사람들을 위해 정열적인 활동을 펼쳤던, 알바니아 태생의 인도 수녀로 1979년에 노벨 평화상을 수상한 테레사(Teresa)를 기대하는 것은 아니다. 2006년 한 해 동안 5,830만 달러를 기부한 '토크쇼의 여왕'인 미국의 오프라 윈프리(Oprah Winfrey)

---

22) 영국의 시인·소설가인 R.L.B.스티븐슨의 괴기소설(1886)인 지킬박사와 하이드는 인간의 가장 깊은 곳에 잠재되어 있는 선악의 모순 된 이중적 본성을 끄집어낸 소설에 등장하는 인물이다. 작가는 욕망으로 가득 찬 속마음을 감춘 채 겉으로는 체면을 중시했던 19세기의 양면성을 근본적으로 꼬집는다. 또한 인간에 대한 치밀한 묘사로 사회적 위선을 폭로한다.

의 자선을 기대하는 것도 아니다. 이들의 선행은 정치인이 아니었다면
하지 않을 일을 유권자에게 보이려고 정교하게 기획해서 연출해 순수로
위장하는 가식적인 것과는 구별된다.

"사람은 그 낮이 얼마나 찬란했는지를 알기 위해서는 밤까지 기다
려보아야 한다."

지금으로부터 2000년 전 시인 소포클레스가 쓴 것이다. 밤에 낮의
그 찬란함으로 기억될 수 있는 정치인은 누구인가?

대표

대표는 선거를 통해 당선된 지위를 가진 자다. 대표의 개념, 한 인간이
다른 인간을 대표한다는 관념은 아주 근대의 일이다. 정치적 대표에 관
한 문헌들은 대표가 무엇을 하고, 어떻게 행동해야 하며, 역할은 어떻게
한정되어야 하는지 등에 모아지지만, 대표의 활동과 역할에 어떤 규범
이 필요한지에 관한 합의는 아직 없다. 오늘날의 '대표'라는 말이 나타
나기 시작한 것은 13~14세기 라틴어였는데 영국의회에서 점차로 오늘
날과 같은 대표로 생각되었다.

대표에 관한 이론은 홉스(T. Hobbes)와 존 스튜어트 밀(J. S. Mill)
로부터 부각되었다. 특히 홉스는 리바이어던(Leviathan)의 16장에서
대표는 사람의 관념에서 나온다고 전제하고 사람을 '자연적 인간과 인
위적 인간'으로 구별해 대표를 일종의 인위적 인간으로 분류했다. 홉스
에게 자연적 인간은 그의 말과 행동들이 자신의 것으로 생각되는 사람
이며, 인위적 인간은 말과 행동이 어느 다른 사람의 것으로 생각되는 사
람이다.[23]

---

23) Hanna Fenichel Pitkin, *The Concept of Representation* (Berkeley, Los Angeles:
   University of California Press, 1972), 16. 대표이론에 관한 이하의 기술은 주로 이 문헌에

홉스는 인간이 '만인에 대한 만인이 투쟁하는 전쟁상태'에서 벗어나기 위해 사회적 계약 장치뿐만 아니라 대표개념을 사용했다.[24] 그러나 홉스가 제시하는 대표는 신민에게는 어떤 책임도 지지 않는다. 오직 신에게만 책임이 있다. 결국 그의 대표이론은 왕권신수설에 바탕을 둔 지배자(sovereign) 즉 전제적 대표로서 '절대주의'적인 군주지배를 정당화한다.

17세기 선거권이 확대되면서 대표는 인민의 대표를 의미하게 되고 자치정부의 사상과 연결되어 제도화되었으며, 선거권은 대표를 선택하는 '인간 권리'의 하나로 자리 잡았다. 그러나 '대표'는 아직까지도 모호하며 다양한 의미로 사용된다.[25] 대표가 어떤 의미를 함의하든 대표가 갖는 핵심적인 의미는 '어느 조직의 구성원들의 행동이 다른 사람들에게 의무를 지우고, 그들에 의해 그 정당성과 의무가 받아들여지는 것'[26]이다. 그렇다면 대표에게 권한을 주는 것은 그 자신을 대리할 뿐만 아니라 대행할 권리를 인정하는 것이다. 그러나 아직도 대표나 유권자 모두 홉스식의 대표관념이 사라지지 않은 채 남아 있고, 이것이 대의민주주의의 기능을 훼손하는 요인의 하나다.

대표의 유형별 특성

정치적 대표의 위상과 권한에 대해서는 대립되는 주장이 있다. 대표가 독립된 개체로서 자신의 독자적 판단에 의해 독단적으로 활동하는 존재라는 독립적 대표이론과, 대표는 국민들로부터 선거된 존재이기 때문에 국민들의 의사를 바탕으로 그 범위에서 활동해야 한다는 이른바 이익대표이론이다. 이밖에 어떤 신념을 바탕으로 하는 상징적 대표도 있다.

의존하였다.

24) Pitkin, *The Concept of Representation*, 29.

25) Heinz Eulau et al, "The Role of the Representative: Some Empirical Obsenations on the Theory of Edmund Burke" *APSR* LⅢ(September 1959), 742-743.

26) M. Weber, *Economy and Society*, G. Roth & C. Wittich(ed), (New York: Bedminster Press, 1968), 122.

독립적 대표는 버크(E. Burke)로부터 비롯되었다. 버크에게 정치는 의사(意思)가 아니라 지혜에 의존해야 하며 국가의 선(善)은 일반의 사가 아니라 전체의 일반적 이성에서 나오는 것이다.[27] 정치는 또한 어느 사람의 소망에 따라 수행되는 것이 아니기 때문에, 대표도 그의 선거구민의 소망에 상응하는 의사가 아니라 이성에 따라 행동해야 하며 선거구의 지역적 대표가 아니라, 지역에서 선출되었어도 국가의 대표다.[28] 그러나 실제 의원들이 다음 선거에서 당선을 위해 선거구의 이익으로부터 자유로울 수는 없기 때문에 독립적 대표이론은 목표나 이상적 측면이다.

이익대표는 아담 스미스((Adam Smith)와 벤담(Jeremy Bentham)의 공리주의 전통[29]과 미국의 건국자들의 사상[30]에서 주로 영향을 받은 이론으로 대표를 각 지역이나 각 집단의 이익을 대변하는 자로 본다. 이런 견해의 흐름은 각 개인이나 집단의 이익은 결국 사회 전체의 이익으로 발전된다는 생각에서 출발한다. 대표는 각 집단의 이익을 표출 또는 취합해 상이한 집단 간의 이익을 조정하는 역할자다.[31] 따라서 대표

27) J. S. Hoffman & Paul Levack(eds.), *E. Burke's Politics* (New York: Alfred A. Knopt, 1949), 116 ; Samuel H. Beer, "The Representation on Interests in British Government: Historical Background," *APSR* LI (September 1957), 616.

28) Ernest Barker, *Essays on Government* (Oxford, 1951), 199.

29) Adam Smith, *An Inquiry into the Nature and Causes of the Wealth of Nations* (New York: 1937), IV; T. V. Hutchinson, "Bentham as an Economist," Economic Journal, *LXVI* (June 1956), 288-306 참조.

30) Alexander Hamilton, James Madison and John Jay, *The Federalist Papers*, No. 60 참조; John A. Fairlie, "The Nature of Political Representation," *APSR* XXXIV (April 1940), 244.

31) 앞에서 언급한 것처럼 Bentley와 Truman은 민주적 정부형태를 분리된 이익을 가진 집단들 간의 적절한 균형을 통해 달성될 수 있다고 주장하였다. 이러한 논리는 여러 정치 및 사회학자들의 논저에 포함되기에 이르렀고 서구민주주의의 모델이 되었다. *Model Foreign Policy* (New York: Praeger, 1960); R.A Dahl, *A Preface to Democratic Theory* (Chicago: University of Chicago Press, 1956); Dahl and Charles Lindblom, *Politics: A Study in Basing Point Legislation* (Ithaca: Cornell University Press, 1952); W. Kornhauser, *The Politics of Mass Society*

들의 행위는 그만한 권한이 부여되어야 한다.32)

이익대표는 그러나 지역이나 집단이기주의에 빠지면서 관련되는 유권자수(지역 또는 집단에 관련되는), 정치자금 동원력, 전문성 등 정치에 영향을 미칠 수 있는 정도에 따라 각각의 이익집단이 차지할 수 있는 파이(pie)에 차이가 나고 이러한 이익대표의 역할에 따라, 그 외의 시민들의 이익은 소홀해질 수 있다. 대표는 결국 독립적이고 이익적인 성격 어느 하나에 매달리기보다는 양자의 적절한 조화가 필요하다.

상징적 대표(Symbolic Representation)는 전근대적 사회에서 제물(양 등)을 바치는 등의 주로 종교적인 목적의 대표다. 예를 들면 십자가(†), 절(卍), 지도의 각종 부호 등은 그 자체가 어느 특정 현상을 대표하는 상징성을 갖고 있다. 이런 상징은 누가 믿는다면 존재하지만 믿지 않으면 존재하지 않는다. 십자가는 예수나 하나님을 상징하는데 그 존재는 이를 믿는 기독교신자에게나 해당되는 것이다.

상징이 대표의 지위를 합리적으로 정당화할 수는 없기 때문에 상징적 대표는 비합리적이거나 감정적인 신념의 요소가 강조되지 않을 수 없다. 이런 논리의 극단적 견해는 대표의 파시스트이론이다. 파시스트 독재자는 많은 추종자를 거느리고 있으나 이 추종자들이 지도자의 의지를 대표하거나 반영하는 것이지 지도자가 추종자의 의지를 대표하거나 반영하는 것이 아니라는 바커(Ernest Barkar)의 주장이 돋보인다.33)

(Glencoe: Free Press, 1959); S. M. Lipset, *Political Man* (New York: Double day, 1960); Nelson Polsby, *Community Power and Political Theory* (New Haven: Yale University Press, 1963).

32) 대표를 구성원들로부터 어느 활동의 권한을 위임 받은 자들로 보는 견해는, Weber, *Economy and Society*, G. Roth & C. Wittich(eds.), 293; Harvery Pinney, "Government by Whose Consent?," *Social Science* XIII(October, 1938), 298. 또 대표를 대표와 구성원들 간의 동의관계로 보는 견해는 John P. Plamentz, Consent, *Freedom and political obligation*, 117-118.

33) Ernest Barkar, *Reflections on Government* (London: Oxford University Press, 1942), 377.

극단적인 파시스트 이론에서 피지배자를 지배자에게 적합하도록 변화시키는 전도현상은 강제나 교묘한 선전술에 의해 야기된다. 현대사회에서 상징적 대표의 존재는 종교 등 비정치적 분야에 한정되거나 권력과는 분리되는 현상이지만, 독재자들은 의례히 자신들에게 이러한 상징성을 부여하며 북한의 김정일은 그 대표적인 예다.

상징적 대표가 단순히 대리뿐만 아니라 대행까지 한다면 파시스트적 사고로 발전될 수 있다. 이 두 가지 요소를 겸한 상징적 대표는 동원력이나 추진력에서 능률적일 수 있으나 민주적 자질과 철저한 제도로 뒷받침된다고 해도 독재의 위험은 상존하게 된다.

권력의 본질

"인간의 열망은 탐욕스럽기 때문에 … 권력은 저절로 자라난다."[34]

아담스(John Adams)의 경고다. 권력은 인간의 가장 천박한 본능적 본성이라는 점에서 권력을 둘러싼 싸움은 출발부터 추잡할 수밖에 없다. 정치인이 권력을 쫓는 하이에나이고 권력을 수단으로 해 자신의 욕구를 충족하는 사람이라면, 권력의 본질은 무엇인가?

권력(power)은 라틴어 potestas 또는 potentia(ability)에서 유래되었으며, 로마에서 potentia는 한 사람 혹은 사물이 다른 사람 혹은 사물에게 영향을 미치는 능력을 의미했다. 이런 점에서 권력은 '다른 사람에 대해 의도되고 예견되는 결과를 만들어 낼 수 있는 어떤 사람의 능력'[35]으로 정의된다. 권력은 개인 간 혹은 개인과 사적 집단(예를 들면

34) John Adams, cited in Richard Hofstadter, *The American Political Tradition* (1948; reprint, New York: Vintage, 1973), 3.
35) Dennis Wrong, *Power: Its Forms, Bases, and Uses* (New York: Harper & Row, 1979), 2.

기업, 종교, 기타 민간단체 등)간에 어느 한쪽 또는 양쪽의 필요에 의해, 양측의 동의 또는 강제에 의해 성립될 수 있다. 이러한 권력은 폭력, 매수, 신앙 등에 의해 합법 혹은 불법으로 성립될 수 있는 사적 권력도 포함된다. 기업은 돈과 기업 내의 지위를 통해 권력이 작용한다. 교회는 신부나 목사, 절은 승려를 통해 신앙을 기초로 사적 권력이 작용한다. 그러나 이런 힘의 관계는 정치의 '권력'으로 부르지 않는다.

권력은 국가(국가의 법)를 배경으로 행사되는 힘이다. 이를 가장 극명하게 제기한 것은 베버(M. Weber)다. 그는 국가를 사회활동에 대해 강제수단으로 지배하기 위한 기관[36]으로 보았는데 강제수단이 곧 권력이다. 전통적으로 권력은 사자의 힘과 같은 지배력을 갖고 사자 즉 군대와 경찰을 사유화했다. 권력은 피지배계급들의 각성과 저항이 거세지면서 마키아벨리(Niccolò Machiavelli)의 지략대로 여우같은 간교한 술수를 사용하는 양면성을 지니게 되었다.

로크(John Lock)는 권력을 오직 생명과 자유 그리고 재산의 보호를 위한 목적만을 갖는다는 도구주의적 관점에서 인식하면서 국가의 강압을 인정했다. 로크는 인간이 너무 어리석어 스컹크나 여우 때문에 생기는 불행은 피하려고 조심하면서도, 사자에게 잡아먹히는 것에는 만족하며 그것을 안전으로 생각해서는 안 된다고 경고했다.[37] 그러나 자유주의자들은 특히 경제 분야에서 국가권력의 제한을 요구했다. 이것이 바로 시장경제 논리다. 그러나 정치는 정치인들에게만 맡겨지고 경제는 시장에만 맡겨진다면 사회는 권력과 금력이라는 무기를 통해 약육강식하는 정글 사회와 무엇이 다른가?

정치권력이 국민의 의사라는 미명아래 만들어 놓은 권력 가운데 사실

---

36) Axel Hadenius, *Institutions and Democratic Citizenship* (Oxford: Oxford University Press, 2001), 132.
37) John Lock, *Second Treatise of Civil Government*, chap. 7.

상 국민을 억압하는 제도와 자의적으로 행사되는 권력에 대해 국민들이
과연 어느 정도 알고 있는가?

권력은 실제로 타당한 절차, 정당한 목적으로 모든 사람에게 평등하
게 사용되어야 한다. 이런 측면에서 권력의 사용에 대한 감시는 다각도
로 필요하다. 국회, 언론 그리고 정부의 감시기관 등에서 권력의 사용을
견제, 감시한다. 그럼에도 여우같은 간교한 술수에 의한 편법적인 권력
의 사용은 근절되지 않는다.

이념의 본질

토마스 쿤(Thomas Kuhn)은 과학자들은 자신들이 다루는 문제의 객관
성에 대해 신념과 가치 그리고 신화의 구조를 불가피하게 채택한다고
말한 바 있다.[38] 예술가들이 현실세계를 자신들의 감각에 의해 묘사해
내듯 정치인이나 정치학자들 그리고 다른 전문가들도 자신들의 근본적
관념이나 패러다임을 통해 현실을 이해하고 질서를 부여하며 규정한다.
미래의 방향도 이런 바탕에서 설정한다. 이념은 이 과정에서 핵심작용
을 한다.

이념(Ideology)은 어떤 대상의 부분에 대해 긍정 혹은 부정으로 평
가된 관념으로서, 사회구성원 전체가 아닌 어떤 집단에 의해 사실 또는
진리로 받아들여지는 가치 또는 신념체계다.[39] 따라서 동일한 현재나
미래에 대해 대립되는 다른 이데올로기가 존재하게 된다. 이념은 이러
한 현상에 대한 패러다임이나 개념들로 구성되며, 관념들이 굳어지고

---

38) Thomas S. Kuhn, *The Structure of Scientific Revolutions* 2nd ed. (Chicago: University
of Chicago Press, 1970).

39) 리만 T. 싸젠트, 최한수(역), 『현대비교정치이데올로기』 (서울: 신유, 1991), 16.

질서가 구성되면 신념체계로서의 이념으로 불려진다.

이념은 후기 계몽주의 이론가들에게는 관념과학(science of idea)으로서 진리를 발견하기 위한 수단이었고,[40] 나폴레옹에게 '이데올로그들(Ideologue)'은 현실을 외면하는 환상가들이었다. 이데올로기라는 용어를 사회학이나 정치학 이론에 도입한 주요한 인물은 마르크스(Karl Marx)다. 그도 이념을 정치적 환상 또는 허위의식으로 사용했다. 마르크스가 말하는 허위의식은 어느 사회 또는 집단이 중요한 의미를 부여하고 있는 사실에 대해 갖는 잘못된 신념이다.

만하임(Mannheim)은 이념연구에 불을 붙인 그의 저서 '이데올로기와 유토피아'에서 이념을 정치적 경향을 가진 특수개념과 철학적 경향을 가진 포괄적 개념으로 구별해 전자를 실제상황을 다소 의식적으로 위장하는 것으로 간주하고 후자는 한 세대나 혹은 구체적인 역사-사회적 집단의 이념에 대한 포괄적 내용으로 구별했다.[41] 이러한 이념은 인류사회의 보편적인 이념 즉 총체적 이념과 각각의 공동체가 갖는 특수한 개별적 이념으로 대별된다. 보편적 이념은 정치이념으로서, 민주주의, 공산주의, 사회주의, 자본주의, 자유주의, 신자유주의, 보수주의, 민족주의, 인민주의, 여성평등주의, 무정부주의, 파시즘, 나치즘 등 다양하다. 개별적인 이념은 각 집단들이 필요에 따라 일종의 구호로 나타난다. 조국근대화, 개발, 선진화, 주체, 세계화, 공정사회 등은 개별적 이념의 예다.

이념은 그 주창자가 영향력 있는 인물이라면 사람들에게 하나의 태도나 신념, 가치로서 중대한 영향을 미칠 수 있다. 이념은 인류의 삶과

---

40) Willard A. Mullins, "On the Concept of Ideology in Political Science," *American Political Science Review 66* (June, 1972), 498-510.

41) Karl Mannheim, *Ideology and Utopia: An Introduction to the Sociology of Knowledge*, Louis Wirth and Edward Shils(trans.) (New York: Harcourt, Brace, and World, 1936), 55-56.

관련한 보편적 가치에 얼마나 부합하느냐, 그를 주창한 사람이나 세력
의 영향력이 얼마나 넓게 전파되고 오래 지속되느냐에 따라 생명력이
좌우된다. 만일 어느 민족이나 국민 모두가 인식하고 수용하는 관념이
라면 총체적 이념이고 어느 부분적 집단이 공유하는 관념이라면 상대적
이념으로 분류할 수 있다.

이념의 기능

이념은 정치의 본질과 사회에 관한 광범위한 견해로서, 조직화된 공동
체의 주요 활동들에 대한 선택과 결정을 위한 기준을 제공하는 추론의
개념적 틀이다.[42] 이념은 사회가 어떻게 조직되어야 하는지에 관한 중
요한 관점, 국가의 역할이 무엇인가에 대한 답변, 국민이 수용하거나 거
부해야 할 차이점은 무엇인가, 바람직한 사회는 어떤 사회인가의 문제
에 대한 해답, 특별한 종류의 사회를 만들 정치적 설계를 지지할 사람들
을 동원하기 위한 그 이상의 좋은 사회에 대한 견해도 제시한다.[43]
　　이념이 수행하는 주요한 기능은 해석, 정당화, 동원이다.[44] 이념은
신비스런 주제, 과장, 축소, 잡다한 수사를 사용해서 현실을 왜곡하는
경향이 있다. 이념은 사람들에게 정치적 목적을 분명히 제시하고 비전
을 개선시킬 수 있으며 정권에 대한 지지 및 법과 규칙 등의 적용을 정당
화하게 만들어 준다. 이념의 대중 동원은 이념이 내포하고 있는 선전요
소의 작용을 통해 수행된다. 이념이 가지고 있는 선전, 설득적 요소들은

---

42) Zeev Sternhell, "Fascist Ideology," W. Laqueur(ed.), *Fascism: A Reader's Guide*
　　(Harmondsworth: Penguin, 1979), 318.
43) John Schwarzmantel, *Ideology and Political* (London: Sage, 2008), 24-26.
44) Mark N. Hagopian, *Ideals and Ideologies of Modern Politics* (New York:
　　Longman, 1985), 7-10.

사람들이 어떻게 행동하는지, 어떻게 행동해야 하는지와 관련된다. 이념은 사회구성원들이 의지하는 관념의 지표로서 집단의 행동을 정당화시켜주고 유도하는데 유용한 이론인 동시에 신념이기 때문에, 대중들은 일종의 환상으로서의 관념을 현실로 인식하고 그에 부합하는 행동을 하게 됨으로써 동원은 자연스레 이루어지며 이 과정에서 이른바 '이념의 전쟁'이 전개된다.

　이념이 갖는 이런 기능들은 그동안 제3세계의 권위주의적인 지도자들에 의해 권력의 유지와 경제발전에 적절하게 이용되었다. 제3세계의 정치 지도자들은 이러한 목적으로 대중 이념을 창출하고 주입시켰던 것이다.

　이상의 이념들 가운데 어떤 것들은 그 가치를 잃은 것도 있고 현재에도 우리의 삶의 중심에 자리한 이념들도 있다. 이념은 한번 출현하게 되면 완전히 사라지는 것이 아니라 휴화산처럼 활동만 중단될 뿐 어느 누구 또는 어느 집단에 잠재해 있기 때문에 언제 다시 활성화 될지는 알 수 없다. 공산주의는 생명력이 다한 것 같지만 무의식적 상태에서 많은 사람들의 머리에 자리하면서 일부지역에서는 아직도 그 모습이 드러나고 있다. 파시즘과 나치즘은 이제 박물관의 유물처럼 보이지만 박제 상태에 다시 피가 흐르고 호흡이 이어질 수 있으며, 이미 그 조짐은 일부지역에서 나타나고 있다.

　이념은 휴화산처럼 평상시에는 고요하고 적막하게 존재한다. 간헐적인 지진처럼 정치인이나 운동가들에게 의해 어떤 정책의 주장이나 대안으로 나타날 뿐이다. 이런 이념들은 시대와 환경에 따라 다양하게 개진된다. 그동안 우리나라는 독립, 반공, 자유에 관한 관념이 여러 형태의 이념으로 응결조형(凝結造形)되어 표출되었다.

　80년대에 우리나라를 휩쓸었던 '선거주의'의 격랑은 이제 중동(이집트, 리비아 등)으로 옮겨졌고, 그 다음은 중국을 거쳐 북한으로 번질 것이다. 이 격랑이 지나간 우리나라는 이제 어떤 바람도 일지 않을까?

마르크스주의가 자랐던 러시아와 동구에서, 반마르크스주의 바람으로 이제 마르크스주의는 실 끊어진 연처럼 날아가 버렸는가? 아니다. 이념은 바이러스처럼 잠복하면서 다시 나타나거나 상황에 따라 변종으로 나타난다.

우리나라에서 자유주의적 시장주의(이른바 신자유주의)는 자본과 권력 그리고 지식을 무기로 사회를 휩쓸고 있다. 그러면서 다른 한손으로 '복지'라는 이름으로 반시장주의를 무력화시키려한다. 한 편에서는 여전히 공정한 배분의 당위에 대한 믿음이 강화된다. 또 다시 전통적이면서도 새로운 자유와 평등의 치열한 대립의 폭풍이 밀려오고 있는 것이다. 이 폭풍을 잠재우는 길은 적대적인 이념들의 변종을 찾아 우리 나름의 새로운 제3의 길을 모색하는 것이다. 자유를 강화하면서 경제적 평등을 확대하는 길을 찾는 것이다.

제2부

자유와 평등의 정치

제3장 자유의 정치

자유의 본질

민주주의는 인류가 근본적으로 추구하는 가치다. 그러나 민주주의는 링컨에서부터 스탈린과 김일성에 이르기까지 각기 내세우는 다양한 개념 때문에 오히려 혼란과 악용의 대상이다. 민주주의는 분명히 본래의 개념이 있다. 18세기 계몽주의 시대에 나타난 자유와 평등이 그것이다. 자유와 평등을 이상으로 하는 삶의 원리로서의 민주주의 즉 규범적 민주주의의 핵심요소의 하나인 자유에 관한 내용과 이를 기본으로 하는 정치의 현실에 관한 기술이 이 장의 목적이다.[1]

자유는 소극적 의미에서 '동작에 대한 외적인 장애의 부재'[2] 로서, 개인이 어떤 방향으로 행동하고자 의도하는 것을 할 수 있는 개인의 능력에 대한 간섭의 부재다.[3] 어떤 사람이 무엇을 하고자 하는데 대한 신

---

1) 자유의 정치와 다음 장의 평등의 정치는 졸저, 『자유와 평등』(파주: 동명사, 2003), 20-111의 내용을 중심으로 수정 보완한 것이다.

2) T. Hobbes, Leviathan, Ch.14, 24. 이에 관한 기술은 J.Roland Pennock, "Hobbes's Confusing 'Clarity'-The Case of 'Liberty'," Keith C. Brown (ed.), *Hobbes Studies* (Oxford: Basil BlackWell, 1965), Ch. 5, 6.

3) J. Roland Pennock, *Democratic Political Theory* (Princeton, New Jersey: Princeton University Press,1979), 18-35.

체적 제한의 부재 즉 신체의 자유가 자유의 최소한의 필요조건이라는 관점이다. 여기에서 한 사람의 자유와 다른 사람의 자유 간의 양립가능성의 문제가 제기된다. 모두가 자유롭게 행동하고 그 자유가 각자의 의도대로 하는 것이라면 우리사회는 홉스가 말한 대로 '만인에 대한 만인의 투쟁'상태가 될 것이고, 결국 강자는 자유로울 수 있을지라도 약자는 자유로울 수 없으며, 강자라도 안심할 수 없다. 루소에게 자유는 인간이 누려 볼 때 비로소 그 소중함을 알게 되는 존재다.

> 자유에 대한 사랑에 관해 정치가들은 철학자들이 자연 상태에 대해 말한 것과 같은 궤변을 곧잘 늘어놓는다. 그들은 보이는 사물을 가지고 아직 본 적이 없는 전혀 다른 사물을 판단한다. 눈앞의 사람들이 노예상태를 참아내는 것을 보고 인간에게 예속에 대한 천부적인 성향이 있다고 생각한다. 자유란 순결이나 미덕 같은 것으로서 그것을 소유할 때만 가치를 느낄 수 있으며 그것을 잃어버렸다면 그것에 대한 취미도 곧 잃어버리게 된다는 사실은 생각해 보지도 않는다.4)

자유는 곧 개인들 스스로의 목표이고 소유의 대상이어야 하기 때문에 적절한 배분이 필요하다. 다른 사람의 존재가 고려되어야 하는 것이다. 자유의 방향을 설정하는 것은 그 사회의 이념이다. 경제적 자유는 이념에 의해 절대적으로 좌우된다. 각자의 자유로운 행동의 제한은 불가피하며 이를 위해 최소한의 억제장치가 필요하다. 그 장치가 바로 그 사회의 상식과 윤리 및 도덕이요 법이다. 법은 이념이 설정한 자유의 기준을 구체화한 것이다. 상식과 윤리 및 도덕이 각 개인이 자발적으로 준수해야할 규범이라면 법은 반드시 지켜야할 강제규율이다.

존 스튜어트 밀(John Stuart Mill)은 '자유론'을 통해 사람들이 자

---

4) J. Rousseau, "Discourse on the Origin of Inequality," J. J. Rousseau, *The Social Contract and Discourses*, G. D. H. Cole(trans.) (Dent: London and Melbourne, 1982), 92-93.

신과 직접적으로 관련되는 사항에서 자신들이 원하는 대로 생활하도록 허용되지 않는다면 문명은 발전할 수 없다고 주장한다. 밀에게 개인의 자유를 제약할 수 있는 간섭에 대한 정당한 근거는 자기보호의 원리에 있다. 강제가 정당화되기 위해서는 다른 사람에게 해를 끼친다는 '위해의 원칙(harm principle)'이 성립되어야 하는 것이다.

자유를 제한하는 주체는 궁극적으로는 국가권력이다. 그러나 국가권력은 개인이 자신을 발전시킬 수 있는 조건들을 제공하는 촉진적 기관이어야 하는 동시에 개인의 자유가 최대로 신장되도록 보호하는 장치가 되어야 한다.

자유의 유형

소극적 자유

18세기에 자유주의자 콩스탕(Benjamin Constant)이 자유의 개념을 분류한 이후 이사야 벌린(Isaiah Berlin)은 소극적 자유(negative liberty)와 함께 적극적 자유(positive liberty)의 필요성을 제기한다.[5] 벌린에게 소극적 자유는 개인이 자신의 욕구를 추구하는 과정에서 어떤 간섭, 의도적이고 강제적인 간섭이 없는 상태로서, 특히 국가나 사회 또는 다른 개인들에 의한 강제적인 간섭의 부재를 의미한다. 불간섭과 독립이다. 어떤 개인이 할 수 있었던 일을 타인들로부터 방해받아 못하는 경우, 그 만큼 개인은 자유롭지 못할 뿐만 아니라, 타인들에 의해 구속받는 정도가 일정한 수준을 넘어서면, 그 개인은 강제를 당하고 있거나 노예생활을 하고 있다고 말할 수 있다.

---

5) Isaiah Berlin, "Two Concepts of Liberty," Robert M. Stewart(ed.), *Reading in Social & Political Philosophy* (New York: Oxford University Press, 1996), 90-95.

법이 허용하는 사물이나 권리를 가난 때문에 향유할 수 없다면 마치 법이 금한 것과 마찬가지로 자유가 없다고 말할 수 있다. 부자유가 개인의 질병 등 신체적인 부자유 때문이라면 자유를 제대로 누리지 못해도 자유의 제약이라고 할 수는 없지만, 타인의 어떤 특정한 조직이나 제도의 구축으로 인해서, 타인들과 달리 자신이 권리를 누리는데 드는 충분한 자금을 조달할 수 없다면 강제나 노예상태의 희생물이 되는 것이다.

타인에 대한 불간섭의 영역이 넓을수록 개인의 자유도 넓어진다. 불간섭의 범위가 넓을수록 자유는 넓어지지만 모든 사람들은 끊임없이 타인의 자유에 간섭하려고 하기 때문에, 정치사상가들은 자유의 영역이 법에 의해 제한되어야 한다고 생각한다. 또한 자유주의자들은 어떠한 경우, 어떤 명분에 의해서도 침해될 수 없는 개인의 자유에 대한 최소한의 영역이 존재해야 한다고 주장한다. 그렇다면 그 영역을 어떻게 가를 수 있는가? 벌린은 실천적 절충과 양보의 방안이 강구되어야 한다고 본다.

자유를 '강제의 부재'[6]나 '구속으로부터의 해제'[7]로 정의해도 결국 자유는 액톤 경의 말대로 "국가권력으로부터 면제되는 내적 공간의 보존에 불과하다."[8] 그렇다면 자유는 무정부적인 경향을 띠며 궁극적으로 "국가가 존재하는 한 자유는 있을 수 없고, 자유가 있는 한 국가가 있을 수 없다"[9]는 레닌의 주장으로 연결된다. 우리는 절대적인 자유라는 점에서 무정부주의의 이상을 동경하면서도 주저한다. 무정부주의자는 인간에게는 절제된 욕망, 상호간의 조화로 인해 갈등이 존재하지 않는

---

6) John Laird, *On Human Freedom* (London: allen and Unwin., 1947), 13

7) Berlin, *Two Concepts of Liberty* (Oxford: Clarendon Press, 1958), 6~8

8) Lord Action, cited in Robert A. Nisbet, *The Quest for Community* (1953; reprint, New York: Oxford University Press, 1969), 246.

9) Lenin, *State and Revolution* (New York: International Publishers, 1932), 79.

것으로 보고 있으나, 그동안 인류역사를 되돌아보면 무정부주의자들의
인간관은 비현실적이다.

자유가 공공성 등을 이유로 부분적으로나마 제한되고, 그 제한자가
국가기관이라면 자칫 시민의 자유는 축소되거나 경우에 따라서는 부정
될 위험도 있다. 자유의 제한이 분명하고 객관적으로 확립된 기준과 절
차에 따라야 하는 이유다. 인간으로서 인간답게 살아가는데 필수적인
자유, 즉 기본권적 자유는 국가 및 사회로부터 철저하고 적극적으로 보
호되어야 한다. 이런 점에서 로크, 스미스, 그리고 존 스튜어트 밀 등 고
전적 자유주의자들은 오히려 소극적인 자유개념을 가진 사상가들이다.

적극적 자유

적극적 자유는 자신이 주체가 되고, 외부로부터의 영향이 아니라 자신
의 의식적 목적, 즉 이성에 의해서 동기가 부여되어 움직이는 것이다.
적극적 자유는 자율이나 자기 확신과 관련된다. 비이성적이거나 무지에
서 나오는 자유, 또는 잘못된 일을 하는 자유는 진정한 자유가 아니라는
입장이다.

벌린이 제기하는 적극적 개념으로서 '자유'는 각 개인이 자기 자신의
주체가 되려는 소망에 뿌리를 둔다. 각 개인은 자신의 생활과 결정이 어
떤 외부 힘이 아닌 자기 자신의 힘에 의해 이루어지기를, 다른 사람의 의
지가 아니라 자기 자신의 의지를 구현하기 위한 도구와 수단이 되기를
바란다. 각자는 다른 사람에 의해 결정되는 존재가 아니라 스스로 결정
하는 행위자, 자기 스스로 명령을 내리는 존재가 되기를 원한다. 개인은
객체가 아닌 주체, 즉 자신이 절대적인 주인으로서 집단적 의사결정 과
정에 참여할 권리를 갖는 것이다. 개인은 무엇보다도 사고하며, 의지를
갖고, 능동적이며, 자신의 선택에 책임을 지고 자신의 생각과 목표에 준
거해 그 선택을 설명할 수 있는 존재로 인식하고 있는 것이다. 자신에 관

한 이러한 명제가 참이라고 믿는 만큼 자유롭다고 느끼는 반면에 거짓이 라고 인식한 만큼 예속되는 것이다.

벌린의 적극적 자유는 정부가(민주적 정부의 경우) 자유의 제한자처럼 보이지만 주요한 보호자이여야 한다는 관념이다. 적극적 자유는 사람의 능력에 합당한 교육과 직업의 평등권을 포함하게 된다. 플라톤 그리고 그 이후의 루소도 국가가 집단의 집합적 의사를 대변하는 기관이기 때문에 국민의 소망을 구현하기 위해 필요하다고 보았다.[10) 국가는 국민 즉 개인의 집합 또는 하나의 전체를 위해 실질적 역할을 갖는다는 점에서 국가기관의 자유에 대한 역할은 소극적 이라기보다는 적극적 자유에 해당한다. 맥퍼슨은 적극적 자유를 인간의 발전력이라는 측면에서 발전적 자유(developmental liberty)로 불렀다.[11)

스튜워트(Robert M. Stewart)는 벌린의 적극적인 자유론에 함의되어 있는 자유가 유일하거나 가장 중요한 가치는 아니라고 전제한다. 그는 전체주의자들이나 가부장적인 성향의 입법자들이 자유의 개념을 반대의 개념으로 묘사함으로써 강제를 정당화하려는 시도로 적극적 자유를 인용하려는 위험성을 지적한다.[12)

개인이 스스로 자신의 주인이 됨으로써 성립되는 자유와 자신이 선택한 행동을 다른 사람으로부터 방해받지 않는 상태로 성립되는 자유는 서로 논리적 괴리를 갖는 것이 아니라, 한편으로는 소극적으로 표현하는 방식이고 다른 한편은 적극적으로 표현하는 차이에 불과한 것처럼 보일 수 있다. 그러나 자유에 대한 소극적, 적극적 개념은 역사적으로 볼 때, 매우 다양한 관점에서 다양한 방향으로 발전되어 왔다. 그리고 마침내 이 두 개념 간에 정면의 상충을 빚게 되었다.[13)

---

10) Helena Catt, *Democracy in Practice* (New York: Routledge, 1999), 11.
11) Catt, *Democracy in Practice*, 119.
12) Robert M. Stewart(ed.), *Reading in Social & Political Philosophy* (New York: Oxford University Press, 1996), 86.

정치와 자유

정치가 모든 사람의 모든 자유에 관심을 가질 수는 없지만, 반드시 보호하고 육성해야 할 자유가 있다. 시민이 시민답게 사회생활을 할 수 있는 자유다. 이것은 인간의 기본권적 자유로서, 반드시 보장, 보호되어야 하는 시민의 권리다. 정치적 자유, 표현의 자유, 언론의 자유, 집회. 결사의 자유, 종교의 자유, 거주. 이전의 자유 등은 권력으로부터의 자유로서, 민주국가에서는 표면적으로는 보장되고 있다.

정치적 자유

정치적 자유는 몇 가지 범주로 구분된다. 투표권은 대표적인 정치적 자유다. 일정한 자격을 갖춘 국민이면 누구나 공직선거에서 여러 후보자 중에 원하는 인물을 선택해 투표할 수 있는 자격과 권리다. '일정한 자격'은 연령이나 금치산 또는 한정치산자 등을 배제하는 것이다. 공공문제에 관해 독자적인 판단이 가능한 연령기준을 사회적 합의로 설정하는 것은 합리적이다. 사회 환경의 발전과 인지능력의 발달로 선거연령은 20세 기준에서 최저 17세까지 내려가는 추세다. 범법자는 정상적인 판단을 하기 어려울 뿐만 아니라 그에 상응하는 권리와 자유도 제한되어야 하는 것은 불가피하다.

정치적 자유에는 지지하는 후보자의 당선을 위해 선거운동을 할 수 있는 자유도 포함된다. 그러나 일정한 제한은 불가피하다. 선거운동이 상대방의 자발적 의사를 유도하는 것이 아니라 타율성이 개재될 수 있는 경우다. 학생들뿐만 아니라 학부모에게도 절대적인 영향을 갖는 초·중·고교의 교사나 권력의 위계에 포함된 공무원 등은 선거운동의 자유가 제한될 수밖에 없다.

13) Berlin, "Two Concepts of Liberty," 94.

정치적 자유는 각종 정치단체를 조직하거나 가입하고 공직선거에 입후보하며 당선을 위해 자유롭게 유권자들을 접촉하고 자신의 정견을 표현할 수 있는 자유도 포함된다. 선거운동에서 제외된 대상은 역시 정치단체의 조직이나 가입도 제한되는 것이 당연하다. 그러나 현재 범법자가 아니면 누구나 후보로 나설 수 있다. 교사나 공무원 등 일부 직종의 종사자는 그 직을 그만두어야 한다.

입후보는 당선을 전제로 하지 않으면 의미가 없다. 당선되기 위해서는 유력한 정당의 공천을 받아야 하고 필요한 선거자금이 있어야 한다. 정당의 공천은 표면적으로는 공천심사위원회를 구성해 공정하고 객관적인 심사를 표방하지만, 공천심사는 사실상 당내의 파벌이나 인맥의 힘이 개재되고 있다.[14]

대부분의 유권자들은 정당의 라벨을 보고 후보를 선택하기 때문에, 정당의 후보자 추천과정은 중요한 인사문제다. 공공기관에서 인사문제를 공정하고 객관적으로 하지 않는다면 '인사비리'에 해당한다. 그럼에도 사실상 국고보조금으로 운영되는 준국가기관으로서의 정당이 국회의원이나 단체장, 지방의원의 공천을 타당하고 공정한 기준보다는 일종의 흥정처럼 처리하는 것은 무책임할 뿐만 아니라 탈법, 편법적 처사다.

공직후보자의 추천을 더 이상 정당에 맡길 필요가 없다. 인터넷 망은 순간적으로 모든 개인의 신상을 확연하게 알려준다. 유권자로부터 심판의 대상인 후보자들의 정보는 결코 숨겨지기 어렵다. 정당의 추천과정이 없어도 유권자들이 후보에 대해 판단할 수 있는 자료는 넘쳐난다. 유권자의 주도와 통제를 확대하고 강화하기 위해 정당의 추천 대신에 정당 표방 예비선거제를 채택할 수 있다. 누구든 예비후보로 입후보하고, 정

---

14) 대통령선거에서 승리한 한나라당은 18대 총선거의 공천에서 당 외의 인사를 포함하는 공천심사위원회를 구성해 객관적인 심사를 한다고 선전했으나 결과적으로는 박근혜계를 공천에서 대거 탈락시켰고, 이들이 친박연대를 결성해 총선에 참가한 뒤 상당수가 당선되는 일이 벌어졌다.

당은 사전 검증을 통해 특별한 사유가 없는 한 정당표방을 인증하도록
한다. 정당공천심사위원회는 심사가 아니라 인준위원회가 된다. 예비
선거로 인해 선거를 두 번 실시하는 번거로움이 따르지만, 예비 선거를
우편투표나 전화 또는 인터넷 투표 등으로 간소화하는 방법을 강구하면
부담이 상당히 줄어들 것이다.

표현과 언론의 자유

플라톤은 일찍이 자유 가운데 표현의 자유를 필요적 자유로 간주했
다.15) 밀(J. S. Mill)은 의견의 표현과 발표의 자유는 사상 자체의 자유
와 마찬가지로 중요하기 때문에 사상의 자유로부터 분리될 수 없다고
주장했다.16) 밀에게 사상은 자기 자신의 생각을 말과 글로 표현하는 자
유를 필요로 한다. 모든 사상들에 대한 자유시장이 존재하지 않는다면,
진리는 표출되지 않을 것이며 이러한 상황에서는 자발성, 창의성, 천재
적 소질 그밖에 정신적 에너지와 윤리적 용기를 추출해 낼 소지도 전혀
없을 뿐만 아니라 사회는 집단적 평범성(collective mediocrity)의 무게
에 짓눌려 파멸에 이르러 '연약한 능력'과 '왜소하고 편협한 성격'의 인
간들만 주조할 것이라는 입장이다.

표현의 자유가 없다면 진리는 상실되거나 결코 발견될 수 없거나 약
화될 것이다. 진리가 발견되기 위해서는 표현의 자유가 필수적이다. 밀
은 진리탐구는 도전, 토론, 그리고 의견의 대립이 있을 수 있다는 점을
전제로, 표현의 자유 및 토론의 중요성에 대해 4가지 다른 관점에서 주
장한다.

① 만일 어느 의견이 침묵을 강요당한다고 해도 그 의견은 사실일지도

---

15) F. M. Cornford, *The Republic of Platon* (New York: Oxford University press, 1960),
282.
16) John Stuart Mill, *On Liberty* 4th ed. (London: Longman, reader & Dyer, 1869), 26.

모른다. 그렇지 않다면 우리가 완전무결한 경우에나 가능하다.

② 침묵당한 의견이 잘못된 의견일 수도 있지만, 진리의 한 부분을 포함할 수도 있다. 그리고 어느 주제에 대해 일반적 또는 유행하는 의견은 거의 또는 결코 완전한 진리는 아닐 수 있으므로 이 의견의 진리에 대한 근접은 어느 기회에 진실의 나머지 부분이 보충되어 진리가 될 수 있는 반대의견의 상충에서 비롯되는 것이다.

③ 비록 수용된 의견이 사실일 뿐만 아니라 역시 완전한 진리라고 해도 만일 그 의견이 강력하고 격렬한 논쟁을 겪지 않으면 그 의견을 받아들이는 대부분의 사람들은 합리적 근거에 대한 이해나 느낌이 거의 없이 편견처럼 생각할 것이다.

④ 이 경우 주장 자체의 의미는 약화 또는 상실의 위험에 놓이게 될 것이고 그 주장의 특성과 행위에 대한 사실상의 효과도 없어지게 될 수 있다. 독단적 주장은 단지 형식적인 선언이 되고 선(善)에 대해도 효력이 없는 것이다.17)

표현 또는 언론의 자유는 원래 언론에 대한 국가권력의 억압으로부터의 자유로서, 국가권력의 탄압에 대한 저항의 의미를 내포한다. 정치적으로 언론의 자유는 정치권력에 대한 비판의 자유라는 측면에서 중요성이 더욱 크다. 언론자유는 국민의 알권리를 보호할 뿐만 아니라 정치권력에 대한 비판과 견제, 사회의 비리에 대한 감시의 기능을 수행한다는 점에서 국민의 기본권적 자유에 해당한다.

현대사회에서 표현의 자유는 저술출판과 매스 미디어를 통한 표현, 매스 미디어가 외적 제한 없이 자유롭게 활동할 수 있는 자유가 중심이다. 이것은 자신의 사상과 감정을 자유롭게 표할 수 있는 사상 및 표현의 자유이고 이를 매개하는 언론의 자유다.

표현의 자유는 문학과 예술분야의 성(性)과 관련된 부분에서는 아주 미묘한 문제에 직면한다. 표현의 자유와 함께 그 표현을 접하는 사람의

---

17) John Stuart Mill, *On Liberty*, 95.

느낌이 조화를 이루어야 양립될 수 있는 대상이기 때문이다. 여성의 외모나 성과 관련된 표현은 성추행으로 인식되기 때문에, 이 경우 표현의 자유는 상당한 고려가 필요하다.

정치권력은 비판적인 언론을 달가워하지 않고 교묘하게 언론을 통제하고 조종하려 든다. 공영방송은 허울뿐인 공영이지 권력에 의한, 권력을 위한 통제대상이 될 수 있다. 정치권력에 의해 구성된 조직에 의해 사실상 권력의 낙하산으로 임원진이 구성되는 상황에서는 공영방송의 역할은 권력형 해바라기 공영방송에서 벗어나기 어렵다.

언론에 대한 통제와 조종은 정부의 권력뿐만 아니다. 매스 미디어 기관의 재원을 뒷받침하는 광고주와 매스 미디어를 경영하는 경영주의 직, 간접적인 통제에 의해 영향을 받을 수도 있다. 돈을 수단으로 하는 교활한 언론자유의 침해는 자본주의사회에서는 피할 수 없는 함정이다. 공영방송을 제외한 언론매체를 기업이 소유하고 있을 뿐만 아니라 언론매체들이 기업의 광고에 의해 운영되기 때문에 언론사 사주인 기업과 광고주와 관련되는 부정적 보도는 기술적으로 은폐되거나 축소되기 마련이다. 이러한 보도들은 모두 시민들의 언론자유를 제한하는 것이다.

언론이 권력과 기업으로부터 자유로워야 한다는 명제는 언론 스스로 정확하고 균형 잡힌 보도를 한다는 것을 전제로 한다. 언론이 고의든 과실이든 편향되거나 왜곡된 보도를 하는 것도 용인되어서는 안 된다. 언론은 제4의 권력으로서 사회적으로 막대한 영향력을 행사한다. 언론은 정권이나 기업과 관련해 어떤 이해관계로 교묘한 편파보도를 할 여지가 얼마든지 있다. 권력이나 기업의 비리를 보도하는데 앵글을 어디에 맞추느냐에 따라서 의미까지 변질될 수 있다.

인터넷 매체는 대형 언론사들의 권력과 금력의 영향에 의한 편향 또는 축소, 왜곡보도를 보완할 수 있는 기능을 수행한다. 시민들이 현장에서 인터넷 매체를 통해서 사실을 생생하게 보도하는 것이다. 그러나 여과 없는 현장보도나 제동장치가 없는 자유로운 보도가 반드시 사실에 근접하거나 바람직한 것도 아니다. 시민들이 대중매체에 직접 참여하고 언론의 자유가 확대되면서 정제되지 않은 내용들이 무책임하게 여과 없이 전달되어 대중들을 혼란스럽게 만드는 부작용도 나타난다. 자유로운 표현공간인 인터넷은 익명성을 악용한 음해와 비방 즉 사이버공간을 이용한 개인의 명예훼손이 심각한 사회문제로 제기되고 있다.

언론의 상업성에 의한 통제

20세기 초 언론 특히 라디오와 TV는 이윤추구의 상업성보다는 공공성, 공익성이 강조되었으나 20세기 후반이후부터 언론이 기업화되면서 상업성이 강조되고 이윤추구가 중요시되고 있다. 인쇄매체는 일간신문 외에 주간지, 월간지, 여성지, 일반도서의 출판까지, 전파매체는 TV, AM, FM 그리고 영상물의 제작 공급, 연예관련회사 등을 운영하면서 독점화, 복합화 한다. 전국적으로 망(network)을 구축함으로써 거대한 공룡이 되어간다. 시민들은 이 공룡의 품안에서 공룡의 움직임에 따라 피동적으로 움직여지는 상황이 만들어 진다.

언론매체는 자본주의체계로부터 가장 큰 혜택을 받는다. 언론매체가 기업화되고 지배계층으로 자리 잡게 되면 보도태도 또한 그 한계에서 벗어나기 어렵다. 신자유주의는 비시장제도의 역할은 최소화하고 시장과 이윤창출의 역할을 최대화하는 정책과 관계된다. 신자유주의가 추구하는 탈규제정책은 부유한 미디어기업의 성장과 번영을 허용하게 된다. 정치이론으로서의 신자유주의는 가능한 한 기업에 대한 정부의 간섭을 배제하도록 한다. 이러한 과정에서 미디어는 현상을 적합하고 영속화시키는 유형의 프로그램을 만들어내는 전문가가 되었다.[18]

---

18) Robert W. McChesney, "Rich Media," *Poor Democracy: Communication Politics in Dubious Time* (New York: 1999), 3.

언론기업은 신자유주의정책을 통해서 이윤을 극대화한다. 언론기업이 번창하면서 언론인들은 높은 보수를 받고 윤택한 생활을 하게 된다. 윤택한 생활에 젖은 언론인들에게 가난에 찌든 서민의 삶이 실감날 리가 없다. 가난한 사람들의 기사는 의례적이고 피상적으로 흐르게 된다. 가난한 서민들은 TV의 드라마에 울고 웃는 것 외에 자신들의 삶을 전달해주고 이를 개선할 수 있는 통로인 매체로부터 제외 된다. 자유로운 언론은 결국 권력과 돈 지식을 가진 자들만의 자유광장이 될 수 있다. 서민대중의 이익을 반영하는 정책, 서민대중의 평등을 확대할 수 있는 정책, 진정한 자유의 구현을 선도할 미디어체계가 진정한 자유언론인 것이다.

정치권력과 언론

언론은 이길 수 있으면 저항하지만 힘겨운 상대에게는 순응해 온 두 얼굴의 역사를 갖고 있다. 1815년 2월15일 나폴레옹이 유배지 엘바섬을 탈출하자 파리언론들의 제목은 '대역죄인 나폴레옹, 엘바섬 탈주'였다. 3월1일 나폴레옹이 안티베스 근처에 상륙하자 언론들의 제목은 '반도 나폴레옹 본토 상륙'이었다. '대역죄인'을 '반도'로 바꾼 것이다. 나폴레옹의 군대가 파리근교에 이르자 파리언론들의 제목은 '나폴레옹장군 파리 향해 진군', 나폴레옹이 개선장군으로 파리에 입성하자 '나폴레옹 황제폐하 만세'였다. 이것은 시류에 민감하게 처세의 곡예를 하는 언론 모습의 극단적 예다. 이를 놓고 언론이 정확히 사실을 묘사했다고 옹호하는 주장도 있다. 엘바섬을 탈출할 때는 분명히 죄인이었고, 군대를 모아 정부에 대항할 때는 반도였으며, 군대가 늘어났을 때는 장군이었고, 파리에 입성했을 때는 황제에 즉위하는 것은 당연한 예측이었다는 것이다.

우리나라의 언론도 권위주의 정권을 경험하면서 독재에 대해 저항

하고 순응한 양면적 역사를 가지고 있다. 정론을 생명으로 하는 언론이
지만 살아남기 위해 권력이 휘두르는 칼을 피해 안주한 부끄러운 과거
도 있다. 자신의 이해에 따라 카멜레온처럼 변신하는 것은 항상 나타나
는 현상이다. 카멜레온은 주위 배경과 필요에 따라 색깔을 자유자재로
바꾼다. 빛의 강약, 온도, 공포나 승리감 같은 감정의 변화에 따라 몸의
빛깔이 변한다. 카멜레온은 이런 고도의 위장술로 눈에 띄지 않게 있다
가, 먹이가 사정거리 안에 근접하면 머리와 몸통을 합친 길이보다 훨씬
기다란 혀를 뻗어 사냥을 한다.

　　언론이 아무리 정권에 은밀하게 유착되어도 독자나 시청자들은 쉽
게 눈치를 챈다. 정권에 밀착된 언론이라도 정권에 대한 사회의 여론,
언론사의 이익 그 다음의 선거 등을 고려해 언제나 돌변할 수 있다. 언론
은 권력에 대해 우군에서 순간적으로 적군으로 변할 수 있다. 언론이 강
해질수록 권력은 항상 부담스러울 수밖에 없다. 더구나 인쇄매체와 전
파매체가 통합되어 거대언론이 독과점체계로 등장한다면 거대한 언론
권력은 정치권력뿐만 아니라 시민도 통제하기 어려운 공룡이 될 수 있
다. 공룡언론은 언론 스스로의 자유는 누릴 수 있을지라도 시민의 언론
자유는 외면될 수 있다.

집회 및 시위와 결사의 자유

의견을 발표하고 정치적 문제를 토론하기 위해 서로 모일 수 있는 권리
는 사람들이 내용을 알고 선택하는 근본적인 권리에 해당된다. 청중이
없는 표현의 자유는 무의미하다. 표현의 자유는 집회의 자유를 필요로
하기 때문이다. 말할 자유는 청중을 가질 권리를 필요로 한다. 집회의
자유는 의사를 같이하는 사람들끼리 모여 집단적으로 그 의사를 표시하
는 시위의 보장까지 포함된다.

　　여기에서 제기되는 문제는 집회의 자유와 관련되는 정치적 문제들

로서 공공질서에 관한 문제다. 다원사회는 다양한 견해와 이익이 혼재되어 있기 때문에 집회에서 제기되는 주장과는 다른 주장을 가진 사람도 있다. 어떤 주장에는 동조하면서도 집회는 반대하는 사람도 있다. 이들은 집회와 시위로 인해 자신들의 자유로운 활동이 제한되는 것을 원하지 않을 것이다. 집회나 시위로 인해 생업에 막대한 손해를 입는 사람도 있다.

집회의 자유는 종종 공공의 안녕질서라는 이유로 제한되어야 한다는 주장이 제기된다. 집회의 자유는 자칫 시위로 이어지면서 교통방해, 인근 상가의 영업지장 등이 초래된다. 이것을 이유로 집회나 시위를 단속하면 자유의 영역을 허무는 것이고 그렇다고 그대로 방치하면 선의의 피해자들이 생겨난다. 여기에 정치가 필요하다. 정치는 자유의 극대화를 구현하면서 그에 따른 비용을 최소화하는 것이기 때문이다.

정부는 집회나 시위는 일정한 절차를 밟도록 하고 있지만, 시위와 관련된 위법성 여부에 대한 판단기준은 쉽지 않다. 자칫하면 앞의 예처럼 시위현장과 관련되는 일부 공중 또는 개인의 피해가 초래될 수 있다. 이를 법으로 규제하면 기본적 자유인 집회결사의 자유가 침해된다. 이런 딜레마는 2008년 10월 16일 법원이 불법 촛불 시위로 기소돼 재판을 받고 있는 시위주동자들에 대해 내린 엇갈린 판단에서도 잘 나타난다.

"서울중앙지법 형사항소4부(재판장 최정열)는 야간 촛불시위에 참가해 경찰차를 망치로 부수고, 소화기를 전·의경에 분사하는 등 혐의(특수공무집행방해·집시법 위반 등)로 기소된 유모(24·대학생)씨에게 징역 10월에 벌금 30만 원, 집행유예 2년을 선고했다. (…) 재판부는 유씨가 집회 및 시위에 관한 법률 제10조(야간집회 금지) 조항을 위반한 혐의에 대해서도 유죄를 인정해 벌금 30만 원을 선고했다.

이에 앞서 같은 법원의 형사7단독 박재영 판사는 광우병대책회의 조직팀장 안진걸(35)씨 재판에서, "야간 집회를 금지하는 것은 집회 자유를 침해할 소지가 있다"는 안씨의 주장을 받아들여 헌재에 위헌제청을 했다. 박 판사의 주장은 야간집회를 금지한 '집회 및 시위에 관한 법률'(집시법) 10조가 헌법에 위배된다는 것이다. 그리고 이 법원 형사3단독 엄상필 판사는 "위헌제청 결과가 나올 때까지 판결을 내릴 수 없다"며 구속돼 있던 진보연대 상임운영위원장 박석운(53)씨와 촛불시위 선동 네티즌 나명수(48)씨를 보석으로 석방하고, 판결 선고를 위헌 결정 이후로 미뤘다.

대법원 관계자는 "이번에 위헌제청한 집시법 10조는 이념적, 사상적으로 민감한 부분인데다, 무작정 선고를 보류할 경우 야간 불법집회가 확산될 우려가 있어 판사들이 신중해야 한다."는 입장을 밝혔다. (조선일보 2008.10.17)

사회의 약자, 소수집단들의 집회나 시위는 자신들의 주장을 나타내는 방법이다. 이들의 주장은 정당성 여부를 떠나 대개는 국가권력이나 재벌 등 강자로부터의 억울함이나 부당한 사연을 바탕으로 한다. 이들의 사정은 어쩌면 단순한 개인이나 소수집단의 문제가 아니라 약자면 누구에게나 해당될 수 있는 구조적 문제일 수 있다. 그러나 언론을 통해서 사회적 관심으로 부각되지 않으면 사회나 정부도 외면하기 쉽다. 집회나 시위는 언론으로부터 조명되지 않으면 단순한 육체적 노동으로 그칠 우려가 있는 것이다.

결사의 자유는 시민들이 사적 이익 또는 공공문제에 관련해 권력에 영향력을 행사하고 저항할 수 있는 정당이나 어떤 집단을 구성하고 활동할 수 있는 자유다. 콜(Cole)은 결사를 '공통적인 목적을 추구하거나 혼자의 행동을 넘어 협조적인 행동과정으로 목적을 취합하고, 이런 목적을 위해 어떤 방법과 절차에 함께 동의하며 기본적인 형식에서 공동행동을 위한 규칙을 제정하는 사람들의 집단'[19]으로 정의한다. 콜의 정의는 결사의 본질을 잘 나타내 주고 있다.

우리사회에서는 사상 및 이념과 관련해 아직도 결사에 대한 상당한 제한이 있다. 가장 대표적인 것이 국가보안법상 반국가단체다. 반국가단체는 정부를 참칭하거나 국가를 변란 할 목적으로 하는 국내외의 집단을 말한다. 가장 구체적이고 대표적인 단체는 바로 북한이다. 독재정권은 반정부활동을 반국가활동으로 몰아 억압한 경우가 허다했다. 어느 나라든 반국가단체는 용납될 수 없다. 그러나 반국가단체의 결성이나 활동은 국가가 처한 특수한 상황에서 비롯될 수 있다. 우리는 남북분단이라는 상황에서 국가의 정체성과 안보에 대한 특별한 기준이 필요하지만 사상과 이념적 결사를 반국가단체로 간주하는 것은 더욱 신중해야 한다.

최근 들어서는 입법, 사법, 행정부의 3부, 그리고 제4부로 불리는 언론에 이어 시민단체들이 제 5부로 불릴 정도로 급부상해 수가 증대하고 활동이 활발해지면서 결사의 중요한 위치를 점하고 있다. 시민단체는 정치, 경제, 사회, 문화 등 우리사회 전반에 걸친 현상들을 대상으로 관찰하고 비판하며 정책을 제시한다. 시민단체들의 활동 중에는 정부와 정치권에 대한 비판도 포함된다. 정치권에 대한 국민들의 실망이 팽배할수록 시민단체들의 활동에 대한 인식은 제고될 수 있다. 이러한 현상이 지속되고 심화되면 유권자들의 정당에 대한 무관심이 증폭되어 정당의 위축과 함께 정당의 기능이 축소되는 결과로도 이어지는데, 이미 그 상황이 진행되고 있다. 이러한 시민결사는 전통적으로 정당이 수행하던 시민사회내의 공공관련문제, 국가와 시장 간의 의사전달역할을 대행하며 개인을 국가에 연결한다.

거주와 이전의 자유

원하는 곳에서 살고 자유롭게 이동할 수 있는 자유는 인간의 기본적 욕구와 관련된다. 사실상 자유에 대한 제한은 어떤 식으로든 존재하고 있

19) G. D. H. Cole, *Social Theory* (New York: Frederic A. Stokes, 1920), 37.

다. 해외여행에는 여권이 필요하고 국가에 따라서는 비자를 받아야 한
다. 여권은 일종의 국제적 신분증으로서 국제사회에서 각 나라별 시민
들을 구별하며 보호하기 위한 증표라는 점에서 자유를 제한하는 것이
아니지만 다른 한편으로는 제한하는 기능도 한다. 비자제도가 없을 경
우 국경의 출입은 상대적으로 자유롭고 확대되겠지만 각국의 정책에 혼
선을 줄 수 있다. 경제수준과 임금이 낮은 나라의 근로자들은 경제력과
임금이 높은 나라로 이전할 유혹을 받는다. 위조여권을 만들고, 위장취
업, 위장결혼까지 하면서 입국하는 이유는 높은 임금의 일자리 때문이
다. 이것이 방치되면 노동시장이 교란되고 각종 사회적 범죄로 번질 수
있다.

거주 및 이전의 자유를 사실상 제한하는 주범은 경제적 불평등이다.
거주와 이전에 대한 자유를 아무리 허용해도 집을 구입하거나 여행을
할 수 있는 돈이 없다면 아무 소용이 없다. 원하는 곳이나 필요한 곳에서
거주하기 위해서는 그에 소요되는 돈이 필요하기 때문이다. 거주와 이
전의 자유가 개인의 소망대로 이루어질 수 없는 것은 어쩔 수 없기 때문
에 최소한의 기본적 자유에서 출발해야 한다. 누구에게나 기본적인 주
거공간이 확보되어야 한다는 것이다. 주택보급은 건설업자의 사업의 대
상이라기보다는 국가가 국민에게 충족시켜주어야 할 기본적 자유의 보
장대상이다. 이런 점에서 정부가 추진하고 시행중인 장기임대주택이나
보금자리주택은 거주의 자유를 신장하는 적극적 정책이다.

우리나라의 학군제도는 거주이전의 자유를 사실상 상당히 제한한
다. 학군제는 자유로운 경쟁의 폐해로 인한 평등의 축소와 경쟁에서 오
는 여러 비용과 비교육적 요소를 최소화하자는 취지다. 강남을 개발하
면서 인구유입을 위해 명문중고교를 유치 이전하고 교통과 편의시설이
마련됨으로써, 서울의 강남은 신흥명문도시로서 부(富)의 대명사로 최
고의 학군지역이 되었다. 자녀의 교육을 삶의 최고 가치로 여기는 우리

국민들의 특성은 명문학교가 위치해 있는 서울의 강남지역의 아파트가격을 평당 3,000만 원 이상으로 치올렸다. 수억대의 주택가격을 충당할 경제력이 없는 서민은 강남으로 이전하는 것이 사실상 불가능하다. 경제력이 낮은 사람은 고지대, 도심의 변두리 등에 살게 된다. 이런 상황에서 학군제는 사실상 부자유와 불평등을 초래한다. 조건적 평등이 선행되지 않는 학군제는 자유와 평등 모두를 해치는 결과를 초래한다. 주거환경이 열악한 곳에서 나은 곳으로 이전하는데 대한 자유의 제한은 없다. 그러나 이전은 불가능하다. 그 배경은 경제력이다. 이전의 자유는 경제력과 관련되는 문제인 것이다.

제4장 평등의 정치

평등의 본질

평등은 '같다'는 의미다. 평등이 유사 이래 인류를 동요시켜온 불안의 근원이었다면 그것은 '같음'과 '다름'의 갈등이 원인이었을 것이다. 평등에 대한 애착은 인류를 동요시켜온 많은 불안의 근원이다.[1] 모든 인간이 '같아야 하는 것', '같은 것'이 '다르게' 되었기 때문이다. 그 불안은 '같기 위한' 투쟁에서 오는 불안이었다. 평등은 인간의 원초적인 본능이기 때문이다.

평등은 본래 의미인 '같다'는 점에서 출발하지만 이것이 인간과 인간의 문제에 적용될 때 어려움이 제기된다. 인간은 출생에서부터도 같지 않다. 어떤 사람들은 어떤 형태의 평등의 달성은 필수적이라고 주장하는 반면, 다른 쪽에서는 그것은 불가능하다고 주장한다. 평등의 어느 형태가 가능하다고 해도 그것은 바람직하지 않다는 견해도 있다. 견해가 서로 다른 것은 매우 다른 종류의 평등을 하나의 개념으로 묶는데서 비롯된다.

현실적으로 모든 면에서 정확하게 같은 두 사람은 없기 때문에 평등

---

1) Francis M. Wilhoit, *The Quest for Equality in Freedom* (New Brunswick, New Jersey,1979), 1.

의 핵심인 '같다'는 의미에 대해 다양한 해석이 요구된다. 만일 평등을 '같다'는 의미에 매달려 해석하게 되면 오히려 같지 않은 것을 같게 변화 시켜야 하는 결과를 가져온다. 그렇다면 우리사회에 경쟁 자체가 무의 미해지고, 경쟁이 무의미해지면 기회가 불필요하다. 누구나 재산이 같 아야 한다면 어느 누구도 재산을 늘리기 위해 열심히 일하지 않을 것이 다. 누구나 사회적 지위가 같아야 한다면 그 지위 자체는 의미가 없게 된 다. 누구나 가수로 활동하면서 TV에 자의로 출연할 권리가 보장된다면 시청자들은 듣기 싫은 사람의 노래로 기분이 상할 수도 있을 것이다.

결국 평등의 '같다'는 의미는 사람의 문제에 적용되면서 범위와 대상 에서 크게 축소될 수밖에 없다. 만일 인간에 적용할 수 있는 평등의 엄밀 한 의미가 있다면 그것은 적절한 관점들에서 '같은 것들'이어야 한다. 즉 '같다'는 의미는 적절한 관점에서 같을 수밖에 없으며 '적절한 관점에서' 라는 구절은 '같은 것들'을 수식하고, 평등에 관해 논의하는 데는 무엇이 적절하고 무엇이 적절하지 않은 것인가를 주의 깊게 정의해야 한다.[2]

적절한 관점에서 같아야 한다는 의미는 같아야 하는 대상의 구체화 를 의미한다. 어떤 점에서는 선천적 차이에도 불구하고 같아야 하는 것 이고, 이 경우 같지 않은 것을 같게 하려면 그 만큼의 보완이 요구된다. 반대로 적절하지 않은 관점은 부적절하게 같다는 의미이고 이것은 같을 수 없거나 같아서는 안 되는 것을 의미한다.

중요한 점은 '적절한 관점'의 출발점이다. 인간은 자연적 불평등을 타고 났기 때문에 어느 정도의 불평등은 불가피하다고 전제하는가? 아 니면 자연적 불평등이 '차이가 아니라 다름'인가? 루소는 불평등기원론 에서 다음과 같이 기술하고 있다.

… 나는 인간에서 두 가지의 불평등이 존재한다고 생각한다. 하나

---

2) 리만 T. 싸젠트, 최한수(역), 『현대비교정치이데올로기』 (서울: 신유, 1991), 62.

는 자연적 또는 신체적 불평등이라고 부를 수 있는데, 이것은 자연에 의해 정해지는 것으로 나이, 건강, 체력의 차이와 마음 또는 정신의 질의 차이로 이루어졌기 때문이다. 다른 하나는 도덕적 또는 정치적 불평등이라고 부를 수 있는 것으로 일종의 관습에 의하며 인간의 동의에 의해 확립되거나, 적어도 인정된다. 후자는 다른 사람들의 희생 위에 일부사람들이 누리는 여러 특권들, 이를테면 다른 사람들 보다 더 많은 부, 명예, 권력을 가지거나 심지어는 남들을 그들 자신에게 복속시키는 것 등으로 이루어진다.3)

루소가 지적하는 '나이, 건강, 체력의 차이와 마음 또는 정신의 질의 차이'가 실은 '차이'가 아니라 '다름'이라면 루소의 진단은 잘못된 것이고 자연적 불평등도 인정되어서는 안 된다. 루소가 지적하는 자연적 불평등은 같아야 함을 전제로 하는 '차이'다. 이 차이를 제시한 것은 그 차이를 극복하기 위한 전제다. "인간과 인간의 차이가 사회상태보다 자연상태에서 훨씬 적으며 이것은 자연적 불평등이 제도적 불평등에 의해 한층 증대되어 있다는 사실을 이해할 수 있을 것"4) 이라는 그의 주장은 불평등의 치유를 위한 진단이다.

루소가 '인간불평등기원론'에서 '가상적'인 불평등에 관한 이론을 전개한 것은 엄격한 의미에서 역사적 저술로 볼 수 없고 당시 사회의 모순을 통찰한 선구적 저작으로 봐야 한다. 루소는 인간불평등기원론에서 인간이 본성적으로 사악하지 않으며 오히려 자연적인 덕성을 가진 존재로 본 것이다.

평등의 적절한 관점은 "모든 인간은 천부적으로 같다"에서 출발해야 한다. 본질적인 차이를 인정한다고 해도 그 차이를 '제로'로 놓고 출발하는 관점이 인간의 존엄성에 대한 올바른 입장이다. 홉스, 로크, 루소

---

3) J. J. Rousseau, "Discourse on the Origin of Inequality," *J. J. Rousseau The Social Contract and Discourses*, G. D. H. Cole(trans.), 44.
4) Rousseau, "Discourse on the Origin of Inequality," 73.

등의 사회계약사상은 인간을 평등한 상태로 만드는 전환점이 되었다. 홉스나 로크가 개인의 안전과 부를 위해 사회계약을 주장했다면 루소는 계약에 의해 구성된 근대사회로부터 야기된 불평등을 제거하기 위한 목적에서 출발한다. 루소에게 근대사회는 약한 자에게는 새로운 멍에를, 부유한 자에게는 새로운 힘을 주어 자연의 자유를 영원히 파괴해 버리고, 이러한 불평등을 영원히 고정시키는 것이 사회제도의 본질이다.[5]

불평등하게 구성된 사회구조는 자연적 불평등도 원인이다. 그렇다고 자연적 불평등은 인간이 만든 것이 아니기 때문에 변경시킬 수 없는 것이 아니다. 여기에 필요한 것이 바로 '처방'이다. 평등은 현실적으로 기술적(記述的)이라기보다는 처방적일 수밖에 없고, 그 처방은 인간은 존엄성에서 동일하다는 점에서 궁극적으로는 같아야 한다는 이상과 목표를 구현하는 방식이어야 한다.

인위적(관습적) 불평등은 인간에 의해 선택된 것이기 때문에 인간에 의해 변경이 가능하다. '처방'과 '변경'은 사회의 가치와 이념의 변화와 함께 지배그룹의 이해와 양보가 필요하다. 이러한 변경은 우리사회의 지배그룹이 원하지 않는 한 불가능하다.

평등의 유형

기회의 평등

"정작 그가 가난으로 인해서 자기의 기술과 관련되는 도구나 그 밖의 것을 마련할 수 없을 경우에는, 제품들을 더욱 볼품없게 만들어 낼 것이며, 자신의 아들들이나 또는 자신이 가르치는 다른 사람들

---

5) 서정갑, 『공적 현실과 인간적 상황』(서울: 연세대학교 출판부, 1998), 27.

을 한결 못한 장인들로 기를 것이다."(플라톤, 국가 4권 421c)

기회의 평등은 사회적 계층의 이동체계와 관련해 누구에게나 그 정상을 지향하는 기회의 보장을 의미한다. 사회의 모든 개인은 개인의 능력과 그 능력의 적용에 따른 계급 또는 신분체계 내에서 상하로 움직여질 수 있으며, 어느 사람이 능력과 노력으로 달성할 수 있는 것을 억제하는 인위적인 장벽이 없다는 것이다. 여기에서 중심적인 문제는 '인위적'이라는 용어다. 이것은 천부적 능력에 영향을 미치지 않는 인종이나 종교, 성별 같은 개인적 특성을 말한다.6) 복합인종사회인 미국은 여전히 인종차별이 잔존한다. 케냐출신 아버지와 미국인 어머니 사이에서 태어나고 아버지가 고국으로 돌아가 버려 인도네시아인과 재혼한 어머니를 따라 자카르타에서 살다 다시 미국에서 대통령이 된 오바마를 두고 미국은 기회의 평등국가라고 할 것이다. 그러나 이러한 예외적인 일은 극히 드물다. 평등은 보편적으로 구성원 모두에게 적용되어야 하기 때문이다.

기회의 평등은 사회적 평등과 관련된다. 사회적 평등은 모든 사회에서 계급과 신분의 구별이 없는 것이다. 사회적 평등은 또한 공(公)적 또는 사(私)적인 단체가 개인들의 활동을 인위적으로 방해할 수 없다는 것이다. 성별이나 신체적 특성, 가정의 배경, 종교적 신념, 신분 등의 차이로 인해 사회활동에 제약을 받지 않는 것이다. 어느 대학에 진학하거나 헬스클럽이나 골프클럽의 회원이 되는데 어느 누구도 인위적인 장벽이 없다는 것이다.

이것이 모든 사람이 모든 분야의 활동에서 동등하다는 것은 아니다. 대학에 진학하기 위해서는 그 대학의 입학시험에 합격해야 하고 소정의 등록금을 납부해야 한다. 골프클럽이나 헬스클럽의 회원이 되기 위해서

---

6) 리만 T. 싸젠트, 최한수(역), 『현대비교정치이데올로기』(서울: 신유, 1991), 65.

는 회원권을 구입해야 한다. 사회적 평등은 이 과정에서 차별이 없다는 것뿐이다. 실제 이 범주에 포함되기 위해서는 상응하는 경제력이 전제되어야 한다. 1,000만 원 이상의 헬스클럽의 회원권이나 억대의 골프클럽 회원권을 구입하는 것은 누구에게나 가능한 것이 아니다. 사회적 평등은 곧 경제적 평등과 관련된다.

기회의 평등은 여러 사람이 추구하는 목표에 도달하기 위한 경쟁의 보장이다. 공정한 경쟁은 동일한 조건이 전제되어야 한다. 능력이나 자질이 부족한 사람에게는 어떤 형식의 처방이 필요하고, 이러한 처방을 통해서 출발선에 있는 모든 사람에게 어느 정도의 평등한 조건을 만들어 주어야 한다.

조건적 평등

기회의 평등은 사실상 '적극적 자유'의 구현을 위한 '소극적 자유'의 확대. 누구든지 자신들이 원하는 것을 성취할 수 있는 기회를 부여한다는 것은 그를 이룰 수 있는 자유를 제한하지 않는다는 것이다. 이렇게 되면 결국 강자에게 더 유리하기 때문에 기본적으로 신체적, 경제적으로 불리한 처지에 있는 사람이 권력이나 경제적 지배계급으로 상승하기는 더 어렵다. 경쟁이 불가피한 현대사회에서 모든 사람들에게 실질적인 기회의 평등이 보장되기 위해서는 경쟁의 조건을 갖추도록 해주어야 한다. 이것을 조건적 평등으로 부른다.[7]

조건을 갖추도록 한다는 것은 국가권력의 작용을 전제로 한다. 그러나 국가라고 해도 모든 사람의 조건을 같도록 하는 것은 불가능할 뿐만 아니라 정당하지도 않다. 모든 사람의 조건이 같다면 경쟁자체가 무의미하고 경쟁은 요행으로 변질되기 때문에 어느 누구도 노력할 의사나

---

7) 터너는 평등을 기회의 평등과 조건적 평등, 결과의 평등, 존재론적 평등으로 구별한다. Bryan S. Turner, *Equality* (New York: Tavistock Publications, 1986), 34-56.

의지를 갖지 않을 것이다. 오히려 그러한 인위적인 동일화는 능력과 노력에 대한 적절한 보상 대신 자유를 침해하는 것이다. 조건적 평등은 그 내용이 엄격히 선별되고 제한되어야 한다.

조건적 평등은 특히 경제적 부(富)를 축적하는데 누구나 동일한 기회를 가져야 한다는 의미를 함의한다. 그러나 이러한 관념은 자칫 자본가의 지위에 대한 부정과 더 나아가 사유재산을 부정하는 사고로 발전할 수 있다는 점을 유의해야 한다. 조건적 평등은 기회의 평등을 위한 최소한의 조건보장으로 제한되어야 한다.

조건적 평등은 기회의 평등을 실질적으로 구현할 수 있는 선행요건이다. 그러나 조건적 평등은 자칫 국가권력에 의한 '인위적 평등'을 위한 자유의 제한으로 이어질 가능성이 있기 때문에 신중해야 한다. 조건적 평등이 외면되면 천차만별의 사회적 불평등은 고착되고 심화되며, 평등은 구호에 지나지 않게 된다. 국가는 조건적으로 평등해야 할 대상을 구분해 사회적 합의를 구하고 추진해야 한다. 이것이 바로 정치다. 이명박정권의 '공정한 사회'가 기회의 평등은 물론 조건적 평등을 통한 경제적 평등의 구현에 초점이 모아져야 하는 이유다.

사회는 불평등의 불가피성을 인식하되, 불평등을 최소화하고 모든 사람이 가능한 범위 내에서 최대한 같아야 하고 어떤 분야는 어느 기준에서는 반드시 같아야 한다. 결국 평등은 천부적으로 같지 않은 인간을 사회구성원으로서 어떻게 하면 최대한의 분야에서 최대한 같도록 하느냐 하는 문제다. 천부적으로 차이가 난다는 이유로 불평등한 상황을 그대로 방치해서도 안 된다. 이런 측면에서 평등은 처방(處方)의 문제이고 곧 같도록 조건을 마련하는 것이다. 장애인을 위한 특별시설이나 장애인 전용주차공간은 선천적인 신체적 결함자가 사회생활을 하는데 정상인과 평등하게 할 수 있는 하나의 처방이다.

결과적 평등

결과적 평등은 모든 사람의 사회적 신분뿐만 아니라 특히 경제적 상태가 같아야 한다는 혁신적 사고다. 평등의 구현목표는 완전한 평등 즉 결과의 평등을 목표로 조건적 평등을 최대화하는 것이다. 현대 정치에서 사회주의는 조건적 평등을 당위로 주장하지만 자본주의는 보완적인 것으로 인식한다. 조건적 평등이 당위이면 그 목표는 결과의 평등이다. 결과의 평등은 개인의 능력이나 노력은 고려하지 않고 인위적으로 모두를 같도록 하는 것이기 때문에 오히려 불평등한 대응이다. 2시간 일한 사람과 1시간 일한 사람이 똑같은 임금을 받는 다면 그 자체가 오히려 불평등이다. 이런 임금체계라면 어떤 사람도 열심히 일하지 않을 것이다. 결과의 평등은 모든 것이 동일하고 동일하게 움직이는 로봇 인간세계에서나 가능하다. 그렇지 않은 상황에서의 결과적 평등은 하향평등이다. 이러한 평등이 국가권력에 의해 추구된다면 바로 전체주의다.

수렵시대의 공동체생활을 제외하고는 인류역사에서 어느 때 어느 사회에서도 결과적 평등이 이루어진 경우는 없다. 공산주의를 표방하던 사회는 동일한 계급, 동일한 직위에서 역할의 차이를 구별하면서 계획경제를 통해 결과적인 경제적 평등을 구현한다지만 오히려 권력을 악용한 부정과 부패로 소수의 지배자가 권력과 경제력 모두를 움켜쥐었다.

그렇다고 결과적 평등 그 자체가 부정되어서는 안 된다. 자유가 수호된다는 전제에서 결과적 평등은 항상 간직되어야 할 이상이고 어떤 분야에서는 실제 이루어져야 한다.

기회의 평등은 자본주의 이념을 바탕으로 출발하다 보니 결국 가진 자가 유리하고 가진 자를 위한 평등으로 전락되고 있다. 특히 신자유주의는 여전히 기회의 평등을 중심으로 하고 있지만 이제 분배를 더 이상 외면하기가 어렵게 되었다. 문제는 분배를 시혜적인 복지로 인식하느냐 아니면 당연한 정의로 생각하느냐에 따라 그 방향과 결과는 달라진다.

정치와 평등

인간의 삶에서 모든 인간의 모든 것이 평등할 수 없음은 물론이다. 그러나 자유와 마찬가지로 인간의 자존과 자율이 보장되기 위해서 반드시 같아야 하고 같도록 해야 하는 과제들이 있다. 정치의 주요한 과제는 이러한 평등의 대상을 구현하는 활동이다. 여기에서는 그 대상을 정치적 평등, 법 앞의 평등, 경제적 평등, 평등의 실태 등으로 구분해 토론하기로 한다.

정치적 평등

정치적 평등은 선거권과 피선거권의 평등, 투표가치의 평등 즉 '1인 1표, 등가원칙(one man one vote, same value)'이다. 피선거권은 범법으로 인한 제한은 예외로 하더라도 누구나 공직 후보자가 될 수 있는 동등한 권리를 말한다. 형식상으로는 누구나 평등하다. 그러나 정치적 자유에서 토론한 것처럼 공직후보가 되는 과정에서 지연이나 학연 또는 돈의 힘으로 인해 자유와 함께 평등이 무너진다.[8] 정치게임이 '돈의 대결'로 변질되면 자본주의 사회에서 불가피한 '부(富)의 불평등'은 곧 '정치적 불평등'으로 연결된다. 그렇다면 정치는 베버가 구분한 '정치를 위해 정치를 하는 사람' 즉 유산계급의 금권정치가 된다. 선진민주국가로 평가되는 미국의 정치는 가장 대표적인 돈 잔치다.[9]

민주정치의 꽃으로 민의를 대변한다는 최고 기관으로 불리는 미국의 의회의원들의 주머니는 일반 대중들과는 달리 두툼하다. 비영리기관인

---

8) 국회의원선거의 경우 법정비용이 1억 5,000만 원 내외에 이른다. 그러나 실제 국회의원 선거에 소요되는 돈은 수억 원 또는 수십억 원에 이른다면, 아무리 유능하고 공직자로서 봉사하고 싶은 소망이 있어도 돈이라는 장벽은 가진 자와 갖지 못한 자를 평등과 불평등의 위치로 갈라놓게 된다.

9) 미국 하원의원에 출마하려면 44만 달러가 들고, 상원의원에 나가려면 440만 달러가 들며 대통령선거의 경우는 천문학적 숫자의 돈이 든다.

'여론정치센터(CRP)'의 집계에 따르면 하원의원 435명, 상원의원 100명 등 모두 535명으로 구성되어 있는 미국의 상하양원 의원 중 45%(237명)가 백만장자로 드러났다. 주단위의 넓은 선거구를 가지는 상원의원들은 하원의원에 비해 훨씬 더 많은 재산을 가진 사람들이 많다.10) 미국 전체 인구 중 백만장자는 1%에 불과한데 의원들이 절반에 가깝다. 의회가 서민들의 경제적 고통을 제대로 알 리가 없다는 불만이 쏟아지고 있는 이유다. 정치인이라고 가난해야 하는 것은 아니지만, 부자 정치인이 가난한 유권자의 처지를 헤아리는 것은 한계가 있다.

한국의 정치인들은 미국정치인들보다 더 부자다. 18대 국회의원 299명의 평균 재산은 약 26억 원이다. 이 가운데 비례 대표 당선자들의 평균 재산은 30억 원, 지역구 의원은 25억 원이며, 30억 원 이상이 69명이고, 100억 원 이상도 9명이나 된다. 미 하원 의원들 평균 재산의 세 배를 훨씬 넘고, 부호의 전당인 상원 의원들보다도 더 많다. 이 가운데 총액 상위 20명의 자산은 최저 약 54억 원(540만 달러)에 달한다.

미국정치에서 정치자금의 기부는 부자들의 로비기회로 전락되고 있다. 미국인의 99.97%가 한 번에 2백 달러 이상의 기부금을 낼 수 없는 형편임을 감안한다면 거금을 기부하는 단 1% 미만의 사람들이 미국의 주요 국가시책을 결정한다고 해도 과언이 아니다. 정부와 국회에서는 후원금을 내는 대기업과 소수의 부자를 위한 정책이 채택될 수밖에 없다. 밥 에드거(Edgar) 전 펜실베이니아주 연방 하원의원은 "미국에서 일부 가문의 세습이 이루어지는데 이런 현상이 생기는 이유는 첫째도, 둘째도, 셋째도 '돈'"이라고 말한바가 있다. 돈이 없으면 우선 선거 판에

---

10) 워싱턴DC에 있는 '책임 정치 센터 (CRP=the Center for Responsive Politics)' 조사에 따르면 연방 상원 의원 (월봉 16만 9,000달러)들의 평균 순자산은 2004~2006년도에 어림잡아 170만 달러였다. 결국 상원은 베버의 분류로 보면 돈을 가지고 정치하는 정치를 위한 정치인들이다. 반면에 지역구가 좁은 하원들은 67만 5,000달러 (약 6억 7,500만 원)에 불과 했고 월봉도 14만 5,000달러에 그친다.

끼어들 수가 없고, 선거에 이긴 집안은 엄청난 특권을 이용해 의원직을 '소유'하게 된다는 것이다.

미국 정치는 기업으로부터 천문학적 돈이 유입되지만 그 과정은 투명하다. 그러나 우리나라는 소액다수주의의 법 취지와는 달리 소수의 재벌들로부터 거액의 돈이 불법적으로 유입되어 사회에 큰 충격을 주면서 대통령선거에서 당선자나 낙선자가 불법정치자금문제로 국민의 지탄을 받는 경우가 허다했다.[11]

선거권에 대한 평등은 표의 등가성(same value)과 사표(死票)의 최소화다. 미국 하원의원선거의 경우는 인구비례에 따라 선거구를 획정하는데 매 10년마다 실시하는 인구조사결과에 의해 인구편차가 10만 명을 넘으면 선거구를 재조정하고 선거구당 인구편차를 거의 1대1에 근접하도록 한다. 뿐만 아니라 전통적인 양당제는 승자가 거의 절대다수를 득표함으로서 정당성을 확립한다.

우리나라는 국회의원선거에서 '인구'와 '지역' 두 가지를 선거구 획정 기준으로 삼고 최대 3대1에 근접하도록 한다. 그러나 지역에 따라 유권자의 표의 가치가 3대1이라는 것은 인간의 경시다. 인구편차가 발생하는 것은 선거구획정을 인구와 함께 행정구역을 중심으로 하면서 의원들의 사적이해가 개입되기 때문이다. 행정구역을 중심으로 하는 선거구는 이제 무의미한 강이나 길 또는 산을 중심으로 구획된 지역별로 선거구를 자르는 것이다. 길이나 강, 산 그리고 땅의 넓이가 사람의 가치를 최소 3대1이상으로 차등을 둘 만한 가치가 있는 것인가?

---

11) 군부의 힘으로 권력을 장악한 전두환, 군부정권 이후 직선제의 대통령으로 당선된 노태우 등은 비밀리에 엄청난 비자금을 거두어 관리했다. 민주화투쟁의 상징적 이미지를 가지고 당선된 김영삼대통령도 기업으로부터 음성적으로 천문학적인 선거자금을 거두어 사용하고 그 잔액을 안전기획부를 통해 돈세탁을 한 뒤에 국회의원선거에 불법적으로 쏟아 부었다. 2002년 대통령선거의 경우 검찰수사 결과로 밝혀진 대선자금만 해도 한나라당 이회창 후보 진영이 823억 원, 민주당 노무현 후보 진영이 113억 원이었다. 대표적인 몇몇 재벌그룹은 100억 원 이상 씩의 불법자금을 '차떼기' 등의 방식으로 전달했다.

법 앞의 평등

　　모든 국민은 인간으로서의 존엄과 가치를 가지며, 행복을 추구할
권리를 가진다(…)(헌법 제10조).
　　모든 국민은 법 앞에 평등하다. 누구든지 성별, 종교 또는 사회적
신분에 의해 정치적, 경제적, 사회적, 문화적 생활의 모든 영역에
서 차별을 받지 아니한다(헌법 제11조).
　　누구든지 체포 또는 구속을 당한 때에는 즉시 변호인의 조력을 받
을 권리를 가지고. 다만, 형사피고인이 스스로 변호인을 구할 수 없
을 때에는 법률이 정하는 바에 의해 국가가 변호인을 붙인다(헌법
제12조 제4항).

　　법은 공정하게 행사된다면 사회에서 하나의 평등을 실현하는 힘이
된다. 헌법의 내용을 보면 안심이 되고 흐뭇하다. 현실은 어떠한가? 법
은 실제 적용하는데 고도의 전문성을 요구하기 때문에 일반인들은 그
법을 적용 또는 해석하지 못하고 법관에 의해 이루어진다. 재판은 위법
행위자에게 벌을 주려는 검사, 위법행위의 불가피성을 제시하거나 검사
의 기소에 대한 반론을 통해 무죄를 구하거나 벌을 가볍게 하려는 변호
사 그리고 이 가운데에서 적절한 판단을 내리는 판사 등에 의해 형이 좌
우된다. 이때 일반인들에게 필요한 것이 변호사지만 변호사를 접촉하려
면 상당한 비용이 필요하다. 유능한 변호사일수록 수임료가 높다. 돈 없
는 가난한 사람에게는 그림의 떡이다.
　　재판은 검사와 변호사와의 퍼즐게임이다. 법은 해석에 따라, 논리의
전개에 따라 다양한 상황과 결과를 만들어 낼 수 있다. 그러나 재판은 법
리(法理)외에도 여러 요인들이 작용할 수 있다. 이런 이유로 인해서 전
관예우나 대형 로펌에 대해 문제가 제기되는 것이다. 이름 있는 변호사
나 대형 로펌에 사건을 의뢰할수록 무죄율과 승소율이 높아지고, 이런
변호사에게 사건을 맡기는 데는 상응하는 돈이 더 필요하다면 법 앞의

평등은 이미 구두선이 될 수 있다.

"2006~2009년 김앤장·태평양·광장·세종·화우, 국내 5대 로펌(법률회사)이 변호를 맡은 형사피고인 1,682명 중 240명이 1심에서 무죄 선고를 받아 무죄율이 14.3%에 이르렀다. … 비슷한 기간 전국 법원 1심 형사 피고인의 평균 무죄 선고율 1.5%보다 10배나 높았다. 5대 로펌이 맡은 사건의 무죄율은 2006년 8.6%에서 2007년 12.8%, 작년 17.2%였고 올해 7월까지는 17.6%로 해마다 높아지고 있다. 한 로펌은 올 7월까지 일곱 달 동안 변호한 43명 중 15명이 무죄 판결을 받아 무죄율이 35%나 됐다.(…) 대형 로펌들이 각 분야 전문 변호사들을 많이 확보하고 있는 것은 사실이다. 아무리 그렇다고 해도 무죄 선고율이 일반 사건 평균보다 10배나 많다는 것은 쉽게 납득되지 않는다. …"(조선일보 2009.10.10)

"법조계 전관예우(前官禮遇)는 누구나 다 아는 수십 년 전부터의 병폐인데도 손을 대지 못하고 있다.(…) 전관예우는 법조계 선·후배 사이의 불공정(不公正) 카르텔이다.(…) 박모 대법관도 부장판사를 그만두고 22개월 동안 변호사 수임료로 19억 5,800만 원을 벌었다. 2005년 11월 대법관 인사 청문회 때 이 문제를 추궁 당하자 "부끄럽다. 별로 할 말이 없다"고 대답했다. 간부급 검사 출신 변호사들 중엔 선임계도 안 내고 전화 한 통화로 사건을 불구속으로 수사하도록 만드는 경우도 있는 것으로 알려져 있다. …"(조선일보 2010.03.22)

로펌 사건 무죄율이 일반 사건 무죄율보다 10배나 높은 걸 로펌 변호사들의 실력 덕분이나 사건수임의 선별만으로 돌리긴 힘들다. 법조계는 법 앞의 평등을 구현할 마지막 보루다. 변호사의 비용으로 인해 경제력이 약한 서민들은 변호사를 선임하는 일이 큰 부담이라면 법 앞에 주어진 평등은 부자들만을 위한 도구다. 법이 아무리 공정하고 사회의 적절한 기준이라고 해도 그 법의 운용과정에서는 관련자의 사회적 배경에 따라 다른 잣대가 될 수 있기 때문이다. 우리사회에서 회자되는 '유전무죄 무전유죄(有錢無罪 無錢有罪)' 라는 용어가 사라지도록 하는 것도 정치의 과제다. 그 방법은 무엇인가? 기본적인 방향은 국가가 어떤 형태로든 이를 맡아야 하는 것이다.

사회의 규범으로서의 법의 정의는 평등이다. 법의 본질뿐만 아니라 그 법의 운영도 평등하게 이루어져야 한다. 그럼에도 법은 권력뿐만 아니라 돈으로 인해 기준이 달라지는 현실을 이미 루소는 예리하게 지적하고 있다.

> 이 사회와 법률은 약자에게는 새로운 구속을 부여하고 부자에게는 새로운 힘을 부여해 자연적 자유를 영원히 파괴해 버리는가 하면, 소유와 불평등의 법률을 영구히 고정시키고 교활한 횡령을 당연한 교리로 확립시켜 그 후 온 인류를 몇몇 야심가들의 이익을 위해 노동과 예속과 비참에 복종시킨 것이다.[12]

현재 국가적 차원에서 이루어지는 법률구조제도가 있지만 실질적인 법률구조를 위해서는 우선 변호사 수가 대폭 늘어나야 한다. 법학전문대학원이 설립되었지만 극소수의 인원이다. 변호사수가 늘어나면 질이 저하된다지만 오히려 시장 경쟁 원리에 의해 변호사 스스로의 노력을 통해 수준이 향상됨은 물론 수임료도 낮아질 것이다.

변호사의 수가 늘어나고 수임료가 낮아져도 이용이 어려운 서민들을 위해 국가는 일반 변호사의 선임과 똑같은 절차를 통해 구조를 받을 수 있는 국영로펌(National lawfirm)도 필요하다. 일반 시민들이 집을 사고팔기 위해 부동산중개사무소에 들러 공인중개사와 상담하고 의뢰하는 것과 같이 접근이 가능하고 낮은 비용으로 이용할 수 있는 각 지자체별 로펌도 필요하다.

---

12) Rousseau, "Discourse on the Origin of Inequality," 89.

경제적 평등

경제적 평등은 매우 어려운 문제다. 경제적 평등을 적극적으로 해석하면 모든 사람의 재산이 같아야 한다는 것이다. 비현실적이고 불합리한 관점이다. 경제적 평등이 사회구성원들의 재산을 동일하게 만드는 것이라면 모든 사람의 재산을 공평하게 재분배해 결과의 평등을 실현해야 한다. 이렇게 되는 경우 열심히 일하고 절약하며 재산을 모을 사람은 없다. 그렇다면 경제적 평등은 다른 의미로 이해되어야 한다.

경제적 평등을 소극적으로 해석하면 일반적으로 사회 내의 모든 개인은 일정한 수준의 경제적 안정이 보장되어야 한다는 것이다. 일정수준의 기준은 상대적이지만 사회적 합의수준이 제시될 수 있다. 개인에게 그러한 안정이 보장되어야 충분히 활동하는 시민이 될 수 있는 기회를 주게 된다. 경제적 평등에서 강조되는 것은 평등보다는 안정이다. 인간에게는 의식주에 대한 기본조건과 일정수준의 문화생활이 기본욕구다. 경제적 평등에 관한 전체적 주장의 핵심은 개인들은 어느 정도의 안정이 없이는 자신의 인격과 자존을 지키지 못한다는 것이다. 그뿐만 아니라 유권자의 제한적 역할조차 효과적으로 행사하지 못하게 될 수도 있다.

18세기 영국의 공화주의자인 해링턴(J. Harrington)은 유권자들의 공정한 참여를 보장하기 위해 농지를 공평하게 분배해야 한다는 주장[13]을 제기했다. 사창가의 윤락녀, 주점의 접대부는 돈 앞에서 자신의 인격과 자존을 유지하기 어렵다. 극단적인 빈곤의 상태는 개인이 사회생활에 참여하는 것을 결과적으로 제한한다. 빈곤한 유권자가 후보자로부터 금품을 받고 투표하는 것은 유권자로서의 역할을 효과적으로 수행하지 못하는 것이다.

경제적 안정은 경제적 평등의 최소한의 목표이지 최대의 목표가 되

---

13) James Harrington, *The Commonwealth of Oceana* (Cambridge University Press, 1992), 100–142.

어서는 안 된다. 경제적 안정을 인색하게 해석하면 자칫 존재 그 자체를 안정으로 인식할 수 있기 때문이다. 경제적 평등의 현실적이면서도 적극적 해석은 경제적 격차의 최소화를 목표로 해야 한다. 경제적 평등은 곧 최대한의 분배이고 이것을 구현하는 일은 정치가 해야 할 우선적인 최대의 과제다.

어떤 상태가 경제적 안정 상태인가? 기준은 각자의 욕구에 따라 다를 수 있다. 물질적 안정과 심리적 안정의 차이도 다르다. 심리적 불안정의 대표적 사례는 상대적 박탈감이다. 2010년 3월 11일 입적한 법정 스님은 무소유로 세상에 감동을 주었다. 무소유를 기준으로 한다면 존재 그 자체가 안정상태일 수 있다. 세속인들에게는 어려운 일이다.

상당수의 사람들은 자신의 가난보다는 상대방의 부에 대해 상대적 박탈감에 따른 비참함을 느낀다. 그렇다고 재산을 기준으로 안정을 측정하는 것도 비현실적이고 불합리하다. 합리적인 안정의 기준은 아무리 경제적 무능력자라고 해도 인간의 기본욕망과 존엄을 지킬 수 있는 정도여야 한다. 이러한 수준을 설정하고 구현하는 것이 바로 정치의 과제다.

이 정치적 과제의 방향은 단순하다. 사회의 경제적 자원을 적절히 배분하는 것이다. 이스튼(D. Easton)은 가치라는 모호하고 포괄적인 용어를 사용해 그것이 배분된다고 했지만 구체적으로 인간의 핵심적 가치는 경제적 자원의 배분이다. 경제적 자원 즉 돈은 모든 자유와 평등의 필요충분조건이다. 이런 점에서 경제적 평등은 중요하면서도 어려운 과제다.

롤스(John Rawls)는 정의론을 통해 불평등한 분배가 평등한 분배보다 나을 수 있으려면 불평등한 체계의 최소 몫이 평등한 분배의 몫보다 많아야 한다고 주장한다.[14] 자본주의 국가에서 아무리 가난한 사람이라도 최소한 사회주의 국가의 일반 시민보다는 더 잘살아야 한다는 것이다. 그렇지 않다면 자본주의 사회의 가난한 사람이 자본주의를 옹

---

14) Rawls, *A Theory of Justice*.

호하고 지지할 이유가 없을 것이다. 그러나 인간의 가치가 다양하고, 경제적 가치를 교환하는 과정에서 인간의 욕구가 개입되고 교환가치를 저마다 다르게 측정하도록 만들기 때문에 아무리 평등한 분배라고 해도 불평등한 분배로 변질되게 마련이다.15)

자원분배를 시장에만 맡겨놓을 것이 아니라 국가가 개입해야 한다는 롤스의 주장은 자유주의자들에게는 당연히 불편하게 들리지만 올바른 방향이다. 그렇다고 국가의 개입이 결과적인 경제적 평등을 실현하는 것은 아니다. 롤스도 사회적으로 더 가진 자들의 이익에 유리해도 그것이 결국 불리한 여건에 처해진 사람들의 입장을 개선할 수 있다면 불평등이 가능한 것으로 본다. 불평등을 해소하기 위한 불평등을 용인한다는 역설이지만 그 본질은 자본주의가 말하는 파이를 키워야 분배도 늘어난다는 주장이 아니라 어려운 여건에 있는 사람들의 이익을 개선하는 수단으로서의 불평등을 전제로 한다.

자본주의사회의 빈부격차에 대한 배경은 다양하다. 우선 마르크스가 진단한 대로 자본가는 자본을 통해서 새로운 부를 창출한다. 그러나 현대사회의 복잡한 경제구조는 자본 외에 전문성이 새로운 부의 원천이다. 질 에얄(Gil Eyal) 등의 분석16)에 따르면 현대 자본주의 사회는 경제자본과 문화자본 등 2가지 유형의 자본이 있다. 경제자본은 경제활동을 통해서 획득되고 유지되는 재화지만 문화자본은 전문성과 기술이다. 21세기에 들어서면서 빌 게이츠는 문화자본을 바탕으로 거대한 경제자본가가 된 사례다.

성장과 분배가 어느 정도 비례하기 위해서는 지배그룹의 평등에 대한 이념적 정향과 정부의 평등정책이 관건이다. 니얼 퍼거슨(Niall Ferguson)

---

15) Michael Walzer, *Spheres of Justice: A Defense of Pluralism and Equality* (New York: Basic Books, 1983), 13-17.
16) 질 에얄 등, 임현진 등(역), 『자본가 없는 자본주의』 (서울: 시유시, 2007).

은 "버블경제와 자본주의 시스템의 파산 뒤편에 계급투쟁이 자리 잡고 있다"며 "마르크스가 대표저서 '자본론'에서 '자본주의는 부의 집중의 역사'라고 지적한 것처럼 갈수록 심해지는 빈부격차로 자본주의의 결점들이 더욱 분명해지고 있다"고 주장했다(파이낸셜 타임스 주말판, 2002.8.17, 18). 귀담아 들어야 할 내용이다.

자본주의의 대표적 국가인 미국은 상위 10%가구가 주 및 지방의 면세채권의 98%를 보유하고 있으며 94%의 기업자산을 그리고 95%의 모든 신탁 재산을 소유하고 있다. 1%의 최고부호가 모든 회사주식의 60%를 소유하고 있는 반면에 90%는 전혀 또는 거의 갖지 못하고 있는데, 이러한 개인 재산의 대부분은 상속에서 비롯된 것이다.[17] 1988년까지, 상위 80만 명이 기타 1억 8,400만 명의 재산을 합한 것보다 더 많은 재산을 가지고 있었고, 상위 20%부자들은 하위 20% 가난한 사람들에 비해 13배의 수입을 올리고 있다.[18] 지난 5년간 월가 '빅5'의 경영진들은 30억 달러가 넘는 돈을 받아 챙긴 것으로 나타났다.[19]

사회주의에서 자본주의로 이행하고 있는 중국은 사회구조의 변화와 부유계층의 출현으로 빈부격차는 더욱 확대되어가고 있으며, 개방 30여년의 기간동안 중국의 신부유층 0.1%가 전체부(富)의 41.4%를 차지하고 있다. 지니계수[20]는 0.46으로 수입 분배가 국제경계선(4.0)을 상

---

17) Michael Parenti, *Democracy for the Few*, 6th ed. (New York: St. Martin's Press, 1995)(7th, 2002). 9.

18) Michael Parenti, *Democracy for the Few*, 10.

19) 2008년 9월 26일자 블룸버그 통신에 따르면, 골드만삭스(Goldman Sachs) 모간스탠리(Morgan Stanley Group) 메릴린치(Merrill Lynch) 리만브러더스(Lehman Brothers) 베어스턴스(Bear Stearns)의 이른바 '빅5'는 지난 5년간 경영진에 총 31억 달러(1달러 1,000원 기준 3조 1,000억 원)를 지불한 것으로 집계됐다.

20) 지니계수는 이탈리아의 인구학자·통계학자·사회학자인 지니(Corrado Gini)가 소득분포에 관해 제시한 통계적 법칙인 '지니의 법칙'에서 나온 개념이다. 빈부격차와 계층간 소득분포의 불균형 정도를 나타내는 수치로, 소득이 어느 정도 균등하게 분배되어 있는지를 평가하는 데 주로 이용된다. 근로소득·사업소득의 정도는, 부동산·금융자산 등의 자산 분배 정도도 파악할 수 있다. 지니계수는 0과 1 사이의 값을 가지

회하고 있어 2007년 주중 대사관 재경금융관의 보고에 따르면 도시의 최고와 최저수입 10% 가정 간의 1인당 평균수입 차이는 31배, 전국 최고와 최저수입 10% 가정 간의 1인당 평균수입의 차이는 약 55배에 달한 것으로 평가되며 국가 통계국 통계추산은 21배 차이로 나타났다.

우리나라의 평등

우리나라 국민은 원래부터 평등지향적이다. 한 겨레, 한 민족으로 모두가 한 핏줄이라는 점에서 유독 평등에 대한 관념이 강하다. 북한이 김일성-김정일 왕조체계를 기축으로 주체적 사회주의체계를 유지하는 것도 우리 민족의 평등사상을 교묘하게 이용하고 있는 것으로 보인다.

북한의 남침에 의한 한국전쟁(1950년 6월 25일 발발)으로 한때 남한 대부분의 영토가 북한 인민군의 지배에 들어갔었고, 이 기간동안 북한군의 선전은 인민의 평등에 초점을 두었다. 이 과정에서 평등은 곧 공산주의 사상으로 인식되었고 그 이후 우리사회에서 평등에 대한 기피현상이 나타났다. 역대 정권 중에서 가장 평등 지향적이었던 노무현정권도 '평등'대신에 '균형'이라는 용어를 사용했다. 마음속에 내재되어 있는 평등에 대한 욕구를 문자로만 표현하고 실제 정치과정에서 자유와 더불어 핵심적인 용어로 사용하지 않음으로써 평등이 정책결정과정에서 한계를 가질 수밖에 없는 것은 불가피하다.

보수주의와 자본주의, 신자유주의가 짓누르는 상황에서 평등은 사생아취급을 받아오고 있다. 정부와 국회도 서민에 대한 대책, 복지정책 등을 운위하면서도 그 정책들이 어느 정도의 평등적 기반을 구축하기 보다는 보완적 차원으로 이루어지기 때문에 대증요법의 일회성에 한정된다. 우리나라가 현재 자유민주주의를 유지하면서 경제적 갈등으

는데, 값이 0에 가까울수록 소득분배의 불평등 정도가 낮다는 것을 뜻한다. 보통 0.4가 넘으면 소득분배의 불평등 정도가 심한 것으로 본다.

로 혼란을 겪지 않는 것은 대부분의 국민들이 현실을 수용하고 있기 때문이다. 그러나 최근 들어 경제적 불평등에 대한 인식이 확산, 심화되는 추세다. 중산층이 무너지고 있다는 우려의 진단이 속출한다. 중산층이 계속 감소되면서 붕괴되고 빈곤층이 확대된다면 자유민주주의와 자본주의는 치명적 손상이 불가피할 것이다. 이러한 사태 앞에서 자유민주주의의 기본 원리가 '조건의 평등'이나 '결과의 평등'이 아니라 '기회의 평등'이라고 내세워 보았자 무의미한 일이다. 형식적인 '기회의 평등'이 실질적인 '결과의 불평등'을 키우고, 그것이 '기회의 평등'까지 위태롭게 만들어 버리면 자유민주주의가 뿌리부터 잘려나가게 될 것이기 때문이다.

경제적 불평등은 또한 단순히 경제적 문제로 한정되는 것이 아니라 각종 사회문제로 확산된다. 대검찰청의 '범죄 분석' 보고서를 보면 생활수준별 형법범(刑法犯) 비율이 상류층 0.6%, 중류층 21.4%인 데 비해 하류층은 43.9%나 된다. 소년 범죄자의 경우 하류층 가정 자녀가 62%를 차지한다. 빈곤층 문제는 사회적 불평등의 상속통로가 교육 격차라는 현실을 직시하고 경제논리만이 아닌 '사회 보호' 차원에서 종합적으로 이뤄져야 한다. 가난한 많은 사람을 보호해줄 수 없는 사회는 결국은 소수의 부유한 사람도 보호해주지 못하게 된다. 우리 사회가 계층의 차이를 떠나 빈곤문제 해결의 시급성에 함께 눈을 떠야 할 이유다(조선일보 2010.3.9 사설).

빈부격차와 직업: 우리나라의 상대적 빈곤율은 15%로 OECD 회원국의 평균(12%)을 크게 웃도는 6번째이다.[21] 한국보다 빈곤율이 높은 나라

---

21) 경제협력개발기구(OECD)의 '2009년 OECD 통계연보(2009.9)' 상대적 빈곤율이란 중위소득(전체 가구를 소득수준별로 나란히 세웠을 때 한가운데에 위치한 가구가 벌어들인 소득)의 50%를 밑도는 가구 비율을 뜻한다. 빈곤율이 높다는 것은 그만큼 상대적으로 가난한 국민이 많다는 의미다.

는 멕시코, 터키, 미국, 일본, 아일랜드뿐이다. 미국의 경우 국세조사 (2006)에서 4인 가족 기준으로 연간 수입이 2만 달러 이하면 '빈곤'가정 으로 분류되기 때문에 실제 월평균 소득이 200만 원 이상이다. 우리나 라 빈곤층 소득의 2배 이상에 해당하기 때문에 빈곤율로 우리나라와 단 순 비교하기는 어렵다.

우리나라의 2010년 최저임금은 4,110원이고 2011년 최저임금은 5.1%(210원)올라 시급 4,320원이다. 소득이 최저임금에도 못 미치는 빈곤층이 많아지면서 나타나는 피라미드형 소득계층 구조는 경제와 사회 전반에 심각한 문제를 낳는다. 구조적으로 중산층이 적어지고 빈곤층이 확대되는 것은 고용 없는 경제 성장의 어두운 단면이다. 경제활동의 원천 인 가계의 소비가 위축되고 경제 전체의 활력상실로 귀결될 수 있다.

주택보급률은 2008년 기준으로 100%가 넘지만 무주택자는 여전히 존재한다. 경실련에 따르면 현재 주택 보유구조는 상위 5%가 전체 주택 의 62%를 갖고 있으며, 토지의 경우 상위 1%가 52%를, 상위 5%가 82%

도표 4-1 주택보급률·자가점유율 추이 (단위: %)

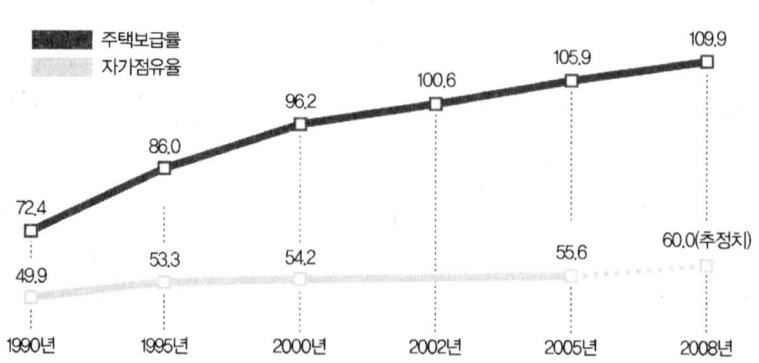

* 주택보급률=주택수/가구수, 자가점유율=자기 집에 사는 가구 비율
자료: 국토해양부

를 갖고 있다. 우리나라 가구의 약 60%만 자가를 소유하고 있는 것이다.

빈부격차의 주요한 배경은 재산의 상속과 직업이다. 현대인에게 직업은 삶 그 자체이며 목숨과도 같다. 안정된 직장이 곧 자유이고 평등이다. 비정규직제도는 직업과 관련해 기회의 평등이 얼마나 허구적인 구호이고 조건적 평등이 얼마나 긴요한가를 단적으로 증명한다. 정규직에게는 급여와 각종 복지혜택도 함께 부담해야 할뿐만 아니라 무엇보다 정규직은 경기가 나빠져 직원을 줄여야 할 때에도 해고가 힘들기 때문이다. 기업으로서는 경제여건에 따라 일부 근로자에 대해 신축적인 조정이 필요하기 때문에 경직된 고용조건에서는 불가피한 선택일 수 있다. 고용의 유연성이 지나치게 강조되면 정규직 자체가 무의미하기 때문에 정규, 비정규직 문제는 아주 어려운 과제다.

비정규직은 정규직보다 낮은 임금에 휴가, 복지혜택도 미미할 뿐만 아니라, 승진의 기회도 없고 신분마저도 불안정하다. 비정규직은 개인의 능력과 노력을 통해서 근무처에서 지위가 상승하고 급료가 증대될 수 있는 기회 자체를 박탈당하고 있다. 자신의 능력을 발휘할 기회조차 부여받지 못한다. 신분 그 자체에 대한 차별마저 자행된다. 조건적 불평등에서 기회의 평등이 얼마나 허구적인지를 보여주는 예이다.[22]

---

22) 부산의 한 중견 조선업체가 직원들의 통근버스를 정규직과 비정규직 자리로 나눠 운행토록 해 1950년대 미국의 흑백분리 버스 좌석을 연상하게 하는 비정규직 차별이라는 비판이 제기된 경우도 있다(경향신문 2009. 1. 3). 회사는 총무부장 명의로 앞서 16일 "2008년 12월18일부터 통근버스 좌석 지정제(정규직원과 협력업체 직원 좌석 구분)를 시행한다. 정규직 직원의 좌석 위치는 1~23번, 협력업체 직원의 좌석 위치는 24~45번"이라는 내용의 '통근버스 좌석 지정제 시행 안내문'(사진)을 공지했다. 이 회사는 직원 400여명에 연 매출액 2,000억 원이 넘는 중견 조선업체로 코스닥 등록기업이다. 이 회사 총무부 관계자는 "통근버스의 좌석은 한정돼 있는데 이용하는 직원이 많아 다툼이 있었고, 통근버스를 늘릴 수도 없어 노사간 협의를 통해 자리를 지정한 것"이라고 설명했다. 모두 45석 가운데 앞쪽 23석은 정규직, 뒤쪽 22석은 비정규직에게 배정했다. 서울의 강남성모병원도 2009년 들어 정규직·비정규직이 사용하는 식권을 색깔로 구분하고, 비정규직은 따로 줄을 서 밥을 타도록 하고 있다. 1950년대 미국의 흑인 공민권운동은, 버스에 흑·백인의 좌석을 분리한 정책에 항의해 40대 흑인여성이 백인에게 자리를 양보하지 않은 일이 직접적인 계기가 되었다.

교육기회와 조건: 기회의 평등을 통해서 각자가 자신의 목적을 달성할 수 있는 최강의 수단은 교육이다. 교육이 모든 사람에게 평등하게 부여되고 있지 않다면 기회의 평등은 절름발이요, 허상에 불과하다. 교육은 평등한 기회로만 성취되는 것이 아니라 조건이 중요하다. 조건적 불평등이 심화된 상태에서 기회의 평등이 확대될수록 정치, 경제 및 사회적으로 우월한 입장에 있는 사람들은 더 유리하게 될 것이고 평등은 더 일그러질 것이다. 교육의 조건은 개인의 자질 외에 교육기관의 시설과 개인의 경제적 자원이다. 결국 기회의 평등은 경제적 평등과 사실상 동일한 평등이다.

돈이 교육의 토대가 되지만 역으로 교육의 결과는 돈과 권력에 접근할 수 있는 기회를 만든다. 아주 우수한 인재들은 돈이 없는 열악한 환경에서도 교육을 통해 신분상승을 하는 경우도 있고, 이들에게는 돈보다는 교육이 우선이다. 그러나 대부분의 사람들에게 교육은 돈의 지원을 필요로 하며, 돈은 교육의 수단이다. 교육은 기회의 평등을 구현하는 수단으로서 상당한 재정이 소요되기 때문에 정치의 과제다.

좋은 교육환경에서 교육받은 학생들이 일류대학으로 진학할 가능성이 상대적으로 높고[23] 동시에 사회적으로 출세하는 길이다.[24] 그렇다

통근버스 좌석 지정제 시행 안내

2008년 12월 18일(목)부터 통근버스 좌석 지정제 (■■조선 정규직원과 협력업체 직원 좌석 구분)를 아래와 같이 시행하오니 숙지하여 통근버스 좌석 이용시 차질 없도록 해주시기 바랍니다.

- 아   래 -

■■조선 정규직원 통근버스 좌석 위치 : 1번 ~ 23번
협력업체 직원 통근버스 좌석 위치 : 24번 ~ 45번

총 무 부 장

보니 일부 부유하거나 권력 있는 사람들은 강남에 있는 학교에 자녀들을 취학시키기 위해 위장전입을 하는 사례도 발생한다.[25] 전학을 위해서 다수의 학생들이 대기하고 있는 상황에서의 위장전입은 결국 자기 자녀의 좋은 교육을 위해 다른 사람의 권리를 편법과 불법으로 가로채는 파렴치한 범죄다.

지역에 따른 교육환경의 차이와 특목고 등의 이른바 귀족학교와 일반 학교의 차이 외에도 사교육비의 양극화는 빈부 격차의 확대로 이어지는 요인으로 작용한다.[26] 통계청이 2008년의 전국가구의 기타교육

23) 서울 강남과 외국어고 등 특목고가 위치한 지역이 다른 지역에 비해 수능 성적 우수자가 많은 것으로 나타났다(경향신문, 2009. 9. 20). 민주노동당 권영길 의원이 한국교육과정평가원으로부터 제출받은 '2005~2009학년도 232개 시·군·구 학생의 수능성적 등급별 비율' 자료를 분석한 결과에 따르면 강남권과 특목고가 위치한 지역의 수능 1~2등급 비율이 타 지역에 비해 높았다. 또한 최근 5년간 대학수학능력시험 3개 영역(언어 수리 외국어)에서 모두 1등급을 받은 '최상위권' 수험생 4명 중 1명은 자립형사립고를 포함한 특목고 출신이었다. 또 최상위권 수험생 10명 중 한 명은 서울 강남 3구(강남 서초 송파)의 고교 출신이었다. 이것은 특수목적고(특목고)와 자립형 사립고(자사고)는 일반 고교보다 월등히 높은 등록금을 내고 다녀야 한다. 진보신당이 전국 특목고와 자사고 60곳의 2008년 등록금·수익자 부담 경비를 분석해 2009년 9월에 발표한 자료를 보면, 이들 학교의 학생 1인당 평균 부담액은 등록금 285만 원과 수익자 부담 경비 318만 원을 합쳐 603만 원으로 집계됐다. 이는 2008년의 전국 2인 이상 가구의 연평균 소득 4,098만 원의 14.7%, 평균 소비지출 2,538만 원의 23.8%에 이르는 규모인 동시에 같은 해 국·공립대 평균 등록금 416만원의 1.5배에 해당하는 액수다. 진보신당에 따르면 "이 액수는 소득분위 하위 20% 가구의 연평균 소득 1,138만 원의 53.1%에 해당한다." 소득분위 하위 20% 가구가 자녀를 특목고·자사고에 보내려면 학비로만 6개월 치 소득을 고스란히 들여야 한다는 얘기다.

24) 2009년의 대법원에 통계에 따르면 2009년 초 판사로 임용된 138명 중 51명이 특목고(외국어고·과학고)와 서울 강남 출신이다. 외국어고 출신 33명, 과학고 출신 5명이며 서울 강남·서초·송파구 고교 출신은 13명이다. 1999년 9.6%(15명)에 불과했던 특목고·강남 출신 비중은 2001년 12.4%(23명), 2003년 20.2%(35명), 2005년 33.3%(37명)에 이어 2009년에 37%에 달해 점유율이 가파르게 높아지는 추세다.

25) 심지어는 2009년 8월 검찰총장 인사청문회에서도 검찰총장 후보자의 위장전입문제가 도마 위에 오르기까지 했다. 당사자는 이러한 사실을 인사권자(청와대)에 사전에 알렸다는 데도 불구하고 임명되었다는 점에서, 이를 대수롭지 않게 넘기는 관계당국의 인식은 공직자들이 기회의 평등과 그 기본조건이 교육이라는 사실을 제대로 인식하지 못하고 있다는 반증이다.

26) 2009년 4월 13일 한국은행과 통계청에 따르면 2008년 사교육비 지출은 18조 7,230억 원으로 전년보다 1조 3,295억 원이 증가했다. 가구당으로는 112만 2,000원에 달한다.

비를 소득계층 1~5분위별로 파악한 결과, 소득수준 상위 20%에 해당되는 5분위는 월평균 32만 1,253원으로 소득수준 하위 20%인 1분위의 4만 6,240원에 비해 6.9배나 많았다. 2008년의 소득분위별 기타교육비 지출액은 2분위 10만 4,485원, 3분위 15만 8,922원, 4분위 22만 7,311원이었다.[27] 가구당 월평균 교육비가 하위 10% 계층은 1997년 6만 3,000원에서 2007년 8만 6,000원으로 하위 10%와 상위 10% 계층의 교육비 격차는 4.3배에서 6.2배의 차이가 난다.

교육과학부가 발표(2009. 9. 8)한 'OECD 교육지표' 조사 결과는 2006년 기준으로 공교육비의 정부 부담률(교육예산 등 학교교육에 대한 정부의 공적 지원 금액)이 4.5%로 OECD 평균(4.9%)에 미치지 못한 반면에, 공교육비 민간부담률은 OECD가입 국가 중 가장 높은 것으로 나타났다.[28] 부유한 계급이 상대적으로 더 많은 교육비를 지출하고 개인에게 교육비가 많이 투입될수록 성적이 높아지고 입시경쟁에서 유리하기 때문에 이른바 명문대학에 갈 기회는 늘어난다. 결국 부모의 경제적 능력이 자녀의 교육경쟁력의 토대가 되고 이는 다시 대학진학경쟁에서 유리한 자원이 된다. 교육의 결과는 사회적 신분과 소득의 독립변인으로 작용한다.

이런 상황에서 학력 차이에 따른 소득격차는 더욱 확대될 수밖에 없

2000년의 6조 1,620억 원에서 8년 만에 3배로 늘었다. 사교육비는 2001년 8조 117억 원, 2002년 9조 3,258억 원, 2003년 11조 6,918억 원, 2004년 12조 8,559억 원, 2005년 13조 7,517억 원, 2006년 15조 6,571억 원 등으로 급증세를 이어오고 있다.

27) 기타교육비는 유치원생, 초중고생, 재수생, 대학생 등의 입시 및 보수학원비, 해외연수비 등 국내 정규교육과정 납입금을 제외한 사교육비를 말한다.

28) 유럽국가들의 공교육비 민간부담률은 핀란드 0.1%, 이탈리아 0.3%, 프랑스 0.4%, 독일·영국 0.7% 등 매우 낮은 수준인 것으로 조사되었으나 우리나라의 민간부담률은 2.9%로 OECD 평균(0.8%)의 3배를 웃돌며 가장 높았다. 공교육비 민간부담률이란 학생이나 학부모가 유치원, 초·중·고교, 대학의 교육비 중 입학금·수업료·기성회비·급식비·기숙사비 등 학교생활을 위해 지출하는 돈의 규모를 의미한다. 민간부담률이 높을수록 교육복지 수준은 낙후된 것으로 평가받는다.

도표 4-2　소득별 자녀 1인당 월 평균 사교육비　　　(단위: 원)

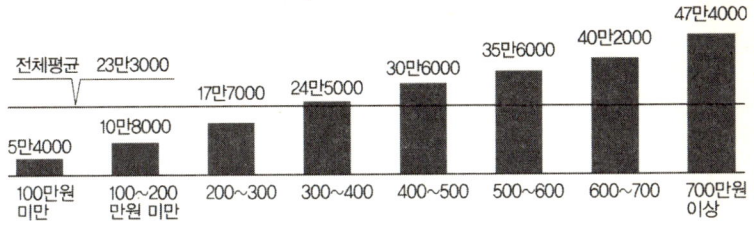

자료: 2009년 통계청 조사

도표 4-3　소득 하위 20%와 상위 20%의 사교육비 지출　　(단위: 원)

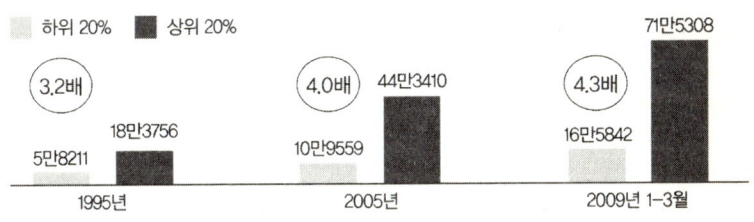

자료: 통계청

다. 2008년 2인 이상 도시근로자가구 중 대학교를 졸업한 가구주의 월 평균 근로소득은 364만 1,000원으로 2007년의 343만 1,000원보다 21만 원(6.11%) 증가했다. 같은 기간 고등학교 졸업 가구주의 월평균 근로소득은 225만 8,000원에서 233만 5,000원으로 7만 7,000원(3.41%) 늘어나는데 그쳤다. 이에 따라 대졸 가구주의 근로소득은 고졸의 1.56배로 관련 통계를 집계한 2003년 이후 가장 높은 수준을 기록했다.

　비정규직의 정규직 대비 월평균 임금 총액은 절반가량에 불과하다.[29] 정규직 월평균 임금은 228만 9,000원인데 비해 비정규직 임금

---

29) 2008년 3월 경제활동인구 부가조사자료를 분석한 바에 따르면, 비정규직의 평균 월급여가 고작 124만 원이고, 저임금계층에 속하는 비정규직이 무려 381만 명에 달하며,

(2010년 1~3월)은 125만 3,000원이다(한국경제 2010.7.12). 이러한 임금은 보험회사들이 직원들에게 지급한 성과급에도 미치지 못하는 수준이다.[30] 노동부가 '2009년 고용형태별 근로실태조사' 즉 같은 직장에서 성·연령·학력·경력·근속연수가 같다고 가정했을 때 정규직과 비정규직의 시간당 정액급여를 비교한 결과 정규직과 비정규직의 시간당 정액급여 격차가 10.6%를 기록해, 2008년의 6.7%에 비해 3.9%포인트 증가했다. **초과수당 등을 합한 시간당 임금총액 격차는 15.7%로 2008년 12.9%보다 2.8% 포인트 증가했다**(국민일보 2010.7.12).

정치권은 비정규직과 정규직의 불합리한 차별을 해소하고, 기간제 근로자의 무분별한 사용을 막는다는 명분으로 2006년 11월 30일 16대 국회에서 이른바 비정규직법('기간제 및 단시간근로자보호법', '파견근로자보호법', '노동위원회법'을 통칭)을 제정해 시행에 들어갔고, 2010년 6월에 내용의 일부를 개정했으나 해결책이 되지는 못한다.

우리나라의 비정규직이 몇 명인가에 대한 정확한 실사통계는 없다. 비정규직은 대략 정규직의 반 또는 **정규직에 버금가는 규모에 해당하는** 것으로 추정된다.[31] 2007년 기준으로 임시·일용직 등 비정규직 노동자 비율이 전체 노동자의 54%(민주노총 추산)에 이르렀다. 정부 추산으

법정 최저임금에 못 미치는 비정규직이 193만 명에 이르렀다. 임금불평등도로 보면 선진국 중 가장 심하다는 미국보다 훨씬 높아 사회적 위화감이 날로 심각해지고 있다.

30) 보험회사들은 2009회계연도(2009년 4월~2010년 3월)에 LIG손해보험 과장급이 1,000만 원 가량, 삼성화재는 과장급은 연초 1,600만~1,700만 원, 7월 200만 원 가량을 받았고, 삼성생명의 과장도 연초에 1500만 원, 최근 200만 원 가량을 받은 것으로 전해졌다(매일경제 2010.7.12).

31) 한국노동사회연구소가 통계청의 '경제활동인구조사 부가조사'를 분석한 결과(파이낸셜뉴스: 2010.6.15)에 따르면 비정규직은 2001년 8월 737만 명, 2007년 3월 879만 명, 2010년 3월에는 828만 명으로 집계되었다. 반면 정규직은 2001년 8월 585만 명, 2010년 3월 833만 명이었다. 한편 통계청이 2010년 7월일 발표한 '경제활동인구 부가조사(근로행태별)'결과를 보면 2010년 3월 말 정규직 근로자는 1,111만 9,000명, 비정규직 근로자는 549만 8,000 명이다(한국경제 2010. 7. 12). **한편 민주노총은 비정규직규모를 전체 노동자의 54%로 추산한 바도 있다.**

로도 36%에 이른다. 미국이 4%, 비정규직 비율이 높다는 독일과 일본
도 15% 미만이다. 우리나라는 30%를 기준으로 해도 OECD 30개국 가
운데 최고 수준이다. 외국의 경우 비정규직에 대해 특별한 차별이 없고
생활도 안정적이다. 자유롭게 쓸 수 있는 가처분소득은 많지 않지만, 사
회로부터 다양한 복지를 얻기 때문이다. 다만 고용주나 근로자의 편의
에 의해 비정규직으로 임용하고 임용된다는 점에서 기회의 평등에 대한
차별과는 다르다.

　비정규직은 우리나라가 1997년 외환위기를 당한 이후 인원 감축을
포함해 뼈아픈 구조조정을 경험한 기업들이 경비를 줄이고 인력 운용을
유연하게 하려고 비정규직 채용을 선호하기 시작하면서 증가했는데 공
교롭게도 이 시기는 정치적으로 자유민주주의가 진전된 시기다. 자유민
주주의가 나의 삶을 개선해 주지 않더라는 경험은, 그만큼 자유민주주
의 지지기반을 잠식한다.

평등의 정치적 과제

이제 우리의 과제는 불평등을 평등하게 할 수 있는 방향의 모색이다. 가
능한 방향은 현재의 상태를 전제로 신분적 관점이나 마르크스류가 아니
라 자유주의적이고 민주적인 사회에서의 평등을 목표로 해야 한다. 이러
한 평등에 대해서도 어떻게 구현할지에 관해서는 의견이 다양하다. 평등
의 구현은 결국 현재 지배세력의 기득권 침해와 관련되기 때문이다.

　자유주의가 지배하는 사회에서 평등에 대한 주장은 마르크스주의,
심지어는 마르크스의 망령을 되살리자는 주장으로 인식된다. 이러한
상황에서 자유주의자이면서도 평등주의적 정의에 관한 정교한 이론으
로 평등에 대한 새로운 토론의 문을 연 것은 롤스(John Rawls)다. 그
는 로크와 루소 그리고 칸트의 전통적인 계약론으로부터 기본원리를
이끌어 내어 분배적 정의와 공정으로서의 정의를 핵심으로 하는 정의론

(A Theory of Justice)을 통해 정계와 학계에 평등에 대한 새로운 개념을 제시했다.

롤스는 각자는 다른 사람의 자유와 유사하게 버금가는 가장 광범위한 평등한 기본적 자유에 대해 평등한 권리를 가져야 하고 기본적 자유는 자유를 위해서만 제한되어야 하며, 덜 평등한 자유는 더 작은 자유를 가진 사람들에게 받아들여질 수 있어야 하며, 사회 및 경제적 불평등은 1) 모든 사람들의 이익이 될 것으로 합당하게 기대되고 2) 직위와 직책이 모든 사람들에게 개방되어야 한다고 제시한다.[32]

롤스의 '모든 사람들의 이익'과 '모든 사람들에게 개방'은 실은 최소 수혜자에게 최대의 이익이 되어야 하고, 기회의 평등에 대한 공정한 조건 아래에서 직책과 직위가 모든 사람에게 개방되도록 배정되어야 한다는 것이다. 즉 기회의 불평등은 더 적은 기회를 가진 사람들의 기회를 증대해야 정당화된다는 것이다.[33] 자유와 평등의 양립이 가능하다고 보는 법학자이며 정치학자인 드워킨(Ronald Dworkin)도 평등의 중요성을 아래와 같이 강조한다.

어떤 정부라도 그 정부가 통치하고 충성을 요구하는 모든 시민들의 운명을 평등하게 배려(concern)하지 않는다면 정당하지 않다. 평등한 배려는 정치공동체의 최고의 덕목이며 — 그것이 없는 정부는 오직 독재일 뿐이다. 그리고 한 국가의 재산이 매우 불평등하게 배분되어 있을 때, 현재 가장 풍요로운 국가들도 재산의 분배가 불평등한 것처럼, 국가의 평등한 배려는 의심스럽다. 왜냐하면 재산의 분배는 법적 질서의 산물이기 때문이다. 즉 한 시민의 재산은 그가 속한 공동체가 제정한 법에 상당히 관련된다. — 그 법에는 소유, 절도, 계약, 그리고 불법 행위 뿐만 아니라, 복지법, 세법, 노동법,

---

32) John Rawls, *A Theory of Justice*(Revised ed.) (Cambridge, Massachusetts: Harvard University Press, 1999), 53, 266.
33) Rawls, *A Theory of Justice*(Revised ed.), 266-267.

민권법, 환경규제법, 그 밖의 실질적인 법들이다. 정부가 이 법들 가운데 일부를 제정하거나 유지할 때, 정부의 선택에 의해 일부 시민들의 삶은 더 불행해질 것으로 예측할 수 있을 뿐만 아니라 어떤 시민들이 해당될 것인지도 예측할 수 있다.[34]

자유주의는 기본적으로 분배적 불평등을 전제한다. 자유주의자들은 이미 루소가 갈파한대로 인간사회의 불평등을 야기하는 소유를 강조한다. 자유주의 전도사인 노직(Robert Nozick)은 '분배가 정의로울 충분조건은 그 분배 하에서 모든 사람들이 자신들의 소유물에 대한 소유권을 갖는 것'[35]으로 본다. 그들에게 이 불평등은 오히려 파이를 키우는 동기다. 불평등한 분배의 최소의 몫도 사회주의의 최소의 몫보다는 크다고 믿는다. 롤스가 자유주의자면서도 평등에 관해 사회주의적 입장에 있는데 반해 노직은 롤스의 입장을 거부하면서 로크의 사유재산권에 영향을 받아서 신자유주의적 관점에서 평등을 이해한다.

평등에 관한 논쟁이 어떻게 전개되든 핵심과제는 분배이고 그 분배의 공정성에 관한 것이며 이것은 곧 정의의 문제이다. 분배는 사회의 여러 자원과 가치에 대한 배분의 문제다. 그중에서도 경제적 분배가 핵심이다. 이 분배의 문제는 자유주의자들이 아무리 호도하고 덮으려고 해도 한계가 있다. 일시적으로는 잠잠해질 수 있지만 결국은 지진처럼 폭발할 잠재력을 갖고 있는 정치사회적 과제다.

분배와 관련해 정치적 과제는 조세와 국가재정의 배분문제다. 조세제도가 평등 및 자유의 침해와 어떻게 관련되는가의 문제는 논쟁의 대상이다. 근로소득세와 사업소득세, 증여세와 상속세, 재산세 및 기타의 여러 세목들은 각각 성격이 다르기 때문이다. 일반적으로 불로소득에

---

34) Ronald Dworkin, *Sovereign Virtue: The Theory and Practice of Equality* (Cambridge, Massachusetts: Harvard University Press, 2001), 1.
35) Robert Nozick, *Anarchy, State, and Utopia* (New York: Basic Books, Inc., Publishers, 1974), 151.

대해서는 누진율을 높여야 한다는 주장이다. 국가재정의 배분은 조건적 평등을 구현하는 방향이어야 한다.

모두가 평등할 수는 없다. 그러나 공정한 소득과 따뜻한 나눔의 사회정의를 목표로 하는 노력의 1차적 책임은 정치다. 경제적 평등은 한 국가사회를 단위로 해 생산성을 높이면서 부의 격차를 최소화하는 방향으로 정책을 수립해 나아감으로써 어느 정도 실효를 거둘 수 있다. 자유주의의 오만과 경제적 횡포에 맞선 것이 사회주의였으나 사회주의자들의 과욕은 러시아와 동구권 그리고 일부의 남미국가들이 사회주의라는 이름으로 정치적 독재와 경제적 빈곤으로 빠지면서 '사회주의'는 '가난'의 대명사가 되고 말았다

정치가 자유냐, 평등이냐의 기로에서 어느 방향으로 기울 것인가? 자유를 강조하면 세금은 줄이고 경쟁은 촉진해야 한다. 평등을 강조하면 세금을 늘리고 분배를 강화해야 한다. 이것은 1차적으로 사회와 지배계급의 이념과 관련된다. 지배계급의 이념은 정부의 이런 정책방향을 좌우한다. 정치인들은 사회의 주류이념을 간과할 수 없다. 그러나 그 주류이념 자체가 그 사회의 기득권자들의 기득권 강화를 위한 주장이라면 그 이념은 정의가 빠진 간교한 수단의 무기일 수 있다.

20세기에 들어 복지제도가 도입되지 않았다면 서구 자본주의가 온전히 지속되었을지 의심스럽다. 유럽에서는 보수주의와 사회주의가 정권을 번갈아 운영하면서 서로의 정책을 부분적으로 공유하는 '공감정치'를 이어간다. 이 과정에서 자본주의와 사회주의의 이상들이 부분적으로 접목되며 경제적 평등도 점진적으로 증대된다.

경제적 평등은 자유주의의 관용과 사회주의의 겸손이 어우러질수록 더 현실화 될 것이다. 기업의 자유와 기업가의 이윤은 최대한 보장되어야 한다. 그러나 부자들은 검소한 생활을 통해 사회적 기여를 강화해 존경의 대상이 되고 가난한 사람은 열심히 일할 수 있는 터전과 안정된 생

활조건이 마련되어야 한다. 국민의 세금으로 급료를 받는 공직자와 그
에 준하는 직책의 임금(賃金)은 일반 근로자와 비슷하도록 책정하고, 대
신 이들에게는 존경이 따르도록 해야 한다. 일하는 대가나 지위가 돈에
의해 평가되기보다는 존경과 명예로 보답되는 사회를 추구해야 한다.

제3부

자유민주주의와 인민주의

제5장 자유민주주의의 두 얼굴

"나는 첫째로 전 인류의 일반적 성향으로서 영원히, 쉴 새 없이 계
속해서 추구하는 권력에 대한 욕망, 죽어야만 비로소 멎을 수 있는
욕망을 꼽는다. 이것의 원인은 사람이 이미 취득한 것보다도 더 강
도가 높은 기쁨을 원한다던가, 온당한 정도의 권력에 만족할 수가
없다던가 하는 것으로서, 언제나 그런 것은 아니지만, 그가 현재 가
지고 있는 것보다 더 많은 권력과 부귀영화를 누리기 위한 수단을
취득하지 않고는 마음을 놓을 수가 없기 때문이다."

리바이어던 제 11장

자유민주주의는 자유주의와 민주주의를 토대로 하며 정치방식으로 굳
어진 하나의 이념이다. 자유민주주의는 공산주의와의 냉전에서 완승하
면서 그 지위를 더욱 공고히 하고 있다. 그러나 붕어빵에 붕어가 없는 것
처럼 자유민주주의에는 전통적인 '민주주의'는 빠진 채 자유주의와 자
본주의가 꽉 들어 차있다.

자유민주주의의 기원

민주주의는 자유와 평등을 이상으로 하는 삶의 원리다. 모든 이념들은 민주주의가 함의하는 자유와 평등에 관한 본질과 구현방법을 중심으로 나타난다. 이 민주주의가 자유주의자들에 의해 훼손되고 있다. 자유주의자들은 '민주주의'를 자유주의와 접목시켜 자유민주주의라는 용어를 만들어 냈다.

노동자가 정치의 주체로 등장하고, 이들이 사회주의에 매력을 느끼면서 자유주의는 변화의 필요성에 몰리게 되었다. 이 상황에서 등장한 '민주주의'는 자유주의자들에게 또 다른 위협이었다. 프랑스혁명을 계기로 자유주의의 대안으로서 민주주의가 확산되면서 프랑스의 자유주의는 자유와 함께 평등을 중시하는 민주적 자유주의 즉 민주주의로 발전하게 되었다. 이는 자유중심의 자유주의의 불안한 대상이 되었다.

제1, 2차 세계 대전을 거치면서 세계는 냉전체계로 접어들었고, 미국과 영국 등의 자유주의자들은 스탈린체계를 전체주의 독재로 비판하면서 자신들의 정치체계를 '자유민주주의'로 불렀다. 이것은 자유중심의 자유주의에 특히 루소와 계몽주의의 영향으로 평등을 강조하는 민주주의를 접목해 사회주의나 공산주의가 내세우는 평등에 대응하기 위한 의도였다. 자유민주주의가 자유와 함께 평등이 수반되기 때문에 소련, 동유럽, 중국 등의 공산주의체계들보다 상대적으로 우월하다는 것을 강조하는 것이다. 그러나 자유민주주의는 자유와 평등이 균형을 이루기보다는 자유중심의 평등주의를 지향하는 관념이 되었다.

민주주의의 변질

전통적으로 인간의 자유와 평등을 이상으로 하는 삶의 원리로서의 민주주의는 자유민주주의의 등장으로 혼란이 초래되었다. 첫째는 민주주의가 자유민주주의와 혼용되면서 '이상(理想)'으로서의 민주주의와 미국과 영국 등 서방국가들의 정치현상을 상징하는 경험적 개념으로서의 민주주의 즉 자유민주주의 개념과 혼용되었다. 둘째로, 민주주의는 자유주의에 접목되었으나 '자유 = 평등'의 자유민주주의로 융합되기보다는 물리적으로 일시 결합되었다가 자유주의에 흡수되면서 '자유'는 보존되고 있으나 '평등'은 허울만 남아 '자유〉평등'으로 변질된 것이다.

민주주의가 자유민주주의에게 모든 것을 내주면서 자유민주주의에서 평등은 존재로서의 기능마저도 위협받는 실정이다. 자유민주주의가 편의적으로 자신들의 이름을 민주주의라고 부르면서 민주주의의 핵심 가치 중의 하나인 평등은 교묘한 논리로 훼손되었다. 마침내 자유민주주의는 전혀 새로운 정의를 만들어 낸 것이다.

자유민주주의는 '공정한 선거'와 '평화적인 정권교체'를 토대로 하는 대의민주주의의 정치방식을 나타내는 것으로 변질되었다. 민주주의에 대한 규범론자들은 아직 민주주의를 자유와 평등을 이상으로 하는 하나의 원리로 고집하지만 자유주의자들에 의해 거의 다 자유주의로 걸러진다. 반면에 경험론자들은 민주주의를 정치방식으로 이해하면서 아예 자유민주주의로 부른다. 이제 자유민주주의는 자유주의적 대의제와 자본주의를 토대로 하는 이념으로 정착된 것이다.

자유민주주의에서 평등의 가치가 상실될수록 사회주의가 다시 부활하는 것은 18세기의 필름을 다시 보면 필연적인 것이다. 평등에 대한 사랑은 유사 이래 인류를 동요시켜온 많은 불안의 근원[1]이기 때문이다. 여기에서 다시 광기의 레닌-스탈린 공산주의의 부활을 막는 방법은 민주주의를 부활시키는 것이다. 소극적으로는 자유민주주의가 평등의 지위를 강화하는 것이고 적극적으로는 인민민주주의의 관념을 자유민주주의에 이식하는 것이다.

자유민주주의의 본질

민주주의(democracy)가 자유와 평등의 원리에서 단순한 선거정치의 원리로 축소된 것은 슘페터(Schumpter)의 정의에서 비롯된다. 슘페터가 민주주의를 "각자가 권력을 획득하는데 유권자들로부터 표를 얻기 위한 경쟁적 투쟁의 수단을 통해 정치적 결정에 도달하는 체계"[2]로 정의하면서 민주주의 정의에 혼란을 겪던 정치이론가, 정치인 그리고 관료들의 호응 속에 민주주의의 새로운 정의로 정착되었다.

민주주의는 원래 자유와 평등을 추구하는 원리가 아니라 아테네의 정치방식이었다. democracy는 그리스어에 바탕을 두고 있는데, 국민 또는 다수의 지배(권한)를 의미하는 demos(mass or people)와 kratos(authority) or kratein(to rule)에서 생겨난 용어로 '민주주의' 보다는 '민주정치'가 더 구체적이고 합당한 용어다. 다수의 지배라는 관념은 그리스에서 민주정치가 전성기를 이루던 당시에 재산가이며 귀족인 키몬(Cimon: BC 510경~451경 키프로스)이 주장하는 귀족제를 견제하기 위한 전략에서 비롯되었다.

고대 아테네에서 데모크라시는 하나의 '정치방식'으로 존재했던 것이다. 이 당시의 지배자들 가운데 주요한 재정 및 군사적 책임을 맡는 관리는 매

---

1) Francis M. Wilhoit, *The Quest for Equality in Freedom* (New Brunswick, New Jersey, 1979), 1.
2) Joseph Schumpter, *Capitalism, Socialism, and Democracy*, 2nd ed. (New York: Harper, 1947), 269.

우 복잡한 절차를 거쳐 선출되는 수 천 명의 시민 배심원들이 선출했고,
나머지 관리들은 추첨에 의해 선출되었다.[3] 인민에 의한 다수지배로서
의 민주주의는 아리스토텔레스(Aristoteles)나 플라톤(Plato)에게는 중
우정치(衆愚政治)로 타락할 우려가 있는 제도였다. 플라톤은 민주주의가
타락하면 다수의 폭민(暴民)에 의한 폭민정치(mobocracy)로, 아리스토
텔레스는 다수 빈민정치(ochlocracy)로 전락한다고 주장했다. 이러한 제
도적 민주주의는 전제군주제가 확립되면서 사장(死藏)되었다.

　민주주의가 정치제도에서 이념으로 다시 나타난 것은 자유주의에
대한 반발이었다. 절대왕정의 등장과 중상주의 정책으로 인해 왕을 중
심으로 하는 귀족계급과 성직자 중심의 지배그룹에 '부르그(bourg)' 즉
상공업도시라는 말에서 나온 부르주아(bourgeois)계급 즉 상공인들이
가세하였다. 이들을 중심으로 하는 새로운 이념이 자유주의다. 자유주
의는 기득권자의 경제적 이익은 극대화되는 대신에 빈민들의 고통은 가
중되는 빈익빈부익부의 결과를 초래하였다. 이에 대한 저항으로 평등에
대한 요구가 제기되었고, '민주주의'는 프랑스혁명을 전후해 자유와 함
께 평등의 가치가 존중되는 새로운 이념으로 재탄생하게 된 것이다. 이
런 배경 때문에 민주주의는 자유주의자들로부터 경멸과 경계의 대상이
었다. 이것은 미국민주주의를 쓴 토크빌(de Tocqueville)이 1848년 9
월 12일 제헌의회에서 행한 연설에서도 잘 나타난다.

> 민주주의와 사회주의는 단 한 단어, 즉 평등으로 연결되어 있다. 그 차
> 이는 분명히 지적되어야 한다. 민주주의는 자유 속에서의 평등을 원
> 하는 반면에 사회주의는 가난과 예속에서의 평등을 원하는 것이다.[4]

---

3) Kurt A. Raaflaub, et al. *Origins of Democracy in Ancient Greece* (Berkeley:
University of California Press, 2007), 3-5.
4) G. Sartori, *Democratic Theory* (Detroit: Wayne State University Press, 1962),
360에서 재인용.

자유주의자들에게 민주주의는 급진적이고 과격한 이념이었다. 시대의 이념은 항상 지배계급의 이익과 합치되어야 한다. 지배계급들은 자신들에게 이로운 가치와 이념을 창출하고 해석한다. 루소가 디종 아카데미의 공모에 제출한 '불평등기원론'이 심사위원들을 당황하게 만들고 수상작에서 배제된 것은 어쩌면 그 당시 상황으로는 당연하다. 평등, 공동체의 행복 또는 복지를 외치는 민주주의는 두통거리일 수밖에 없다. 사르토리(G. Sartori)의 말대로 민주주의는 평등, 사회적 유대, 복지정책에 주된 관심을 기울인 반면에, 자유주의는 주로 '정치적 속박, 개인적 주도, 국가의 형태'에 집중하기 때문에 양자는 대립될 수밖에 없다. 그럼에도 불구하고 자유주의가 민주주의를 배척하거나 외면할 수 없었던 것은 사회주의 세력의 신장 때문이었다.

자유민주주의는 자유주의가 갖는 자유지상주의나 민주주의가 갖는 조화로운 자유와 평등의 가치 모두를 '이상'이라는 시렁 위에 올려놓은 채 민주주의를 제도적인 대의민주주의로 변질시켰다. 민주주의가 지배자들에게 권력을 부여하는 행위들에 불과한 선거[5]가 핵심인 자유민주주의라는 이름으로 변질되면서 자유민주주의는 아테네방식의 민주주의의 부활도, 18세기 계몽주의 당시의 민주주의의 계승도 아니고, 아테네민주주의의 변질과 자유주의의 계승에 불과하다.

자유민주주의는 1) 지배자의 유권자에 대한 직, 간접적 책임을 바탕으로 지배자의 권력행사를 제한하고 입헌주의와 적법성, 그리고 신중한 절차와 과정을 담보하며 2) 경쟁적 이익과 가치들의 자유로운 표현과 경쟁의 보장 3) 권력, 신분, 계급과 무관하게 '법의 지배'를 확립한다는 것을 핵심으로 한다.[6]

---

5) Harvey Pinney, "Government-by Whose Consent?," *Social Science*, ⅩⅢ (1938, 10), 298.

6) Larry Diamond, *Developing Democracy: Toward Consolidation* (Baltimore: The John Hopkins University Press, 1999), 10-12.

　　다이어몬드(Larry Diamond)는 자유민주주의가 광범위한 자유와 실질적인 정권교체를 가능토록 하고 정책을 선택할 수 있으며, 약소집단들도 정치적인 조직과 동원을 할 수 있도록 하기 때문에 사회적 불의를 줄이고 잘못된 정책과 부패를 바로잡는 최선의 장기적 전망을 제공한다고 주장한다.[7] 달(Robert A. Dahl)은 폴리아키(Polyarchy)라는 용어를 사용하면서 민주주의는 정부가 모든 시민에 대한 기회의 조건이 동등하도록 하고 이를 위해 결사, 표현, 자유롭고 공정한 선거에 대한 제도적 보장이 필요한 체계로 정의한다.[8] 오도넬(Guillermo O'Donnell)은 슘페터(Joseph Schumpter)식의 선거주의가 갖는 오류를 배제하면서도 폴리아키 개념을 '선거의 제도화'에 모은다.[9]

　　달이나 다이어먼드의 민주주의에 대한 이러한 개념은 선대의 홉스(T. Hobbes), 로크(John Locke), 흄(David Hume), 벤담(Jeremy Bentham), 밀(John Stuart Mill)로부터 이어받고 동시대의 라스웰(Harold D. Lasswell), 이사야 벌린(Isaiah Berlin) 등의 이론가 등과 함께 자유주의적 관점에서 자유와 권력을 대립되는 요소로 인식하고 있는 것이다. 다만 개인의 자유와 국가의 권력 가운데 어느 쪽에서 접근하느냐의 차이에 따라 자유와 권력의 성격이 달라진다. 홉스의 관점에서 자유주의적 인간의 본질은 "다른 사람들의 의지에의 종속으로부터 자유이며, 자유는 소유의 한 기능이다."[10] 로크는 시민정부론(Second Treatise of Civil Government)에서 다른 개인들의 권력과 사회 전체의 권력을 제한하는 '감시망과 울타리'로서 규칙이 어떻게 작용하는가를 심사숙고하

---

7) Diamond , *Developing Democracy*, 18.

8) Robert A. Dahl, *Polyarchy: Participation and Opposition* (New Haven: Yale University Press,1971), 3.

9) Guillermo O'Donnell, "Illusions about Consolidation," *Journal of Democracy* 7, No. 2 (1996), 36.

10) C.B. Macpherson, *The Political Theory of Possessive Individualism* (New York: Oxford University Press, 1964), 3.

는 반면에 노직은 '무정부, 국가, 그리고 유토피아'에서 "개인들의 권리
와 자유가 국가에 얼마나 많은 작용의 여지를 남겨두는가?"라는[11] 질문
으로 구별했다.

자유민주주의에 대한 거의 모든 정치이론들은 엘리트주의적 경향을
담고 있다. 자유민주주의는 아무리 절차적으로 완벽해도 시민들은 지도자
를 선출하는데 참여할 뿐 정치과정에 실질적으로 참여하는 것은 아니다.
시민들은 오히려 자신들을 지배할 주인을 선택하는 과정에 참여할 뿐이다.
중세 봉건시대에 군주의 지배를 당연시하고 노예의 상태를 거부하지 않
던 것처럼 지배자의 지배에 순응하고 있는 것이다.

사회의 지배계급에게는 '평등'이라는 용어가 절실하지 않다. 그들은
자유민주주의가 부여하는 자유 속에 우월적 지위를 누리고 있기 때문이
다. 자유민주주의 이론에서 평등의 위치는 가치들이 갈등하는 경우마
다 자유가 우선한다는 사실에서 명백하게 드러난다. 자유주의자들에게
인간은 평등하게 창조되었지만 평등을 위해서가 아니라 자유를 위해
서, 자아의 안전과 즐거움을 보장하는 권리를 위해서 창조되었다.[12]

민주정부일수록 광범위한 시민에 더 반응하는 것은 사실이다. 표현,
조직, 정치적 선호에 대한 기회가 많을수록, 정책결정에 대표될 가능성
이 있는 선호 및 이익의 수와 다양성도 증대한다.[13] 자유민주주의는 지
배자의 권력행사를 제한하고 신중한 절차와 과정을 담보하며 자유로운
표현과 경쟁을 보장하고, 권력, 신분, 계급과 무관하게 '법의 지배'를 확
립한다.[14] 그러나 자유민주주의에 대한 긍정은 정치사회 전체를 한 단

---

11) Robert Nozick, *Anarchy, State, and Utopia* (New York: Basic Books, Inc.,
    Publishers, 1974), 4.
12) Benjamin Barber, *Strong Democracy: Participatory Politics for a New Age*
    (Los Angeles: University of California Press, 1984), 78.
13) Dahl, *Polyarchy: Participation and Opposition.*, 26.
14) Diamond, *Developing Democracy.* 10-12.

위로 해 표면적으로 평가할 때는 가능하지만 그 사회 속의 개개 시민의
입장에서 보면 시민들의 실질적인 정치과정의 참여에서 실질적인 부자
유와 불평등이 존재한다.

자유민주주의는 현재까지의 정치방식으로서는 가장 우월한 정치
제도로 인식되고 있다. 이것은 절대군주제나 레닌-스탈린식 공산정치
체계, 북한의 세습적 압제체계, 중국의 모택동식 공산체계 그리고 남
미나 아프리카의 독재체계 등과 비교해 상대적으로 정치 및 사회의 여
러 분야에서 자유가 보장되고 경제적 성장이 동반되었다는 점에서 비
롯된 것이다.

독재체계는 인간의 탐욕과 이념들이 빚어낸 불행한 역사의 과정이
었다. 자유주의와 자유방임주의가 풍미하지 않았더라면 공산주의의 바
람이 그토록 거세게 휘몰아칠 수 있었을까? 자유민주주의는 이제 시든 공
산독재체계를 비교대상으로 해서는 안 된다. 독재정치체계가 더 이상 소
생되어서는 안 되지만, 그렇다고 자유민주주의가 독재정권보다 경제 및
행정적으로 더 효율적이거나 더 질서 있고 관리가 가능한 것도 아니다.[15]
모든 국면에서 상당히 기회의 평등을 이룬, 민주사회의 근접을 보장하
지도 않는다.[16]

모든 시민들이 대략 동등한 정치자원을 갖고 정부가 완전하게 혹은
거의 완전하게 모든 시민들에게 반응하는 정치제도는 지금도 존재하지
않으며 근대국가세계에서도 결코 존재하지도 않았다. 혁신적으로 발달
된 과학기재를 통해 인간의 몸을 진단해 질병을 예방하고 치료하듯, 자
유민주주의도 새로운 환경과 새로운 패러다임 그리고 새로운 이론들을
바탕으로 새로운 출구를 향해 나아가야 한다. 강자와 약자의 구별이 필

15) Philie C. Schmitter and Terry Lynn Karl, "What Democracy Is…and Is Not," *Journal of Democracy 2*, No. 3 (1991), 85–87.
16) J.J. Linz, *The Breakdown of Democratic Regimes: Crisis, Breakdown, and Reequilibration* (Baltimore: John Hopkins University Press, 1987), 97.

요 없는, 공정한 사회, 정의로운 사회를 향해 인간적 민주주의를 회복해
야 한다. 자유민주주의의 가장 위험스런 적은 자유민주주의를 완전한
정치방식으로 인식하는 것이다.

자유민주주의와 선거

선거주의의 허구

자유와 평등이라는 높은 이상의 민주주의가 '선거주의'로 축소되면서
시민들은 기득권세력들이 쳐 놓은 선거라는 그물 안에서만 자신의 정치
적 권리를 행사한다. 지배계급은 대의정치가 민주주의의 본질이고 선거
가 대의정치의 요체라고 선전하지만 대의정치가 국민의 자유와 평등,
정의, 복지 등을 보장하는 것도 아니고 인민의 의사를 제대로 '대의'하
는 것도 아니며 오히려 칼(Terry Karl)이 '선거주의의 오류'로 부르는
과실을 범할 위험이 있다.[17]

　　민주정치체계의 다른 범위 즉 권력경쟁이나 정권의 정당성확보 등
에서는 선거가 중요한 기능을 하지만, 여러 정당이 선거에 참여해 선거
가 제대로 이루어진다고 할지라도 유권자들은 권력경쟁이나 이익증진
및 옹호에서 어느 정도 배제될 수밖에 없다.

　　민주정치에 대한 핵심이 무엇이든, 선거도 항상 실시되는 것이 아니
라 간헐적으로 실시되고, 민주적 전환의 초기단계에서 시민들은 정당들
이 고도로 취합한 대안들 사이에서만 선택할 수밖에 없다.[18] 선거는 대
의제를 전제로 하며, 대의제는 다수결의 원리에 바탕을 두는데, 선거제

---

17) Diamond, *Developing Democracy*, 9.
18) Philippe C. Schmitter and Terry Lynn Karl, "What Democracy Is…and Is
　　Not," *Journal of Democracy 2*, No. 3 (1991), 78.

도는 이러한 다수제를 변질시켜 국민의 실질적인 다수와 관련 없는 대
표를 정당화시켜주고 있다.

정치인이 '서로를 보호한다는 약속으로 부자로부터는 돈을 그리고
가난한 사람으로부터는 표를 받는 사람'[19]이라는 정의가 아주 빗나가지
않았다면, 선거는 상층계급에 속한 사회의 각 분야 엘리트 간에 권력경
쟁에 인민을 동원하고, 대의민주주의라는 이름으로 지배와 피지배관계
를 합리화시키는 도구 이상의 의미를 찾기 어렵다. 그렇더라도 현재로
서의 유일한 방법이 선거라면, 선거는 이런 모순을 최대한 극복할 수 있
는 제도로 다시 만들어야 한다.

선거제도가 '경쟁적인 이익을 가진 정당들의 정치적 흥정의 결과
물'[20]인 '재배분(redistributive)'제도[21]로서, 한 집단이 다른 집단의
희생으로 이득을 얻는 제로섬 특성을 가진다는 점에서, 정당들이 제도
에 의해 배분되는 상품의 최대의 몫을 가져올 것으로 믿는 제도를 선호
하는 것은 당연하다. 선거제도는 전문학자들의 다양한 제언노력에도 불
구하고[22] 새로운 방식이 거의 고안되지 않고, 혼돈스럽고, 생존을 위해
투쟁하는 경쟁적인 파벌들 간의 증가하는 타협에서 나와 권력정치에 의
해 결정되는 실정이다.[23] 학계나 사회단체들의 여러 주장들이나 의견

19) Michael Parenti, *Democracy for the Few* (New York: St. Martin's Press, 1988).

20) KennethBenoit, and John W. Schiemann, *Institutional Choice in New Democracies: Bargaining over Hungary's 1989 Electoral Law*, *Journal of Theoretical Politics* 13(2), (2001), 154

21) George Tsebelis, *Nested Games: Rational Choice in Comparative Politics*, (San Diego: University of California Press, 1990).

22) Arend Lijphart, *Electoral Systems and Party Systems: A Study of Twenty-Seven Democracies*, 1945-1990 (Oxford: Oxford University Press, 1994); Rein Taagepera and Mattew Shugart, *Seats and Votes: The Effects and Determinants of Electoral Systems*, (New Haven: Yale University Press, 1989); Giovanni Sartori, *Comparative Constitutional Engineering: an Inquiry into Structures, Incentives and outcomes*, 2nd ed, (London: Macmillan, 1997).

들은 정치권이라는 도마 위에서 정치인들이 휘두르는 칼에 묵살되거나 호랑이가 고양이로 변질된다.

선거민주주의는 더 민주적 — 자유주의적, 입헌적, 경쟁성·책임성·포괄성을 지나고 더, 참여적인 — 이 될 수 있는 것과 마찬가지로 부자유, 남용, 부채, 배제, 협소, 무반응, 무책임이 증가될 수 있으며, 자유민주주의는 정치적 책임성, 경쟁성, 반응성, 접근성의 수준에서 향상될 수 있으나 하강될 수도 있다.[24] 다이아몬드도 자유민주주의가 공식적 제도의 붕괴를 통해서뿐만 아니라 더 교활한 부패의 과정을 통해 평등성을 잃을 수 있다고 경고한다.[25]

자유민주주의에서 인민의 평등은 허상에 가까우며, 선거는 선택된 '대표'를 특권계급으로 변화시키는 기계적 행사다. 봉건사회의 '세습'적인 '특권계급'을 민주사회에서는 '선거'가 정당화 해주고 있는 것이다. 정치인들은 개인의 당선과 당리가 최우선이고 그 다음이 그럴듯하게 국민에게 내놓을 명분이다. 정치인들은 전문가들의 혁신적인 제안에 대해서는 '현실성'을 이유로 기피한다. 그들이 말하는 '현실성'은 바로 자신들이 당선되고 그 직을 유지하는데 알맞은 제도로서의 현실성 그 이상이 아니다. 학계도 정치인들의 주장을 뛰어넘는 가치 지향적이고 근본적인 대안의 제시보다는 정치인들이 내세우는 '현실성'이라는 벽을 넘으려하지 않고 정치권의 주장을 중심으로 부수적인 논의에 맴도는 경우도 허다하다. 그러나 학자는 본질을 추구해야 한다. 정치인들이 '이상적'이라고 치부하지만 '이상'을 외면하고 현실에만 매달리면 선거는 변화의 수단

---

23) Pippa Norris, "Introduction: The Politics of Electoral Reform," *International Political Science Review* (1995), 16: 4.

24) L. Diamond, J.J. Linz, and S. M. Lipset, "What Makes for Democracy?," L. Diamond, J. J. Linz, and S. M. Lipset(eds.), *Politics in Developing Countries: Comparing Experiences with Democracy* (Boulder, Colorado: Lynne Rienner, 1995), 19.

25) Diamond, Linz, and Lipset, "What Makes for Democracy?," 19.

이 아니라 왜곡된 현실의 포장수단이다.

상대적 다수주의의 부당성

선거제도는 표의 등가성, 비례성, 지역대표성, 투표율, 당선자 결정방법 등 여러 분야가 종합적으로 검토되어야 하고 이에 대한 많은 제안들이 있다. 이들 중에서 실질적으로 가장 중요한 요건은 당선자가 다수의 득표로 대표로서의 정당성을 확보하는 것이다.

다수의 기준은 구성원의 과반수다 — 의회제 정부구성의 기본 원칙은 이의 반영이다. — 구성원의 과반수는 원칙적으로 구성원 모두의 참석과 참석자의 과반수를 의미한다. 구성원 전체가 참석하지 않아도 의사결정의 기준은 전체 구성원의 과반수 즉 구성원의 50% + 1명이어야 한다(100명 정원에 80명이 참석해도 과반수는 51명). 선거에서 과반수는 유권자 과반수의 투표와 유권자 과반수의 득표가 이상적이다. 이것이 참석자의 과반수, 또는 과반수 참석의 과반수, 심지어는 참석자에 대한 기준 없이 '상대적 다수'라는 논리를 바탕으로 편의적으로 적용되다보니 유권자 10% 내외의 득표율로 당선되는 대표들도 생겨난다.

우리나라 선거실태

투표율과 당선자의 득표율

우리나라 제17대 대통령선거(2007년 12월)의 투표율은 62.9%(총 유권자 3,765만 3,518명 중 2,368만 3,684명 투표 참여)로 역대 최저기록이다.[26] 투표율은 과반수를 차지했지만 당선자는 전체유권자의 과

---

26) 최근의 역대 투표율은 13대(1987년) 89.2%, 14대(1992) 81.9%, 15대(1997년) 80.7%, 16

반수지지에 훨씬 미치지 못한다. 17대 대통령 당선자 이명박의 경우도 투표자대비 득표율은 48.7%이지만, 유권자 대비 득표율은 전체유권자의 1/3에도 미치지 못하는 30.68%에 불과하다.

국회의원 선거의 투표율과 득표율은 대통령선거보다 훨씬 낮다. 제18대 국회의원선거의 투표율은 46.1%에 불과했다.[27] 당선자들의 득표율은 더욱 충격적이다. 전국 245개 지역구 중 43개(17.6%)선거구의 당선자가 유권자 4분의 1의 지지도 받지 못했다. 64.9%의 득표를 하고도 투표율이 39%에 머물면서 실질득표율은 24.6%에 그친 곳도 있다. 유권자 대비 15% 미만 득표율의 당선자가 6명, 20% 미만의 지지로 당선된 경우도 36명이나 된다. 총선 투표율이 46.1%이고 평균적으로 45~50% 선에서 당선된 걸 감안하면 실질득표율은 20%선 안팎이다. 투표율이 높지 않은 상황에서 벌어진 지역구 당선자들의 대표성은 더욱 취약하다. 낮은 투표율과 다자경쟁 때문이다. 30%대 투표율에 30% 득표율을 기록하면서 실질득표율은 10%대 초반에 머물게 된다.

재·보궐선거의 투표율은 더욱 낮아 후보들의 조직원 동원경쟁으로 전락되고 있다. 역대 재·보궐선거 투표율은 30%대 초반을 이루고 있는데 2000년 6·8 재·보궐선거는 평균 투표율이 21%로 사상 최저치를 기록하고 있다. 2006년 7월 26일의 국회의원 재·보궐 선거는 평균 24.8%인 가운데 서울 송파갑은 18.1%였다. 2008년 7월, 주민 직접선거로 처음 치러진 서울시교육감 선거의 최종 투표율은 15.47%였다. 320억 원 이상을 쓴 선거에 서울 유권자 808만 4,574명 중 겨우 125만

대(2002년) 70.8%로 계속 하락하는 추이를 보였다. 17대 대선의 투표율은 민주개혁세력이 정권교체를 이뤘던 97년 15대 대선 당시의 투표율 80.7%나 역대 최저 투표율을 기록했던 2002년 16대 대선 당시 70.8%에도 한참 못 미치는 기록이다.

27) 제13대 국회의원선거 이후의 각 선거별 투표율은 제13대 75.8, 제14대 71.9, 제15대 63.9, 제16대 57.2, 제17대 60.6, 제18대 46.1 이다.

1,218명이 투표했다. 세금낭비는 물론이고 대표성에도 문제가 있다. 2007년 2월 치러진 부산시교육감 선거의 투표율도 15.3%였고, 2008년에 실시된 충남 교육감(6월 25일) 17.2%, 전북교육감(7월 23일)은 21%에 그쳤다.

국회의 정파별 득표율 구성실태

낮은 투표율과 낮은 득표율은 각 정당별 득표율이나 정당별 당선자들의 득표율도 국회의 다수를 구성하는 정당성을 뒷받침하지 못한다. 18대 총선에서 각 정당의 지역구의의원들의 총 득표율과 각 당의 의석점유율을 비교하면 어느 정당도 국회에서 전체 유권자를 기준으로 하면 절대적인 다수위치를 확보하지 못하고 있다 (표 5-1).

한나라당은 51.2%의 의석을 점유하고 있지만 실제 투표자의 36.9%, 전체유권자의 16.9%의 지지에 불과하다. 의원 개인의 경우에도 투표자 과반수의 득표율을 기록한 당선자가 지역구 245명 정수 가운데 133명에 불과하다.[28]

국회는 모든 안건을 만장일치로 처리해도 전체 유권자의 반에 미치지 못하는 지지를 바탕으로 하는 것이다. 권위주의 정치체계에서 90% 이상의 투표와 90% 이상의 지지가 정통성이 없는 것처럼, 민주정치체계에서도 유권자의 50% 이하가 투표하는 선거가 대의민주주의의 정당성을 확보할 수 있는가? 50% 이하의 투표율에 50% 이하의 득표율로 당

---

28) 18대 총선 50%이하 득표율 당선자 수는 아래와 같다.

지역	서울	부산	대구	인천	광주	대전	울산	경기	강원	충북	충남	전북	전남	경북	경남	제주	계
정수	48	18	12	12	8	6	6	51	8	8	10	11	12	15	17	3	245
당선자	24	7	3	7	0	6	2	29	6	6	3	1	1	5	9	3	112

표 5-1   18대총선거의 각 정당 의석수와 득표율

정당	의석수			득표율		득표율비교	
	지역구	비례	합계 (의석점유%)	지역구	정당	투표자 대비	유권자 대비
한나라당	131	22	153(51.2)	43.5	37.5	36.9	16.9
민주당	66	15	81(27.1)	28.9	25.2	24.8	11.4
선진당	14	4	18(6.0)	5.7	6.8	6.7	3.1
친박연대	6	8	14(4.6)	3.7	13.2	13.0	6.0
기타정당	3	5	8(1.4)	1.7	4.1	4.0	1.9
무소속	25		25(8.3)	11.1		11.1	

선되는 의원이 과연 국민의 대표인가? 유권자들이 기권한 것이니, 유권자 책임이라고 치부할 수 있는가? 기존의 대의제도, 기존의 선거제도, 대표의 행태 등에 대한 근본적인 분석과 발상의 전환을 통한 새로운 제도의 모색을 시도한 적은 있는가?[29]

선거제도는 모든 유권자의 의사가 반영된 대표를 선출할 수 있고, 선거를 통해서 대표를 통제할 수 있는 제도여야 한다. 정당들이 일방적으로 선정한 후보자들만을 대상으로 선택하는 것이 아니라 정당이 후보자를 선택하는 과정에도 유권자들이 참여해야 한다. 정당을 구성하는 당원의 숫자나 선거에서 정당이 획득하는 지지율을 보면 정당자체가 국민의 참여나 동의보다는 기득권을 바탕으로 지탱되고 있음을 알 수 있

---

29) 정치학에서 '투표'에 관한 연구는 정치행태에 관한 연구에 모아진다. 누가 투표하는가에 대한 연구는 초사실주의적(hyperfactualism) 현상으로 인해 경험적 연구로는 한계가 있기 때문에 경험적 연구결과는 많아도 그러한 연구를 설득력 있게 통합하고 해석할 이론적 틀은 부족하며, 모호하고 부분적이다. 그럴듯하게 전파된 합리적 선택이론도 관련 개념들에 대한 이론적 설명은 많으나 투표나 기권에 대한 연구에 조작적 개념으로 적용하는 예는 드물어 상대적으로 경험적 연구보다는 경험적 연구에 대한 설명에 적용하며, 경험적 연구의 시도도, 덜 체계적이고 범위가 제한되었으며, 개념화문제와 불만족스러운 지수에 봉착한다.

다. 정당의 추천이 아닌 무소속의 입후보자들이 정당소속의 후보자들과
동등한 가치를 인정받을 수 있는 제도가 마련되어야 한다.

선거제도와 권력구조

선거제도와 권력구조의 상합성

권력구조는 대통령제, 의회제, 준대통령제를 말하며, 어느 제도이든
권력구조 그 자체만으로는 고목나무에 불과하다. 잎과 꽃이 피고 열매를
맺으려면 토양과 공기, 물에 해당하는 선거제도가 접목되어야 한다.[30]
　　의회제는 의원선거가 곧 정부구성을 위한 선거이고 정부는 의회와
융합된다. 대통령제는 대통령과 의원의 선거가 분리되어 2원적 정당성
속에 상호 견제와 균형관계가 요구된다. 준대통령제는 위의 두 제도의
특성이 혼합되어 있다. 의회의 정당세력은 한편으로는 선거제도에 의해
영향을 받고 다른 한편으로는 의회제와 대통령제의 정부형태를 좌우하
기 때문에 선거제도와 권력구조의 관계가 아주 중요하다. 헌법을 고치
지 않는 한 권력구조는 고정적이기 때문에 선택의 대상은 선거제도다.
원내 정당세력에 따른 권력구조별 정부형태를 보면 아래 표 5-2와 같
다. 아래의 정부형태는 바로 선거제도에 따른 선거결과가 만들어 내는
것이다.
　　대통령제, 또는 준대통령제는 대통령과 의회가 각각 유권자로부터
별도로 선출되어 각각의 정통성을 갖고 견제와 균형관계를 유지하는 것
을 원리로 하기 때문에 대통령의 직선과 함께 의원들도 선언적 방법으
로 직선되는 것이 바람직하다. 대통령과 의원들은 재투표제를 통해 유

---

30) 권력조별 특성 및 권력구조와 선거와의 관계에 대한 구체적 내용은 최한수, 『대통령
　　수상 준대통령』 (경기: 인간사랑, 2007)을 참조할 것.

권자의 과반수 득표로 당선되어 정당성을 확보해야 한다.

재투표제는 정당성의 강화와 권력의 소분권화를 통한 대통령권력의
전횡을 줄일 수 있다. 최소한 3명 이상의 후보가 난립할 것이 확실하기
때문에 각 후보들은 1차 투표의 득표결과에 따라 합종연횡이 이루어 질
것이다. 합종연횡은 2개 이상의 정파가 대통령권력을 공유하는 것을 의
미하며, 그것은 곧 권력의 소분산이다. 재투표제는 선언적 투표로 다수
결원리를 충족할 수 있다는 것이 최대의 장점이다. 재투표과정에서 선
거연합을 통해 원내세력도 정리된다.

비례대표제는 표의 비례성과 등가성에서 다른 제도보다 우월하다.
의회제의 권력구조라면 비례대표제는 의원들의 대표성에 대한 합치성

표 5-2   권력구조별 원내 정당세력에 따른 정부형태

권력구조	정당의 세력	정부형태	선거절차
대통령제	집권당〉야당	다수당 정부	분리선거
	집권당〈야당	공유정부(분점정부)	
의회제	1여당〉야당	단독안정내각(정부)	의회선거
	연합여당〉야당	연합다수내각(정부)	
	1여당〈야당	단독소수내각(정부)	
	연합여당〈야당	연합소수내각(정부)	
준대통령제	집권당〉야당	다수당 정부	분리선거
	집권당〈야당	동거정부	

* 의회제를 의원내각제, 준대통령제를 이원집정제, 대통령제의 집권당을 여당이라고
  하는 것은 잘못이다.
* 의원내각제는 의원들만 정부를 구성하던 고전적 의회제의 경우에 해당한다.
  '2원'은 권력이 대통령과 수상에게 반분된다는 의미인데 권력은 어떤 경우라도
  반분될 수는 없다. 준대통령제의 경우 집권당이 다수당이면 대통령권한이 강화되며
  소수당이면 동거정부가 된다.
  '여당'은 의회와 정부의 융합(fused)된 것을 의미한다. 대통령제의 근본정신은
  정부와 의회의 견제와 균형이다. 대통령제의 집권당을 여당으로 표현하면
  견제하면서 균형을 유지해야할 집권당의 시녀역할이 정당화된다.

도 더 높을 것이며,31) 정치체계는 더 합의적인 형태로 작동할 가능성이 크다.32) 의회제는 의원선거를 통해 정부가 구성되고, 비례제는 의회뿐만 아니라 정부도 유권자들의 지지에 비례적으로 구성된다는 점에서 다원사회 ― 인종, 언어, 종교 등 ― 에서 의회제와 비례대표제는 선택이 아니라 필수이어야 한다.

의회구성과 행정수반의 권력

어느 권력구조든 집권당이 다수당이면 대통령 또는 수상의 권력은 강화된다. 집권당이 소수당(여소야대)이면, 의회제는 연합정부나 소수정부로 권력의 공유 또는 약화현상이 나타나며, 대통령제는 분점정부에서 권력의 공유, 또는 소수당 정부와 의회가 교착상태(deadlock)에 빠질 수 있다. 다만 준대통령제는 동거정부에서 '수상'이 국정을 주도하기 때문에 대통령제보다 오히려 융통적이다.

　재투표제는 2차 투표과정에서 선거연합이 이루어지고, 다수당 정부든, 동거정부든 최소한 2개 이상 정당이 연합하기 때문에 원천적으로 공유권력(분점권력)이며 정부와 의회와의 교착상황을 피할 수 있다.33) 우리나라는 현재의 정당체계를 토대로 할 경우 1당 다수정부는 쉽지 않기 때문에 준대통령제는 다수당정부든 동거정부든 선거연합이나 의회연합

---

31) John Huber and G. Bingham Powell, "Congruence Between Citizens and Policymakers in Two Visions of Liberal Democracy" *World Politics* 46 (1994)

32) Arend Lijphart, "Patterns of Democracy," *Government Forms and Performance in Thirty - Six* (Countries, New Haven, Connecticut: Yale University Press, 1999).

33) 그 밖의 선거제도에 관한 논의는 선거구를 광역화하는 경우로 이는 SMP의 변형과 관련되는 연기투표제, 제한연기투표제, 누적투표제가 있지만 그럴만한 이유로 보편화되지 못하고 있다는 점에서 논의에서 제외한다. 선거구를 광역화하는 경우 단기비이양식은 이미 일본에서 폐기한 제도이다. 논의의 대상은 단순다수제 군에 속하는 연기투표제나 제한투표제 또는 누적투표제가 있다. 이러한 제도들은 SMP의 불비례성을 보완하기 위한 제도이다. 그런 연기투표제는 대정당에 절대적으로 유리하고, 이것은 곧 지역주의에 편승되며 폐쇄명부제의 단점이 연계되어 정당지도부의 영향력이 상대적으로 증대된다. 누적투표제는 군소정당의 참여를 촉진시킬 수 있다. 그러나 그 효과는 아주 제한적이라는 경험적 증거들로 인해 보편화되지 않고 있다.

은 불가피하고. 권력의 집중과 전횡은 대통령제보다 줄어들 수 있다.

선거제도와 관련해 권력구조는 어느 권력구조이든 정책의 수행에 큰 차이가 없고, 세계 여러 나라들이 채용하고 있다면 우리는 우리 나름의 고질적 장애를 최대한 극복할 수 있는 권력구조여야 한다. 이것은 권력의 분산, 지역주의 극복이다. 지역주의 극복과 국민통합을 위해 프랑스의 준대통령제를 변형시켜 대통령은 무소속을 원칙으로 하면 국가원수의 통치행위는 지역주의로부터 자유로울 수 있을 것이다.[34)]

자유민주주의와 정당

정당의 출현과 발전

정당은 왕정체계가 공고히 유지되어야 하는 관점에서는 위태로운 존재였을 수밖에 없었다. 그러나 영국에서 선거법 개정(1832년)으로 인해 대중의 정치참여가 확대되면서 기득권자들은 자신들의 지위를 유지하기 위한 하수조직으로 정당의 필요성을 인정하는 교활함을 보였다. 정당이 귀족적 파벌이나 명사들의 집단으로 시작[35)]된 것은 바로 이를 반증한다.

정당이 여기에서 머물렀다면 정당은 봉건체계의 몰락과 함께 당연히 사라졌을 것이다. 그러나 듀베르제(Duverger)의 관찰처럼 선거권이 확대되고 인민들 스스로 정치참여의 기회를 확보하면서 기득권세력 중심

---

34) 준대통령제는 대통령에게 상당한 권력이 부여된 프랑스형과 대통령에게 실질적인 권력이 거의 없지만 의회제의 국반수반보다는 더 적극적 역할이 가능한 핀란드형으로 나눌 수 있다. — 핀란드형은 사실상 의회제이기 때문에 핀란드형에 대통령의 권력을 보강하는 방법도 있다. —

35) 정당의 발전과정에 대해 베버(M. Weber)는 귀족적 파벌, 명사들의 소집단, 그리고 국민투표 민주주의 출현단계로 구분하였다.) Max Weber, "Politics as a Vocation," in A. H. Gerth and C. Wright Mill(eds.), *From Max Weber: Essays in Sociology* (New York: Oxford University Press, 1958), 100–103.

의 정당에 대응하기 위해 결성한 인민정당의 출현으로 정당은 민주정치의 중추적 위치를 차지하게 되었다.[36] 그 이후 정당은 지배계급들에 의해 정당화(正當化)되고 미화되면서 200년 이상을 존속해오고 있다. 그러나 정당은 미디어 시대를 맞아 사면초가의 새로운 환경에서 탈출구를 모색해야 할 상황이다.

정당의 사상적 배경

정당의 예찬

선거민주주의의 주역은 권력을 향해 돌진하는 정치인들의 집단인 정당이다. 자유민주주의에서 정당만큼 그럴듯하게 변장된 조직도 없다. 18세기에 철저한 보수주의자인 버크(Edmund Burke)가 정당은 '모두가 동의하는 몇 가지 특수한 원칙을 가지고, 그들의 공동노력으로 국가의 이익을 증진시키기 위해, 결합한 사람들의 단체'[37] 라고 내린 정의를 토대로, 대의민주주의자들은 정당의 실제 현상이 무엇이던 정당이 이 정의에 맞도록 구성되고 운영되는 것처럼 여겨왔다. 정당은 현상에 따라 정의가 기술되기 보다는 정의에 의해 현상이 구속되는 대상이었다.

　자유주의사상으로부터 부화한 정당은 이미 18세기에 자신의 영역을 구축했고, 19세기에서 20세기까지 100여 년간, 정치엘리트가 시민들을 정치에 동원할 수 있는 도구였다. 정당을 주도한 것은 시민이 아니라 소

---

36) Maurice Duverger, *Political Parties : Their Organization and Activity in Modern State*, Barbara and R. North(trans.),(Methuen & Co. LTD. 1964), xxiii ~xxxvii

37) Edmund Burke, "Thoughts on the Cause of the Present Discontents," in The Works of Edmund Burke (London: Henry G. Bohn, 1861), Vol. I, 530.

수 엘리트였다. 이들은 정당을 매개로 권력을 획득하고 유지했다. 이 과정에서 정당은 자유민주주의를 통해 시민사회를 발전시키는데 유용한 기능을 수행하는 것으로 인식되었다.

리버(Francis Lieber)는 '정당이 없이는 충성스럽고, 안정적이고, 지속적이고, 효과적인 반대가 있을 수 없으며, 효과적인 반대란 공적인 평화의 가장 확실한 안전장치 중의 하나'라고 주장했다.[38] 정당이 존재하지 않는 곳에서는, 타협을 위한 효과적인 장치가 거의 없는 반면에, 정당이 존재하는 곳에서는 새로운 제안을 위한 내적인 회합과 토론을 통해 문제를 타협하며, 하나의 정책으로 수립해 정정당당하게 유권자에게 제시하고 유권자의 찬성이나 반대에 따른다는 것이다.[39]

리버도 정당의 해악 가능성을 깨닫지 못한 것은 아니었다. 그는 우리에게 정당에 대해 지속적인 경계와 당부, 그리고 해악의 작용을 막도록 요구한다. 당원들은 그들의 정당을 전체 공동체와 혼동할 수도 있고, 정당은 오로지 하나의 수단일 뿐이며, 정당 자체의 성공을 하나의 목적으로 간주할 수도 있다는 것이다.[40] 월터 배젓(Walter Bagehot)도 정당을 선거과정에서 필수적인 것으로 간주하고, '정당은 의회 속에 내재해 있으며, 의회의 뼈 중의 뼈이며, 심장중의 심장'이고 '정당조직은 어디서든지 대표정부의 절대 필요한 원칙인 것'[41]으로 평가했다.

정당의 비판

정당에 대한 긍정적인 평가와 대조적으로 부정적인 평가도 상당하다. 정당인은 반드시 개인적인 사상과 활동의 자유를 희생시키며, 정당의

---

38) Francis Lieber, *Manual of Political Etbics*, 2nd ed. (Philadelphia: J.B. Lippincott and Co., 1876), Vol. II, 254. 초판은 1838년에 출간됨.

39) Francis Lieber, *Manual of Political Etbicsbid*, Vol. II, 254-55.

40) Francis Lieber, *Manual of Political EtbicsIbid*, Vol.II, 259-64.

41) Walter Bagehot, *The English Constitution* (London: Oxford University Press, 1928),125. 126. 이 책은 1867년에 첫 출간되어 1872년에 장을 추가해 2판이 나왔다.

노예가 된다고 믿고[42], 무지(無知)가 인간을 정당에 들어가게 하고 부끄러움이 그들을 정당에서 나오게 만든다는 주장[43], 정당의 위선은 그들 구성원의 결정을 그들 자신의 사적인 이익을 위해 숨긴다고 생각[44]하는 비판자들의 주장은 아주 잘못된 것인가?

정당은 '시민의 대표를 아주 영광스런 채찍의 고통이 아니라 비열하고 사악한 궤변에 의해 훈련된 정당지도자의 신하로 바꾸며, 어떤 한 정당에 충실한 것은 영광스런 일이고 양심에 충실한 것은 배반하는 일'[45]이고, '다수의 원리'에 기초한 정부에서는 모든 인민의 투표 가운데 가까스로 얻은 다수표에 의한 다수당에게 정부의 모든 권력에 대한 통제권을 부여하며, 일단 다수당이 그러한 권력을 한번 잡으면, 자신의 이기적 목적을 위해 권력을 사용하는 것을 망설이지 않을 것[46]이라는 비판은 귀담아 들을 필요가 없는가?

정당은 당원이 의도하는 것은 아니지만 본래부터 사익을 추구하고 일반이익을 소홀히 하는 악습을 지니고 있기 때문에 어떤 방식으로든, 좀 더 효과적으로 일반이익을 증진시키기 위해 당원들의 결정에 의해 창당되어야 한다는 주장 [47]도 흘려서는 안 된다.

전화나 자전거도 귀하던 시기에 출현한 정당이 유비쿼터스시대에도 정당화(正當化)되고 있는 이유는 무엇인가? 흄(David Hume)은 "정당

---

42) Halifax.의 옹호는 그의 소책자인 "The Character of a Trimmer," Walter Raleigh (ed.), The Complete Works of George Savile, First Marquess of Halifax (Oxford: Clarendon Press, 1912), 48-103을 참조할 것.

43) Halifax, "Political Thoughts and Reflections," Works, 227.

44) Halifax, "Political Thoughts and Reflections," 225.

45) John Taylor, *An Inquiry into the Principles and Policy of the Government of the United States* (Fredericksburg: Green and Cady, 1914), 198-199.

46) John C. Calhoun, *A Disquisition of Government* (New York: Political Science, Classics, 1947), 31-34.

47) Henry St. John, Viscount Bolingbroke, *Letters on the Spirit of Patriotism, on the Idea of a Patriot King, and on the State of Parties at the Accession of King George the First* (London: printed for A. Millar, 1749), 150-151.

은 수세기 동안 자신들이 선전하며, 씨를 뿌리고 있는, 그러한 정부의 총체적 해체에 의해서도 좀처럼 소멸되지 않는다"[48]고 주장했다. 그렇다면 그 배경은 무엇인가? 토크빌(Alexis de Tocqueville)의 말대로 '정당이 자유정부의 필요악'[49]이라면 이제 정당은 그 필요성과 해악성을 저울질해서 새로운 방향을 모색해야 한다.

현대정당의 본질

정당은 권력을 추구하는 자들이 선거를 통해 대표가 되기 위해 만든 결사체다. 정당 엘리트의 우선목표는 각자가 의회의원(우리나라는 국회의원)에 당선되는 것이다. 세력이 강화되면 집권을 목표로 한다. 그 밖에 각급 지방자치단체의 대표(단체장, 의원)를 바라는 사람들과 정치에 참여하고 싶은 성향의 시민들이 가담해 지방조직이 구성된다. 정당이라는 이름의 모든 결사는 집권을 목표로 한다지만 가능한 정당은 불과 소수이며, 대부분은 명분과 선전에 불과하다.

정당은 선거에서 유권자들로부터 표를 모을 수 있는 여러 정책을 제시하고, 정부를 옹호 또는 비판한다. 봉건체계에서 귀족들 끼리만의 권력경쟁이 군주를 매개로 했다면, 현대 정치엘리트들의 권력경쟁을 매개하는 것은 정당이다. 정당의 진정한 목적이 정치엘리트의 권력획득이라는 점을 극명하게 지적한 학자는 다운스(Anthony Downs)다. 다운스가 볼 때 정당이 정책을 제시하는 것은 권력을 획득하는 선거에서 승리하기 위해서다.

---

48) David Hume, *Essays, Moral, Political, and Literary*, T. H. Green and T. H. Grose(eds.) (London: Longmans, Green, and Co., 1875), Vol. I, 127-128.
49) Alexis de Tocqueville, *Democracy in America*, Henry Reeve(trans.), Phillips Bradley(ed.)(New York: Alfred A. Knopf, 1945), Vol. I, 174, 197.

사르토리(Sartori)도 온건하지만 정당의 속성을 갈파하고 있다. 그는 정치엘리트들이 권력의 획득, 유지를 위해 노력하는 이유를 간단히 말하기는 어렵지만 '분명히 정당의 구성원들은 애타주의자들이 아니고, 정당의 존재란 이기적이고 비양심적인 동기를 완전히 근절시킬 수가 없으며, 정치인들의 권력추구 욕심은 변함이 없는 것'[50) 이라고 보았다.

정당은 사적 결사임에도 대의민주주의에 필수적인 요소라는 이유로 헌법으로부터 공적 지위를 보장받는다. 정당은 선거라는 권력의 여과작용을 거쳐 의회와 정부에서 권력을 독점할 수 있는 지위를 누리는 유일한 조직이다. 정치인들이 노골적인 사욕에 의해 움직인다 하더라도 정당은 공동이익의 도구[51)인 것은 분명하지만, 정당이 공동이익을 표방하는 것은 유권자의 표를 얻기 위해서 당연하고 불가피한 일이다.

정당은 민주주의 비용이라는 이름으로 막대한 국민의 세금으로 조성되는 국고보조금을 지원받는다. 우리나라 정당에서 '당비'의 존재는 거의 사라졌다. 돈 안 드는 정치를 명분으로 했던 국고보조금이 정당들의 야합으로 증가하면서 정당은 시민의 대의기관이라기보다는 세금으로 운영되는 준 국가기관으로 변질되었다.

우리나라의 정당에 대한 국고보조금은 매년 경상보조금이 300억 원가량 지급된다. 선거가 있는 해에는 2배가 지급되기 때문에 600억여 원이 된다.[52) 2009년에 한나라당은 전체보조금 309억 중 41%인 127억을 받았다. 각 정당들은 후원금까지 합쳐 엄청난 돈을 거둔다. 2010년 6·2 지방선거 때 정부의 선거보조금으로 한나라당은 선거보조비 145억 원과 선거보존비로 90억 원을 받아 모두 235억 원, 민주당은 각각 118억,

---

50) G. Sartori, *Parties and Party Systems: A Framework for Analysis* (London: Cambridge University Press, 1976), 25.

51) Sartori, *Parties and Party Systems*, 25.

52) 배분비율은 전체금액의 50%는 국회 교섭단체를 구성한 정당에 균등하게 배분되고, 다른 정당들이 총액의 5%씩을 나눠 갖는다. 그리고 남은 돈은 각 정당의 의석 수와 직전 총선 득표수에 따라 나누어진다.

59억 원으로 177억 원을 받았다. 한나라당과 민주당이 선거비용으로 지출한 금액은 한나라당 80억 원, 민주당 76억 원으로 각각 155억 원과 101억 원의 수익을 남겼다(동아일보 2010.9.15). 선거보조비와 선거보존비 모두가 국민의 세금으로 충당되는 것이다.

정당기능의 변화

기능주의는 어떤 유형의 결과를 놓고 관련되는 유기체의 작용이라고 연역하는 논리다. 정당의 기능도 마찬가지다. 정당의 이론서는 정당의 대표적인 기능을 1) 정치사회화와 정치참여의 조장 2) 이익의 표출과 집약을 통한 정치적 과제설정과 사회적 갈등의 조정 3) 정치 엘리트의 충원 4) 정치체계의 유지 등으로 나열한다.[53] 이러한 기능들은 정치과정에 나타나는 현상을 정당의 활동과 연계해 연역적으로 설명하고 있는 것이다.

그러나 정당 외의 다른 요인들, 교육이나 미디어 등도 같은 연역이 가능하다. 정당의 기능으로 나열되는 요목들은 정당의 절대적 또는 독자적 기능만은 아니다. 이익의 표출과 취합은 미디어는 물론이고 비정당적 결사 및 운동체와 공유하거나 심지어는 그들에게 양도되었다. 공공정책수립은 대의 및 절차적 차원을 포함해서, 현대정당의 몫이 아니며(여러 다른 기관에서 충분하고 신속하게 이루어지고 있다), 정책결정은 점점 비당파적 위원회나 기관에 귀속된다. 인물충원의 기능은 외형적으로는 더 중요하지만 실질적으로 정당내부를 통해 충원하는 것이 아니라 정당 외부로부터 충원하는 절차적 기능만을 수행한다.

정당의 또 다른 절차적 기능은 의회제에서 단독 혹은 연합정부를

---

53) 이러한 기능의 상세한 내용에 대해서는 최한수, 『현대정당론』(서울: 을유문화사, 1993), 207-229를 참조할 것.

구성하고, 의회에서 각 위원회를 구성해 그 때 그 때 입법과제를 합의하는 것인데 오히려 정당의 당리당략으로 인해 유권자들의 반정당 문화가 조성되고 강화된다. 시민의 통합이나 동원은 미디어를 통한 메시지 전달로 대행되기 때문에 더 이상 불필요하거나 불가능하다. 정당의 대의적 기능도 쇠퇴하거나 다른 기관에 의해 대체되었다. 대신 관리자(governor)로서 정당의 절차 또는 제도적 기능은 더 강화되었다. 이것은 전통적인 정당기능의 강화가 아니라 정당의 국가기관화를 의미한다.

정당이 국가기관으로 변질되자 매스미디어와 시민단체들이 과거의 정당기능을 분담하게 되면서 정당에 대한 불신과 무관심이 증대한다. 그럼에도 특정 정당들이 정치를 지배하고 있는 것은 유권자들이 그 구도를 타파할 의식이나 의지 또는 힘이 없기 때문이다. 유권자들은 마치 프로구단처럼 지역주의를 바탕으로 하고 있는 연고정당에 대한 응원에 집중하는 관객에 불과한 것은 아닌가?

정당들은 지역주의와 같은 특수한 사정을 제외하면 버크가 제시한 이념에서 벗어나 점점 더 동일한 유권자들을 공유하고, 유권자들의 감성적인 충성심은 약화되기 때문에, 결과적으로 사회적 갈등을 반영하는 민주적 계급투쟁으로서의 정당정치는 점점 더 적실성이 줄어들었다. 이념적 갈등으로서의 정치에 대한 옛 관념은 쇠퇴했고, 정당들의 정강정책도 유사해졌다. 서로 다른 가치체계에 대한 수사와 호소는 유권자가 집권당과 야당을 구별하게 하지만, 정당의 차이를 구별하기는 어렵게 되었다.

정당주의자들이 제기하는 정당의 필요성은 책임정치와 권력에 대한 비판, 국민과 정부의 연계기능이다. 책임정치는 대통령이나 의회제의 집권당이 다음의 대통령선거나 총선거에서 유권자의 평가를 통해 권력이 유지되거나 상실되는 것을 의미한다. 선거과정에서 권력주체의 변화는 자주 일어난다. 그러나 이것이 책임성과 얼마나 상관관계가 있는지는 더 세심한 관찰이 필요하다. 대부분의 선거는 경쟁구도에 좌우되기 때문이다.[54] 유권자들이 과거보다는 미래를 보고 투표하고, 다양한 정치이슈들을 어느 정당의 책임으로 돌리기가 쉽지도 않고 책임의 주체를 선정하기도 어렵다. 정당은 새로운 인물의 충원을 통해 새로운 비전과 이미지를 구축하면서 부정적인 과거와 단절하려고 시도하기 때문에 책임성은 모호해진다. 설령 책임성이 작용한다고 해도 정당이 권력을 시민에게 돌려주는 것도 아니며 정당에서 정당으로 이전될 뿐이다.

정당이 권력에 대해 체계적이고 지속적으로 반대하고 비판하는 집단으로서의 기능을 수행한다는 주장은 정당 외에도 언론, 시민단체, 각종 이익집단들, 발달된 인터넷 매체를 통한 개인들도 참여하기 때문에 약화된다. 자유민주주의 정치체계라면 유권자들에게 민감하고 신속하게 반응할 것이고, 그렇다면 정당 이외의 현대적인 반대활동에도 반응해야 한다.

정당이 정치엘리트들 간의 권력추구와 경쟁과정에서 국민과 정부의 연계기능을 수행하는 것도 사실이지만,[55] 귀동냥으로 소식을 전해 듣거나 잡음 섞인 라디오로 세상소식을 알던 시대와는 다르다. TV와 인터넷 그리고 이동영상전화가 정치인이나 유권자의 필수적인 정치수단이 되면서 기존에 정당이 하던 대부분의 기능은 미디어가 대행한다.

---

54) 우리나라 대통령선거의 경우 1987년 민주화이후의 선거에서 단적으로 말하면 노태우의 당선은 3김(김영삼, 김대중, 김종필)의 분열 때문이었다. 김영삼의 당선은 이른바 보수 및 호남을 제외한 지역연합(3당합당)이었다. 김대중의 당선은 한나라당은 이회창과 이인제가 분열한 반면에 민주당은 김대중과 김종필이 연합했다. 노무현의 당선은 당시 월드컵 4강 진출의 열광을 배경으로 한 정몽준(축구협회회장)과의 단일화가 핵심이었다. 이명박의 당선배경은 정당의 책임성과 관련지을 가장 분명한 선거였다. 그러나 그 배경은 우리나라의 특수한 상황과 당시의 상황 그리고 인물의 배경 등 아주 복합적이다. 2010년 6월의 지방선거는 이명박 정권에 대한 비판과 함께 야당의 연합이 중요한 요인이었다.

55) 정당의 연계기능에 관하여는 다음을 참고할 것. Kay Lawson(ed.), *Political Parties & Linkage: A Comparative Perspective* (New Haven: Yale University Press, 1980).

미디어의 발전과 정당기능의 변화

정당은 200년 이상의 세월동안 대의정치의 총아로 군림해왔다. 20세기 후반에 들어서면서 정당은 상상도 할 수 없었던 상황을 맞게 되었다. 새로운 경쟁자가 나타난 것이다. 매스 미디어다. 매스 미디어는 전통적인 정당의 역할을 송두리째 변화시켰다. 그동안 정당학자들에 의해 다듬어진 정당의 기능은 매스 미디어와 분리해서는 결코 상상할 수도 없게 되었다. 이것은 정당기능의 축소며 쇠퇴고 변질이다.

1840년대 전신(電信)의 발전으로 시작된 현대 미디어시대는 20세기의 전환을 전후해, 특히 1960년대에 TV가 정치무대에서 화려하게 개막되고, 1980년대 초에는 컴퓨터 망의 성능확장으로 인터넷이 발전하면서 개인 정치인들과 시민들은 쌍방향 소통이 가능해졌다. 이동전화(아이폰, 스마트폰)와 트위터의 발전은 시간과 장소에 대한 제약 없이 누구와도 소통이 가능하다.

미디어 효과에 대한 다양한 연구는 미디어의 특성과 내용에 근본적으로 다양한 자극이 있다는 사실을 밝혀냈다. 해롤드 라스웰(Harold D. Lasswell)은 매스 미디어가 수행하는 주요한 기능으로 1)진행 중인 사건의 보도를 통한 세상의 감시 2) 사건의 의미에 대한 해석 3) 각각의 문화적 체계로 개인의 사회화를 들었다. 그레이버(Doris A. Graber)는 이상의 세 가지 외에 정치의 정교한 조작을 추가한다.[56] 맥루한(Marshall McLuhan)이 관찰한 것처럼 미디어는 이해관계가 걸려 있지만 직접적으로 목격할 수 없는 개인들 또는 그들이 속한 공동체에게 '감각의 확장'[57]을 통해서 간접적으로 접촉하도록 해준다. 여기에서 미디어는 그

---

56) Doris A. Graber, *Mass Media and American Politics*(5th) (Washington, D. C.: A Division of Congressional Quarterly Inc., 1997), 5.
57) Marshall McLuhan, *Understanding Media: The Extension of Man* (New York: McGraw-Hill,1964).

동안 정당이 수행하던 주요한 기능을 실질적으로 대행하고 있다.

매스 미디어의 이러한 기능은 정당의 역할뿐만 아니라 정당의 본질에 대한 변화를 추동한다. 투표자가 후보자 개인의 자질과 이슈에 대한 입장을 투표결정의 근거로 삼으면, 미디어는 이러한 문제들에 대한 중요한 정보원이 되기 때문에 선거에서 중요한 역할을 하게 되고, 정당의 중요도는 낮아진다. 자신들의 집 안에서 후보자를 관찰하고 연설을 들을 수 있는 투표자들은 정당을 중심으로 하는 선택과는 다른 선택을 할 수 있다. 많은 유권자들은 한 정당의 후보에게만 투표하기보다는 오히려 정당에 반해 개인에게 투표한다. 후보자는 정당의 도움 없이 선거를 치를 수 있기 때문에 정당의 통제력도 약화된다.

정당 선택의 기준이 부족하고 개인적 경험이나 오피니언 리더들의 충고가 부족할 경우, 유권자들은 미디어가 무엇을 제시하든 이를 따르는 경향이 있다. 어떤 사람들은 미디어가 내보이고 추천하는 사람들을 선택하기도 하고, 그 반대로 행동하는 단서로 삼기도 한다. 어떤 경우든 미디어는 후보에 대해서 언급하게 되고 투표에 영향을 미친다.

여러 미디어의 출현과 보급, 여론조사 방식의 발전과 광역화, 선거데이터 분석에서 컴퓨터의 사용 등은 선거에서 미디어의 역할을 강화시키면서 정당 영향력의 감소, 후보자 선출에서 언론의 역할 증대, 후보자의 미디어 적합성, 미디어를 위한 선거운동의 출현 등의 현상이 나타나고 있다.[58] 가장 큰 영향은 특히 대통령선거에서 정당의 영향력 약화다. 대통령선거에서는 정당의 라벨보다는 '인물'이 최우선 순위를 차지하게 되었다.

후보들의 선거운동은 유권자들과 직접 접촉이 아니라 매스 미디어의 노출이 핵심목표다. 선거운동은 가장 적절한 시청자들 앞에 설 수 있도록 미디어의 관심을 최대한 끌기 위해 구성되고, 대부분의 후보들은

---

58) Graber, *Mass Media and American Politics*, 196, 230-243.

가능하다면 미디어의 메시지도 통제하려 한다. 후보들은 미디어의 관심을 끌려고 사진 찍힐 기회를 잡기 위해 노력하고, 토크쇼에 출연하거나 대중의 관심을 끌고 있는 사건이나 지역을 방문하기도 한다.

새로운 세기의 도래와 함께 인터넷은 중요한 선거운동 요인이 됐다. 인터넷은 기자, 앵커, 신문 편집자들의 간섭 없이 정치인과 직접적으로 접촉할 수 있다. 2010년에 접어들어 트위터가 활용되고 휴대폰과 인터넷이 접목된 스마트폰은 걸어 다니는 인터넷으로 변모했다. 유권자들은 언제 어디에서나 스마트폰으로 정보의 습득과 전달은 물론 후보자와 직접 대화도 가능하게 되었다.

정치인들은 유권자들에게 휴대전화를 통해 문자 메시지뿐만 아니라 동영상까지도 전송할 수 있고, 정치인들은 미디어가 직접 보도하지 않는 경우, 미디어를 통한 선전자료를 스스로 만들기도 한다. 모든 단위에서 치러지는 많은 선거는 아주 작은 차이로 당락이 결정되는 실정이며, 종종 1% 이내의 차이로 당락이 결정되기도 하기 때문에 미디어의 영향은 아주 절대적이다.

정당의 대부분의 기능이 쇠퇴, 변질되고 다른 유기체들이 이 기능을 대신한다면, 정당이 오히려 더 역기능적이라면 정당의 존재와 기능에 대해 근본적인 분석과 대안의 모색이 필요하다. 현대의 정치 환경은 정당이 출현하고 활동하던 상황과는 분명히 다르다. 그럼에도 변하지 않는 것은 선거와 정당에 대한 인식이다. 지배계급에게 편리하고 유용한 장치이기 때문일 것이다.

제6장 포퓰리즘과 인민주의

인민주의(populism)는 대중영합주의로만 인식되고 있다. 그러나 인민주의의 한편에는 링컨의 '인민의, 인민에 의한, 인민을 위한 정치'와 대의제 및 인민참여의 직접민주정치라는 외침이 담겨있다. 여기에서는 인민주의가 담고 있는 이 사상과 이념을 '인민주의'로 끌어내어 자유민주주의가 극복하고 보완해야 할 요소를 찾아보고자 한다.

리프맨(Walter Lipman)이 제시한 고정관념(stereotype)은 어떤 현상을 개념화하는데 일정한 방향을 사전에 고정하게 만든다. 개념이 개념화하는 사람의 고정관념에 좌우되면 그 개념은 그만의 개념으로 한정될 수밖에 없어 마치 프로크루스테스 침대(Procrustean bed)와 같아진다. 어떤 현상을 자신들이 원하는 대로, 자신들이 믿는 대로 개념화하면 그 현상의 본질은 묻혀버리게 된다. 포퓰리즘(populism)에 대한 우리말 번역이나 개념들이 바로 그러하다.

포퓰리즘은 매우 혼란스런 개념을 가진 용어다. 합의된 개념도 합의된 정의도 없다. 영어의 populism을 우리말로 어떻게 옮겨야 할지도 아직 정리되지 않았다. 흔히 '민중주의'나 '인민주의' 또는 '대중영합주의'

등으로 사용하는가 하면 아예 '포퓰리즘' 그대로 사용하기도 한다.[1] 포퓰리즘의 본질을 이해하기 위해서는 그 어원부터 고찰할 필요가 있다.

인민의 본질

people의 의미

people과 populism은 모두 라틴어 popul(us)라는 같은 뿌리에서 유래된 혈족언어로서 인민주의는 people을 바탕으로 하며 우리의 언어로는 '인민' 또는 '국민'으로 번역되는데 원래는 독일의 인민(Volk)과 같은 개념이었다.[2] 여기에서는 'people'을 인민으로, populism은 인민주의로 번역하기로 한다.

인민(people)은 어원적으로 주권자로서의 국민, 민족으로서의 국민, 반지배자로서의 '평민(common people)'의 3가지 기본적인 의미를 갖지만, 인간 그 자체, 일반적 개인을 의미하기도 한다. 이런 점에서 인민의 의미는 1) 국민 혹은 전체의 정치적 공동체로 '뉴질랜드 인' 또는 '폴란드 인'과 같은 의미와 2) 제한적 의미 즉 엘리트나 상류계급에 반대되는 의미로, '국민의 한 사람'처럼 전체 구성원들 가운데 낮은 계급의 다수를 나타내는 경우 3) 불특정 다수의 사람으로서의 인민으로 그 모임에는 많은 사람이 있다'와 같은 일반적 의미 등 3가지로 구별하는 경우도 있다.[3] 인민이 현존 사람들의 집단이 아니라 수사적 도구일 뿐이라

---

1) 철학연구회 역음, 디지털시대의 민주주의와 포퓰리즘. 인민주의를 그대로 사용하는 경우는 서병훈, 『포퓰리즘: 현대민주주의의 위기와 선택』(서울: 책세상, 2008)이다. 우리말로 된 인민주의에 관한 유용한 단행본은 바로 이 책이다.

2) Paul Taggart, *Populism* (Buckingham: Open University Press, 2000), 48.

3) Margaret Canovan, "'People', Politicians and Populism," *Government and Position*, Vol. 19, No.3 (1984), 314-315.

는 주장과, 모든 사람들을 의미하는 것이 아니라 단지 어떤 계급적 분파일 뿐이라는 해석도 있다.[4]

정치적 의미에서 인민은 특권시민의 배타적 집단이나 혹은 그 반대로 엘리트를 제외한 '평민'을 의미한다. 인민은 근대 유럽에서는 귀족에 대립되는 개념으로 '피지배자'라는 의미로 사용되면서 1789년 프랑스혁명 당시에는 소시민·노동자·농민을 지칭했다. 프랑스혁명 이후로 인민은 사회나 국가를 구성하는 피지배자에서, 피지배자가 지배자를 통제할 수 있다는 인민주권사상의 주체로 확립되었다. 사회적 범주로 인민을 지적(知的), 문화적, 사회·경제적으로 열등한 지위의 하층 분야 사람들로 구분하기도 하며[5] 인민의 계급적 해석을 거부하고, '인민주의자들의 상상적 영역으로서, 합리적일 필요가 없거나 합리적일 수 없는 감정과 관련되는 동경의 나라(heartland)'라는 대안적 용어를 도입해 '인민'을 구체화하려는 시도와[6] 상상적 공동체라는 관점도 있다.[7]

1917년 러시아혁명을 통해 등장한 사회주의 국가에서는 인민이 계급적·민족적 모순을 안고 있는 존재이면서 그것을 극복해 나가는 주체로서, 국가와 사회의 진정한 주인으로 인식되었다. 인민은 현재 북한이 국호(조선민주주의 인민공화국)에 포함시키고 있는 용어다. 북한은 '국민'이라는 용어 대신에 '인민'이라는 용어를 사용하는데, 사회주의가 내세우는 평등을 합의하고자 하는 것으로 보인다.

people은 또한 민중(民衆)으로도 번역되는데, 사전적 의미는 '다수의 일반 국민'으로 '대중(大衆)'과 동의어로 취급된다. 민중은 지배자를

---

4) Cas Mudde, "The Populist Zeitgeist," *Government & Opposition*, Vol. 39, No. 3, (2004) 545.

5) F. Panizza, "Introduction: Populism and the Mirror of Democracy," F. Panizza(ed.), *Populism and the Mirror of Democracy* (London: Verso, 2005),14.

6) Taggart, *Populism*, 95.

7) Mudde, "The Populist Zeitgeist," 546. ; Benedict Anderson, *Imagined Communities: Reflections on the Origins and Spread of Nationalism* (London, Verso, 1983).

제외한 일반 국민이다. 민중은 단순히 국민을 지배자와 피지배자로 나누는 것이 아니라 지배자로부터의 억압, 그에 대한 일반 다수 국민의 저항이라는 의미를 담고 있다. 우리나라의 경우 1987년 시민혁명에 의해 민주화가 이루어지기까지 민중은 권위주의 정권에 저항하는 일반국민을 지칭하는 용어였다.

국민과 서민

사회주의국가가 '국민'을 '인민'으로 묘사하는데 비해 자본주의사회에서는 '국민' 또는 '시민'을 더 많이 사용한다. 국민은 국가가 우선이고 국가를 중심으로 '사람'이 존재한다는 국가중심사고에서 비롯된 용어인 반면에, '인민'은 '사람'이 우선이라는 뉘앙스를 전달한다. 국민보다는 인민이 오히려 더 민주적인 용어지만, 인민의 자유를 억압하는 북한이 사용하는 바람에 반공을 국시로 하던 우리나라에서 이 용어의 사용이 기피되었다. 이제는 오히려 이 좋은 용어를 우리가 알맞게 사용하는 것이 북한정권에 의해 변질되고 있는 의미를 바로 잡을 뿐만 아니라 우리의 개념도 더 풍부하게 만들 것이다.

우리나라 정치인들이 단골로 사용하는 서민(庶民)도 people의 범주에 포함되는 유사한 용어다. 서민은 사전적 의미로는 '평민' 또는 '중류 이하의 넉넉하지 못한 백성'을 의미한다. 백성은 봉건군주시대의 신민(臣民)이다. 주권자로서 정치적으로 자각하지 못하고 군주의 권력에 순종하는 상태의 사람들이다. 이들을 흔히 시민 이전의 상태로 구별한다. '서(庶)'는 원래 흔하고 천하다는 의미로, 벼슬 없는 사람, 첩의 자식 등 봉건사회에서 신분적 차별대상을 나타냈다.

현대적인 용어로 정치권과 언론이 사용하는 서민은 전통적인 의미의 서민과는 다르다. 흔히 '중산층과 서민'처럼 서민을 중산층과도 구별한다. 여기에서 서민은 자신들의 요구나 주장을 적극적으로 개진하거나 정치에 적극적으로 직접 참여하지 않기 때문에 정치적 약자인 동시에 경제적으로도 중산층 이하의 궁핍한 계층을 떠올리게 한다. 정치권에서 '서민'을 강조하면서 별도로 '친서민대책'을 제시하는 것은 바로 이들의 '표' 때문이다.

　이상의 토론을 통해볼 때 인민은 국가 구성원의 범위로는 국민보다는 좁고 서민보다는 넓은 부류의 사람들을 나타낸다. 정치적 용어로서의 인민은 피지배계급이며 사회적으로는 사회, 경제, 문화적 분야에서 하류의 사람들이다.

인민주의의 본질

인민주의의 populism은 특별한 사고의 유형을 나타내기 위해, people에 접미사 -ism을 결합시키는 언어적 관행을 통해 만들어진 용어다. 'people'이 '주의(主義)'나 행동의 결과를 나타내는 '-ism'과 함께 사용된다는 점에서 populism(인민주의)은 다른 개념들과 언어적으로 구별되는 사고유형이다. 여기에서 '인민주의'는 일반 정치현상과 구별되는 일단의 특징들, 그것이 적용되는 현상의 범위, 원동력(예를 들면 선거)이나 그런 징후를 유발하는 것처럼 보이는 정치의 의미를 전달한다.

　인민주의의 본질에 대해서는 파시즘의 핵심개념이라는 주장에서 입헌적 민주정치와 관련된다는 주장까지 다양하다.[8] 인민주의는 이데올로기인가?, 민주주의의 하위범주인가? 일단의 책략(practice)인가? 하나의 담론인가? 수사(修辭)의 한 유형인가? 대중영합주의로서의 정치의 한 방식인가?

---

8) Catherine Fieschi, "Introduction," *Journal of Political Ideologies*, 9(3), (10. 2004), 235 참조.

인민주의에 관한 문헌을 중심으로 볼 때 인민주의의 초기의 분석은 인민주의의 본질을 사회경제적 바탕에서 추구했으나, 최근의 연구는 인민주의자들의 담론, '인민'에 대한 호소의 수사(修辭)에 집중되는 경향이다.9) 인민주의는 정치 혹은 경제철학, 수사형식, 원리, 정신성, 심지어는 병리현상 등 여러 가지로 언급된다. 인민주의에 대한 보편적인 개념은 없지만 특별한 지역 또는 정치적 하부구조를 중심으로 하는 개념은 마련되었다.10) 이런 개념들은 주로 기존의 서구 자유민주주의의 맥락에서 구성한 것들로11) 인민주의에 대해 비판적이고 부정적일 수밖에 없지만, 이러한 개념들이 갖는 특성을 통해 인민주의의 본질에 어느 정도 접근할 수 있다.

---

9) Canovan, "Populism for Political Theorists," *Journal of Political Ideologies*, 9(3), (10, 2004), 243-244. 인민주의의 본질에 대한 견해는 다양하다. "기본적인 불명확성, 미숙한 개념적 불확실성을 갖는" 용어(Paul Taggart, populism), "파시즘이나 우익극단주의처럼 정의하기가 어렵기로 유명하며"(S. Immerfall, "Conclusion: The Neo-Populist Agenda," H.-G. Betz and S. Immerfall(eds.), *The New Politics of the Right: Neo-Populist Parties and Movements in Established Democracies* (London: Macmillan, 1998), 악명 높게 모호한 용어(Canovan, "Trust the People! Populism and Two Faces of Democracy," *Political Studies*, 1999, Vol. 47, No. 1, 3)등으로 진술된다. 이와 같은 정의의 모호성은 인민주의가 상이한 역사적 시대에 상이한 정치적 방향을 취한데 기인한다. Immerfall, "Conclusion: The Neo-Populist Agenda,"

10) 1950년대 미국에서 매카시즘(McCarthyism)은 인민주의에 대한 학문적 논쟁의 중요한 효과를 나타냈고 인민주의의 개념도 매카시즘에 대한 반응이었으며, 극단주의의 위험한 가능성에 대한 경고였다. 인민주의에 대한 초기 이론화작업을 하고 미국을 비롯한 러시아와 기타지역의 인민주의에 대해 선도적으로 관심을 갖고 기술한 것은 쉴스였다.; E. Shils, *the Torment of Secracy: The Background and Consequences of American Security Policies* (Glencoe, Illinois: Free Press, 1956), 특히 100-103, E. Shils, *The Intellectuals in the Political Change in Underdeveloped Countries: Nationalism and Communism* (New York: Wiley, 1962), 특히 214. 쉴스는 이 과정에서 국가의 지배와 대학 그리고 교회의 권위에 반대와 비판을 제기한 독일 역사에서 인민주의의 뿌리를 찾고 인민주의는 반대의 특성을 갖는다고 본다.

11) Canovan, "Trust the People! Populism and Two Faces of Democracy," *Political Studies*, Vol. 47, No. 2(1999), 2-16; Taggart, "Populism and Pathology of Representative Democracy," in Y. Meny and Y. Sure(eds.), *Democracies and the Populist challenge* (Houndmills: Palgrave, 2002), 62-80 ; Mudde, "The Populist Zeitgeist," 542-564.

인민중심과 반엘리트주의

인민주의가 필요로 하는 주체는 '인민'이다. 인민주의는 이런 점에서 '인민'을 대표하는 운동으로 정의되는가 하면,[12] 특별한 계급과 관련해 정의되기도 한다.[13] 인민과 관련이 없는 인민주의는 없다. 인민주의자들이 인민에 관한 언어를 수사적으로 사용하는 것은 '인민'이 중심을 차지하고 있고 인민주의자들이 동원하려고 시도하는 것이 본질적으로 인민이기 때문이다.[14]

인민주의의 특징은 인민에 대한 호소이고 동원인 동시에 일종의 전략이다. 인민에게 호소하는 인민주의자들은 평민들에 목표를 두고 있다는 의미에서 민주적인 스타일이 내재되어 있다. 인민주의자는 '인민'과 '엘리트'간의 전형적인 적대적 관계에 집중하고, 권력의 기존구조와 사회의 지배적인 가치 및 사고에 반대하면서 '인민'에 호소한다.[15] 기존의 구조들을 특권으로 간주하고, 그것의 부패와 특히 인민에 대한 책임성의 결핍을 공격한다. 엘리트는 단지 자신들의 이익만을 대표하고, 보통사람의 실질적 이익 및 가치와 의견을 멀리한다고 비난한다.[16]

인민주의자들은 정치는 인민의 일반의사의 직접적인 표현을 기초로

---

12) D. Westlind, *The Politics of Popular Identity: Understanding Recent Populist Movements in Sweden and the United States* (Lund: Lund University Press, 1966), 99

13) T. S. Di Tella, "Populism and Reform in Latin America," in C. Veliz(ed.) *Obstacles to Change in Latin America* (Oxford: Oxford University Press,1965), L.F. Conway, "Populism in the United States, Russia and Canada: Explaining the Roots of Canada's Third Parties," *Canadian Journal of Political Science*, 11: 99-124

14) Taggart, *Populism*, 95.

15) Canovan, "Trust the People! Populism and Two Faces of Democracy," 특히 그의 이런 주장은 다음의 문헌을 바탕으로 한다. Canovan, "Two Strategies for the Study of Populism," *Political Studies* (1982.2); Mudde, "The Populist Zeitgeist,"; Taggart, *Populism*.

16) Andreas Schedler, "Anti-Political-Establishment Parties,"*Party Politics*, Vol. 2. No. 3 (1996).

하고, 권력을 인민에게 되돌려주어 인민의 지배를 회복하려고 시도하면
서17) 자신들을 진정한 민주주의자로 생각하고 정부나 주로 정당 및 미
디어로부터 체계적으로 무시되는 인민의 불만과 여론을 제기한다. 인민
의 의지는 인민의 소리를 듣고자 하는 사람들에게 숨김없이 도달되어야
하는 것으로 생각하기 때문에, 국민투표나 국민발안 등 직접민주정치를
선호한다. 이런 방식에서 인민주의는 만일 필요하다면 입헌적 보장을
희생하더라도 인민지배의 사고를 선택한다.

카리스마 리더십

인민주의를 사회의 중산 및 상류계급에 기반을 둔 엘리트에 의해 인도
되고, 지도자와 인민 간에 카리스마적이고 인격적 연계에 바탕을 둔 정
치적 운동18) 또는 개인적 지도자가 정당이나 이익결사와 같은 기존의
조정조직을 건너뛰어 직접, 또는 거의 개인적인 방법으로 다수의 이질
적인 추종자들과 접촉하고 호소하는 정치전략19)으로 정의할 때 이것은
인민주의가 개인화된 카리스마 지도자를 배경으로 하는 불완전한 조직
구조와 직접 동원이 가능한 조직을 뜻한다.

   히틀러나 다른 파시스트 지도자들의 등장은 인민주의 지도자들에
의해 대중정치, 선동정치와 결합된 것으로 인민주의를 파시즘과 연결시
키는 배경이다. 인민주의 지도자가 사용하는 이런 형식과 조직 즉 카리
스마적 권위와 단순한 언어 그리고 구호에 대한 의존 등은 역시 많은 비

---

17) Y. Meny and Y. Sure, "The Constitutive Ambiguity of Populism," Y. Meny and
    Y. Sure(eds.), *Democracies and the Populist challenge* (Houndmills: Palgrave,
    2002) 9.
18) Di Tella, "Populism in the Twenty-First Century," *Government and opposition*,
    32 : 187-200, 특히 196
19) Kurt Weyland, "Neopopulism and Neoliberalism in Latin America: Unexpected
    Affinities," *Studies in Comparative International Development*, Fall 1996, Vol.
    31, No. 3, 5.

인민주의자들도 사용하는 특징인데, 20) 인민주의자들은 매우 직접적인 언어로 복잡한 문제의 단순한 해결에 호소하고 기존엘리트의 지식주의를 비난한다. 21)

인민주의의 지배자는 개인, 즉 인격적 지도자고, 지도자와 추종자 간의 연결은 조직적 접촉이 아니라 직접적, 준인성적(準人性的) 접촉으로 이루어진다. 이러한 연계는 후원자-고객에 의해 확립된 안정적인 연계와 제도화된 정당에 의해 마련된 강력한 조직과는 달리 비제도적이고 유동적이다. 대중지지의 붕괴를 만회하기 위해 지도자들은 그들의 추종자들과 특별히 강력한 연계를 만들고자 한다. 카리스마가 필요한 이유다. 인민지배의 시대에 카리스마는 인민을 대표하는 초월적 능력을 의미했으나 이제는 대중과의 빈번한 대면접촉을 추구하고 TV 및 정당조직이나 고객관계의 요소를 도입해, 추종하는 대중들을 공고히 하고 카리스마를 정형화한다.

대의제도에 대한 양면성

인민주의는 그 뿌리에서 대의정치와는 근본적으로 상반되지만, 대의정치를 부정하거나 외면하는 것이 아니라 대의정치에 참여한다. 다만 대의정치의 복잡성을 피하기 위해 정치의 단순성과 정치의 방향을 주창한다. 정당은 대의정치과정에서 핵심적인 정치제도이기 때문에 인민주의자들도 지지를 동원하는 방식으로 어쩔 수 없이 정당을 이용하면서도 비판한다. 기존 정당과 이익집단을 불신하는 사람들에게 호소하고 이 사람들의 이익을 대표하는 다른 길을 제시한다. 인민주의자들

---

20) Luke March, "From Vanguard of the Proletariat to Vox Populi: Left-populism as a 'Shadow' of Contemporary Socialism," *SAIS Review* Vol. 27, No. 1 (Winter–Spring 2007), 65.

21) Koen Abts and Stefan Rummens, "Populism versus Democracy," *Political Studies*, Vol. 55(2007), 407.

이 제도적 딜레마를 피하거나 해소하는 방법의 하나는 인민과 직접 접
촉하고 동시에 정당을 배제하는 것이다. 인민주의가 자주 직접민주주의
와 동의어로 묘사되는 것은 이런 이유 때문이며 실제로 인민주의는 직
접민주주의가 방향이다.

인민주의자들은 인민동원과 권력사용의 중요한 도구로 선거 및 국
민투표와 대중시위, 여론조사 등을 활용한다. 국민투표나 선거의 결과
는 인민의 지지를 입증하는 가장 중요한 수단이지만, 뜻대로 실시할 수
가 없기 때문에 어느 순간에 그들의 광범위한 지지를 나타낼 도구가 필
요하며, 전통적으로 군중대회는 이 기능을 충족했다. 그러나 여론조사
의 발전은 오히려 대중동원의 가치를 하락시키고 대중지지의 과시에 대
한 유용성을 약화시켰으며, 시위는 특정 이익의 도구로 전환되었다. 한
편 인민에 대한 동원에서 인민을 움직일 수 있는 근본적인 힘은 도덕성
이기 때문에 인민주의는 실용적이라기보다는 도덕적이다.[22]

매스 미디어는 의도적이던 비의도적이던 인민주의자의 입장을 지지
하거나 반대하는, 정치게임의 '역할자(player)'다.[23] TV의 확산은 조
직의 필요성을 감소시켰다. 인민주의 지도자들은 TV를 통해 추종자들
에게 직접 도달하며 수많은 사람들과 동시에 준인성적 관계를 형성하고
카리스마 지도력을 고안한다. 따라서 신인민주의는 고전적 인민주의보
다 제도 및 동원의 정도가 낮다.[24]

---

22) Peter Wiles, "A Syndrome, Not a Doctrine: Some Elementary Theses on Populism,"
Ghita Ionescu and Enerst Gellner(eds.), *Populism: Its Meanings and National
Characteristics* (London: Weidenfeld and Nicolson, 1969), 167.
23) Gianpietro Mazzoleni, "The Media and the Growth of Neo-Populism in Contemporary
Democracies," G. Mazzoleni, Julianne Stewart, and Bruce Horsfield(eds.), *The
Media and Neo-Populism : A Contemporary Comparative Analysis* (Westport,
Connecticut: Praeger, 2003), 2.
24) Kurt Weyland, "Clarifying a Contested Concept: Populism in the Study of Latin
American Politics," *Comparative Politics*, Vol. 34, No. 1, October 2001.

대중영합성

인민주의는 어떤 상황에 따라 색깔을 달리하는 카멜레온(chameleonic)적 특성25)으로 '일시적인 텅 빈 심장(empty-hearted)'26)에 비유된다. 인민주의가 왜 그렇게 변덕적인지에 대한 이유는 인민주의 정치에 대한 상반성에서 설명된다. 인민주의는 일상적 언어와 직감에 대해 호소하고, 아주 단순한 구호 등 특별한 정치형식을 함의하기 때문에 '허풍(stammtish)의 정치'27)로도 묘사된다.

인민주의의 이러한 특성은 인민중심적 요소와 반엘리트주의적이고 직접민주주의적 요소 등 다른 배경들과 함께 인민주의를 대중영합주의로 인식하게 만든다. 그러나 인민주의는 스스로 발견되는 환경에서 항상 특별하게 구성되기 때문에 가장이나 위장은 아니다.28)

인민주의가 대중의 감정에 영합하며, 대중에게 무책임하고 비현실적인 약속을 하며, 정치엘리트에 대해 적대감정과 불신의 분위기를 야기하는 선동적 관행에 모아진다는 전제에서 이에 대한 비판이 오히려 인민주의의 본질을 분명히 부각시켜준다는 주장도 있다.29) 인민주의에 붙어있는 불명예스런 낙인은, 그 자체가 인민주의가 사고의 특별한 별개의 형태로 존재한다는 증거라는 것이다. 프랑스의 인민주의자 르펭(Jean-Marie Le Pen)은 다음과 같이 말한다.

"인민주의는 정확히 국민의 의견을 고려하는 것이다. 민주주의에서, 국민이 의견을 가질 권리가 있는가? 그렇다면, 그렇다, 나는 인민주의자다."30)

---

25) Taggart, *Populism*, 2.
26) Taggart, *Populism*, 4-5.
27) Mudde, "The Populist Zeitgeist," 542.
28) Taggart, *Populism*, 92.
29) Ben Stanley, "The Thin Ideology of Populism," *Journal of Political Ideologies*, 13(1), (2, 2008),101.

많은 인민주의자들은 반대파들에 의해 부여된 경멸적인 언사를 화려한 수사를 통해 수용하면서 동시에 부정적 함의를 거부한다. 이것은 인민주의가 단순히 '대중영합주의'의 특성만 함의하는 것이 아님을 의미한다.

대중영합주의와 인민주의

'영합(迎合)'의 사전적 의미는 ① 남의 마음에 들도록 힘씀 ② 서로 뜻이 맞음이다. 그러나 '영합'을 '영합주의(迎合主義)'로 확장하면 '자기의 특별한 주의나 주장이 없이 남의 뜻만 잘 맞추어 주는 경향'이라는 부정적인 의미가 된다. 영합주의를 정치용어로 사용하면 무책임한 선동, 정당성이 없는 정책이나 실현 불가능한 공약남발 등의 의미가 포함된다. 아무리 진정성과 확신을 가지고 어떤 정책이나 주장을 펴더라도 '포퓰리즘'이라고 평가하면 대중영합주의로 폄하된다. 인민주의에 대한 연구, 특히 남미의 정치현상을 인민주의적인 관점에서 분석한 연구들과 대의민주주의의 시각에서 기술한 개념들은 대부분 이러한 관점에서 출발한다.

인민주의가 인민을 중심으로, 인민과 직접 소통하는 정치행태라는 점에서 인민에 대한 설득과 동원과정에서 대중영합성이 더 강하게 느껴질 수는 있다. 그러나 정치에서 대중영합성은 보편적이고, 다만 정도나 행태의 특성차이에 불과하다. 인민주의에 담겨있는 대중영합성은 목표가 아니라 행태적 측면이다. 그러나 인민주의자들의 행태적 측면에 중점을 두고, 인민주의가 지향했던 목표나 이상이 간과되면서, 인민주의가 담고 있는 인민중심적 특성이 사장되고 대중영합주의로만 치부(置

---

30) Stanley, "The Thin Ideology of Populism," 101에서 재인용.

簿)되는 실정이다. 이상과 목표 대신 날갯짓만 쳐다보거나 영혼은 빼고 박제만 보는 것이다.

　대중영합주의는 인민주의 개념의 한 부분에 불과하다. 따라서 '대중영합주의'라는 의미로 'populism'을 사용하는 것은 잘못이다. 대중영합적 특성의 행태에 대해서는 그대로 '대중영합주의'로, 'populism'은 'populism' 그대로 사용하거나 인민주의로 사용해야 한다. 나는 여기에서 인민주의를 인민을 위한, 인민에 의한 인민의 정치제도나 정책을 추구하고 실현하려는 신념체계로 인식한다. 이러한 가치체계가 대중영합주의로 배격되거나 배제되면, 인민은 그만큼 자신들의 지위와 권리, 이익을 침해당할 수밖에 없다.

인민주의의 출현

인민주의는 어떤 상황에서 출현하는가? 인민주의는 상이한 문화, 상이한 역사적 기간, 상이한 정치체계에서 나타났기 때문에 체계적 이론 속에 모든 다양성을 포함시키기는 것은 어렵다. 인민주의의 출현은 대의제의 위기와 관련되며, 현존 제도나 질서가 정당성위기에 직면할 때 특정 위기에 대한 반응으로 출현했다. 그렇다고 정치 및 경제적 위기가 반드시 인민주의 정치로 초래되는 것은 아니다.[31] 전통적으로 정치, 문화, 사회 및 경제적 대변동기에, 권위와 순종의 관계가 상대적으로 불안정하고 일탈될 때, 그에 상응하는 새로운 형태가 개막될 때, 현존 사회 및 정치제도를 질서 있고 안정되게 제한하고 규제하지 못하는 경우 대의제는 실패하고 대신 인민주의 환경이 조성되는 것으로 본다.[32] 특히 라틴아메리카에서

---

31) Luke March, "From Vanguard of the Proletariat to Vox Populi: Left-populism as a 'Shadow' of Contemporary Socialism," *SAIS Review* Vol. 27, No. 1(2007), 71-72. 이에 대한 사례는 이 논문 72페이지를 참조할 것.

출현한 인민주의는 중간수준의 엘리트들이 현상에 대한 타파동기를 가질 때, 상승하는 기대가 인민을 동원할 때, 조건들이 엘리트와 인민들 간에 집합적 열정주의를 포용하는 상황과 관련되었다.33)

서구 민주국가들의 광범위하고 다양한 발전은 인민주의의 운명에 영향을 미쳤다. 후기 산업사회의 발전은 많은 유권자들을 다양한 태도로 흩어 놓았고 이념성이 약한 정당의 공간을 만들었다. 냉전의 종식은 자유민주주의 국가들의 국내외의 정치적 관계를 변화시켰다. 가장 극적인 중요한 변화는 자유민주주의의 최대의 적이었던 공산주의가 사라진 것이다. 공산주의의 붕괴는 새로운 유럽 좌파 인민주의에 공간을 개방했고, 권위주의의 붕괴와 민주화의 순환은 인민주의가 번창하는 토대가 되었다. 이러한 요인들은 변화된 미디어의 역할 및 시민의 자유와 결합되어 정치의 신비성 말살로 이어졌다. 대통령제의 '위임민주주의'의 출현도 인민주의의 범위를 증대했다.34)

---

32) F. Panizza, "Introduction: Populism and the Mirror of Democracy," F. Panizza(ed.), *Populism and the Mirror of Democracy* (London: Verso, 2005),9. 파니자는 대의제가 뒤틀리고 대신 인민주의가 지배적인 형태가 될 가능성이 있는 상황을 다음과 같이 제시한다. 1) 사회질서의 붕괴와 그것을 회복할 정치체계의 능력에 대한 신뢰성의 상실이다. 이런 상황의 전형은 내전의 발발이나 1990년 페루의 대선에서 후지모리가 승리한 것처럼 극심한 인플레션과 같은 경제적 위기의 현상에서 나타나며 이런 위기는 경제 및 정치적 문제와 결합한다. 2) 정치적 전통이 쇠잔하고 정당이 신뢰를 상실하는 상황이다. 부패혐의, 부정행위, 혹은 일반적으로 무책임하고 이기적인 정치엘리트의 공적 생활은 인민주의가 반정치의 형태를 취하는 전형적 상황을 만든다. 1998년 베네수엘라 챠베스(Hugo Chavez)의 집권배경은 바로 이에 해당한다. 3) 인민주의의 출현에 호의적인 상황은 최근에는 지구촌화, 그리고 도시화 과정과 경제적 근대화, 사회계급간, 지역과 인종집단 간의 인구학적 균형의 전환과 같은 경제, 문화, 사회적 수준에서의 변화다. 1930년대 라틴 아메리카의 정황은 이에 해당한다. 4) 인민주의는 전통적인 정치제도 외의 정치적 대표의 형태가 출현하는 것과 연계된다. 대중매체의 형태로서 라디오의 출현은 라틴 아메리카와 타 지역의 인민주의 리더들의 첫 물결과 관련되고 있다. 미국에서 페로(Ross Perot)의 성공은 매스 미디어의 역할이 중요했다. Panizza, "Introduction: Populism and the Mirror of Democracy," 11-13.

33) T. S. Di Tella, "Populism and Reform in Latin America," C. Veliz(ed.) *Obstacles to Change in Latin America* (Oxford: Oxford University Press,1965), 53.

34) Kurt Weyland, "Neopopulism and Neoliberalism in Latin America: How Much

인민주의의 이념적 특성

이념의 빈약성

이념은 구조와 내용에 따라 완전한 이념(full ideology)과 빈약한 이념 (thin ideology)으로 구별된다.[35] 완전한 이념은 특정 사회가 요구하는 공공정책의 일반적 계획과 관련된 주요한 정치적 개념들의 특별한 해석 및 형태를 포함한다. 완전한 이념들은 분명하고 명료한 핵심개념들의 기반에서 그들이 출현한 직접적인 맥락을 초월할 수 있는 별도의 정치 사상의 특별한 전통들을 정밀하게 가다듬을 수 있다.

이념은 단지 논리적 사상과정의 산물일 뿐만 아니라 그들이 위치한 맥락에서 메아리처럼 되풀이 되어야 한다. 자유주의나 사회주의와 같은 이념들은 실제의 경험에 대해 믿을 수 있는 내용을 담고 있고, 그런 경험 의 내용에 영향을 미쳤기 때문에 이 이념들의 일관성은 그 자신들의 전 통에 의해 정당성이 입증되었다.

빈약한 이념은 사회가 만들어 내는 정치적 문제에 대해 합리적으로 광범위한 해답을 제공할 수 없는 일단의 핵심개념만으로 한정되는 구조 다. 그렇다고 이러한 결핍이 공통적인 역사와, 정책, 사회적 기반이 없 다는 것은 아니다.

인민주의는 별개의 정치적 해석을 제공하지만 분명히 빈약한 이념 이다.[36] 인민주의는 중요한 정치문제들을 해결하기 위한 광범위하고 공고한 프로그램을 나타내는 능력이 부족하고[37] '인민의 일반의사의

Affinity?" *Third World Quarterly* Vol. 24, No. 6, 2003, 1095–1115.

35) M. Freeden, "Is Nationalism a Distinct Ideology?," *Political Studies*, 46(1998), 750.

36) 코엔 애브츠와 스테반 루멘스의 경우 인민주의를 '동질체로서 인민의 주권적 지배 를 주창하는 빈약한 이념'으로 정의한다. Abts and Rummens, "Democracy and Populism," 409.

37) Stanley, "The Thin Ideology of Populism," 95. 99.

표현이어야 한다고 주장하는 이념'38)이라는 점에서는 별개의 이념이지만, 사회주의나 자유주의만큼 지적인 정교함과 일관성을 갖지 못하고 '좁은 범위의 정치적 개념들에 결부된 제한된 핵심을 가진 빈약한 형태'를 드러낸다39)는 점에서 빈약한 이념으로 인식된다.

인민주의가 대중을 대상으로 하는 신념체계를 가진 일종의 운동이라는 점에서 부분적으로는 이념적 속성을 가지고 있는 것은 분명하다.40) 정당처럼 안정된 조직을 형성하거나 정강정책을 개발하고 유형화된 정치활동을 하는 것은 아니지만 대중동원에서 어떤 신념을 갖고 그것을 전파하기 때문이다. 인민주의는 상황별로 인민의 동원이 필요한 곳에 존재하고 인민이 동원되면 그 곳에 인민주의가 생성된다. 인민은 일관성이 부족하고 조직화하거나 통제하기가 쉽지 않은 것처럼 인민주의도 정교한 이념이나 실천계획을 토대로 하는 것이 아니다. 인민주의가 시대와 장소 상황에 따라 다른 형태로 표출되고 정의나 개념이 다양한 것도 이에 연유한다.

이념의 탄력성

인민주의는 기본적으로 인민을 바탕으로 하고 있다는 점에서 좌파적 이념으로 생각되지만 '빈약한 이념'이기 때문에 좌와 우의 어느 쪽에도 가능하나, 원래 어느 쪽도 아니다. 인민주의는 인민이 동일체를 구성한다는 것을 함의할 뿐, 이 실질적인 동일체가 무엇이어야 하는지는 말하지 않는다. 여기에서 가능성은 인민을 사회경제적 용어로 유산계

---

38) Mudde, "The Populist Zeitgeist," 543.
39) Freeden, "Is Nationalism a Distinct Ideology?," *Political Studies*, Vol. 46, No.4(1998), 750.
40) 와일스는 포퓰리즘이 증후군(syndrome)이지 교리는 아니라고 주장한다. Peter Wiles, "A Syndrome, Not a Doctrine: Some Elementary Theses on Populism," in Ionsecu and Gellner(eds.), *Populism, Its Meaning and National Chacteristics* (London: Weidenfeld and Nicolson, 1969).

급에 의해 착취당하는 노동자계급과 동일시하는 좌파적 버전이다. 인민주의의 반지성주의, 계급 간 호소와 이념적 무정형은 인민주의를 자꾸 전통적인 좌파로 의심하게 만든다.[41] 반면에 인민을 (인종적) 민족과 동일시하는 인종 및 민족적 특성을 중심으로 언급하면 우파적 버전이 된다.

모든 인민주의자들의 운동은 반동과 진보적 정서의 혼합이다. 반동은 전에 시민이 누렸던 권리의 회복에 대한 바램이고, 진보의 바람은 참정권이 박탈된 대중들의 이익을 확대하는 것이다. 이 두 요소들에 대한 측정은 시기와 장소에 따라 다르다. 민주적 자유가 시민의 생득권인 미국에서는 인민주의가 이전의 전통으로 되돌아가는 것처럼 보인다. 이미 존재하는 자유가 거의 없던 구(舊)소련에서는 인민주의가 개혁을 향해 미래로 나가는 것으로 보였다. 사실상 인민주의의 대부분의 정책은 사회주의 정책과 중첩된다. 인민주의가 없는 사회주의는 없고, 인민주의의 최고 형태는 사회주의적일 수밖에 없으며, 진보적 측면은 아주 개혁주의적일 수 있다.[42]

인민주의의 핵심개념은 분명히 '인민'이지만 이념으로 구별될 수 있는 일관된 사고의 형태를 분명히 하지 못하기 때문에 오히려 공산주의, 민족주의 혹은 보수주의, 사회주의 등과 같은 완전한 이념들과 쉽게 결합될 수 있어서[43] 인민주의의 호소를 대행할 수 있는 더 확립된 이념들과 함께 쉽게 조화를 이룬다. 인민주의자들은 다양한 정치적 전통에서 임의대로 편리하게 이념을 빌려올 수 있다. 이런 점은 인민주의가 갖는

---

41) Luke March, "From Vanguard of the Proletariat to Vox Populi: Left-populism as a 'Shadow' of Contemporary Socialism," *SAIS Review* Vol. 27, No. 1 (Winter-Spring 2007), 65.

42) Ernesto Laclau, *Politics and Ideology in Marxist Theory: Capitalism, Fascism, Populism* (London: NLF, 1977), 196.

43) Catherine Fieschi, "Introduction," *Journal of Political Ideologies*, Vol. 9, No. 3, (2004), 235-240.

불안정하고 위험스런 측면이다. 인민주의는 광범위한 사회의 비전을 제시하는 대신에 오직 정치적 담론의 어떤 핵심개념에 우선하고 간명한 의미를 제공하는데, 주로 '인민', '민주주의', '주권'과 같은 개념들에 집중한다.44)

인민주의가 진보, 반동, 민주, 독재, 좌, 우의 도구가 되어오고, 다양한 현상과 이념에 적응할 수 있는 또 다른 이유는 인민주의의 '텅 빈 심장' 때문이다. 다른 이념들은 명시적이든 묵시적이든 평등, 자유, 정의 등의 하나 또는 그 이상의 가치를 포함하지만 인민주의는 그런 핵심가치를 표면화하지는 않는다. 이것이 인민주의가 왜 그렇게 광범위한 정치적 입장에 의해 도용되는지, 또 왜 그것이 다른 이념에 추가되는지의 이유다. 그렇다고 인민주의가 그런 가치를 결여한 것은 아니며, 당연히 인민의 자유와 평등, 정의를 담고 있는 사고다. 그러나 인민주의의 중립적인 입장은 인민주의의 '텅 빈 심장'의 공간을 채우는 다른 이념적 사고에 좌우된다.

인민주의와 직접민주주의

인민주의의 사상적 배경

인민주의의 사상은 대표적으로 루소(Jean-Jacques Rousseau)와 제퍼슨(Thomas Jefferson), 페인(Thomas Pain)등에 의해 제시된다. 루소는 인민의 직접민주정치의 필요성을 강력히 주장한다. 루소에게 "인민들 스스로의 의사는 항상 선하다."45) 인간의 의사들이 정상적으로 선하

---

44) Abts and Rummens, "Democracy and Populism," 408-409.
45) Jean-Jacques Rousseau, *The Social Contract*, Maurice Cranston(trans.) (New York: Penguin, 1968),83.

다면, 인간의 의지에 대해 제도적인 견제는 불필요할 것이다. 루소에게
사회와 법의 기원은 약자에게는 족쇄가 되고, 부자에게는 새로운 세력
이 되며. 언제나 자연적 자유를 파괴하고, 영원한 재산 및 불평등한 법
을 수립하며, 영리한 불법침해를 최종적인(되돌릴 수 없는) 권리로 바꾸
고, 소수의 야심가의 이익을 위해 이후로는 전체 인류를 노동, 노예상
태, 궁핍하고 비참한 상태에 둔다.46)

　루소가 사회계약론에서 "인간은 자유롭게 태어났다, 그러나 여기
저기의 사슬에 묶여있다"47)고 소박하게 목가적인 언급으로 시작할
때, 인습적인 사회의 복잡성이 자연상태에서 향유하는 자유로운 인간
을 제거했다는 것을 의미한다. 사회계약의 목적은 '모든 공동의 힘을
가지고 구성원 각자의 신체와 재산을 방어하고, 그 자신 스스로가 다른
사람들과 연합함과 동시에, 각각의 개인은 자신 이외는 절대 복종하지
않고 전과 같이 자유롭게 되는 것'48)이다. 새로운 시민사회의 모든 법
과 규칙들은 일반의사(general will)에 의해 탄생된다. 일반의사는 개
인들의 천부적 충동을 따르는 개인들의 의사다. 루소는 엄밀한 의미에
서 자치(self-governing) 가 되어야 한다고 믿으며, "인민은 대표를 선
택하는 순간, 더 이상 자유롭지 않다. 자유는 더 이상 존재하지 않는다
(사회계약론 2부 XV)"고 주장한다. 루소는 가장 순수한 형태의 직접민
주주의를 주창한 것이다.

　제퍼슨(Thomas Jefferson)은 다수에 의해 확립된 규칙을 통해 직
접적, 개인적으로 활동하는 일반 시민들에 의한 정부를 지지하면서, 시
민들에 의한 직접적이고 한결같은 통제에서 멀어질수록 공화주의의 성
격은 낮아진다고 보았다.49) 제퍼슨의 대의에 관한 사고는 인민들이 가

---

46) Rousseau, *The First and Second Discourses*, ed. Roger D. Masters, trans. Roger
　　D. and Judith R. Masters (New York: St. Martin's, 1964), 160.
47) Rousseau, *The Social Contract*, 49.
48) Rousseau, *The Social Contract*, 60.

능한 한 직접 정부에 참여해야 한다는 루소의 아이디어를 공유한다. 제임스는 인민에 대한 신뢰를 중요시하면서도 루소와는 달리, 인민의사에 대한 모든 견제를 포기하지는 않는다.

페인(Thomas Pain)의 생전에는 인민주의라는 용어가 사용되지는 않았지만 그에 의해 만들어진 인간본성과 인민정부에 관한 가정들은 인민주의의 지적 뿌리의 토론에 적합하다. 페인에게 정치적 공동체는 정부가 탄생하기 이전에 존재하며, 자연법에 의해 형성되고 질서가 부여된다. 페인도 루소처럼 개인이 본능적으로 합리적이라는 것을 믿는다. 자연법은 인간에게 평화와 조화 속에 살도록 요구하기 때문에, 정부는 시민사회에서 없어도 되는 구성요소다. 그는 모든 국가에서 사회는 축복이지만, 최소국가라 할지라도 정부는 오직 필요악이라고 주장한다.[50) 페인의 주장은 이상적이고 감성적이지만 정부의 타당한 구성과 적절한 기능에 대해 되돌아 볼 수 있는 계기를 제공한다.

페인은 인간과 사회는 자연법에 의해 질서가 유지되기 때문에 인간의 의지를 금하기 위한 제도적 견제는 거의 불필요하며, 모든 의견에 관한 문제에서 절대다수가 전체를 지배해야 하고 소수는 실질적으로 복종해야 한다고 본다. 그는 인간의 문명화된 자기 이익에 대한 확신으로 다수독재에 대한 가능성은 고려하지 않았다. 그는 그런 상황이 때로 발생할 수 있다는 것을 인정하면서도, 이것이 경험적으로 증명되자마자 소수는 다수가 될 것이고 기존의 잘못은 평등한 권리와 의견의 자유에 관한 차분한 작용 그 자체로 개혁될 것이라고 주장했다.

---

49) Thomas Jefferson, *The Writings of Thomas Jefferson*, Vol. 15, Andrew A. Lipscomb(ed.) (Washington D.C.: Thomas Jefferson Memorial Association, 1903), 18-20.
50) Thomas Pain, "Common Sense," in Nelson F. Adkins(ed.), *Common Sense and Other Political Writings* (New York: Bobbs-Merrill, 1953), 4.

인민주의의 특성

인민주의는 전통적으로 선한 인간에 의한 직접적인 자기결정을 이상으로 하는 숭고한 사상에서 출발하고 있다는 점에 주목해야 한다. 인민주의는 그 이름이 등장하기 이전부터 항상 입헌주의와 경쟁관계를 지속해왔다. 인민주의와 민주주의는 모두 인민의 최고 주권적 지배와 관계가 있지만 둘 사이에는 상반된 견해가 있다.[51] 인민주의는 민주주의의 순수한 형태로 환영하는 입장[52]과 민주적 정권의 핵심적 요소의 어떤 것에 잠재하는 압제적이고 분열적인 것으로 거부하는 입장[53]으로 갈린다. 상반된 견해는 민주주의 개념의 모호성에서 비롯된다.

인민주의의 주창자들은 민주주의를 무엇보다도 인민의 직접지배로 개념화하기 때문에 민주주의와 인민주의를 동일화하는 경향이다. 인민주의의 비판자들 즉 대의민주주의자들은 대표, 개인적 권리, 권력과 이익의 균형을 강조하면서 민주주의 입헌적 개념을 강조한다.[54]

인민주의는 순수한 형태에서 인민의사에 의한 직접지배를 지지한다. 입헌주의가 추구하는 대의민주주의 대신에 인민이 직접 참여하는 직접 민주정치를 지향하는 것이다. 직접민주주의는 직접적이고, 걸러지지 않은 대중압력에 의한 정부, 국민투표, 대중 청원, 심판에 관한 인민소환에 의한 정부, 여론에 일치하는 정부를 구성하는 것이다.[55] 걸러지지 않은 정부의 의미는 공공정책이 인민의 대표가 아니라 인민에 의

51) 이 부분에 관한 기술은 Michael Federici, *The Challenge of Populism* (New York: Praeger, 1991)에 크게 의존했다.

52) T. Tannsjo, *Populist Democracy: A Defence* (London: Routledge, 1992).

53) A. Taguieff, "Political Science Cinfronts Populism: From a Conceptual Mirage to a Real Problem," *Toles*, 103(1995), 9-43. Koen Abts and Stefan Rummens, "Populism versus Democracy," 405에서 재인용; Nadia Urbinati, "Democracy and Populism," *Constellations*, Vol.5, No. 1(1998),110-124.

54) Urbinati, "Democracy and Populism," 110-124.

55) Peter Viereck, *The Unadjusted Man* (Boston: Beacon Press, 1956; reprint, Westport, Connecticut: Greenwood Press, 1973), 131.

해 직접 창안 되는 것을 의미한다.

직접민주주의는 정치방식으로는 아테네 민주주의를, 가치와 이념으로서는 18세기 계몽주의적 민주주의를 추구한다. 이것이 인민주의가 인간본성에 대한 이해 및 인민정부에 대한 이해에서 입헌주의 즉 대의민주주의와 다른 점이다. 인민주의자들은 자유민주주의 체계의 대의정치 과정에서 주요한 활동구조인 정당에 대해 비판적이다. 그러나 그들은 혁명가라기보다는 개혁주의자들로서, 정당 그 자체를 반대하는 것이 아니고 새로운 정당을 요구하며 기존 정당을 반대한다.

인민주의자들의 이러한 주장에 대해서는 다양한 견해가 제기된다. 부정적으로는 인민주의가 입헌주의의 위험요소로서[56] 잠재적으로 대의민주주의의 위험스런 요인이 될 수 있다는 비판적 주장이 있다.[57] 반면에 인민주의는 대의민주주의의 반면교사로서 대의민주주의가 스스로의 결점과 모든 것을 눈여겨 볼 수 있고, 무엇에 대해 무엇이 결핍되어 있는지를 발견하는 거울이라는 긍정적 견해도 있다.[58]

입헌주의와 대의민주주의

입헌주의의 사상적 배경

대의민주주의의 사상적 배경인 입헌주의에 관한 이론은 고대의 전통 및 기독교 정치철학에 의해 발전된 인간 본성에 관한 견해와 불가분의 밀접한 관계가 있다. 플라톤, 아리스토텔레스의 저작을 통해 발견되고 키케로

---

56) Urbinati, "Democracy and Populism," *Constellations*, Vol. 5, No. 1 (1998), 110-124.
57) B. Arditi, "Populism, or Politics at the Edges of Democracy," *Contemporary Politics*, Vol. 9, No. 1 (2003), 17-31.
58) Panizza, "Introduction: Populism and the Mirror of Democracy," 30.

(Cicero), 아우구스티누스(St. Augustine), 아퀴나스(St. Thomas Aquinas), 후커(Richard Hooker)의 저작으로 이어진 서구 정치이론의 전통을 따르면, 입헌민주주의 이론의 대표성(대의이론)은 인간 본성의 이원적 견해에 동의하는 것이다.[59] 근대에 들어서면 매디슨(James Madison), 해밀턴(Alexander Hamilton), 아담스(John Adams), 버크(Edmund Burke)가 입헌주의 이론의 대표적 인물이다. 이들은 인민정부를 위해서는 인민의 의사가 견제와 균형의 정교한 제도를 통해서 질서 있게 표출될 필요가 있다는 의견을 견지한다.

아리스토텔레스가 제시한 초기의 입헌주의와 대의민주주의로서의 입헌주의는 차이가 있다. 초기의 입헌주의의 현상을 현재의 의미에서 민주주의라고 부르기는 어렵다. 입헌주의 초기에는 민주주의에 대한 논쟁이 활발하거나 인민주의가 활동하지 않았기 때문이다. 입헌주의의 찬성자들은 정치 및 사회의 질서는 현존 질서와 정체를 구성하는 개인의 윤리적 수준과 밀접히 관련되어 있다는 플라톤의 견해에 찬동한다. 플라톤의 정치적 중심주제는 질서가 잡힌 정권이 시민의 특성을 개선할 수 있다는 것이다. 플라톤은 정치질서가 지배자의 강제력으로는 지탱될 수 없으며 민주적 정부에서도 가능하다고 믿지 않았다.

대의민주주의로서의 입헌주의는 홉스와 로크 등 사회계약론자들과 버크 등의 사상을 배경으로 한다. 이들에게 정치질서는 지배자와 인민간의 폐기할 수 없는 계약적 합의로서 권력과 자기 이익의 균형 없이는 불가능하며, 도덕적 목적이 무시된다면 정치질서는 단명하게 된다고 본다. 홉스에게 사회는 아리스토텔레스가 믿는 것처럼 우정이나 덕성에 의해 질서가 유지되는 것이 아니며, 인간은 이기적이다. 홉스는 정치질서가 개인들이 원하거나 자기 이익의 만족으로 창안된다고 믿는다. 인간본

---

59) Claes G. Ryn, *Democracy and Ethical Life*, 2nd ed. (Washington D. C.: Catholic University of America Press, 1990), 52-80.

성과 정치에 대한 그의 견해는 플라톤과 아리스토텔레스와 아주 다르다.

버크는 인민정부가 무절제한 것으로 인식한다. 어떤 상황에서 헌법 규정들은 어느 정도 정부의 인민참여가 가능하도록 하지만 순간적인 다수의사는 공공선의 최선의 측정이 아니고, 여과되지 않고 견제되지 않은 인민의 의사는 독재자나 부패한 군주만큼이나 압제적이라고 주장한다. 특히 프랑스혁명처럼 공중 소요기의 인민의사는 공공의 선에 불리한 열정과 관심을 포함할 가능성이 크다는 것이다. 다수의사가 강력한 이익과 선전선동 혹은 독재에 의해 조종되었던 사례가 종종 있었던 것은 사실이다.

대의민주주의의 특성

입헌주의자들은 인민의 의사는 단지 이기주의자와 공동선에 반하는 것을 걸러내기 위해 견제되어야 한다고 믿으면서 대의민주주의를 강조한다. 입헌주의자들이 대표에 대해 갖는 사고는 매우 엄격해서 직접민주주의에 대한 대응으로 작용한다. 유권자들과 가장 가까운 서신왕래, 가장 기탄없는 소통, 가장 엄격한 공동체에서 사는 것은 대표의 행복이고 영광이어야 한다.

유권자들의 바람은 대표에게 매우 중요시 되어야 한다. 선거구민들의 의견은 아주 존중되어야 하고, 대표는 선거구민들의 일에 대한 부단한 배려가 있어야 한다. 대표는 자신의 이익보다 선거민의 이익을 우선해야 한다. 그렇다고 국민들의 모든 종잡을 수 없는 생각들을 노예같이 비굴하게 따를 의무가 있다는 것을 의미하는 것은 아니다. 대표는 선거구민을 섬기는 것이 아니라 선거구민의 의견을 섬기는 것이다. 정부와 입법부는 이성과 판단의 주체이기 때문이다.

대표에 관해 버크와 유사한 견해는 제임스 매디슨(James Madison)이 쓴 연방주의자 논문집에도 나타난다. 그는 공화국에서, 대표에 의한 공중의 목소리는 인민 스스로에 의한 목소리보다 공공선에 더 일치할 것으로 본다. 그는 제도적 장치를 통해서 공화국정부가 '순수한 민주주의'보다 공공선을 더 잘 수행하게 될 것이라고 기대한다.[60] 그러나 대의민주주의의 이러한 사상적 배경은 현대에 들어서면서 인민과 멀어지고 변질되었다는 점에서 인민주의에 대한 고찰과 재발견이 요구되는 것이다.

대의민주주의와 인민주의의 긴장

자유민주주의 즉 대의민주주의와 인민주의 즉 직접민주주의는 정치의 두 축을 형성한다. '자유민주주의'는 개인의 자유, 보편적 원리와 법의 지배, 성문헌법에 바탕을 두는 반면에 '인민주의'는 인민의사에 의한 지배, 제한 없는 다수지배로 이해되고 전형적으로 국민투표를 통해 표현되어야 한다고 주장한다. 전자는 회의와 실용으로 후자는 믿음과 구원으로 분류되고 있다.

믿음과 회의의 정치

오크샷(Oakeshott)은 그의 사후에 출간된 글에서 과거 500년 동안 유럽 정치는 '믿음(faith)의 정치'와 '회의(scepticism 懷疑)의 정치'유형 간의 긴장으로 특징지어진다고 주장했다.[61] 그의 정부에 관한 이론과 실제에 영향을 미친 긴장은 아주 모호한 정치적 용어로 남아 있다. 믿음의 정치와 회의의 정치다.

믿음의 정치는 이 세상에서 완성 혹은 구원(salvation)을 성취하는 문제로, 구원은 종교 또는 세속적 용어로 이해될 수도 있지만 어느 경우

---

60) Hamilton, Jay, and Madison, *Federalist* No. 10, 59.
61) M. Oakeshott, *The Politics of Faith and Politics of Scepticism* (New Haven: Yale University Press, 1996), 21–38.

이던, 정부의 활동이 그것을 해 낼 수 있다는 믿음이다. 그러므로 믿음의 정치는 그 배경에 인민열정의 동원을 수반한다. 그것을 성취하기 위해서는 권력에 대한 추구와 그런 권력을 국민이 안전하게 믿도록 하는 신뢰가 필요하다. 이 정치유형을 열렬히 추종하는 사람들은 구원의 도상에 있는 법적 제한을 반대한다. 회의의 정치는, 권력과 열정 모두가 의심스럽다. 정부가 할 수 있는 것에 대한 기대도 훨씬 낮다. 이를 지지하는 자들에게 정치의 주요한 목적은 권리와 제도의 귀중한 유산을 유지하고 수정함으로써 질서유지와 갈등에 대한 기회를 줄이는 것이다. 이 정치유형에서 법의 지배는 중요하다.[62]

그는 두 유형이 절대로 없어서는 안 되는 필수라고 인정한다. 회의주의로 견제되지 않은 믿음의 정치는 독재적 갈망을 통해서 그 자체를 손상한다는 것이다. 그는 근대정치의 분위기는 믿음에 경도되어 있기 때문에 누구나 국가라는 배의 균형에 관심을 갖는 사람은 그의 무게를 회의 쪽에 놓아야한다고 주장한다.[63] 이 논문의 중심주제는 그들 간의 긴장에도 불구하고, 두 유형은 불가분 떨어질 수 없다는 것이다. 믿음의 정치는 현세에서 자기완성 또는 구원활동을 위해 모든 법적 제약을 벗어나면서 정치가 전제화할 위험성이 따른다. 반면에 회의의 정치에서는 권력에 대한 의구심으로 인해 과도한 이념적 정치가 될 수 있다. 그러므로 믿음의 정치와 회의의 정치는 상호 분리가 불가능한 추상적인 구별이고 혼합된 채 존재한다.

구원과 실용의 정치

캐노반은 '믿음'과 '회의'를 '구원(redemptive)'과 '실용(pragmatic)'으로 대체하고, 구원은 주권자인 국민에 의한 행동을 통해 더 나은 세계

---

62) Oakeshott, *The Politics of Faith and Politics of Scepticism*, 21–28
63) Oakeshott, *The Politics of Faith and Politics of Scepticism*, 128.

를 약속하는 것이고. 실용은 상충하는 이익을 제도화된 규칙을 통해 평
화롭게 잘 처리하는 방식으로 구별한다.[64] 그녀는 '구원적' 민주주의는
한편으로는 인민주의자의 수사(修辭)로 변하고 다른 한편으로 합리주
의자의 이상향을 지탱하는 낭만적 경향을 선호하지만, 민주주의의 구원
적 관점을 배제하려는 시도는 자멸적일 가능성이 있다고 보았다. 이것
은 민주주의를 해석하는 방식에서 신앙심 없이 교회에 가는 것과 같다
고 본다. 정치도 종교와 마찬가지로 믿음의 상실은 부패에 이르게 되는
경향이며 신앙부흥운동의 바탕을 포기하는 것이다. 반면에 민주주의에
관한 순수한 실용적 해석을 피하려는 시도는 환상(illusory)이다. 실용
적 체계로서의 민주주의의 권력과 정당성은 부분적으로나마 그것의 구
원적 요소에 좌우되어 지속된다.[65]

   이 두 측면의 상호의존성은 아주 중요한 요소다. 대의민주주의에서 약
속한 대표를 통한 권한행사가 효과적으로 기능할 수 없으면, 실용적 측면
은 결국 대의민주주의의 축소로 이어진다. 정당한 지배의 실체로서 '인민'
의 구원적 측면은, 인민의 소리가 표현된 구조로서 실용적 측면을 이루기
위해 필요한 제도적 장치들과 상충한다. 그러나 이 두 측면이 서로 상충만
하는 것은 아니고 상호의존적이며 이를 통해 이상과 실용이 조화된다. '인
민'이 원하는 것에 우선권을 준다는 것은 현대정치의 구원적 관점을 회복
하는 것이다. 즉 세상은 인민의 소리가 분출되도록 허용된다면 더 좋은 곳
으로 만들어 질 수 있으므로 인민의 소리가 나오도록 최대한 허용되어야
한다. 인민주의에서 다수주의의 중요성은 인민의사의 신빙성을 강화하는
데 도움이 된다. 특별한 정책이나 도덕적 가치를 지지하는 수가 많을수록
인민의사를 반영한다는 주장의 신빙성은 더 크기 때문이다.[66]

---

64) Canovan, "Trust the People! Populism and Two Faces of Democracy," 9.
65) Canovan, "Trust the People! Populism and Two Faces of Democracy," 8-16.
66) Stanley, "The Thin Ideology of Populism," 104-105.

대의민주주의와 인민주의의 융합

모든 정치에서 대중영합주의는 항상 존재한다. 인민주의가 '선동'이나 '대중영합', '인기주의', '중우정치'와 동일시되는 현실에서, 인민주의가 대중영합주의의 성격을 포함하고 있는 것도 부정할 수 없는 사실이다. 인민주의도 하나의 정치현상이기 때문에 다른 정치현상과 마찬가지로 인민에 대해 영합적일 수밖에 없다. 제도정치와 대의제를 고수하는 엘리트들이 인민주의를 대중영합주의라고 비판하는 것은 당연하다. 그러나 대중매체와 인터넷매체 그리고 이 둘이 결합된 이동통신의 거미줄 같은 감시망으로 얽혀진 현대사회에서 무책임한 선전, 선동적 영합성은 유지되기 어렵다.

인민주의는 분명히 자유민주주의가 간과하거나 외면하는 '인민'중심의 정치이념을 가지고 있다. 인민주의는 자본주의와 사회주의처럼 자유민주주의와 양단의 대치되는 이념이 아니라 혼합 또는 융합될 수 있는 이념이라는 점에서 자유민주주의의 반면교사이고 발전방향이며 점진적인 대안이며 동반자다.

인민주의는 본래 반정당, 반엘리트적이지만, 입헌적 대의민주주의와 보완적인 경쟁관계로 발전되고 있다. 인민주의와 입헌적 대의제도의 경쟁관계를 통해, 이상과 현실이 적절히 조화된, 그러면서도 인민의 지위가 강화되는 새로운 유형의 민주절차가 마련될 수도 있다. 이것은 대의민주주의를 인민주의로 대체하는 것이 아니라 인민주의의 필요하고 당위적인 부분을 기존의 대의제도에 과감히 도입하는 것이 필요하다는 것이다. 정당과 선거, 의회를 뛰어넘은 혁신적 사고에 대한 과감한 도전이 필요하다. 이것은 곧 회의 및 실용의 정치와 믿음 및 구원의 정치를 융합해 자유와 평등의 정치를 구현하는 길이다.

제4부

보수와 진보이념

제7장　자유주의

보수와 진보이념

봉건군주제에서 진보적 이념으로 탄생한 자유주의는 자유주의의 반체제로 출현한 민주주의와 사회주의로 인해 보수주의로 밀렸다. 특히 자유주의의 토양에서 발아한 경제적 자유주의 즉 자본주의는 공산주의의 탄생을 촉진했다. 이념의 각축에서 자유주의는 재빨리 민주주의를 수용해 자유민주주의를 표방하면서 사회주의와 공산주의의 예봉을 피했다.

　　정치가 경제를 통제하던 시대에서 정치가 경제에 의해 좌우되는 시대로 접어들면서 자유주의는 사회주의와의 대결에서 자본주의를 대표주자로 내세웠고. 자본주의는 보수이념의 간판이 되어 스스로 독자적인 정치경제이념으로 굳혀가고 있다. 자유주의, 신자유주의, 보수주의에서 자유는 당연한 것이기 때문에 오히려 핵심은 경제적 자유 즉 자본주의가 되었다. 자유주의는 이제 정치영역에는 자유민주주의 그리고 경제영역에는 자본주의로 대별되고 있다.

사회주의라는 한 뿌리에서 돋아난 공산주의는 돌연변이처럼 점점 변해가면서 독자적인 영역을 구축해 갔다. 사회주의는 경제적 관념에서 초기에는 자본주의와 대립했지만 현대에 이르면서 부분적으로 보완적이며 정치적 관념에서는 자유주의와 결합한다. 오히려 자유민주주의가 민주주의를 수용했기 때문에 사회주의가 정치적으로 자유민주주의와 공존하는 것은 용이하고 당연했다.

공산주의는 사회주의를 발판으로 전체주의라는 새로운 정치방식으로 나타났다. 공산주의는 정치적으로 전체주의, 경제적으로 사유재산의 공유라는 극단적 사회주의를 의미한다. 공산주의는 20세기와 함께 운명을 다했다. 그러나 그 공산주의는 레닌-스탈린 공산주의다. 마르크스(Marx)와 엥겔스(Engels)가 초기에 제시한 공산주의는 아직도 살아있다. 레닌-스탈린공산주의에 가려서 진면목을 제대로 보이지 못할 뿐이다.

보수이념으로는 자유주의 및 그에 관련되는 이념들과 신자유주의, 보수주의, 신보수주의 그리고 진보이념으로는 사회주의와 공산주의를, 보수와 진보이념으로 구별하기가 모호한 민족주의와 파시즘은 편의상 제3의 이념으로 구별해 다루기로 한다. 신자유주의 및 신보수주의를 별도로 구별하는 것은 이들이 자유주의 및 보수주의로부터 비롯되었지만 이념적 특성이 본질적인 것은 아니나 부수적으로는 아주 다르기 때문이다.

보수이념을 우파 또는 우익이라고 부르고, 진보이념을 좌파 또는 좌익이라고 부른다. 좌, 우는 왼쪽, 오른 쪽의 위치를 나타내는 용어다. 이 용어의 기원은 프랑스혁명 당시인 1792년에서 1795년으로 거슬러 올라간다. 당시 의회에 해당하는 국민공회에서 반자유주의적, 급진적 성향의 자코뱅당(Jacobins)은 좌측에, 그리고 자유주의적 노선의 지롱드당(Girondins)은 우측에 자리 잡은 것을 좌, 우익으로 부르면서 보수이념을 우익, 진보이념을 좌익으로 부르게 된 것이다.

자유주의의 본질

자유는 인간의 기본적 욕구이기 때문에 모든 분야, 모든 사상에서 근본
으로 삼는다. 어느 사상이나 이념도 자유를 배제하지는 않는다. 자유가
이처럼 '동네 북'이다 보니 자유주의도 다원적이고 보편적이어서 사상
으로서 오랜 역사적 과정을 거쳤지만 체계적인 이념의 성격을 갖추지도
못했다. 다만 20세기에 들어서면서 자유민주주의가 지배적인 정치방식
으로서 이념적 성격을 나타내면서 자유주의는 자본주의와 함께 자유민
주주의의 핵심가치를 나타내는 대표적인 이념의 자리를 차지하고 있다.

자유주의는 이성을 통해 발견되는 일반규칙으로서의 자연법에 의해
인간의 생명과 자유가 보호되어야 한다는 홉스의 자연법 관념과 인간들
의 자유로운 상태로서의 자연상태를 유지하기 위해 계약으로서의 사회
라는 관념을 토대로 한다. 자연법과 자연상태 그리고 계약논리는 로크
나 루소 등 이른바 사회계약론자들에 의해 자유주의의 사상체계의 토대
를 이루고 있다.

자연상태의 인간은 이성적이고 합리적이기 때문에 자율적인 존재로
서 자유를 가져야 한다. 여기에서 자유주의는 인간의 자유를 제한할 수
있는 정치권력에 대해 엄격한 규칙에 따른 제한정부를 요구한다. 또한
개인들에게 정당한 권리나 요구를 부여하고, 정부는 이런 권리나 요구
를 승인하고 존중해야 한다는 것을 전제로 한다. 그러나 실제로 개인들
은 정부에 맞서 이런 요구나 권리를 주장할 수 없기 때문에 제한정부가
필요한 것이다.

자유주의 국가가 최소국가일 필요는 없다. 최소국가의 견해는 자유
주의 내에서 소수의 주장이다. 자유주의의 일부는 최소국가와 마찬가지
로 자유방임주의와도 결합했다. 자유방임주의도 비강제적 방식으로 행
사되기만 한다면 복지국가를 비롯한 다른 방식의 서비스기능들도 포함

되며 정부가 경제생활에서 완전하게 손을 떼기를 요구한 것은 아니다.[1]

자유주의는 경제적으로는 생산수단의 사적 소유를 전제로 하고 노동 생산물이 상품형태로 시장을 통해 교환되며 이윤의 극대화를 생산의 목적으로 하는 사회를 상정한다. 자유주의는 또한 정치적으로는 사상, 언론, 출판, 결사 등의 자유를 전제로 하면서 복수정당이 존재하고 선거를 통해 정권이 교체되는 사회를 상정한다. 정치적 자유는 바로 롤스(John Rawls)가 '기본적 자유'[2]로 부른 자율성으로서의 자유의 개념이다.

그레이는 자유주의를 4가지 특성으로 범주화한다. 1) 사회의 집단적 요구보다는 개인의 도덕적 우위를 주장한다는 점에서 개인주의 2) 모든 사람에게 동일한 도덕적 지위를 부여해 인간들 간의 도덕적 가치를 차별하는 법질서나 정치질서를 허용하지 않는다는 점에서 평등주의 3) 인류전체의 도덕적 단일성을 인정해 특정한 시대의 사회와 문화형태들에는 부차적 중요성만을 부여하는 보편주의 4) 모든 사회제도와 정치질서를 올바로 개선할 수 있는 가능성을 인정한다는 점에서 사회개량주의 관념을 내용으로 한다.[3]

자유주의사상은 평등한 자유와 법의 지배하의 제한 정부를 핵심으로 하지만 그레이는 자유주의 원리들을 정당화하는 원리를 3가지로 구분한다. ① 로크가 제창하고 노직이 이어온 자연권 교의 ② 인간의 본성을 자유와 정의에 대한 중요한 권리를 누리는 주체요 목적으로 보는 칸트의 철학, ③ 존 스튜어트 밀이 자유론에서 제기한 공리주의를 토대로 한 도덕적 권리들 즉 자신의 행위가 타인의 이해관계에 피해를 주지 않는 개인적 영역에서만 자유를 보호해 줄 수 있고, 타인에게 피해를 주거

---

1) John Gray, *Liberalism*, (Minneapolis: University of Minnesota Press, 1986), 75-76. 번역서로는 손성철(역)(이후, 2007)과 김용직, 서명구(역)(성신여대출판부, 2007)이 있다.

2) John Rawls, *A Theory of Justice* (Revised ed.)(Cambridge, Massachusetts: Harvard University Press, 1999), 52, 176-180.

3) Gray, *Liberalism*, x .

나 그럴 위험성이 있을 경우는 자유의 제한이 항상 정당화된다고 보는 견해로, 이는 공정성이나 형평성의 원칙이 결여되어 있는데, 이를 롤스가 정의론을 통해 보완하고 있다고 주장한다.4)

로크(John Locke)나 스미스(Adam Smith), 밀(John Stuart Mill) 등 고전적인 자유주의자들이 자유에 대해 소극적 관념을 가지고 있었던 반면에 헤겔(Hegel)은 적극적 관념을 가졌다. 그는 개인주의적 자유란 자아실현의 기회획득으로, 정치적 자유의 관점에서 자아실현을 효과적으로 달성하는데 어떤 자원이나 권력이 필요하다면 이런 자원을 확보할 수 있는 것도 자유 자체의 한 부분으로 간주되어야 한다고 주장한다.

하이예크(F. A. Hayek)는 헤겔의 관념은 자유와 행동의 능력을 동일시하는 것인데 능력은 속성상 평등하게 분배될 수 없기 때문에 자유주의의 평등한 자유이념과는 대립된다고 비판한다.5) 벌린이나 현대의 다른 자유주의자들도 자유와 자기실현은 상이한 것으로, 인간은 자신이 더 높게 가치를 부여하는 목표를 위해 자신의 자기실현 기회를 희생하는 길을 자유롭게 선택할 수 있고, 자아실현의 요구는 한 사람의 내부에서도 갈등과 경쟁을 일으킬 수 있다고 주장한다.

모든 적극적 자유의 개념이 헤겔주의적 견해처럼 확연하게 자유주의적 가치와 대립되는 것은 아니다. 스피노자(Benedict de Spinoza)와 칸트(Immanuel Kant)는 관용과 제한정부를 옹호하면서 자율과 개인의 자아결정으로서의 적극적 자유관을 주장했다. 다만 칸트에게는 자기가 하고 싶은 대로 하는 것이 아니라 이성이 시키는 대로 하는 것이 자유로운 것이다.6)

자유주의는 그 이상을 추구하기 위한 여러 사상들이 뒤를 이었다.

---

4) Gray, *Liberalism*, 45-56.
5) F. A. Hayek, *The Constitution of Liberty* (London: Routledge, 1960), 16-17.
6) William M. McGovern, *From Luther to Hitler* (Cambridge, Massachusetts: The Riverside Press, 1941), 143.

공리주의, 자유방임주가 대표적이며, 자유주의 그 자체도 고전적 자유
주의와 현대적 자유주의적 이념으로 구별된다. 자유주의는 사상적인 보
편성으로 인해 본질에 대한 구체적 이해를 위해서는 사상적 연원에 대
한 고찰이 유용하다.

자유주의의 사상적 연원

자유주의(liberalism)는 국가의 권력과 기능은 제한적이라는 신조로
서[7] '자유'를 의미하는 라틴어 'liber'에서 유래되어, 어원적으로는 자
유의 철학을 지칭하는 말이었다.[8] 자유주의에 관한 세계관은 이미 고
대 로마에서 비롯되었으나 근대의 자유주의는 17세기 홉스의 개인주
의 세계관의 체계적 발현으로부터 시작되었다.[9] 레오 스트라우스(Leo
Strauss)는 근본적인 정치문제가 인간의 권리문제이고 국가의 기능이
그런 권리들을 보호하는 정치적 교의를 자유주의자라고 한다면 홉스는
자유주의 창시자라고 기술하고 있다.[10]

　　자유가 권력으로부터 최초로 시민에게 가시적으로 넘겨진 것은 영국
의회가 찰스 1세에게 승인을 종용한 1628년 권리청원(The Petition of
Right)의 정당성이 입증되고, 1679년 의회가 제정한 인신보호령(the
Habeas Corpus Act)이 강화되면서부터다. 여기에서 자유는 보편성을
갖게 된다. 자유에 어떤 제약이 없다면 어떤 사람은 자유로워도 나머지
다른 사람들은 자유롭지 못할 수 있기 때문이다.

---

7) 노르베르토 보비오, 황주홍(역), 『자유주의와 민주주의』(서울: 문학과 지성사, 1992), 11.
8) 루드비히 폰 미제스, 이지순(역), 『자유주의』(서울: 한국경제연구원, 1988), 19.
9) Gray, *Liberalism*, 5-7.
10) Leo Strauss, "On The Sprit of Hobbes's Political Philosophy," in K.C. Brown(ed.),
　　Hobbes Studies (Oxford: Basil Blackwell, 1965), 13.

자유주의적 관점의 핵심적 요소가 정치운동 속에서 일관된 지적 전통의 형태로 나타난 것은 로크의 "시민정부에 관한 제2논문"이다. 그의 정치사상은 자연상태의 상정에서 출발한다.[11] 로크의 이 논문을 '수세기 동안 유포된 교의들이나 혹은 종교적인 박해를 받을 수 있는 소수의 이익을 위해 종교개혁 이후에 제안된 주장들의 재 언급'[12]이라는 평가가 있지만, 로크는 영국의 정치경험에서 제한정부하의 시민사회의 개념을 구체화했다.

영국사회는 이미 시민혁명 수세기 이전부터 법적 전통, 재산법과 가족생활 그리고 도덕문화에서 개인주의적이었고, 영국의 자유주의는 결사 및 사유재산의 강조와 함께, 절대군주제에 대항해 법이 지배하는 의회제에 대한 강한 주장도 포함하고 있었다.[13] 그리고 로크가 제시한 시민사회는 법의 지배를 받는 평등하고 자유로운 인간들의 사회이자 서로의 권리에 대한 존중 이외는 다른 어떤 공통의 목적도 공유하지 않은 채 상호 결합된 사회[14]로서 낙관주의적 태도를 바탕으로 하는 개인자유, 사유재산, 제한정부는 현대자유주의의 핵심내용으로 이어지고 있다.[15]

---

11) Gray, *Liberalism*, 10, 11.

12) John Plamenatz, *Man and Society* Vol. 1, (New York: McGraw-Hill, 1963), 213.

13) Gray, *Liberalism*, 11-12

14) Gray, *Liberalism*, 12.

15) 로그의 관념은 그의 *Second Treatise of Government* (Indianapolis, 1980)에 잘 나타나 있는데 다음과 같은 내용들이다. "인간의 자유는 자연의 자유가 자연법에만 구속된 것처럼 오로지 입법부가 정한 법률에만 구속되고"(Ch 4, 22), "인간이 정부의 지배를 받고자 하는 가장 중요한 목적은 그들의 재산을 보존하는 것이며"(Ch 9, 124), "최고의 권력도 어떤 사람으로 부터이든 그 자신의 동의 없이 그 재산의 어떤 부분도 취할 수 없으며"(Ch 11, 138) "누가 정부를 맡든지 간에 사람들이 그들의 재산을 소유하고 보호할 수 있다는 조건과 목적으로 위임한 것이다"(Ch 11, 139). "또한 입법권은 — 단지 신탁된 권력이므로 입법부가 신탁에 반하는 행동이 발견되면 입법부를 해산하거나 변경할 수 있는 최고의 권력은 여전히 인민에 있다. — 권력이 목적을 명백히 소홀히 하거나 위반하면 신탁은 필연적으로 철회되며 그 권력은 그것을 내준 사람들의 손에 되돌아가기 때문이다. 그리고 권력을 회수한 사람들은 자신들의 안전과 안보를 위해 최선이라고 생각하는 곳에 그 권력을 새롭게 맡길 수 있다"(Ch 13, 149).

자유주의 관념은 프랑스의 몽테스키외(de Montesquieu)를 비롯한 계몽주의 학파와 미국의 건국주역들을 거쳐 보편화되었다. 영국과 프랑스의 자유주의 운동들은 모두 추상적인 원리나 자연권에 호소했을 뿐만 아니라 역사적 분석방법까지도 채택하고 있으나 미국의 자유주의는 로크의 사상과 프랑스 계몽주의의 관념을 포함하는 단일한 통합적 전통을 갖고 있다.[16]

자유주의의 원리체계를 가장 영향력 있는 형태로 설명하고 옹호한 것은 아담 스미스의 저작인 국부론이었다. 여기에서 그의 자유에 대한 관념은 모든 사람들은 각자 상대방의 자유와 동등한 최대한의 자유를 소유한다는 자연적 자유체계에서 비롯되었는데[17] 핵심은 경제적 자유가 경제적 부의 증대속도를 극대화한다는 것이다.

공리주의자인 스승 벤담과 함께 제임스 밀은 자유주의 관념에서 자유방임주의로 빠져나갔지만 제임스 밀의 아들인 존 스튜어트 밀은 공리주의로부터 벗어나 『자유론(*On Liberty*)』(1859)에 고전적 자유주의 사상을 담아냈다. 존 스튜어트 밀 이후 영국의 스펜서는 사회정태학(Social Statics)과 윤리학 원리(Principle of Ethics)에서 자유주의적 방임주의의 엄격한 견해를 옹호했다.[18] 독일의 칸트는 그의 저작에서 헌법질서 속에서 개인의 자유를 옹호하는 독일판 자유주의 사상을 대변했지만 칸트적 자유주의는 보호주의로의 회귀와 비스마르크의 복지정책의 시작으로 인해 1870년대 종말을 고했다.

1880년대 및 1890년대와 세기의 전환기에는 밀의 불완전한 고전적 자유주의 관점마저도 헤겔주의 철학의 영향을 받은 수정자유주의 사상으로 대체되었다. 대표적으로 영국의 철학자 그린(T. H. Green,

---

16) Gray, *Liberalism*, 23.
17) Gray, *Liberalism*, 25.
18) Gray, *Liberalism*, 31.

1836~1882), 보쌍케(B. Bosanquet, 1848~1923)를 필두로 하는 수정
자유주의는 고전적 자유주의자들이 주장했던 불간섭이라는 소극적 자
유개념을 반대하고 실효적 자유 혹은 능력으로서의 자유개념을 주장했
고, 수정자유주의는 20세기 초 홉하우스(L. T. Hobhouse)의 체계적인
기술로 이어졌다.[19]

　홉하우스에게 개인은 타인의 통제를 받을 때는 자유롭지 못하지만
사회구성원 전체가 복종하는 원칙과 규칙의 통제를 받을 때만큼은 자
유롭다. 개인의 자유는 사상의 자유를 토대로 언론, 저작, 출판, 평화적
토론의 자유, 종교적 자유와 관련되며 완전한 자유는 완전한 평등을 포
함한다.[20]

　자유주의는 19세기말 수십 년 동안 비자유주의적 요소의 성장을
보여주는 신호 속에서 제1차 세계대전으로 인해 단절되고 제2차 세계
대전의 충격으로 위축되었으며 구 제국이 붕괴된 곳에서는 자유주의
적 요소를 거의 지니지 않은 민족주의 운동이 출현했다. 독일과 러시
아에서는 전체주의적 사회주의 정권들이 권력을 장악했고 영국에서는
케인즈(J. M. Keynes, 1883~1946)와 베버리지(W. H. Beveridge,
1879~1936) 등의 수정자유주의자들을 중심으로 구 자본주의 질서와
신 사회주의 이상 사이에서 중도노선을 취했다.

　이 시기의 자유주의는 역사는 사회주의를 향한 세계적 발전과정 속
의 한 국면으로 간주하는 마르크스주의의 교의에 의해 주로 지배되었
다. 베버리지는 사회보장정책을 입안해 관심을 모았으며 영국과 유럽
에서는 사회주의 정권이 수립되고 미국에서는 제2차 세계대전 개입의
결과 루즈벨트의 뉴딜정책과 같은 관리주의적 경향을 확립하는 등, 자
유주의는 제1차 세계대전으로 상처를 받았다면 제2차 세계대전으로 살

---

19) Gray, *Liberalism*, 32.
20) L. T. 홉하우스, 심성균(역), 『자유의 본질』 (서울: 현대미학사, 2006), 제2장.

해된 듯 했다.[21]

자유주의는 이사야 벌린의 『자유의 두 개념(*Two Concepts of Liberty*)』(1958), 하이예크의 『자유주의 헌법(*The Constitution of Liberty*)』(1960)을 통해서 고전적 자유주의의 부활을 알렸고 이어 노직이 "무정부, 국가 그리고 유토피아(Anarchy, State, and Utopia, 1974)"를 통해서 고전적 자유주의 사상을 정당화했다. 반면에 롤스는 『정의론(*Theory of Justice*)』(1971)을 통해서 자유주의를 계승하면서도 평등을 강조하는 새로운 시각을 제공했다.

자본주의

자유주의는 경제적 자유주의로서의 자본주의체계를 발전시켰다. 자본주의는 자본이 생산활동의 주체가 되는 경제체계로서 자유주의 속에서 소유와 생산, 교환의 경제적 자유를 의미한다. 경제적 입장에서 자본주의는 자유경제를 원리로 한다. 경제적 용어인 '자본주의'는 경제가 인류의 삶을 구속할수록, 자본주의 경제체계를 채용하는 자유민주주의체계가 확대될수록 대부분의 나라에서 하나의 신념체계로 작용한다.

자본주의는 아담 스미스(Adam Smith)로부터 지적 유산을 물려받고 있다. 그는 개인이 자기이익을 추구하는 자유로운 경제활동만이 사회적 부의 증대를 가져오는 것이며, 그 활동은 '보이지 않는 손'에 의해 인도되어 부의 공정하고도 효율적인 배분도 실현하고 사회적 조화가 달성되는 것을 이론적으로 논증하고자 했다. 아담 스미스는 『국부론(*Enquiry into the Nature and Causes of the Wealth of Nations*)』에서 아래와 같이 기술한다.

---

21) Gray, *Liberalism*, 36-37.

모든 인간은 정의의 법을 어기지 않는 한, 자신의 이익을 자기방식
대로 추구하는 것과, 자신의 근면과 자본을 다른 모든 계급의 모든
사람들과 경쟁시키는 것이 완전히 자유다.[22]

여기에서 주목해야 할 점은 자본주의나 아담 스미스의 주장이 '돈 버
는 자유'로만 인식되고 있다는 점이다. 아담 스미스가 인간을 이기적인
존재로 보았지만 '정의의 법'을 어기지 않는 것을 전제로 하고 있다. 이
것은 현대의 천민자본주의와는 아주 다른 관점이다. 이런 점은 그의『도
덕감정론』에 더 잘 나타나 있다.

아담 스미스가 1776년에『국부론』을 출판하면서 주목을 받은 것은
자유방임주의(Laissez-faire)였다. 자유방임주의는 자유주의의 한 지
류로서, 18세기에 금(金) 은(銀) 두 종류의 금속을 본위화폐로 유통시키
는 화폐제도인 복본위제도하의 보호무역에서 자유무역으로 이행함과
동시에 탄생한 사상과 이론이다. 자유방임주의는 개인의 경제활동의 자
유를 최대한으로 보장하고, 국가의 간섭을 가능한 한 배제하려는 관념
으로, 경제이론인 동시에 정치사상이었다.

자유방임주의는 초기 산업자본을 위해 국내시장을 확보하고 국외시
장을 개척할 목적으로 수행되는 보호주의제도로서, 원료와 제품의 수출
입에 관한 법률과 관세정책을 추진하는 경제정책의 형태인 중상주의와
절대주의적 중상주의 체계로 관방주의(官房主義)라는 형태에서 나타난
것이다.

정부간섭의 최소화를 주장한 벤담의 공리주의와 존 스튜어트 밀의
저서『정치경제학의 원리(*Principles of Political Economy*)』(1848)는
자유방임주의 사상에 강한 영향을 미쳤고. 이 이론의 지지자들은 규제
받지 않는 인간 활동에 대한 신뢰를 뒷받침하기 위해 자연경제질서라는

---

22) Adam Smith, *The Wealth of nations* (New York: Modern Library, 1937), 651.

고전경제학의 가설을 인용했다. 특히 스펜서(Herbert Spencer)는 다윈(Darwin)의 진화론을 이용해 적자생존(Survival of the fittest)이라는 말도 만들어 냈다.[23]

아담 스미스의 사상은 자유방임주의를 통해 자본주의라는 이름으로 현재까지 이어지고 있다. 그러나 자본주의에서 가장 먼저 머리에 떠올려지는 사람은 아담 스미스와 함께 역설적으로 마르크스다. 그는 자본주의의 구조와 동태를 해명하는 데 가장 큰 영향을 끼친 인물이다. 그러나 그는 저서인 자본론에서 자본주의라는 용어를 사용한 것이 아니라 자본가적(또는 자본주의적·자본제적) 생산양식(kapitalistische produktionsweise)이라는 표현을 사용했다. 자본주의를 자본가적 생산양식으로 이해한 것이다.

자본주의라는 용어를 사용한 사람은 오히려 마르크스의 영향을 받은 독일의 경제학자이며 사회학자인 베르너 좀바르트(Werner Sombart)다. 그는 『사회주의 및 자본주의』, 『근대 자본주의』등의 저서를 통해 자본주의라는 용어를 사용했다. 좀바르트도 자본주의를 생산수단의 소유자와, 노동자가 시장에서 결합되어 함께 활동하면서 영리주의와 경제적 합리주의에 의해 지배되는 하나의 유통 경제적 조직으로 보았다.

베버는 자본주의를 직업으로서 합법적 이윤을 조직적·합리적으로 추구하는 정신적 태도라고 정의했다. 이러한 경제적 측면의 자본주의는 18세기 후반과 19세기 전반에 생산양식을 통해 작용하는 하나의 논리에 불과하다.

오늘날 자본주의는 이보다 훨씬 더 넓은 정치사회적 의미를 함의한다. 자본주의 특히 전통적인 자본주의는 ① 사유재산의 소유 ② 재산축적에 대한 법적인 제한의 부재 ③ 자유시장(경제에 대한 정부의 불간섭) ④ 이윤동기 등을 함의한다.[24] 자본주의는 간명하게는 각자의 능력에

---

23) 서정갑, 『공적현실과 인간적 상황』 (서울: 연세대학교 출판부, 1998), 83.

따라 무한정의 재산을 소유할 수 있고 또한 늘릴 수 있는 사회적 제도로 인식된다.

오늘날의 경제양식은 마르크스가 목격하고 비판한 당시의 상황과는 크게 다르다. 생산양식을 토대로 제기된 논리는 각 분야의 산업에 적용되고 영국과 유럽을 거쳐 미국으로 확산되면서 자유주의 사상의 물결을 타고 새로운 특징을 함의하는 사상체계로 발전했다. 마르크스의 추종자들에게 자본주의는 자본가들의 수탈제도로 비판되었다.

자유주의자들에게 자본주의는 개인의 자유와 함께 사회·경제적 부를 쌓아가는 원리다. 자본주의가 재산의 소유와 증식에 대한 제한이 없는 만큼 빈부의 격차가 심해지는 불평등한 제도라는 사회주의자들의 비판은 바로 자본주의의 이런 원리를 기초로 한다.

자본주의는 사회주의라는 모진 비바람에 견디기 위해 변신과 수정(수정자본주의)을 거듭했다. 가장 현저한 변화는 사회주의의 주장을 부분적으로 반영하는 것이다. 우선 자유방임적이던 시장에 사회자본주의의 시행을 통해 국가가 개입한다. 이윤에 대한 집착과 함께 그에 상응하는 서비스 경제도 발전시키고 있다. 현저한 변화는 국가의 역할이 강화되고 증대되는 것이다. 자유방임주의적 야경국가에서 국가가 주택, 건강의료, 교육을 주도하는 복지국가로 발전하고 있다. 자본주의의 변신은 신자유주의의 레일에서도 이탈하지 않고 있다. 이유는 간단하다. 자본주의는 단순한 경제원리가 아니라 이제는 정치이념이고, 정치이념은 선거에서 유권자의 눈치를 보며 표를 세면서 방향이 정해지기 때문이다.

우리나라의 경제는 자본주의를 표방하면서도 항상 국가의 그늘에서 벗어나지 못했다. 외국의 자본과 자원을 토대로 이루어진 경제구조는 정부권력을 교량으로 삼았고, 권력의 지원 즉 특혜는 불가피했으며, 정경유착시비는 계속되었다. 불투명하고 비정상적인 기업운영은 정부의

---

24) 리만 T. 싸젠트, 최한수(역), 『현대비교정치 이데올로기』 (서울: 신유, 1994), 96.

간섭을 자초했고 기업은 정치권력에 의해 흥망성쇠가 좌우되었다.

90년대 후반에 들어서면서 미국으로부터 밀려온 신자유주의는 허약한 우리 경제체계를 IMF로 강타했고, 2000년대 초에 또 다시 불어 닥친 금융위기는 우리의 경제질서를 뒤틀면서 시장만능적 자본주의에 대한 의구심을 새롭게 제기했다.

빈부격차가 심해지고 그나마 사회를 지탱해왔던 중산층이 빈곤층으로 몰락하는 상황에서 자본주의는 사실상 새로운 국면을 맞게 되었다. 서민정책, 복지정책이라는 이름으로 변신을 시도하지만 대증요법의 수준이다. 앞으로 우리사회는 성장과 분배, 경제적 자유와 국가역할의 증대를 중심으로 인민주의와 자본주의 그리고 사회주의에 대한 격렬한 논쟁이 따를 것으로 보이고 또한 따라야 한다.

공리주의

벤담의 공리주의

자유주의는 정부가 개인의 자연권과 신성불가침의 권리에 대해 행사하는 공권력을 제한해야 한다는 것이다. 이러한 관념은 자연권을 기본으로 하고 있는데, 공리주의(功利主義: utilitarianism)는 오랫동안 권위를 유지하면서 사상계를 지배해오던 자연권이 비현실적이라는 비판에서 비롯되었다는 점에서 자유주의 사상을 이으면서도 자유주의 사상의 수정이다.

고전적 자유주의자인 벤담은 프랑스 인권선언을 대상으로 인간이 자유롭게 태어났다는 것은 어리석은 생각이며 자연권에 대한 언급들은 비현실적이라고 주장하면서[25] 최대다수의 최대행복은 법률들에 의해 증진되어야 한다는 '공리의 원칙'을 제시했는데 이를 공리주의라고 부른다. 공리주의는 인간의 행위나 규칙 등의 정당성은 인간의 행복에 얼마나 영향을 미치느냐에 따라 평가된다는 사상이다.

벤담은 자유주의의 자연법과 계약론을 공리의 원칙으로 대치하였다. 그는 인간이 쾌락을 추구하되 고통은 피하고자 한다는 객관적 고찰에 따라 쾌락은 모든 인간의 가장 올바르고 중요한 목표이며, 어떤 행위든 행복을 가져오면 옳은 행위이고 불행을 가져오면 옳지 않은 행위라고 보면서 '최대 다수의 최대 행복' 즉 개인이 느끼는 '행복의 양'과 그런 행복을 느끼는 '개인의 수'가 최대인 사회를 법률을 통해 실현하고자 했다. 행복의 산출은 구성요소의 조작이 논리적으로 불합리하기 때문에 유용하지는 않지만,[26] 법과 제도를 개혁함으로써 사람들이 원하는 것을 더 쉽게 얻을 수 있는 방향으로 나아갈 수 있다는 것을 당연하게 받아들인다는 점에서 낙관주의적이다.[27]

벤담에게는 또한 '최대행복'으로서의 '행복의 양'뿐만 아니라 '최대 다수'라는 행복향유자의 수에서 다수의 개인들이 행복을 경험해야 하고, 이 개인들은 모두 공익이라는 목적에 비추어 동등한 가치로 평가된다는 점에서 급진적 개인주의 경향을 띄고 있다.[28] 벤담은 규칙을 제재의 성격에 따라 도덕적 규칙과 법적 규칙으로 구분하고, 이 두 가지 규칙의 기능은 행복을 증진시키는 것이며, 최상의 규칙은 항상 가능한 한 행복을 최대한 증진시킬 수 있도록 작용하는 것으로 보았다.[29]

플라멘츠(John Plamenatz)에 따르면 벤담사상의 핵심은 "사람들

25) J. Bentham, "Anarchical Fallacies," in J. Bowring(ed.), *The Works*, (Edinburgh: William Tait, 1838), Vol. 2, 500.

26) John Plamenatz, *Man and Society* (New York: McGraw-Hill Book Co. Inc., 1963), Vol. 2, 12. 이 책은 김홍명(역),『정치사상사』(서울: 풀빛 1986) 1, 2, 3권으로 출간되었다. 이 글에서는 이 책도 아울러 참고하였다.

27) Plamenatz, *Man and Society*, Vol. 2, 13.

28) L. T. 홉하우스, 심성균(역),『자유의 본질』(서울: 현대미학사, 2006), 76.

29) Plamenatz, *Man and Society*, Vol. 2, 13.

은 유해한 행동의 저지나 유익한 행동의 고무를 제외하고는 타인을 간
섭해서는 안 되며, 사람들이 누구인가 보다는 무엇을 하고 있는가가 문
제고, 누구인가가 문제가 되는 것은 사람들이 타인을 위험하게 하거나
유익하게 만드는 정도에 한해서뿐이다."30) 벤담은 민주주의자가 되기
오래전부터 두 종류의 평등 즉 권리의 평등과 자연적 평등을 믿었는데,
전자는 어떤 사람의 행복은 다른 사람의 행복과 동등하게 계산되어야
한다는 것이고 후자는 모든 사람 각자가 자기 자신의 이익에 대한 최상
의 심판자라는 것이다.31) 각자가 자신의 이익을 추구하고, 자신의 이익
에 대해 다른 누구보다도 더 나은 심판자라면, 국민에 대한 정부의 간섭
은 가능한 한 적어야 하며 기본적 역할은 소극적이어야 한다. 정부의 우
선적인 임무는 사람들이 가능한 한 서로 방해가 되지 않도록 보장하는
것, 즉 방해물을 제거해 행복을 증진시켜주는 것이다.32)

지배자와 피지배자의 이익이 어느 정도까지는 항상 일치하면서도
또한 크게 배치될 수 있기 때문에, 오랫동안 존속해 온 정부형태가 국민
들에게 최적의 정부라고 가정해서는 안 된다. 지배자의 경우도 자기 자
신의 최대 행복을 욕구하기 때문에, 모든 정부의 현실적인 목적은 통치
자의 최대 행복이지만 그 고유의 목적은 공공선에 대한 '최대 다수의 최
대 행복'이다. 불행하게도 현실적 목적과 본래의 목적이 항상 일치하지
않기 때문에 우리는 가능한 한 그러한 일치를 보장할 것 같이 보이는 정
부형태를 수립하려고 노력해야 하는데 이것이 바로 대의민주주의다.33)
그의 공리주의는 사회의 모든 제도가 합리적 구상에 따라 교정되거나
개폐될 수 있다는 신념에 바탕을 두고 있다는 점에서 수정자유주의 즉
새로운 자유주의(new liberalism)와 연계된다.

---

30) Plamenatz, *Man and Society*, Vol. 2, 17.
31) Plamenatz, *Man and Society*, Vol. 2, 25.
32) Plamenatz, *Man and Society*, Vol. 2, 25.
33) Plamenatz, *Man and Society*, Vol. 2, 26.

밀의 공리주의

벤담의 제자인 제임스 밀(J. Mill)도 민주주의를 필요한 정부형태로 인식했다. 그는 사람들이 항상 자신의 이익에 대한 좋은 심판자는 아니지만 교육을 통해서 고칠 수 있고, 편협한 지배계급은 아무리 유능할지라도 자신의 이익과 공공선이 상충될 때는 항상 자신의 이익을 우선시 하게 될 것이며 이러한 이기심은 교육으로도 개선되지 않을 것으로 보았다. 민주주의만이 교육에 의해 무한히 개선될 수 있다는 점에서 항상 만인에게 적합하지는 않더라도 이상적인 최상의 정부형태라는 것이다.

벤담(J. Bentham)의 공리주의는 그의 제자인 제임스 밀로 이어지고 다시 밀의 아들인 존 스튜어트 밀(J. S. Mill)에게서 더욱 분명해진다. 벤담과 자신의 아버지의 사상을 토대로 '공리주의'라는 용어를 만든 존 스튜어트 밀은 벤담의 '행복'을 쾌락 또는 고통의 부재, '불행'을 고통 또는 쾌락의 부재와 같은 뜻으로 해석했는데 자신의 공리 또는 최대 행복의 원칙에 대한 행동의 도덕률은 행복의 증대비율이 높을수록 옳고 그 반대 즉 불행을 만들어 내는 비례에 따라 나쁜 것으로 판단했다.[34] 여기에서 밀은 다른 공리주의자들이 외면한 도덕적 발전에 대한 관심과 함께, 공리주의가 고립된 개인에게 적용되는 공리가 아니라 사회적 공리로서 행위자 자신만의 행복이 아니라 모든 관련된 자들의 전체행복에 관한 것으로 이해했다.[35]

홉하우스는 존 스튜어트 밀이 공리주의자였던 부친이 강조한 원칙들을 새로운 경험과 사고방식에 끊임없이 적용시켜보면서 수정방안을 모색하다보니, 그 결과 일관성 없고 불완전하며 체계도 원숙하지 않다는 비난을 받았으나 그로 인해 오히려 그의 저서는 더 오래 살아남았다

---

34) J. S. Mill, *Utilitarianism, Liberty, Representative Government* (London: J. M. Dent, 1920), 6.

35) 노베르토 보이보, 황주홍(역), 『자유주의와 민주주의』(서울: 문학과 지성사, 1992), 71.

고 평가한다.[36] 소극적 자유주의자로서의 밀의 사상이 자유방임주의로 까지 이어지는 것은 바로 이런 배경에서 비롯될 것이다.

고전적 자유주의

자유주의는 역사적 진행과정에 따라 나타난 특성을 중심으로 다양하게 분류된다. 크게는 고전적 자유주의(classical liberalism)와 현대적 자유주의(modern liberalism)로 나뉜다. 현대적 자유주의는 새로운 자유주의(new liberalism), 또는 수정자유주의, 사회적 자유주의로도 불린다. 새로운 자유주의는 현재의 신자유주의(neo-liberalism)와는 구별된다. 신자유주의는 자유주의를 토대로 하는 이념이지만 그 특성이나 중요성에서 새로 발현한 사실상의 새로운 이념으로 분류할 만하다.

고전적 자유주의는 존 로크의 저작을 필두로 해 아담 스미스, 토크빌 등 당시대의 고전적 자유주의자와 하이에크, 프리드만(Milton Friedman)과 같은 현대의 고전적 자유주의자의 사상이 중심이다. 위에서 기술한 것처럼 이들의 핵심 사상은 제한 정부, 법의 지배, 자유계약과 사유재산의 신성성, 자의적이고 무분별한 권력의 방지, 개인의 운명에 대한 스스로의 책임 등에 모아진다. 이들은 정부 대신에 시장을 신뢰하고 시장에 대해 정부의 개입을 반대하는 자유방임주의를 내세우면서 복지국가는 반대하는데, 이는 복지국가가 개개인은 자신의 복지에 책임을 져야 한다는 원칙에 반한다는 이유다.

고전적 자유주의 사상가들은 모두 개인의 자유로서 사유재산제도와 자유시장을 인정하고 있다. 자신이 재산의 소유권을 갖는다는 것은 자

---

36) L. T. 홉하우스, 심성균(역), 『자유의 본질』, 105-106.

유로운 인간이나 자율적인 행위자가 되기 위한 하나의 요소다. 임금이나 봉급근로자들은 덜 자율적일 것이기 때문에 부를 형성하고 확산시키기 위한 조세정책을 선호했다. 그렇더라도 이들은 재산이 집단적으로 소유된 사회보다는 더 자율적일 것이다. 사적 소유의 사회에서는 실질적으로 재산이 없는 사람들도 어느 정도 자율성을 향유하는 반면에 공동사회에서는 일반적인 동의 없이는 어떤 중요한 결정도 할 수 없기 때문이다.[37)]

자유주의자들에게 경쟁적 시장은 인간의 행위들 가운데에서 조정이 비강제적으로 발휘된다는 점에서 자유주의적 개인주의사회와 똑같은 특징들이 있다. 또한 각 행위자들은 서로가 선호하는 것과 보유하고 있는 자원들의 정보교환을 통해서 서로의 계획에 맞춰 가격을 조정하게 된다. 이것은 중앙의 계획에 의한 조정보다도 더 좋은 형태며 개인의 자유가 전혀 제한되지 않는다고 보는 것이다. 그러나 이 과정에서 매점매석과 투기, 독과점이 수반되면 강자에게는 유리하지만 약자는 강자에게 종속될 수밖에 없다.

현대의 고전적 자유주의자들은 제한적 복지국가를 정당화하고 있지만 기본적 복지권이라는 비자유주의적 관념을 수용하는 것이 아니라 계약론이나 공리주의적 고려 즉 복지지원이 합리적 사회계약의 일부라거나 전체복지를 증진시킬 것이라는 주장과 함께 최소소득을 보장하는 형태의 복지국가를 강하게 선호한다. 다만 자유주의자들 중에서도 저소득 지원금에 회의적이며 중앙정부보다는 지방정부가 가난한 사람을 위한 안전망 서비스를 제공하는 최소국가를 선호한다. 이외에도 자유주의 국가는 반독점 규제, 소비자보호수단의 강화와 법률제정, 국립학교에 대한 감사 등 적극적 기능을 가질 수 있다.

---

37) Gray, *Liberalism*, 67.

현대적 자유주의

현대적 자유주의는 고전적 자유주의에 대응하는 용어로서 '새로운 자유주의(New Liberalism)', 또는 '수정자유주의'로도 불리며 이 군에 속하는 학자들의 주장에 따라 자유주의적 사회주의도 포함된다. 현대적 자유주의는 19세기 초에 영국과 미국 등이 당면한 사회, 경제적 위기를 헤쳐 나가기 위해 고전적 자유주의에 대한 개혁으로부터 비롯되었다.

1850, 60년대에 성장을 구가했던 경제는 19세기 후반에 접어들면서 경기침체와 대량실업으로 인한 대공황으로 빈곤이 사회의 최대이슈로 부상했다. 영국에서는 사회적으로 노동계급이 성장하고, 정치적으로는 선거권의 확대와 자유당의 분열 등의 혼란 속에서 사회경제적 과제 특히 복지에 대한 대책이 강요되었다. 이 과정에서 제기된 것이 국가의 개입이었고 이에 대한 이론적 방향을 주도한 것이 존 스튜어트 밀과 그린(Tomas Hill Green), 홉하우스 등이었다.

밀은 인간은 진보하는 존재로서, 진보는 자기 자신을 가능한 한 최선의 상태로 발전시키는 것이며, 인간이 자유, 특히 생각의 자유가 필요한 것은 인간이 바람직하고 행복한 삶을 영유하기 위한 것으로 규정한다.[38] 그는 당시의 분배구조에 대해 통렬히 비판하고 있다. "가장 큰 몫은 전혀 일하지 않는 자에게, 다음으로 큰 몫은 거의 형식적으로 일하는 자에게 돌아가는, 거꾸로 된 순서에 따라 일이 힘들고 혐오스러워질수록 분배는 적어져, … 노동자는 기본적 생계의 유지조차 불확실하다"[39]며, "영국과 프랑스의 분배구조는 대부분의 미개사회보다도 더 야만적이라고 비판했다."[40]

---

38) John Gray and C. W. Smith(ed.), *J. S. Mill "On Liberty in Focus,"* (London: Routledge, 1991)

39) John Stuart Mill, *Political Economy* (1879), 207; 박우룡, 『전환시대의 자유주의』 (서울: 신서원, 2003), 59-60에서 재인용.

그린은 적극적 자유는 가치 있는 일을 하기 위해 필요한, 무엇을 할 수 있는 실질적 능력으로서 평등하게 향유되어야 하며, 국가가 이러한 개인적 자유를 충분히 보장해 주어야 한다고 강조한다.[41] 홉하우스는 자유는 개인의 권리라기보다는 사회의 필수요건이라고 단정한다.[42] 그는 사회의 진보도 개인의 진보와 마찬가지로 궁극적으로는 선택에 좌우되기 때문에 모든 건설적인 사회의 신조는 인간진보의 개념에 근거를 둔다고 파악한다.[43] 그는 이 과정에서 국가가 수행해야 할 절대적 사명은 인간이 타인과 보조를 같이하는 협동의 조화를 통해서 공동선을 추구하도록 해야 하는 것으로 인식했다.[44]

이처럼 현대적 자유주의자들은 입헌체계의 확립으로 국가가 자유의 침해자는 아니지만, 자본주의 발달이 오히려 노동자들의 빈곤을 초래한 것으로 분석하고 종전의 소극적 자유의 개념을 적극적 개념으로 전환했다. 이들은 시장 대신에 정부를 신뢰하고 정부의 시장개입을 주장하면서 빈곤을 극복하기 위해서는 국가의 역할이 필요하다고 주장했다. 정부가 자의적으로 과세를 한다면 경제적 자유가 침해될 수 있는 것처럼 자의적인 재정, 통화정책도 자유주의 정책의 경제생활에 해를 끼칠 수 있다는 점은 명백하다.

새로운 자유주의사상은 국가의 복지정책이나 뉴딜정책으로 나타났다. 세계적으로 밀어닥친 불황과 실업한파는 고전적 자유주의의 경제관을 대체할 수 있는 새로운 경제학이 필요했고 이에 따라 케인즈(John M. Keynes)의 이론이 주목을 받고 수용되었다. 케인즈는 불황과 실업

---

40) John Stuart Mill, "Chapters on Socialism," *Fortnightly Review*, Vol. 25(1879), 68-69; 박우룡, 『전환시대의 자유주의』(서울: 신서원, 2003), 60에서 재인용.

41) Anthony Arblaster, *The Rise and Decline of Western Liberalism* (Basil Blackwell, 1984), 286-287.

42) 심성균 역, 『자유의 본질』, 118-119.

43) 심성균 역, 『자유의 본질』, 129.

44) 박우룡, 『전환시대의 자유주의』, 115.

의 원인을 상품의 총 수요부족으로 보고 수요가 부족한 불황에는 정부
가 재정지출을 증가시켜 수요를 창출해야 한다고 주장했다.[45) 그러나
정부개입의 증대는 정부의 비대화와 그에 따른 비능률 및 부패를 초래
한다는 비판은 새로운 자유주의를 거쳐 다시 신자유주의를 불러왔다.

신자유주의

신자유주의의 본질

신자유주의(neo-liberalism)는 자유주의 특히 고전적 자유주의를 뿌리
로 하고 있으나 그 본질은 경제적 관념이 핵심을 이룬다는 점에서 상당
히 다르다. 신자유주의는 현대적 자유주의에 대한 반테제로 출현했다.
제2차 대전 이후의 대공황으로 인한 자본주의의 질서에 대한 위협에서
벗어나기 위해 취해진 '케인즈 식'의 정책이 도입되어 50~60년대 선진
자본주의국가들을 중심으로 높은 경제성장을 이루었으나, 그 이후 실업
및 인플레이션이 드러났고 70년대에는 세계적인 '스태그플레이션' 국
면이 지속되었다.[46)

　　신자유주의는 이러한 상황에서 국가 개입주의를 반대하면서 1970
년대 이후 세계적으로 나타나 1980년대에 영·미에서 지배적인 정책기
조로 부활했다. 정부의 시장개입을 중시하는 케인스 이론이 1970년대
스태그플레이션(경기침체 속 물가상승)을 계기로 후퇴하면서 신자유주
의는 경제학의 신주류로 등장했다.

　　신자유주의를 이론적으로 선도한 것은 오스트리아 정치철학자 하이
예크와 미국의 프리드만이 대표적이다. 이들은 이미 1930년대와 50년

---

45) John M. Keynes, 조순(역), 『고용이자 및 화폐의 일반이론』(서울: 비봉출판사, 1985)
46) Harvey, *A Brief History of Neoliberalism*, 9-12.

대부터 케인즈의 개입주의를 비판했으나 주목을 받지 못하다가 70년대 부활했다.[47)]

신자유주의는 강력한 사적 소유권, 자유시장, 자유무역으로 특징되는 제도적 틀 내에서 개인의 열정적 자유와 재능을 적용시킴으로써 인간의 복지가 가장 잘 증진될 수 있다는 이념이다. 여기에서 국가의 역할은 그러한 실행에 적합한 제도적 틀을 창출하고 보호하되 그 이상의 개입 즉 국가의 시장 개입은 최소화되어야 한다는 정치경제의 실천이론이다. 개인의 자유가 시장과 무역의 자유에 의해 보장된다는 가정은 신자유주의적 사고에서 극히 중요한 특징이다.[48)]

신자유주의자들의 핵심주장은 정부의 비능률과 부패 즉 정부의 실패를 시정하기 위해 국가의 권한과 기능을 축소하고 세금감축, 적자재정금지, 정부기구축소, 재량적 경제정책금지, 공기업 민영화, 경제규제축소, 무역과 자본거래 등 대외거래의 자유화, 노동자보호의 축소를 통한 노동시장의 유연화, 복지제도의 축소 등이다.[49)] 하비(David Harvey)는 신자유주의 정책을 추구하는 국가를 '신자유주의 국가'로 부르면서 이론적으로 신자유주의 국가가 추구하는 특성을 아래와 같이 제시한다.[50)]

① 개인의 강력한 사유재산권, 법의 지배, 자유롭게 기능하는 시장 및 자유무역제도 등은 개인적 자유를 보장하기 위해 본질적으로 필요한 제도적 장치다. 국가는 어떤 대가를 치르더라도 이 자유를 보전하기 위해 폭력수단을 독점적으로 사용해야 한다. 결국 자유시장과

---

47) 신자유주의 이론은 특히 미국의 대기업들로부터 재정적 후원을 받았는데 이를 바탕으로 노직의 "아나키, 국가, 그리고 유토피아", 프리드먼의 "선택의 자유"의 TV판 등이다.David Harvey, *A Brief History of Neoliberalism*, 44.

48) David Harvey, *A Brief History of Neoliberalism* (New York: Oxford University Press, 2005, 2, 7. 이 책은 최병두(역), 『신자유주의: 간략한 역사』(서울: 한울아카데미 2007)로 번역서도 출간되었다.

49) 이근식, "자유주의와 한국사회", 이근식, 황경식(편), 『자유주의란 무엇인가?』(서울: 삼성경제연구소, 2001), 49.

50) Harvey, *A Brief History of Neoliberalism*, 7.

자유무역의 제도적 틀 내에서 작동하는 기업과 법인들은 근본적으로 좋은 것이다.

② 민간기업과 기업의 선도는 혁신과 부의 창출에 관건이다. 특히 주도면밀한 자산의 민영화 추진으로 국영업체의 민영화, 탈규제, 관세와 조세의 개편 등을 추구한다. 복지, 교육, 보건의료, 심지어 연금의 영역까지 개인의 책임으로 여긴다.

③ 민주주의에 대해서는 아주 회의적이다. 다수결에 의한 통치를 개인의 권리와 헌법적 자유에 대한 잠재적 위협으로 간주하며, 전문가와 엘리트에 의한 통치와, 민주적이고 의회에 의한 정책결정보다는 행정지시나 사법적 결정에 의한 정부의 존재를 선호한다.

신자유주의는 지식인들의 이론적 선도와 함께 영국의 대처수상 및 미국의 레이건대통령이 추진하면서 세계적으로 확장되었다. 이들은 신자유주의에 따른 규제철폐, 공기업의 민영화, 노동시장 유연화, 금융규제완화, 자유무역확대 등의 모습으로 나타났고, 이 정책들은 세계화의 물결을 타고 전 세계적 추세로 번졌다.

신자유주의에 대한 비판

신자유주의는 진원지가 미국과 영국 등 강대국이지만 상당한 비판의 도마에 올라있다. 폴라니(K. Polany)는 파시즘을 우연의 결과가 아니라 객관적 상황의 요청에 대한 반응이었다고 전제하면서 자본주의 경제위기의 해소에 파시스트적 현상을 아래와 같이 묘사한다.

"자유주의적 자본주의가 직면한 난국의 파시스트적 해결은 산업과 정치영역 모두에서 모든 민주적 제도들의 철폐의 대가로 성취한 시장경제의 개혁이라고 할 수 있다. 붕괴의 위기에 처했던 경제체계는 이를 통해 재생될 수 있는 반면에, 국민들 자신은 개인의 권리를 박탈당하고 정치적 주체의 책임 있는 단위로 기능할 수 없도록 설계된 재교육을 받게 되었다. 인간의 모든 형태의 우애정신을 부정하는 정치적 신조의 교의로 구성된 이 재교육은 저항자를 과학적으로 고문하는 대중전향의 방법을 통해 이루어졌다."[51]

폴라니의 묘사는 비록 파시즘에 관한 것이지만 오늘날 신자유주의가 불러온 경제위기를 해결하기 위해 정부가 행사하는 여러 조치들이 결국은 자유에 대한 퇴보이고 비정규직, 미취업자, 실직자의 자유가 가장 심각하게 침해되는 실정을 잘 지적하고 있다. 특히 신자유주의에 깊이 빠져있는 일부 언론과 경제학자들은 정부의 이런 정책을 비호하면서 논리적 정당성을 제공하기에 급급한 실정이다.

하비(David Harvey)는 신자유주의가 결국 폴라니가 우려했던 상황이 된다고 단정한다.[52] 신자유주의의 논거인 시장의 '보이지 않는 손(invisible hand)'은 정부의 '보이는 주먹(visible fist)'으로 변할 수 있다는 것이다. 폴라니가 '그들의 소득, 여가, 안전이 더 이상 향상될 필요가 없는 사람들을 위한 자유의 충만함과, 자산가들의 권력으로부터 은신처를 얻을 민주적 권리를 사용하기 위해 힘들게 시도하는 사람들을 위한 자유의 옹색함'[53]을 지적한 것처럼 하비는 신자유주의의 자유의 개념은 단지 '자유기업의 단순한 옹호'[54]라고 단정한다. 하비는 오늘날 모든 것이 정당화되는 자유가 적절히 사용되고 있는지에 대해 세밀하게 살펴보아야 한다면서 신자유주의를 아래와 같이 비판한다.

"불행하게도 자유에 관한 개념의 기여는 … 순전히 신자유주의의 노선을 택하거나 자유의 개념이라는 배를 지배적인 신자유주의의 바람에 매우 근접하도록 항해하는 것으로 … 시장체계를 떠나거나 시장체계 밖으로 떠밀린 사람들이 신자유주의로부터 기대될 수 있

---

51) K. Polanyi, *The Great Transformation* (Boston: Beacon Press, 1954), 237.
52) Harvey, *A Brief History of Neoliberalism*, 69-70.
53) Polanyi, *The Great Transformation*, 257.
54) Harvey, *A Brief History of Neoliberalism*, 183.

는 것은 기껏해야 빈곤, 기아, 질병, 절망뿐이고 유일한 희망은 소
상품 생산자나 (물건이나 노동력을 파는)비공식적 노점상, 부자의
식탁에서 빵부스러기의 구걸, 절도 또는 폭력적으로 확보하려는
좀도둑, 마약, 총기, 여성, 혹은 불법적 수요가 있는 것은 어느 것이
나 거래하는 광범위한 불법적 거래의 참여자 등이 되어 시장체계에
편입하는 것이다."[55]

신자유주의의 특성에 대한 하비의 비판은 아주 예리하고 경험적이
다.[56] 기업 간의 경쟁은 강한 기업이 약한 기업을 축출해 결국 독점이나
과점을 초래하는데, 신자유주의 이론가들은 오히려 독점이 능률을 최대
화한다고 주장한다는 것이다. 다만 전기, 가스, 물, 철도 등의 분야에서
다수의 경쟁은 불가능할 뿐만 아니라 공해물질의 배출에 대한 국가의
부담이나 규제가 불가피하다.

계약 및 하청관계가 늘어나면서 거래비용이 증가하고, 과도한 경쟁
으로 인한 과도한 낭비적 시설투자, 특허권자의 독점가격 설정과 기술
이전의 부담, 정보의 편차에서 비롯되는 불평등한 경쟁 등으로 인한 비
대칭적 권력관계는 국가의 개입이 없는 한 증대될 것이 우려된다. 국가
가 개입해서는 안 되는 것으로 가정되는 신자유주의 세계에서 엘리트와
전문가들에 의한 정부와 국가개입이라는 역설을 야기할 수 있고, 결국
신자유주의가 고양하고자 하는 자유가 부정될 수 있다.

신자유주의 국가는 억압보다는 국제경쟁과 세계화라는 비밀무기를
사용해 신자유주의적 과제에 반대하는 운동을 규제할 수 있고, 실패하
는 경우 국가는 설득 선전 혹은 필요하다면 적나라한 폭력과 경찰력에
의존해야 하기 때문에 궁극적으로는 권위주의에 의존하게 된다는 것이
다. 신자유주의에 대한 예언적 비판은 그 이후 신자유주의 정책이 남긴

---

55) Harvey, *A Brief History of Neoliberalism*, 185.
56) Harvey, *A Brief History of Neoliberalism*, 7.

영향에서 잘 나타난다.

신자유주의의 영향

지난 30여 년간 세계경제는 시장의 자유를 극대화하는 신자유주의 광
풍 속에 금융산업이 실물경제의 우위에 서는 금융 자본주의가 경제질서
를 변화시켰다. 신자유주의는 영국을 비롯한 유럽의 좌파정당들이 제3
의 길을 선택하는데도 영향을 미쳤다. 토니블레어(Anthony Charles
Lynton Blair)영국수상은 기든스(Anthony Giddens)의 1994년 저서
'좌파와 우파를 넘어서'를 통해서 얻은 아이디어로 제3의 길을 제창했다.

토니블레어의 제3의 길은 단순한 좌우의 타협이 아니라 중도 또는
중도좌파의 핵심가치를 취해 근본적인 사회경제적 변화의 현실에 적용
하는 것이었다. 기든스는 제3의 길은 '사회민주주의 쇄신, 즉 사회민주
주의자들이 과거 100년이 넘는 기간 동안 수행해야 했던 주기적인 사고
전환의 현대적 의미'라고 밝히고 있다.[57] '제3의 길'은 "1970년대의 복
지국가 위기와 세계 경제공황에 대한 1980년대 이후 신자유주의 정치의
헤게모니라는 시대적 배경에서 사회민주주의 정당들이 선택한 대안부
재이자 지속적인 우경화의 완성이라고 할 수 있다."[58]

신자유주의는 좌파이념을 우경화하는 데는 어느 정도 영향을 미쳤
지만 그 자체는 엄청난 허점을 드러냈다. 2008년 늦여름부터 불어 닥친
세계의 금융위기는 결국 금융 자본주의의 심장부인 미국에서 시장의 실
패를 확인시켜주었다.

지난 20년간 시장은 스스로 문제를 해결하는 자율적인 기능을 갖췄
다는 논리에 근거해 세계를 지배했던 신자유주의 헤게모니는 결국 휘청

---

57) Anthony Giddens, *The Third Way: The Renewal of Social Democracy* (1998),
   한상진, 박찬욱(역), 『제3의길』(서울: 생각의 나무, 1998), 26.
58) 김수행 외, 『제3의 길과 신자유주의』(서울: 서울대학교 출판부2006), 421.

거리게 되었다. 미국발 금융위기의 발단이 된 서브프라임 사태는 주택
경기 침체로 인한 모기지 부실에서 비롯되었다.59) 진보적 성향의 경제
학자들은 미국식 신자유주의가 파탄 났다며 차제에 미국식 노선을 지향
해온 한국 경제의 틀도 바꿔야 한다고 주장한다. 이들은 금융위기사태
를 '신자유주의의 파산선고'라고 규정하고 정부의 투자은행 육성정책과
감세정책에 반론을 제기한다. 반면에 전통적인 자유주의 성향의 경제학
자들은 침묵을 지켰다. 반(反)신자유주의 진영은 때를 만난 듯 목소리를
높이는 반면, 신자유주의 또는 전통적인 자유주의 진영은 침묵으로 일
관하는 형국이었다.

신자유주의 세상은 소수의 가진 자와 대다수의 빈곤층으로 양극화
될 수 있다. 양극화가 진행되면 될수록 못가진자들 사이 경쟁은 격화하
고 그들은 더욱 가난해지는 반면 가진 자들은 못가진자들을 더욱 싸게
더욱 쉽게 부릴 수 있게 되며 그를 토대로 더욱더 많은 부를 쌓아올린다.
서브프라임 모기지론이 파고든 곳도 이 확산일로의 빈곤지대다.

미국발 금융위기가 보여주듯이 시장은 국가의 개입 없이 제대로 작
동하지 않고 있다는 사실이 확인됐다. 결국 시장은 스스로 국가를 불러
들여야 했고, 국가도 시장에 개입하지 않으면 안 되는 상황에 이르렀다.
노벨 경제학상 수상자인 조지프 스티글리츠(Joseph E. Stiglitz)는 영
국 일간지 가디언(2008.10.16)에 기고한 글에서 '장사가 잘될 때는 정

---

59) 서브프라임 모기지(비우량 주택담보대출)는 소득이 적거나 빚이 많아 신용도가 낮은
사람들에게도 집을 담보로 돈을 빌려주는 것이다. 미국은 2001년 9·11사태 이후 경
기부양을 위해 금리를 연 1%까지 낮췄었다. 시민들은 이자 부담 없이 금융회사에서
돈을 빌려 쉽게 집을 살 수 있게 되면서 집값은 큰 폭으로 올랐다. 미국 금융기관은
신용등급이 낮은 저소득층에게도 주택담보대출을 크게 늘렸다. 그러나 금리가 오르
면서 문제가 발생했다. 집을 담보로 돈을 빌린 사람들이 금리가 오르자 이자를 제 때
갚지 못해 연체율이 높아진 것이다. 특히 서브프라임 모기지의 경우 처음 2년은 낮
은 고정금리로 돈을 빌려주다가 이후 28년간은 변동금리로 전환하게 돼 금리가 오르
자 대출자들이 빚을 갚기 더 어려워졌다. 이에 따라 지난해 3월 미국 2위의 주택담보
대출 회사인 뉴센추리 파이낸셜이 신규대출을 중단한 것을 기점으로 글로벌 금융위
기가 표면화된 것이다.

부 개입을 꺼려하다가도 망하게 되면 어김없이 손을 벌리는' 시장의 위선을 지적했다. 시장은 결코 그 스스로 완전할 수 없다는 의미다.

그렇다면 한국 경제는 이제 어디로 가야 하는가? 반 신자유주의자들의 주장은 극단적인 정부 개입론에서부터 정부의 부분적인 조정론까지 다양하기 이를 데 없다. 신자유주의에 대한 비난의 목소리는 한결같지만 모두가 동의하는 분명한 대안은 내놓지 못하고 있다. 다만 정도의 차이는 있지만 기존의 자유화 일변도의 기조 대신 어떤 형태로든 시장에 대한 정부의 규제와 개입을 늘려야 한다는 것만은 분명해 보인다. 개입론에 대한 반론도 제기된다. 시장이 실패했다고 해서 정부가 더 잘한다는 보장이 없기 때문에 신자유주의적인 시장 실패가 곧장 국가의 개입 부활과 규제강화로 이어져서는 곤란하다는 것이다.

이렇게 보면 한국 경제가 추구해야 할 지향점에 대한 논란은 정부의 역할을 어느 수준까지 (확대)허용할 것인가로 요약된다. 반 신자유주의 진영도 자본주의 시장경제를 아예 사회주의 계획경제로 바꾸자는 것은 아니다. 결국 논의의 초점은 시장경제체제의 틀을 유지하되 정부가 어느 정도까지 시장에 개입할 것인가의 수위를 조절하는 문제로 귀착되는 것이다. 그렇다면 합리적인 논의의 여지는 아주 넓다. '전부 아니면 전무'라는 극한 대립이 아니라 진지한 토론과 사회적 합의를 통해 한국식 자본주의 모델 또는 새로운 경제체계를 도출해낼 필요성과 가능성이 크다.

제8장 보수주의

용어의 구별

보수주의의 개념은 나라와 시대에 따라 다르기 때문에 각기의 상황에서
적절한 내용을 담아 표방이 가능하다. 우리나라와 영국의 보수주의, 캐
나다의 보수주의, 일본의 보수주의가 다르고 1890년대의 미국보수주의
와 현대의 보수주의가 다르다.

　　보수주의 전통은 현재의 정책이 기초해야 할 영감과 모델을 과거에
서 구하는 태도에 배어 있는데 자유주의자나 급진주의자는 이를 '반동
적'이고 '복고적'이라고 부른다.[1] 그러나 보수주의는 이와는 구별되는
개념이다. 반동적이고 복고적인 반개혁주의는 현상유지적 개념으로 급
진적이고 혁명적인 변화에 대한 공포심 때문에 질서 있고 점진적인 발
전을 포기하는 것이다. 역사적으로 근시안적이기 때문에 근본적으로 비

---

1) Robert Nisbet, *Conservatism: Dream and Reality* (Minneapolis: University of
Minnesota Press, 1986), 18 .

보수주의적 입장이다. 반동주의는 시대에 뒤떨어진 사회정치적 질서를 복고하기 위해서 과거에 밀착되어 있다. 혁명적 반동주의는 파시즘이 대표적인 예다. 파시즘은 사회적 격변을 부추기고 가치체계와 전통의 파괴를 목적으로 하고 있으며, 일종의 최악의 유토피아적 이상론을 주장한다는 점에서 비보수적이다.[2]

보수주의는 반개혁주의, 현상유지주의, 반동주의, 혁명적 반동주의 등으로 이해되기도 한다. 조셉 드 메스트르(Joseph de Maistre)가 "우리가 원하는 것은 반혁명이 아니라, 혁명의 반대상태다"라고 말했을 때 그는 분명히 대부분의 보수주의자들을 대변하고 있었다.[3]

3대 이데올로기인 사회주의, 자유주의, 보수주의는 모두 개인과 국가의 정당하고 바람직한 관계에 관한 관점을 다룬다. 이중에서도 사회주의나 자유주의보다도 더, 보수주의는 한편으로는 자연권이론과 공리주의에 맞서고 다른 한편으로는 민족주의적이고 점점 더 민주화되는 국가에 반해 교회의 권리, 사회계급, 가족과 재산권을 소중히 여겼다.[4]

보수주의의 기원

보수주의는 각 나라에서 각기 탄생한 것이 아니라 하나의 사상적 원류로부터 파생되었다. 보수주의(conservatism)란 용어가 태동하게 된 계기는 프랑스 혁명이다. 버크(Edmund Burke)의 "프랑스혁명에 관한 고찰(1790년)"에서 모습을 드러낸 후 1830년에 이르러 영국에서 정치적 언어의 일부가 되었다. 보수주의는 사실상 버크의 사상에서 출발한

---

2) 이봉희, 『보수주의: 미국의 신보수주의를 중심으로』 (서울: 민음사, 1996),17.

3) Nisbet, *Conservatism: Dream and Reality*, 20.

4) Nisbet, *Conservatism: Dream and Reality*, 22.

것이다.

버크 이전에도 영국의 토리당과 같은 수구당이 왕조를 대변했지만 버크는 당시의 자유주의 물결에 맞섰다. 버크의 이런 사상에 절대적으로 영향을 끼친 인물은 흄(David Hume)인데, 버크는 그의 경험주의와 회의론적인 자연법사상을 적극적으로 수용했다. 버크에게 전통과 사회 안정은 무엇보다도 중요한 요소였다.

보수주의는 결국 프랑스 혁명 이후 개인주의와 극단적 이성주의의 남용으로 인한 사회질서의 대혼란에 반발해 나타난 사고(思考)였다. 봉건적 신분제의 전통 위에 서있던 유럽의 '구질서'는 프랑스 혁명의 불길 앞에서 총체적 위기에 봉착했고, 이성이라는 이름으로 개진된 개인주의적 사고의 도전으로부터 기득권적 질서를 유지하려는 경향을 지니게 된 것이다.

프라이스(Richard Price)와 페인(Thomas Pain)은 프랑스 혁명이 기본적으로 억압적 권력으로부터 벗어나려는 자유를 위한 투쟁에서 비롯된 미국혁명의 복사판이라고 선언한데 비해 로크는 자유를 위한 투쟁이라기보다는 훨씬 더한 절대 권력을 위한 투쟁이라고 보았다. 버크도 프랑스 혁명이 전제정치의 도구가 될 수 있는 평등과 민족을 두 개의 가치로 삼았다고 인식하고[5] 루소가 프랑스 혁명의 주요 장본인이라고 선언하면서 루소의 저작들은 직접적으로 이런 부류의 수치스런 죄악으로 이끌 것을 확신한다고 말했다. 당시 로베스피에르(Robespierre)와 생쥐스트(Saint-Just) 같은 자코뱅(Jacobins) 당원이 혁명의 절정기에 규칙적이고 열성적으로 루소의 '사회계약론'을 읽었다는 것이다.[6]

봉건적 귀족제가 없었던 미국의 보수주의는 버크보다는 로크의 사

---

5) Nisbet, *Conservatism: Dream and Reality*, 47 번역서로 강정인(역), 『보수주의』 (서울: 이후, 2007)를 참고할 것. 이 번역서는 원문에 충실하고 정확하게 옮겨져 있다.
6) Nisbet, *Conservatism: Dream and Reality*, 7–9.

상에 바탕을 둔 고전적인 자유주의 사고를 받아들였다. 로크와 버크는
인간 이성이나 진보에 대한 믿음을 거부한다는 면에서 모두 보수주의자
라고 할 수 있지만, 버크가 문화적 동질성을 강조하는 전통주의적 입장
을 고수했다면, 로크는 안정적인 정치적 틀 속에서 인간의 경제활동을
자연적 권리로 인정하는 자유주의적 입장을 견지했다는 점에서 차이를
보여준다.[7]

유럽의 보수주의가 기존 질서를 유지하려는 '전통주의적 보수주의'
라면, 미국의 보수주의는 작은 국가와 큰 시장을 지향하는 '자유주의적
보수주의'다. 다만 유럽의 고전적 자유주의에서 자유방임적 소극적 의
미의 자유는 시간이 지나면서 정부가 개입해 자유의 실현을 보장할 필
요성에 대한 인식이 발전하면서 적극적 의미의 자유로 발전되었다. 로
크의 고전적 자유주의는 미국의 독립과 건국과정에서 민족주의를 대신
하는 독립의 힘이었고 건국의 정신이었다. 미국은 건국 후 고전적 자유
주의에서 강조하는 자본주의, 개인의 자유, 사유재산 제도 등을 미국의
전통으로 확립했다.

보수주의의 본질

전통과 역사의 중시: 보수주의는 전통적 가치를 보호하고 역사와 기존의
관행에 많은 관심을 기울이면서, 진보적인 변화의 모색에는 신중을 기
한다. 진보적인 변화로 사정이 더 나아질 것이라는 믿음이 오히려 전통
적 관행을 파괴하는 결과를 낳을 수 있다는 염려 때문이다.[8] 보수주의

---

7) 김성한, "미국 신보수주의 외교이념의 구성과 주장," 남궁 곤(편), 『네오콘 프로젝트』
   (서울: 사회평론, 2005), 184-185.
8) Johm Christman, *Social and Political Philosophy: A Contemporary Introduction*
   (New York: Routledge, 2002), 126-127.

는 개혁을 추구해야 하는지, 추구해야 한다면 얼마나 강력하게 어떤 방식으로 해야 할 것인지를 결정할 근거가 항상 기존의 관행이어야 한다고 주장한다.9) 보수주의는 미래에 관한 모든 질문에 답변하기 위해 과거를 참조하며, 나쁜 것을 교정하는 일보다 사회의 좋은 것을 파괴할 위험을 더 걱정스럽게 생각한다.

오래된 것과 전통적인 것에 대한 존경은 기존 구조나 생활양식이 아무리 낡은 것이라 해도 지속적이고 필수적이며 심리학적, 사회학적으로 인간에게 유익한 기능이 있을 것이라는 신념에서 나온다.10) 전통적 도덕기준, 종교, 기존의 제도가 오래될수록 보존가치가 있다고 보는 것이다. 보수주의가 전통적 사상과 경험의 보존을 강조하는 것은 사회적 통제를 옹호하기 위해서가 아니라 도덕적 선택의 영역을 확대하기 위한 목적이다.

보수주의가 전통에 호소한다고 해서 과거로부터 내려온 모든 이념이나 사물을 당연히 수용하는 것은 아니고 선택적이다. 과거의 단순한 고수라기보다는 유익한 전통은 과거로부터 전승되어야 하지만, 그 자체로 바림직해야 하고 좋다고 믿는 과거만을 보존한다.11) 보수주의자들은 변화가 필요하지 않을 때는 변화하지 않는 것이 필요하다는 입장이다. 변화자체를 반대하는 것이 아니라 필요할 때는 변화하는 것이다.12) 버크는 변화 없는 상태는 보수의 수단이 되지 않는다고 강조한다.13) 보수는 발전의 방해물이 아니라 무차별한 변화에 대한 저항이기 때문이다.14)

───────

 9) Christman, *Social and Political Philosophy*, 129-130.
10) Nisbet, *Conservatism: Dream and Reality*, 28.
11) Nisbet, *Conservatism: Dream and Reality*, 26.
12) Nisbet, *Conservatism: Dream and Reality*, 26.
13) Edmund Burke, *Reflections on the Revolution in France* (New York: The Liberal Arts Press, 1965),24.
14) F. J. C. Hearnshaw, *Conservatism in England* (London: Macmillan and Co.,

보수주의자들에게 사회적 실체는 역사적 접근방법을 통해 가장 잘 이해될 수 있다. 우리가 어디에 있었는지를 알게 될 때 비로소 우리는 지금 어디에 있으며 어디로 가는지 알 수 있다는 것이 역사철학의 기본입장이다.[15] 보수주의는 역사를 경험으로 인식하고 인간사에서 추상적이고 연역적인 사고에 앞서는 경험을 신뢰한다. 경험과 역사의 구체성은 버크 등 보수주의가 지속적으로 강조하는 주제다.[16] 보수수의자들은 이상주의자들과 개혁가들이 원칙과 이상에는 강하지만 편의성과 실용성은 빈약하다고 주장한다.[17]

국가의 역할과 질서: 권위는 재산과 더불어 보수주의 철학의 두 가지 핵심개념중의 하나로, 봉건적 요소가 개재하지만 이것이 자유를 배격하는 것은 아니다. 국가권력의 축소를 통해 개인의 자유를 증대하며 경제, 사회, 도덕적 문제에 대한 정치 및 국가의 간섭을 가급적 최대한 억제할 필요성을 역설하지만, 전통적 도적기준의 준수를 위해서는 정부권력을 인정하며 질서 있는 자유만이 향유가치가 있다고 본다.

보수주의는 내외적인 위협에 대항해서 사회의 안정성을 확립하고 유지하는 것이 국가의 근본적인 관심사라고 주장한다.[18] 버크의 관심사는 자신의 관습과 전통에 따라 삶을 영위하는 인간의 자유였다.[19] 버크는 『성찰(Reflection)』에서 "내가 의미하는 유일한 자유는 질서와 연계된 자유다. 이는 질서 및 덕성과 더불어 존재할 뿐만 아니라 그것들 없이는 전혀 존재할 수 없다"고 선언해 자유를 다루면서 질서와 권위에 우

Ltd., 1933), 27. 이봉희, 『보수주의: 미국의 신보수주의를 중심으로』(서울: 민음사, 1996), 16에서 재인용.

15) Nisbet, *Conservatism: Dream and Reality*, 25.

16) Nisbet, *Conservatism: Dream and Reality*, 23–4.

17) Nisbet, *Conservatism: Dream and Reality*, 31–32.

18) Christman, *Social and Political Philosophy*, 128.

19) Nisbet, *Conservatism: Dream and Reality*, 34–35.

선순위를 두었다.20) 버크의 반복된 관심사는 자신의 관습과 전통에 따라 삶을 영위하는 인간의 자유며 분권화와 자유방임이 최상이었다. 그에게 "인간의 성향은 종종 억제되어야 하고, 의지는 통제되어야 하며, 정념은 굴복되어야 한다."21)

자유중심적 평등: 보수주의 철학의 가장 기본적인 원칙은 자유와 평등이 절대적으로 양립할 수 없다는 것이다. 보수주의는 자유의 일관된 목적은 개인과 가족의 재산을 보호하는 것인 반면, 평등의 고유한 목적은 한 공동체에서 불평등하게 분배된 물질적, 비물질적 가치를 재분배하거나 평준화하는 것으로 구분하면서 이 두 가치는 서로 상충되는 것으로 인식한다. 더욱이 개인의 정신적 육체적 능력이 선천적으로 다르기 때문에 능력의 이런 다양성을 법과 통치로 보완하려는 모든 노력은 관련된 당사자의 자유를 훼손할 뿐이다. 이것이 버크 이후의 보수주의 논객들이 자유와 평등 간의 관계에 대해 한결같이 취해 왔던 견해였다.22)

버크 이래 보수주의자들은 민주주의의 핵심에는 전제주의에 관한 견해가 자리 잡고 있다고 인식한다. 버크는 "완전한 민주주의는 세계에서 가장 파렴치하기 때문에 두려움을 가장 모른다"고 썼다.23) 버크는 프랑스 혁명과 그 이후에 나온 인권선언, 헌법과 법률들이 자유의 일차적인 위치를 민족으로 옮기려는 유례없고 가증스런 노력이라고 인식했다. 자코뱅이 찬양했던 자유는 민족공동체로서 인민의 자유였으며, 개인의 자유보다는 어떤 공동체나 더 큰 명분에 참여하는 자유라고 믿었다.

버크가 우려하고 비판하고 자코뱅이 찬양한 자유는 루소가 '사회계약론'에서 시도한 자유에 대한 혁명적 접근의 본질이었다. 루소는 인간

---

20) Nisbet, *Conservatism: Dream and Reality*, 35.
21) Nisbet, *Conservatism: Dream and Reality*, 35.
22) Nisbet, *Conservatism: Dream and Reality*, 47.
23) Nisbet, *Conservatism: Dream and Reality*, 44.

은 자유롭게 태어났지만 도처에서 사슬에 묶여 있다고 충격적으로 기술
했다. 그 사슬을 분쇄하는 것이 바로 루소가 미래의 모든 혁명가와 개혁
가에게 부여한 목적이었고, 보수주의는 이런 메시지를 일관되게 공격했
다. 한 보수주의자는 다음과 같이 루소-자코뱅의 자유관을 비꼬았다.
"매일 아침 시민은 면도하는 동안 거울을 보면서 1천만 분의 1인의 전제
자와 1인의 노예인 자신의 얼굴을 발견하게 될 것이다."[24]

가족과 공동체의 중시: 보수주의는 가족, 교회, 지역 공동체 같은 집단들
의 사회적 역할을 중시한다. 보수주의가 가족을 존중하는 주요한 이유
는 가족과 재산 간에 존재하는 역사적 친화력 때문이다. 보수주의 철학
은 재산의 신성불가침에 관해 대단히 완강한 입장을 취한다. [25]
    보수주의는 기회의 평등과 그 기회에 대한 개인의 권리는 인정하면
서도 사회에서 신분, 질서, 계급은 불가피한 것으로 보며 인간의 우열을
인정하고 구별하는 것을 당연하게 여긴다. 그렇다고 이것을 계급, 종족,
성 등에 연결시키는 것은 아니다. 즉 보수주의는 사회 및 경제적 평등의
인위적 유도는 반대한다. 보수주의자는 또한 자본주의 자체가 보수주의
로 인식될 만큼 사유재산을 중요하게 생각한다.
    싸젠트(Sargent)는 보수주의 특성을 다음과 같이 요약한다.[26]

① 변화에 대한 저항
② 전통에 대한 존중과 인간 이성에 대한 불신
③ 인간의 조건을 개선하기 위한 정부의 이용에 대한 거부
④ 개인의 자유에 대한 선호와 전통적 가치를 유지하기 위한 자유의 제한
⑤ 반평등주의와 인간본성에 대한 불신

---

24) Nisbet, *Conservatism: Dream and Reality*, 48.
25) Nisbet, *Conservatism: Dream and Reality*, 66-67.
26) 리만 T. 싸젠트, 최한수(역), 『현대비교정치이데올로기』, 117-118.

보수주의는 영국을 비롯한 유럽대륙의 보수주의와 신생 미국의 보수주의가 다르다. 유럽의 보수주의는 개인의 권리보다 공동체의 권리에 중점을 둔다. 미국은 개인의 권리에 무게를 두면서 마찬가지로 공동체의 권리와 병존할 수 있다고 보고 있다. 미국의 보수주의자들은 개인의 권리와 함께 개인의 자유에 관심을 가졌는데 이 경우 자유가 평등에 우선한다.27) 미국의 보수주의는 자유주의적 보수주의다. 미국의 보수주의가 유럽의 보수주의와 다른 길로 나간 것은 역사적으로 전근대적 전통과 봉건주의적 유산 및 중세적 전통을 결여하고 있어 유럽식 보수주의가 존재할 수 없었기 때문이다.28). 미국의 보수주의는 신보수주의로 이어진다.

신보수주의

신보수주의의 탄생

새로운 보수주의(new conservatism)는 유럽의 보수주의가 미국으로 이식되어 새로 태어난 미국적 보수주의를 말한다. 고전적 자유주의에서 미국의 새로운 보수주의가 나타난 것은 대공황 직후 프랭클린 루즈벨트 (Franklin Delano Roosevelt) 대통령의 뉴딜 개혁에 반대했던 사람들로부터 비롯된다. 루즈벨트는 자신의 세력을 자유파(liberals)로 불렀고 반대자들을 보수파(conservatives)로 불렀던 것이다.29) 이로부터

---

27) 이봉희, 『보수주의: 미국의 신보수주의를 중심으로』(서울: 민음사, 1996), 49-50.

28) 이봉희, 『보수주의: 미국의 신보수주의를 중심으로』, 51.

29) Jerome L. Himmelstein, *To the Right: The Transformation of American Conservation* (Berkeley and Los Angeles: University of California, 1990), 216, 주 16, 1930년의 어느 누구도 루즈벨트 연합을 '자유주의적'이라고 부르지 않았고, 전진(Progression)과 뉴딜이 루즈벨트 연합에 대한 공통된 명칭이었으며, 미국 역사상 레이건 대통령이전의 어느 대통령도 자신을 일종의 자유주의자나 진보주의

미국에는 영국에서 비롯된 전통적인 보수주의와는 다른 새로운 보수주의인 미국적 보수주의가 탄생한다. 미국의 보수주의 즉 새로운 보수주의는 다시 1960년대에 급진적 보수주의를 거쳐 70년대에 신보수주의를 낳았다.

신보수주의(neo-conservation)의 기원은 1930년대 뉴딜 자유주의자들로 거슬러 올라간다. 미국사회에서는 1940년대 후반 이후 소련의 팽창과 1950년대 이후 현대자유주의의 영향력이 뚜렷하게 증가한다. 그러나 1960년대 이후 당시의 자유주의가 공산주의와 신좌파에 대해 우유부단한 태도를 취하고 대항문화와 미국의 가치에 대해 상대주의적 입장을 보이자 좌경화에 불만을 가진 일군의 학자, 지식인, 언론인 등이 당대의 주요한 국내외적 사건들에 대해 의견을 밝히면서 개진된 담론의 총체가 신보수주의다.[30]

이러한 사상적 조류는 1960년대~1970년대에 민주당 내 자유주의 우파(liberal right)가 베트남전 패배를 전후해 나타난 민주당 내의 이상주의적인 반전 및 평화주의에 실망해 1970년대 말 1980년대 초 공화당의 강력한 반공주의적 노선에 가담하게 된 것이 중요한 계기가 되었다.

자유주의 세력이 자기분열과정을 거치면서 일부 세력이 신좌파(new left) 및 자유주의적 급진세력에 대응하는 가운데 점차 보수화되었으나, 신보수주의는 70년대 이전에는 독자적인 이름으로 나타나지 않았다. '신보수주의'라는 이름은 사회주의자인 해링톤(Michael Harrington) 등이 그들의 동료였던 사람들을 경멸적인 뜻으로 '신보수주의자'로 부르면서 사용되기 시작했으나, 언론은 1980년까지 신보수주의와 보수주의를 교

자가 아니라 보수주의자라고 자랑스럽게 선언하지 않았다.

30) 손병권, "미국 신보수주의의 역사적 배경," 남궁 곤(편), 『네오콘 프로젝트』(서울: 사회평론, 2005), 57.

환적으로 사용해왔다.[31] 신보수주의자들은 '스스로를 보수주의 부활이라는 역할을 수행하도록 운명 지워진 자유주의자' 또는 '현실에 얼굴 찌푸린 자유주의자'로 묘사하고 있다.[32]

새로운(New)과 신(Neo)이라는 두 보수주의는 이념과 판단에서 중요한 유사점들이 있다. 미국의 신보수주의는 명칭이나 주장에서 보수적인 성격의 사조지만 기원은 오히려 전통보수주의가 아닌 현대자유주의에 있다.[33] 신보수주의자들은 1980년 전후부터 2000년 전후로 민주당과 결별하고 레이건의 공화당 행정부에 참여하면서 현재에 이르고 있다.

신보수주의의 특성

진보적 보수주의: 신보수주의자들은 원래 좌파적 시각마저 가지고 있던 자유주의자들이었으나, 우파로 전향한 사람들이 군사주의적 반공주의, 자본주의경제, 최소복지국가, 전통적 엘리트의 지배, 전통적 문화가치의 회복 등을 추구하는 이념적 개종현상이다.[34] 새로운 보수주의보다는 신보수주의가 더 사회주의적이며 이러한 특성으로 인해 보수주의는 신보수주의자에 의해 정치적 스펙트럼상 더 오른 쪽으로 밀리게 되었다.

절충적 복지정책: 신보수주의는 자본주의에 강한 신념을 갖고 있으나, 사회보장제도를 전면적으로 부정하지는 않는다.[35] 복지국가개념은 전략적으로 필요하고 적극적 자유의 실현이 필요한 계층, 실업자 등의 빈곤

---

31) Nisbet, *Conservatism: Dream and Reality*, 101-102.
32) 신유섭, "미국 신보수주의의 사회·경제이념의 구성과 주장," 남궁 곤(편), 『네오콘 프로젝트』(서울: 사회평론, 2005), 161.
33) 신유섭, "미국 신보수주의의 사회·경제이념의 구성과 주장," 158-159. 김성한, "미국 신보수주의 외교이념의 구성과 주장," 남궁 곤(편), 『네오콘 프로젝트』, 186-187.
34) Gary Dorrien, *The Neoconservative Mind: Politics, Culture, and the War of Ideology* (Pennsylvania: Temple University Press,1993), 8.
35) 신유섭, "미국 신보수주의의 사회·경제이념의 구성과 주장," 172-173.

계층이나 노약자 등에 대해 제한적 선별적으로 실시되는 절충적 입장의
복지정책을 지지한다는 점에서, 복지정책의 완전철폐를 주장하는 전통
보수주의자와는 다르다.

취학 전에 빈곤층 자녀들에게 교육기회를 제공하는 정책(Head Start)
은 적극적인 자유의 실현이라는 측면에서 바람직한 것이지만, 존슨 대
통령시대 '위대한 사회'라는 구호 하에 추진된 것과 같은 복지정책 및 각
종 규제정책의 확장은 지나친 것이었다고 평가한다.[36] 신보수주의는
정부가 복지정책의 확대를 통해 가난을 일소하겠다고 공약하는 것은 결
국 성공하지 못하면서, 교육이나 노동 등 전통적인 가치에 대한 인식만
저하시킴으로써 가난한 사람들이 가난에서 벗어나는 것을 더욱 어렵게
만들 뿐이라고 주장한다.

성장과 개인의 존중: 신보수주의는 인간 사이에 평등하지 않은 관계가 형
성되는 것의 필연성을 수용하며, 적극적 자유의 실현은 평등의 개념에
기초한 소득재분배보다 경제성장을 통한 사회의 여력을 증가시키는 것
이 중요하다고 강조한다. 현대자유주의에서 제기된 적극적 자유의 실현
이라는 개념은 받아들이지만 그런 개념을 모든 사람이 동등해야 한다는
인식과 연결시키지 않은 점에서 현대자유주의와 다르다.

신보수주의자들은 어려운 입장에 처해 있는 사람들이 자유로운 삶
을 추진해 갈 수 있는 상황을 보장해 주는 데에도 관심이 있지만, 능력
있는 사람에 대한 교육 기회의 박탈이나 사회생활에서의 불이익이라는
역차별적 상황이 발생할 가능성과, 능력 있는 사람들의 자유에 대한 침
해와 미국적 보수주의의 가장 중요한 관점인 능력과 노력에 대한 인정
이라는 가치관이 침해될 가능성을 우려하고, 이러한 '가능성'을 갖는
정책의 실행에 비판적인 입장을 취해 왔다.[37]

---

36) 신유섭, "미국 신보수주의의 사회·경제이념의 구성과 주장." 162.

국가의 선별적 개입: 신보수주의자들은 정부의 적극적인 개입이 오히려 문제를 악화시킬 수 있다고 본다. 정부가 어려운 문제의 해결을 약속할 경우 시민의 기대만큼 실망도 커지게 되어 정부에 대한 신뢰를 감소시키게 될 것이며, 정부에 대한 신뢰가 감소하는 상황 하에서 문제해결을 위해 정부역할을 계속 증가시키는 것은 오히려 문제를 악화시키게 될 것이라고 주장한다.

반면에 자본주의의 시장경제에 대한 규제는 반대하지만 시민들의 도덕적 정신을 증진시키기 위해서는 정부가 적극적으로 개입할 필요가 있다고 주장한다. 자본주의를 실현하는 가운데 관찰된 범죄율, 미혼모, 이혼의 증가 및 향락산업의 발전 등의 도덕적 가치관과 관련된 문제는 자본주의 시장경제가 스스로 해결할 수 없기 때문에 정부가 수행해야 한다고 판단한다. 전통적 보수주의와는 달리 정부가 빈곤문제 해결을 위해 어느 정도 개입할 필요성은 인정하면서도 소득재분배를 통한 빈곤문제의 해결은 부정적이다.

신보수주의는 고율의 진보적인 세금이 부과되는 등 정부의 간섭이 지나칠 경우 미국의 전통적 가치인 사유재산권의 존중, 근로의 가치에 대한 인식 등이 약화될 수 있고, 자본주의 성장의 본질적인 요소인 투자의 동기가 상실 될 것을 우려하고 시장경제를 통한 문제의 접근이 더 근본적 해결책임을 강조한다.

신보수주의자들에게 가장 주요한 개념의 하나는 종교, 가족, 학교, 자선단체 등 사적이며 자발적인 조직을 나타내는 '매개구조(mediating structures)'로, 이 조직들이 정부의 테두리 밖에서 개인들에게 삶의 의미와 안정감을 준다고 인식한다. 정부는 복지혜택을 제공할 수는 있어도 수혜자들이 그에 상응하는 책임을 갖고 살아가도록 하는 데는 속수

---

37) 신유섭, "미국 신보수주의의 사회·경제이념의 구성과 주장," 176-177. 인용내용 중에 '가능성'의 ' '는 필자가 추가한 것임.

무책인데, 매개구조들은 안으로는 소속된 개인들에게 덕을 길러주며 밖으로는 공동체를 위한 여러 가지 중요한 역할을 수행하기 때문에 사회복지에 관해서는 정부보다 월등히 효과적이라고 본다.[38]

변화에 대한 신중성: 신보수주의는 인간의 능력과 본성에 대한 낙관주의를 경계한다. 인간이 세상을 변화시킬 수 있는 능력은 지극히 제한되어 있으며 인간이 선하다고만 보는 것은 순진한 것으로 가정한다.[39] 사회개혁의 낙관적 전망보다는 '의도하지 않은 결과의 법칙'을 우선적으로 고려하면서, 사물은 희망하는 대로 작동하는 것이 아니며, 정부의 정책은 종종 의도된 결과를 얻지 못하거나 얻더라도 예상치 못한 비싼 대가가 뒤따르는 경우가 많다고 본다.

　사회변화에 대해 의구심을 가지며 변화를 모색할 때는 조심스러워하고 정부는 최소한으로 개입해야 한다고 주장한다. 이런 점에서 신보수주의는 미국에서 현대자유주의와 전통보수주의가 중요시하는 요소들을 고루 수용하고 있으며 미국사회가 미국적 가치와 전통을 보존하는 측면에서 보수적으로 남아있으면서도 자유주위의 핵심가치인 자유의 보존과 신장도 포용할 수 있는 방안을 제시해주고 있다.

우리나라의 보수주의

'보수용어' 경쟁과 유교의 수구적 관념

보수주의와 자본주의는 우리사회에서 거부할 수 없는 가치다. 그러나 미국에서 신보수운동이 일어나고 사회의 양극화현상에서 경제적 약자,

---

38) 오경택, "미국 신보수주의 정치이념의 구성과 주장," 남궁 곤(편),『네오콘 프로젝트』, 151.
39) 오경택, "미국 신보수주의 정치이념의 구성과 주장," 151.

이른 바 서민의 '표'가 선거승패의 관건이 되면서 자본주의나 수구(守舊)로서의 보수주의는 서민들에게 진부하고 거부감을 자아냈다.

기득권세력은 서민에게 영합할 전통적인 보수주의에 대한 새로운 슬로건이 필요하게 되었다. 여기에서 나타난 것이 바로 보수의 표현경쟁이다. '정통보수', '원조보수'에서 '중도보수', '개혁적 보수', '신보수', '보수', '온정적 보수' 등의 다양한 수식어들이다. 각 정치세력들의 '보수용어' 경쟁논쟁은 그러한 이념들에 대한 알맹이가 없기 때문에 정책으로 용해되어 제시될 수 없음은 물론이다.

보수이념에 대한 체계적 이해가 거의 없는 우리나라에서, 보수주의라면 한자어의 의미에 따라 옛 것을 지키려는 것으로 인식하는 경우가 보통이다. 보수주의가 전통적인 유학사상과 결합됨으로써 유학사상의 위계질서와 전통의 강조가 수구적 관념의 강화로 이어졌다. 유교의 탄생배경은 당시 상황을 개혁하려는 진보적 관념이었다. 공자는 당시의 상황을 타파하려는 의도를 가졌고, 맹자를 거치면서 역성혁명(易姓革命)론으로 발전하였다. 우리나라에서도 정도전이나 조광조 등의 과감한 개혁정책은 유학을 바탕으로 하는 것이었다.

유학사상은 가족주의, 전통주의, 공동체주의, 교육에 대한 열망 등을 핵심으로 하고 있다. 특히 유학사상의 가족주의는 도덕주의와 가부장적 권위주의, 전통주의가 강력한 위계주의로 이어지면서 보수주의와 상합되었다. 우리나라에서는 보수주의 전통이 이식되어 독자적으로 발전하기 보다는 전통적인 유학사상에 보수주의 색이 덧칠해진 의사보수주의가 보수주의 행세를 해오고 있는 실정이다. 그러다 보니 원래 보수적인 기독교가 오히려 진보적인 사조로 인식되었다. 기독교가 우리의 전통적인 종교와 문화적 관습을 과학이라는 이름을 빌어 미신으로 치부하면서 마치 변화의 사상으로 보였기 때문이다.

특히 조선말기의 대원군 치하에 천주교와 서양문물이 전래되면서 유교적인 전통가치의 위협에 대한 우려에서 대두된 위정척사사상(衛正斥邪思想)은 '벽이론(闢異論)'에 바탕을 둔 새로운 유교적 정치 윤리사상으로 전통적인 보수주의의 정수라고 할 수 있다.

반공, 안보와 안정 및 질서

남북이 분단되고 한국전쟁을 겪으면서 보수주의는 우리나라만의 독특한 관념을 가진다. 우리나라 보수주의의 핵심은 '반공'이다. 반공은 특히 마르크스-레닌의 공산주의 보다는 북한지배집단에 대한 반대에 초점이 모아진다. '우파'로 칭해지는 보수는 '좌파'로 불리는 북한 공산세력에 대해 적대적이다. 진보와 사회주의 그리고 공산주의는 동의어이고 이를 반대하는 관념이 보수이다.

우리나라에서 보수주의는 반공과 함께 북한의 침공에 대비하는 안보와 관련된다. 안보의 넓은 의미는 국가를 외적의 침입으로부터 보호하는 것이지만, 우리사회에서 안보의 협의적 의미는 북한으로부터의 침략을 막는 것이라는 점에서 안보는 반공주의의 또 다른 표현이다.

우리나라의 보수주의는 또한 안정과 질서를 함의한다. 안정은 질서와 유사한 용어지만 북한의 남침이 가장 큰 불안으로 인식되는 상황에서 안정은 안보와 연계된다. 안정은 또한 급격한 변화, 개혁에 대한 불안으로부터 벗어나는 것이다. 질서는 80년대 대학을 중심으로 하는 시위와 90년대 이후 노조활동에 대한 거부감과 관련된다.

안보와 안정 및 질서에 대한 관념은 당연히 국가의 역할강화와 국가가 시민생활에 관여하는 것을 전제로 한다. 반세기 이상 권위주의 통치과정에서 국가는 국민 생활의 모든 영역에 깊이 박혀 있기 때문에 국가의 개입과 개인의 자유에 관한 인식은 상대적으로 약하다. 다만 국가가 주도하는 복지정책에 대해서는 일부 자본주의자들이 반자본주의적으로 우려하지만 어떤 이념을 기초로 하는 것으로 인식하지 않는 경향이기 때문에 반보수주의적이라고 생각하는 것 같지는 않다.

자본주의

우리나라에서 보수는 또한 자본주의와 동의어다. 그러나 자유주의나 자본주의에 대해 체계적 인식이 결여된 상황에서 보수주의적 자본주의는 베버가 사용한 용어로서의 천민자본주의적 성격이다. 베버의 천민자본주의는 합리적인 산업경영이 아니라 비합리적·정치 기생적 자본주의다. 천민자본주의는 원래 유럽 경제사에서 상인·금융업자로 특이한 지위를 차지하였던 유대인들의 상업 활동으로부터 유래되었다. 유대인들은 고대 말기부터 상업과 금융업에 종사했으나 중세 봉건사회에서는 이 부분에 제한이 따르자 자신들을 스스로 천민민족(Pariavolk)으로 변신해 제도권에 기생하면서 이득을 취해 왔다는 점에서, 천민자본주의는 비합리적이며 종교나 도덕적으로 비천하게 여겨졌던 유대인적인 생산 활동을 의미했다. 근대 자본주의 이전의 영리활동은, 정도의 차이는 있지만, 모두 유대인의 상업 활동과 공통되는 역사적 성격을 띠고 있다.

기형적으로 성장한 한국의 자본주의는 어설픈 보수주의에 신자유주의가 혼합되면서 자본주의와 보수주의가 갖는 단점이 교배된 이념으로 나타났다. 노무현정권의 실패는 결국 그의 어설픈 진보주의가 보수적 이념들로부터 몰매를 맞은 셈이다.

제9장 사회주의

… 최대한으로 '친구들의 것들은 공동의 것으로' 만들어야 된다는
것까지도 쉽게 간파할 것이기 때문이지. …(플라톤, 국가, 424a)

지도자들은 "아주 필요한 경우가 아니라면, 누구든 어떤 사유재산
도 가져서는 안되며,"(플라톤, 국가, 426d)

"모든 남자의 모든 여자는 공유하게 되어 있고, 어떤 여자도 어떤 남
자와 개인적으로는 동거하지 못하게 되어 있다네. …"(플라톤 457d)

사회주의의 본질

영국에서 사회주의 사상이 등장한 것은 자유주의 사상의 발전에 대한
반테제다. 사회주의는 본질적으로 공상적이며 미래지향적이기 때문에
사회주의에 대해 갖는 각자의 관념은 다양하기 마련이다. 자본주의와
마찬가지로 사회주의도 자유주의로부터 파생된 이념이다. 자유주의가

주창하는 자유에 대해서는 사회주의자도 공감했으나 사회주의자들은 경쟁은 파괴적인 것이고 사유재산은 불공평하고 해로운 차별을 지속하는 것으로 인식하면서 새로운 이념을 발전시키게 되었다.

자유주의와 사회주의는 국가의 경제체계에서 소유의 원칙에 근본적 차이를 갖는다. 사회주의에서 생산수단의 사적 소유를 배제하는 배경은 마르크스의 말로 하면 '노동력 착취'를 막기 위해서다. 한 개인이 농장이나 공장을 소유하면 그 자신은 직접 노동을 하지 않고 노동자의 노동을 통해서 이윤을 얻을 수 있는 반면에 노동자는 아무리 열심히 일을 해도 임금만을 받을 뿐이다.

생산수단의 국유화 또는 공유화는 생산수단의 소유자에 의한 노동력의 '착취'를 방지하고 이윤이 공공사회의 필요를 위해 운영되도록 하기 위한 것이다. 노동자도 똑같이 임금을 받는 것은 아니다. 개인의 노동에 따른 대가나 보상이 능력에 따라 다른 것은 물론이다.

사회주의는 변천과 변신의 과정에서 재산의 공유라는 본래의 이념은 물론 사회주의가 주장하던 내용이 상당히 수정·보완되었다. 사회주의의 본질은 이 변천과 변신과정의 고찰을 통해 이해해야 한다.

사회주의 기원

기원전 380년대에 플라톤(Plato)은 새로운 국가를 그리면서 최소한 지도자들은 재산과 심지어는 처자까지도 공유하는 완전한 공동체를 생각했다. 그로부터 50여년 후 아리스토텔레스(Aristotle)는 플라톤의 이런 사고 특히 재산 공유와 여자공유에 대해 통렬하게 비판한다(아리스토텔레스 정치학 1262a25-1264a36). 플라톤이 공유사회를 이상으로 떠올린지 약 1900년이 지난 1516년에, 영국의 하원의장과 대법관을 지낸 토마스 모어(Thomas More)는 우리에게 '유토피아'로 알려진『최상의 공화국과 새로운 섬 유토피아에 관해』라는 책을 썼다.

"… 사유재산이 존속되고 모든 것들이 돈에 의해 좌우되는 한, 당신은 진정한 정의나 번영을 결코 이끌어 낼 수 없을 것입니다. 가장 추악한 사람들이 최상의 생활을 누리고 있기 때문에 정의를 이끌어 낼 수 없으며, 국가의 모든 재화를 극소수의 사람들이 차지하고 있으므로 번영을 이끌어 낼 수 없습니다. 그 극소수의 사람들도 완벽하게 행복하지 않고, 그 외의 사람들은 모두 비참하게 살고 있으므로 번영하고 있다고 말할 수 없습니다."

"… 건강한 사회를 만드는데, 필수적 조건은 재화의 공정한 분배라는 것이 그와 같이 뛰어난 지성인에게는 너무나도 당연한 일이었지만, 자본주의 체계 하에서는 불가능하다고 생각합니다. 각 개인의 능력에 따라 얼마든지 재산을 차지할 수 있다면, 이용 가능한 재화가 아무리 많다 해도 소수의 소유가 되기 마련이며, 그 외의 수많은 사람들은 가난하게 살아야 합니다."

"… 사유재산을 완전히 폐지하지 않는다면 당신들은 결코 공정한 재산분배나 인간다운 삶을 위한 만족스러운 사회조직을 구현할 수 없을 것입니다. 사유재산이 존속하는 한, 인류의 대다수를 차지하는 훌륭한 사람들이 가난과 곤궁과 근심이라는 짐을 짊어진 채 고생할 수밖에 없을 것입니다."

어디를 가든 집에 있을 때와 마찬가지로 필요한 것을 모두 얻을 수 있으므로 짐을 가져갈 필요가 없습니다(모어, 유토피아).

모어의 유토피아는 부패한 영국사회를 빗대어 새로운 이상사회를 꿈꾸는 일종의 소설이다. 모어가 이러한 이상국가를 꿈꾼 것은 아마 플라톤이 이미 제시한 이상국가로부터 영향을 받았을 것이다. 유토피아는 그 이후의 많은 문학작품에 영향을 미쳤고 결국 많은 사람들의 가슴에 재산공유의 관념을 주입시켰을 것이다.

사회주의는 19세기에 파생되었다. '사회주의자'라는 용어는 새로운 기업가 계급에 의해 전파된 자유방임이론을 거부하는 사람을 나타내는 의미로 협동조합운동을 선도한 로버트 오웬(Robert Owen)을 따르는 제자들이 1827년 협동조합지(Cooperative Magazine)에서 최초로 사용했다.[1] 이 시기의 사회주의자들은 이상적 사회주의자들로 프랑스에서는 샤를 푸리에(Charles Fourier)가 만인을 위한 공동부락의 건설을 제창하면서 세인의 관심을 모아 이상적 사회주의의 선구적 인물로 평가되고 있다. 또한 생시몽(Claude Henri de Saint-Simon)은 근대적 의미의 사회주의자는 아니었으나 국가 본연의 기능을 대중의 복지확보에 두어야 한다고 생각했으며 자본주의에 대한 비판의 관념을 가지고 있었는데, 그의 이념을 따르는 사람들이 생시몽의 사상을 재해석해 사회주의화하였다.[2]

생시몽이 죽은 후 그의 지지자들은 몇 개의 분파로 분열되었는데, 사회주의 지향적인 사람들은 그의 사상을 노동계급의 기호에 맞추어 보급하기 위해 '인간에 의한 인간 착취의 종결', '자신의 능력에 따라 일하는 사람', '자신의 직업에 따라 일하는 사람' 등 1830년~1840년대에 등장한 수많은 문구나 슬로건을 친숙하게 만들었다.[3] 이 당시에는 서로 경쟁 관계에 있는 '사회주의들'이 존재했고 가장 영향력 있는 학파는 이른바 이상적 사회주의자들로 분류되는 생시몽과 오웬 그리고 샤를 푸리에가 설립한 것들이었다.

---

1) Giles Radice, *Democratic Socialism* (New York: Frederick A. Praeger, Publishers, 1966), 6.
2) A. S. Lindemann, 오주환, 진원숙(역), 『서양사회주의 역사』(대구: 경북대 출판부,1994), 77.
3) 오주환, 진원숙(역), 『서양사회주의 역사』, 80.

사회주의의 변천

과학적 사회주의와 공산주의

모어가『유토피아』를 출간한 지 332년 후인 1848년 마르크스는『공산당 선언』을 썼다. 마르크스와 엥겔스는 생시몽과 오웬 등의 사상을 '공상적 사회주의(Utopian socialist)'로 부르고는 이들과 구분하기 위해 자신들을 '공산주의자'라고 했다. 이후에 엥겔스는 마르크스주의를 논리를 갖춘 사회주의 이론이라는 뜻에서 '과학적 사회주의'라고 불렀다. 그의 과학적 사회주의는 프롤레타리아 계급의 해방을 위한 실천적 사상을 지칭해 공산주의로 표현된다. 그는 공산주의를 제기하면서 지금까지의 모든 사회의 역사는 계급투쟁의 역사이고 공산주의는 사유재산과 인간의 자기소외의 완전한 폐지며, 인간을 통한, 인간을 위한, 인간본성을 실질적으로 발휘하는 것으로 규정했다. 마르크스에게 그것은 참다운 인간으로의 복귀이며, 공산주의는 완전히 발휘된 인본주의이고 인간과 자연, 인간과 인간 사이에서 일어나는 문제의 최종적인 해결책이었다.

　　모어의 생각이 인간의 행복을 위해 쾌락을 추구하는 이상사회를 그렸다면, 마르크스는 사회변혁으로서의 현재적 필요를 강조했으나 공산주의 사회에 대한 이상을 그리지는 못했다. 플라톤으로부터 마르크스에 이르기까지의 핵심적이고 공통적인 주장은 인간의 완전한 삶을 사유재산이 아니라 사회가치의 공유에서 찾는다는 것이고, 이것이 곧 사회주의 이념의 바탕이다. 이를 토대로 사회주의는 여러 갈래의 다양한 개념과 분파를 갖게 되었다. 사회주의운동의 역사는 베른슈타인이 갈파한 대로 '운동과 성장의 현실적 조건을 통해 반쯤은 유토피아적 토대위에서 성장한 판단을 하나씩 폐기시키게 되기 때문에'[4] 개념도 그에 따라

---

4) Eduard Bernstein, "Der Revisionismus in der Sozialdemokratie," 송병헌(역),

변화될 수밖에 없다. 슘페터는 이를 이렇게 묘사한다.

> "사회주의는 지적인 프로메테우스로 불려왔다. 사회주의를 정의
> 하는 데는 다양한 방식이 있다."5)

마르크스의 공산주의

사회주의는 1840년대 중엽 마르크스와 그의 동료 엥겔스의 사회주의이론
을 종합하면서 성숙단계에 이르렀다. 마르크스는 1844년에『경제학-철학
수고』를 통해 인간소외를 철학적 문제로 부각시키고 노동으로부터 인
간소외의 원인을 분석한다. 그에게 노동의 소외는 인간의 노동이 자신
의 뜻대로가 아니라 자본가의 강제에 의한 것이기 때문에 이 과정에서
소외가 진행되고, 노동의 결과물을 자본가에게 빼앗기고 자신이 전유하
지 못하면 노동자는 노동의 소외에 처하게 된다. 인간은 본질적으로 노
동을 통해 자연과 소통하고, 노동을 통해 사회와 소통하는 존재로서 노
동의 소외는 곧 인간성의 소외로 이어지기 때문에 마르크스는 노동해방
을 인간해방의 필수로 파악했다.

　　마르크스는 1847년 정의자 동맹(League of the Just)에 가입하는
데, 정의자 동맹은 공산주의 동맹(Communist League)으로 개명되고
이 동맹의 목적을 밝힌 성명서가 바로 1848년의 공산당 선언(Communist
Manifesto)이다. 마르크스는 공산당선언을 쓰면서 인간해방의 주체가
노동자계급이라는 점을 분명히 하면서 '지금까지의 모든 사회의 역사는
계급투쟁의 역사'라는 점을 표명한다. 이 선언과 함께 '공산주의'라는
용어가 이전보다 더 광범위하고 더 풍부하며 더 진보적인 의미로 사용
되었다.6)

　　『사회주의란 무엇인가 외』(서울: 책세상, 2002), 100.

　5) Joseph A. Schumpeter, *Capitalism, Socialism and Democracy* (New York: Harper & Row, 1950), 167.

1848년은 거의 모든 유럽국가, 즉 프랑스, 이태리, 합스부르크(Habsburg) 가의 오스트리아 등에서 유혈무산혁명이 촉발된 해였다. 그러나 마르크스의 공산당선언은 1848년의 혁명에 어떤 영향도 미치지 못했다. 다만 마르크스 이전의 사회주의자들의 교의는 현존사회에 대한 깊이 있는 근본적인 분석이 결여되어 있었고, 그 개혁을 현존한 욕구로부터 직접 끌어낼 수 없었으나 마르크스의 이론은 현대사회를 스스로 발전하는 유기체로 좀 더 근본적으로 파악한 진화관념이다.[7] 마르크스의 역사 관념이 가장 체계적으로 요약된 것은 1859년에 출간한 '정치경제학 비판'인데 같은 해 다윈은 '진화론'을 출간해 마르크스의 인간사회의 역사발전에 관한 관념과 다윈의 자연생물의 발전에 관한 관념이 병존하는 현상을 보였다.

사회주의와 공산주의의 분열

19세기 후반에는 사회주의란 용어가 훨씬 폭넓게 사용되기는 했지만, 일반적으로 사회주의와 공산주의는 동의어였고 마르크스와 엥겔스도 어느 정도 이를 수긍하였으며 사회민주주의라는 명칭에도 크게 이의를 제기하지 않았다. 역사적으로 민주주의에 대한 지지가 확산됨으로써 사회주의는 민주주의와 일시적 화해를 강조하면서 공산주의와 사회주의 사이의 첨예한 분열이 다시 희미해졌다.

마르크스에게 공산주의는 "인간 자신의 사회적 존재, 즉 참다운 인간으로의 복귀이며, 완전히 발휘된 인본주의이고 인간과 자연, 인간과 인간 사이에서 일어나는 문제의 최종적인 해결책이다."[8] 레닌은 '사회

---

6) Schumpeter, *Capitalism, Socialism and Democracy*, 140-141.

7) 송병헌(역), 『사회주의란 무엇인가 외』(서울: 책세상, 2002), 61-62.

8) Robert Tucker(ed.), *The Marx-Engels Reader* (New York, 1960), 70.

민주주의란 명칭은 과학적으로 오류'라고 선언하고 1917년 10월 혁명 전야에 4월 테제(April Theses)를 통해 '사회민주주의'호칭을 포기하고 자신들을 '공산주의자'로 개칭할 것을 제안했다. 이어 다음 해에 '러시아 사회인민노동당'은 '공산당'으로 개명되었다.

　　공산주의자들은 사회주의를 공산주의의 첫째 단계 또는 보다 낮은 단계라고 규정함으로써 사회주의를 공산주의의 한 부분을 나타내는 말로 쓰고 있으나 공산주의 자체가 사회주의를 배경으로 태어났고 사회주의를 배경으로 발전한 사회주의의 한 부분이며, 마르크스주의와 공산주의는 둘 다 사회주의의 한 계열이다. 이 가운데 공산주의는 레닌과 스탈린에 의해 권위주의적 지배원리로 변질되면서 파시즘 및 나치즘과 함께 전체주의 정치체계의 다른 이름으로 인식되었다.

사회주의 정당의 탄생

1873년부터 1890년대 초에 대불황이 이어지고 자유주의 이념에 상당한 충격을 주면서 부르주아 계급9)의 안정이 크게 흔들렸다. 새로운 관세장벽과 국가의 간섭이 요구되면서 사회주의에 대한 관심을 부활시키는데 유리한 환경으로 작용했으며 마르크스주의가 확산되고, 아울러 사회주의 정당이 탄생하는 계기가 되었다.10) 사회주의가 경제와 정치이론가들의 교의에서 대중정당의 강령이 된 것은 19세기 마지막 4반세기 동안이었다.

　　마르크스 이론은 서유럽에서 발생한 매우 중요한 정치적 변동 즉 민주주의의 발흥을 무시했다. 산업화와 함께 노동자들이 교육을 받으면서, 지배계급들이 노동자들의 결사와 정당결성을 오랫동안 막기는 어려

---

9) 베른슈타인에 따르면 계급은 '주로 소유관계와 수입상황 등의 동일한 생활조건 아래 존재하면서 이 사회의 언급할 만한 부분을 구성하고 있는 사회의 구성요소'다. 송병헌(역), 사회주의란 무엇인가, 133-134.

10) A. S. Lindemann, 오주환, 진원숙(역), 『서양사회주의 역사』, 189-208.

웠고, 대신 지배계급과 신흥 기업세력들이 정치권력을 보유할 수 있는 유일한 방법은 노동계급을 정치체계로 끌어들이는 것이었다.

1883년 마르크스가 사망할 때까지 프랑스는 민주주의를 성취했고 비스마르크(Bismarck)는 보통선거권을 도입했으며, 디스레일리(Disraeli)는 영국 세대주에게 투표권을 부여했다. 1900년까지 거의 모든 서구유럽국가에서 독립적인 노동계급정당이 출현했는데 이 정당들의 대부분은 마르크스주의 정당이었다. 1875년 창당된 독일 사회민주당은 1891년 마르크스주의적 강령을 채택했다.[11]

영국에서는 1900년에는 '노동자대표위원회(LRC: Labour Representation Committee)'라는 이름의 노동자계급을 대표하는 정당이 결성되어 1906년 '영국노동당(British Labor Party)'으로 자리 잡았다. 노동당의 노조지도자들은 의회와 이해관계를 맺고 있었고, 실용주의적인 의회주의자들이나 사회주의자들도 마르크스주의보다는 페이비안협회(Fabian Society)의 점진주의를 더 선호했다.

사회주의자들이 중심이 된 사회민주연맹은 1884년에 분열되어 새로운 혁명적 운동체인 '사회주의자동맹'이 결성되었는데, 이들은 노동의 자유, 독점의 금지, 생산수단의 공적 소유와 생산물의 공적 향유를 주장하면서 새 사회, 곧 공산사회에서는 육체적으로 정신적으로 현저히 발전될 것이라 믿으면서 의회제도를 불신하고 민족사회주의를 거부했다. 사회민주연맹과 사회주의자동맹의 과격성에 대칭되어 일어난 사회주의운동이 페이비안협회인데 이들은 개혁주의적인 사회주의운동으로서 사회주의적인 이데올로기의 발전과 영국 노동당의 형성에 지대한 역할을 담당하였다.

1930년대의 대공황은 자본주의 신화 자체를 소멸케 하는 대신에 공산주의자들에게는 기회의 순간이었다. 1932년 독일은 600만 명의 실업

11) Radice, *Democratic Socialism*, 9-10.

자가 등록되었는데. 래디스(Giles Radice)는 1939년~1945년 기간의 제2차 세계대전은 바로 대공황의 대량실업에도 원인이 있다고 본다.[12) 자본주의의 위기가 사회주의자에게는 사회주의의 기회로 인식되었다.

사회민주주의와 민주사회주의

사회주의는 주의와 주장에 따라 여러 갈래로 나뉘어져 있다. 오늘날 대표적으로 구분되는 명칭은 사회민주주의(social democracy)와 민주사회주의(democratic socialism)다. 두 사회주의는 명칭만 다를 뿐 실상은 같은 갈래다. 두 이름 모두 사회주의와 민주주의의 혼합으로 '민주'와 '사회'의 위치만 다를 뿐인데 왜 명칭상의 혼란이 초래되었을까? 사회민주주의는 '사회주의'가 '민주주의'를 수식하고 민주사회주의는 '민주주의'가 '사회주의'를 수식한다. 이 경우 수식을 받은 쪽이 중심이 된다. 그렇다면 사회민주주의는 민주주의를 기본으로 하면서 사회주의 원칙을, 민주사회주의는 사회주의에 민주적 원칙을 수용한다는 취지가 되지만 실은 인식적 차이에 불과하다.

사회민주주의나 사회주의와 근본적인 개념적 차이를 갖는 것은 아니다. 다만 민주사회주의를 선호하는 사람들은 민주사회주의가 공산주의를 배격하는데 반해, 사회민주주의는 유물사관을 신봉하면서 수단과 방법만을 공산주의와 달리하는 개념으로 구별한다.

민주사회주의는 자유민주적 사회주의로, 사회민주주의는 공산주의적 사회주의로 인식하는 경우가 많다. 영국이나 독일은 민주사회주의이고 러시아나 중국은 사회민주주의라는 식이다. 민주사회주의는 일반적으로 사회주의의 이념을 대의민주주의를 통해서 구현한다는 의회주의로 받아들여지기를 바라고 있기 때문이다.

민주사회주의나 사회민주주의라는 명칭이 주로 정당의 이름으로 사

---

12) Radice, *Democratic Socialism*, 19-20.

용되거나 자신들의 주장을 알리는 슬로건의 일종이라는 점에서 보면 실
질적인 내용보다는 시대와 상황에 따라 국민들에게 영합하기 위한 전략
적 선택이기 때문에 차이를 구별하는 것은 큰 의미가 없다. 사회주의,
민주사회주의, 사회민주주의는 사실상 공통적 개념을 갖는 혼용할 수
있는 용어다.13) 민주사회주의나 사회민주주의도 역시 사회주의의 범주
지만 사회주의는 자칫 마르크스의 공산주의를 향한 사회주의와 혼동될
수 있기 때문에 이 점만 구별하면 혼란은 없을 것이다.

사회민주주의와 민주사회주의의 명칭과 개념에 대한 혼란은 1951
년 7월 영국 노동당의 주도로 재결성된 사회주의 인터내셔널(Socialist
International)14)의 프랑크푸르트 선언을 통해 동일한 개념으로 자리
잡게 되었다.15) 이 책에서는 민주사회주의를 사용하기로 한다.

민주사회주의는 인간의 자유와 평등 그리고 인간우애의 이상을 사
회에 적용하고자 한다. 이러한 이상은 비단 사회주의자들에 의해 창조
된 이상만은 아니다. 고대 그리스철학자들로부터 연유하며 모든 사회의
이념에 퍼져있다. 민주주의, 자유주의도 자유와 평등을 이념으로 한다.
평등 없는 자유나 자유 없는 평등은 존재할 수 없다. 모든 각자가 자유를
평등하게 향유할 수 없다면 모든 사람을 위한 자유는 존재할 수 없고, 역
사가인 토니(R. H. Tawney)의 말처럼 '강자를 위한 자유는 약자에 대
한 억압'이다.16)

민주사회주의자들은 자유와 평등의 원칙 속에서 민주주의를 수단인
동시에 목표로 간주한다. 수정사회주의 이론의 대가인 베른슈타인은

---

13) 이와 관련해서는 박호성, 『사회민주주의의 역사와 전망』(서울: 책세상, 2005),
   83-84를 참조할 것.
14) 1913년 3월 공산주의인터내셔널(Communist International)(코민테른)이 창립되
   고 1923년 5월사회주의 노동자인터내설(The Labor and Socialist Inernational)출
   범한바 있다.
15) 박호성, 『사회민주주의의 역사와 전망』, 99-100.
16) Radice, *Democratic Socialism*, 27.

1906년에 '민주주의는 수단인 동시에 목적이다. 민주주의는 사회주의를 위한 투쟁의 수단이고, 사회주의가 실현되면 사회주의가 취할 형태'라고 언명했다.[17]

민주사회주의는 "인류의 통합과 기본적 평등에 심원한 뿌리를 두고 있다(1960년 스웨덴의 사회민주당 강령)." 평등은 글자 그대로 동일한 물질적 상황을 의미하는 것이 아니라, 공동체 내의 작은 차이들(즉 불평등)은 공동체 구성원들의 일반 이익을 위해 공동체가 할 수 있는 특수한 노력이나 재능, 희생 그리고 자원을 불러오는데 반드시 필요한 범위 이내여야 한다는 것이다. 어떤 사회주의자도 모든 사람이 정확하게 동일한 수입을 갖는 것이 공정하거나 실제적이라고 믿지 않는다. 사회적으로 도움이 될 방향으로 사용된, 특별한 선천적 재능이나 능력 그리고 자격이, 적절한 보상을 받지 못한다면 불공정하고 사회적으로 해로울 것이다. 그러한 차이는 사회적으로 정당화될 수 있는 범위여야 한다.

사회주의의 변신

사회주의는 200여 년의 역사를 겪으면서 처해진 상황에 따라 다양한 모습을 갖게 되었다. 나라마다 사회주의라는 이름의 정당들이나 정부가 취하는 노선이 다르다. 레닌이 '사회민주주의' 대신에 '공산주의'를 선택하고 10월 혁명을 성공시키면서 사회민주주의는 공산주의자들로부터 비판과 경멸의 대상이었다. 이 과정에서 사회민주주의는 사회주의라는 표현으로 대체되기도 했으며 결과적으로 '민주사회주의'라는 명칭도 파생되었다.

자본주의가 전통적으로 경제문제와 관련해 생산과 교환의 기본적 수

---

17) Radice, *Democratic Socialism*, 67.

단에 대한 사적소유를 핵심으로 한다면, 사회주의는 공공소유를 핵심으로 하는 것으로 인식되어 왔다. 생산수단은 토지, 광산, 기계, 기술 등이 그 예며 교환수단은 도매, 소매, 수송, 전달, 재정제도 등이다. 사유재산은 말 그대로 개인이 갖는 재산으로 개인의 욕망을 충족시키기 위해 소비하는 재물이다. 우리가 일상생활에서 사용하는 물품들인 음식, 옷, 가구, TV와 냉장고 같은 가전제품 등 외에 자동차 등도 여기에 포함된다.

대부분의 초기 사회주의 정치지도자들은 청년 마르크스와 함께 사회주의는 모든 생산수단과 분배 및 교환의 공유를 의미한다는 것을 가정했다. 사회주의 정당들(독일사회민주당의 1891년 에르푸르트(Erfurt)강령, 스웨덴 사회민주당의 1897년 강령, 심지어는 영국 노동당의 1918년의 당헌에 이르기까지)의 최초의 선언이나 당헌의 대부분이 모든 재산의 공유를 요구했다.

초기의 정치사상가들은 경제적 민주주의(사회주의)가 없는 정치적 민주주의는 허위이거나 불가능하다고 생각했다. 경제적 이상은 폭넓은 이념적 분포를 이루어 무정부주의자, 공산주의자, 사회민주주의자 기독교민주주의자, 심지어는 파시스트와 나치주의자까지 어떤 의미에서 '사회주의'를 요구했다.[18]

마르크스가 말한 공산주의 이론은 '사유재산철폐(1848년 공산당선언)'라는 단일문장으로 요약될 것이다. 마르크스는 사회체계의 유일한 변혁방법은 재산관계의 완전한 변화라고 믿었고, 그에게 생산수단의 사유는 그 자체만으로도 나쁘며, 이를 전면적으로 폐지하지 않는 경우 어떤 개혁도 적당하지 않은 것이었다. 그러나 사회주의는 자본주의와 대의제의 발전에 따라, 그에 대응하고 적응하는 과정에서 자기변신을 거듭했다.

사회주의는 사유재산의 공유화를 고집하는 고집불통이 아니라 역사

18) Mark N. Hagopian, *Ideals and Ideologies of Modern Politics* (New York: Longman, 1985), 34–35.

와 상황에 적응하고 진화하는 '합목적적인 집산적 경제'[19]이념으로 나타났다. 베른슈타인의 사회주의에 대한 정의는 이를 잘 반증해준다. 사회주의는 "현대 자본주의 사회에서 자신의 계급상황과 그 계급의 과업에 대한 인식에 도달한 노동자들의 사회적 요구와 자연스런 노력의 총체."[20]

사회주의자의 공유에 대한 견해는 두 가지 요인에 의해 수정되었다. 첫째로, 사회주의자들이 집권 중에 경제통제의 기법을 개발했고, 재분배 과세와 사회서비스를 통해서 사회적 불의를 교정하는 강력한 무기를 발견했다. 경제적 효율성이나 사회정의의 관점에서 사유에서 공유로 보편적인 변형을 할 필요성이 없게 된 것이다. 둘째로, 공유가 특별히 사회주의의 성격을 가질 필요가 없게 되었다. 유럽의 보수주의 정권도 대안이 부족하면 기본산업의 일부를 국유화하지 않을 수 없었는데, 독일의 보수주의적인 비스마르크가 철도를 국유화하고, 스웨덴에서는 사회민주당이 최초로 집권하기 이전에 이미 산림과 철도, 전력기관이 국유화되었으며 영국에서도 BBC와 영국해외항공을 국유화한 것은 보수정부였다. 러시아 공산주의자들은 모든 생산, 분배, 교환수단을 국유화했으나 스탈린체제하의 그 결과는 (1956년 제20차 전당대회에서 스스로 인정한 것처럼) 확실히 평등하지도 자유롭지도 않았다.

1951년 프랑크푸르트의 사회주의 인터내셔널은 "사회주의 계획은 모든 생산수단의 공유를 전제하지 않는다"고 언명했으며, 독일 사회민주당은 1959년 바트 고데스베르크(Bad Godesburg)강령에서 생산수단의 사유는 사회정의의 확립을 방해하지 않는 한, 사회에 의한 보호를 요구할 수 있다고 선언했다. 스웨덴 사회민주주의 1960년 선언은 "사회민주당은 중요한 공익을 보호하는데 필요한 한도에서, 자연자원과 기업의 공유나 공적 통제의 요구를 지지한다"고 선언했다.[21]

---

19) 송병헌(역), 『사회주의란 무엇인가』, 152.
20) 송병헌(역), 『사회주의란 무엇인가』, 152.

사회주의는 20세기를 마감하는 길목에서 소련이 해체되고 중국이 자본주의를 도입하면서 스탈린공산주의로 변질된 마르크스의 사회주의를 청산하고 마르크스의 초기 저작에 나타난 순수한 이상과 초기의 모습에서 새롭게 출발해야 하는 과제를 안게 되었다. 사회주의는 자본주의의 반면교사로서, 자본주의가 타산지석으로 삼아야 할 경제체계로서 뿐만 아니라 사회체계의 또 다른 수레바퀴로서 존속되어야 할 이념이다. 자본주의와 극단적 대립개념의 사회주의는 이제 얼굴의 성형뿐만 아니라 이념자체도 달라지게 되었다.

현대 사회주의의 본질

현대 사회주의자들은 공유를 정책의 중요한 분야로 간주하지만 공유와 사유분야 모두를 아우르는 '혼합경제'의 존재를 수용한다.[22] 사회주의자들은 또한 혼합기업의 가능성에 관심을 갖는데, 정부가 사기업에 보조금을 지급하는 경우 이윤과 통제에서 정부 몫을 확보하거나, 사기업이 자본이 없거나 독자적으로 수행할 이점이 없는 새로운 산업을 발전시키거나 고용창출을 위한 경우다.[23]

사회주의의 목적은 결국 기초산업의 공유, 선택적 국유화, 혼합소유권, 지방자치단체의 기업, 노조, 그리고 사회적으로 책임 있는 사유권을 동시에 지닌 유연한 소유형태다. 사회주의자들은 공유가 공산주의자나 마르크스주의자들이 생각하는 것처럼 유일무이한 중요성을 갖는 것이 아니라, 경제 확대와 국부의 재분배를 증진하는 중요한 역할을 수행해야 한다고 믿는다.[24]

---

21) Radice, *Democratic Socialism*, 43-45.
22) Radice, *Democratic Socialism*, 45.
23) Radice, *Democratic Socialism*, 48.

자본주의와 적대적인 사회주의의 원칙은 시대와 상황에 따라 수정, 보완되어 오늘날 사회주의는 결국 마르크스와 엥겔스가 제시하는 과격한 사회주의와는 다른 사회주의, 즉 이른바 민주사회주의, 또는 사회민주주의에 이르게 되었다. 사회주의의 분열은 훨씬 이전으로 올라가지만 분명한 전환점은 1962년 사회주의 인터내셔널의 오슬로선언(the 1962 Oslo Declaration of the Socialist International)이다.

> "우리 민주사회주의자들은 정치활동의 궁극적 목적이 모든 인간의 인간으로서(personality)의 완전한 발전이라는 우리의 확신을 선포한다."

> "우리에게 자유와 평등은 모두 인간행복에 소중하고 필수적이다. 이것들은 인간 우애의 이상이 의존하고 있는 두 개의 축이다."

보수주의가 내세우는 평등의 핵심은 인간의 성향과 능력에 따라 개발할 수 있는 모든 것에 대한 기회와 권리인 '평등한 기회'다. 기회의 평등은 사회평등의 필요조건 중의 하나다. 그러나 보수주의적 평등은 경제적, 사회적인 모든 영역에서 광범위한 불평등을 전제한다. 이러한 평등은 결과물이 강자에게 돌아가고, 약자는 혼자 힘으로 꾸려가도록 방치되는 사회로 나아갈 수 있다. 즉 보수주의에서 기회의 평등은 매우 큰 불평등이 존재하는 사회를 정당화하는데 사용될 수 있는 것이다.

민주사회주의자들은 모든 어린이들이 동일한 교육기회를 공유하지 않는다면 기회의 평등은 공허한 경구일 뿐이라고 주장하는 반면에 사회주의에 대한 비판자들은 사회적 평등이 획일성을 의미한다고 주장한다.[25] 민주사회주의는 평등과 함께 자유를 소중한 가치로 한다. 자유는 방종이 아니라 개인의 선택과 책임의 행사 즉 타인의 자유에 대한 동등한 존

---

24) Radice, *Democratic Socialism*, 49.
25) Radice, *Democratic Socialism*, 29-32.

중이 허용하는 범위 내에서 자신의 방식으로 자신의 삶을 사는 것을 의미한다.

공산주의자들은 민주국가에서 실행되고 있는 자유를 지배계급에 의한 대중의 착취를 가리는 허울이라고 비난하고 공산당이 대중의 소망에 대한 유일한 해석자라고 주장한다. 결국 공산당만이 자유를 누릴 수 있다는 것이며, 국가를 자본가를 제외한 일반 대중에 대한 자유의 억압자로 보는 것이다. 이와는 달리 사회주의는 국가를 개인자유의 보호자로 인식하는 점에서 공산주의와 크게 차이를 갖는다. 베른슈타인은 국가에 대해 다음과 같이 규정한다.

"발전의 특정 단계에서, 그리고 국가의 특정 헌법을 고려할 때, 노동자들은 국가에 적대할 수 있고 실제로 적대해 왔으며, 상황에 따라서는 적대해야만 하지만 그것은 특정한 형태의 특정한 지배관계 아래의 국가에만 해당된다. 민족의 거대한 전체 통합체로서, 거대한 전체 이해의 적합한 보호자로서 국가의 기능에 관련된 것, 거기에 노동자들은 한 영역에서 국가와 함께 서있다."[26]

민주사회주의자들은 서구민주주의에서 혁명(마르크스 레닌적 혁명)은 불필요하고 아울러 근본적인 인간권리의 타락이라고 주장하는 동시에 민주주의를 강력히 옹호한다.[27] 민주사회주의자들은 정부가 정치적 자유를 수호할 뿐만 아니라 전체적인 자유의 범위를 확대하는 것이며, 정부는 공동체 구성원의 자유에 대한 보장뿐만 아니라 풍요를 보장하는 것이 의무라고 인식한다.[28] 사회주의 정부들은 사회복지를 진전시키는 일을 했는데, 복지에 대한 새로운 사상의 대부분은 사회주의로부터 유래한 것이다. 그러면 앞으로 사회주의는 이러한 원칙을 어떻게 구현할

---

26) 송병헌(역), 『사회주의란 무엇인가』, 139.

27) Radice, *Democratic Socialism*, 67–68.

28) Radice, *Democratic Socialism*, 33–35.

것인가? 베른슈타인은 다음과 같이 제시한다.

"사회주의는 커다란 정치적 결전의 결과가 아니라, 그것이 영향을 미치는 다양한 영역에서 노동운동이 거둔 전체적인 경제적-정치적 승리의 결과로 온다. 노동자의 억압, 빈곤, 퇴락이 거대하게 증가한 결과가 아니라 노동자들의 사회적 영향력이 증가한 결과로, 그리고 그들에 의해 쟁취된 경제적, 정치적, 정치 사회적, 윤리적 성격의 상대적인 개선의 결과로 온다."[29]

많은 사회주의자들은 사회주의적 계획과 자유기업제도를 절충한 경제체계인 현재의 시장사회주의(market socialism)를 받아들이지만 일부는 시장사회주의는 오히려 사회주의가 자본주의로 이행하는 것이라고 비판한다. 이런 점에서 시장사회주의는 자유주의적 사회주의로 불리기도 한다. 사회주의자들은 규제된 중앙집권적인 시장이 규제되지 않은 시장보다 훨씬 좋으며, 소비자에게 더 잘 반응할 수 있고 더 효율적이라고 주장한다. 기업은 공적 소유 형태를 취하지만, 생산·소비 활동은 정부의 계획보다는 시장 원리에 의해 이루어지도록 한다.

1960년대 유고슬라비아에서 과거 소련의 중앙계획적 사회주의와 구별되는 시장사회주의의 한 형태가 채택된 데 이어, 1960년대 후반과 1970년대 초반에 걸쳐 헝가리에서도 그와 유사한 형태가 시도되었다. 반면에 이에 대한 반대론자들은 정부의 소유와 규제를 통한 자유시장 간섭은 정부의 수중에 너무 많은 권력의 집중화를 통해 결과적으로 민주주의의 파괴를 초래하거나 그렇지는 않더라도 자유가 제한된다고 주장한다.

사회주의자들은 그런 일이 발생하지 않으며, 설령 발생한다고 해도 선거를 통해 견제할 수 있다고 응대한다. 자본주의자에게 인간은 이윤

---

29) 송병헌(역), 『사회주의란 무엇인가』, 154.

에 의해 동기가 부여되는데 사회주의자의 동기는 무엇인가? 사회주의자는 그것을 봉사의 열정으로 본다. 즉 사회주의자는 자본주의에서는 '탐욕'이라는 이윤동기가 필요한 반면 사회주의는 공중에 대한 봉사의 열정에 의해 동기가 부여되는 것이 가능하다고 반박한다.

우리나라의 사회주의

사회주의의 출현배경

우리나라의 사회주의 기원은 발상지인 영국이 아니라 바로 소련공산주의에서 비롯되었다. 우리나라는 정치상황과 지정학적 특성으로 인해 한인들이 다수 이주해 있거나 독립운동의 거점이었던 소련공산주의와 중국공산주의 운동과 함께 사회주의가 수용되었다. 1917년 10월 러시아혁명의 물결이 중국, 일본, 조선반도에 밀려들면서 지식인들에게는 민족주의 대신에 사회주의가 해방운동의 이념적 무기가 되었다. 러시아혁명의 영향으로 인해 사회주의는 마르크스-레닌주의를 중심으로 이해되면서 사회주의와 공산주의는 혼혈아로 근원을 구분하기 어렵게 되었다. 좌우의 이념대립이 첨예하던 해방공간을 거쳐 정부수립 이후에는 남북의 대치상황에서 공산주의적 사회주의는 반공국시로 인해 겨우 명맥을 유지하거나 또는 권력의 탄압대상이었다.

　해방 이후 맥을 이어오던 사회주의 세력은 합법적인 진보정당 운동세력과 진보정당 무용론 및 제도권 밖에서 활동하고자 하는 세력으로 양분되었다. 이 가운데 진보정당운동은 1988년 민중의당 창당과 4·26총선참여로 나타났다. 민중의당은 16개 지역에 후보를 공천했지만 1명도 당선되지 못했으며, 이 지역에서 4.3%의 득표율, 전체적으로 0.33%의 득표율에 그쳐 해산되었다. 진보세력들은 여러 갈래로 분열되어 대립하

다가 1990년에 다시 민중당을 창당했다. 진보세력은 분열과 통합, 그리
고 선거참여 등의 활동으로 세력을 유지하면서 2000년대를 맞는다.

진보정당과 사회주의

진보세력은 2000년대에 이르면서 1세대를 마감하고, 강력해진 노동자
조직을 배경으로 하는 노동자 정당의 탄생을 가져왔다. 민주화의 진전
과 함께 2000년에 창당된 민주노동당은 "사회주의적 이상과 원칙을 계
승·발전시킨다"고 내세우지만 전통적인 사회주의 이념을 정통으로 계
승하기보다는 사회주의와 자본주의를 교배한 변종 또는 개량적 사회주
의를 지향했다. 아래에 요약된 민주노동당의 강령이 잘 나타내준다.

> 민주노동당은 자본주의의 질곡을 극복하고, 노동자와 민중 중심의
> 민주적 사회경제체제를 건설한다. 모든 사람이 교육·의료·주거·
> 통신·교통 등 삶을 영위하는 데 필요한 여건을 평등하게 누려, 저
> 마다 하고자 하는 바를 마음껏 펼칠 수 있는 세상을 만드는 것이 민
> 주노동당의 목표다.
> 이윤을 목적으로 하는 사적 소유권을 제한하고 생산수단을 사회화
> 함으로써 삶에 필수적인 재화와 서비스는 공공의 목적에 따라 생산
> 되도록 한다. 지난날 국가사회주의 사회의 형식적 국유화의 한계
> 를 거울삼아 시장적 요소를 적절히 통제 활용하는 가운데, 노동자
> 를 비롯한 생산 주체들이 생산수단을 민주적으로 점유하고 계획,
> 생산, 분배, 유통에 참여하도록 해 경제의 효율성과 안정성, 공공
> 성을 기한다.
> 민주노동당은 국가사회주의의 오류와 사회민주주의의 한계를 극
> 복하는 한편, 인류의 오랜 지혜와 다양한 진보적 사회운동의 성과
> 를 수용함으로써, 인류사에 면면히 이어져 온 사회주의적 이상과
> 원칙을 계승 발전시켜, 새로운 해방 공동체를 구현할 것이다.

민주노동당의 강령은 민주적 사회경제체제를 건설하며 사적 소유권

을 제한하고 생산수단을 사회화하지만, 국가사회주의의 오류와 사회민주주의의 한계를 극복하는 것을 핵심으로 하고 있다. 결국 전통적인 사회주의 이념을 해체해 그 일부를 자본주의의 일부 이념과 혼합하겠다는 의미로 이해된다. 민주노동당은 '자본의 공유와 평등한 분배'라는 핵심사항을 명기하는 대신에 모호한 언어와 복잡한 문장구조로 다양한 입장을 충족시키려 하고 있다. 이러한 강령은 민주노동당이 전통적인 유럽의 사회주의 이념을 계승한 사회주의 정당보다는, 천민자본주의가 고착된 우리 사회에서 노동자들을 중심으로 하는 민중의 지지를 이끌어 내기 위한 개량적 사회주의를 지향하는 정당임을 나타낸 준다.

자본주의와 사회주의가 공존하면서 정권이 교체되는 정치체계에서는 자본주의 정권의 정책과 사회주의 정권의 정책이 중첩될 수밖에 없다. 이것을 '공감의 정치'라고 부른다. 자본주의 경제가 세계를 풍미하면서 전통적인 사회주의 이념은 수정이 불가피해졌고, 영국처럼 드디어 제3의 길을 찾기에 이른 것이다. 우리나라의 대표적인 진보정당인 민주노동당은 사회주의 정권을 경험하지 못한 자본주의 체계에서 전통적 사회주의 이념을 통해 유권자의 지지를 확보하기는 사실상 불가능하고, 결국 자본주의와 영합할 수밖에 없는 처지다.

이러한 환경은 민주노동당이 사회주의 이념을 표방하는 정당으로서의 역할을 제대로 할 수 없도록 만들었다. 민주노동당은 사회주의 또는 사회주의적 정당으로서의 정체성 대신에 노동쟁의를 일삼는 노동자들의 정당이라는 인식이 강하게 전달되어 오히려 사회주의 이념이나 이상에 대해 유권자들에게 제대로 전달할 주체가 되지 못했다.

사회주의의 현주소

우리나라의 사회주의는 정치적 민주화와 함께 활동무대의 제한은 없어졌으나 활동범위는 확장되지 못했다. 사회주의에 대한 기본인식이 너무

척박한 상황에서 천민자본주의자들은 자신들의 무대를 고수하기에 급급했다. 자본주의 정권은 인간이 본질적으로 갖고 있는 평등과 분배의 욕구, 국가에 대한 기대에 최소한의 반응으로서 '복지', '공교육 강화', '공정사회' 더 구체적으로는 '초중등학교 무상급식', '영·육아의 보육비 지급' 등의 추진으로 사회주의적 주장을 제어한다.

최고 권력자로서 '사회주의적' 관념을 나타낸 것은 노무현대통령이었다. 소수파 대통령으로서 평등지향적인 자신의 정치이념을 공개적으로 천명하고 추진하는 데는 주저했으나 복지의 확대, 교육의 평준화, 지역의 균형발전은 주류인 보수 세력을 의식한 우회적 '평등'정책이라고 볼 수 있다. 또한 노무현대통령은 북한과의 교류를 활성화함으로써 북한과 공산주의에 대한 기존인식을 완화해 보수 세력으로부터는 김대중대통령과 함께 친북좌파정권이라는 비판까지 받았다.

2010년의 지방선거는 진보이념의 지평을 확장하는 계기였다. 김대중대통령과 노무현대통령을 이은 민주당과 국민참여당이 민주노동당과 함께 지방선거의 후보를 단일화함으로써 보수의 범주인 민주당과 진보의 민주노동당이 동일시되는 상황을 만들었다. 언론이 정당소속이 아닌 교육감 후보를 편의상 진보후보, 보수후보로 구분하면서 '진보'라는 용어가 보수와 공동주연으로 정치무대에 자연스럽게 등장하게 되었던 것이다. 서울과 경기를 비롯한 일부지역에서 진보딱지가 붙은 후보자가 당선된 것은 '진보'라는 인식에 대한 유권자의 거부감이 상당히 누그러들었음을 나타내주는 것이다. 이러한 현상은 앞으로 사회주의 이념이 수용되고 확산될 수 있는 긍정적 신호로 볼 수 있다. 이제 2011년, 한국의 사회주의도 새로운 국면을 맞게 된 것이다.

제10장 공산주의

부르주아는 사람의 인격적 가치를 교환 가치로 해체했으며, 특허장으로 보장되거나 투쟁을 통해 얻어진 수많은 자유 대신에 단 하나의 파렴치한 자유, 즉 상거래의 자유를 내세웠다.

부르주아 계급이 존립하고 지배하기 위한 가장 본질적인 조건은 부(富)가 개인의 손안에 쌓이는 것, 즉 자본이 만들어지고 늘어나는 것이다.

부르주아 사회에서는 과거가 현재를 지배하나, 공산주의 사회에서는 현재가 과거를 지배한다. 부르주아 사회에서는 자본이 독자성과 개성을 갖고 있는 반면에, 활동하는 개인은 독자성과 개성을 잃고 있다.

프롤레타리아가 혁명에서 잃을 것이라고는 쇠사슬뿐이요 얻을 것은 세계 전체다. 전 세계의 프롤레타리아여, 단결하라! (만국의 노동자여, 단결하라!)

- 공산당 선언의 일부 -

공산주의의 본질

공산주의는 마르크스(Karl Marx)와 엥겔스(Friedrich Engels)의 저작물에 관념적 기초를 두고 있으며 레닌 등에 의해 발전된 이데올로기다. 정치적 이상으로서의 공산주의는 마르크스와 엥겔스의 창안이었다. 그러나 현대 공산주의 이념을 단순히 마르크스와 엥겔스의 사상과 동일하게 여기거나 레닌과 스탈린 또는 모택동이 발전시킨 사상으로 인식해서는 안 된다.

공산주의에 대한 정의는 고전적 마르크스주의와 실질적으로 현존하는 사회주의 및 스탈린주의(Stalinism)를 구별해야 한다. 스턴(Geoffrey Stern)은 전자(communism, 소문자 c를 사용)를 사회정치적 이상으로서의 공산주의, 후자(Communism, 대문자 C를 사용)를 20세기 정치운동으로서의 공산주의로 구분하며, 3번째 요소로 마르크스-레닌주의(Marxism-Leninism)의 결합적 요소로서의 공산주의도 고려해야한다고 주장한다.[1]

공산주의 이념의 심장은 자본의 사적소유(혹은 자본가의 사유재산)의 폐지였다. 마르크스에게 국가, 정부, 법, 공동체의 사회적 관례(convention)는 사회발전의 각 국면에서 단순히 계급지배의 한 도구였다. 이 도구들은 자본주의 사회에서 (생산수단의 소유를 구성하는)자본가 계급이 프롤레타리아에 대한 지배를 영속화시키려는 시도로 사용되는 것이었다. 자본가계급을 타파하기 위해서는 계급투쟁을 전개해야 한다. 여기에서 마르크스주의의 핵심은 마르크스가 변화를 설명하기 위해 사용한 하나의 가설인 계급투쟁이다. 계급투쟁은 생산양식과 생산관계 사이의 모순에 기초를 두고 있으며 이 모순이 계급투쟁을 야기한다는

---

1) Geoffrey Stern, *The Rise and Decline of International Communism* (Aldershot: Edward Elgar, 1990), 79.

것이다. 공산당선언의 첫째 노선을 인용하면 "지금까지의 현존사회의 모든 역사는 계급투쟁의 역사다."[2] 마르크스는 계급투쟁이 궁극적으로 혁명을 초래 할 것이라며, 혁명은 필요하고 불가피하다고 믿었다.

마르크스가 목표로 하는 공산주의체계 즉 유토피아는 착취자나 계급 그리고 노동의 유형에 대한 구분이 없어 사회계층이 거의 없게 된다. 국가 및 국가의 관료적 기관들은 시들어버리고, 착취와 함께 발생하는 계급체계는 폐지되며 결국 국가는 더 이상 불필요해서 사라지며 '일의 관리'역할로 전환될 것이다. 전원생활의 백치(idiocy)가 제거되고, 대중들이 종교적 신념의 아편(opium)을 포기할 수 있도록, 모든 일들의 새로운 질서에 대한 충분한 합의가 가능하게 된다. 사람들은 자신들의 잠재적인 재능을 깨달을 수 있고 공동체가 그들에게 요구하는 무슨 일이든 착수할 수 있기 때문에 분업은 더 이상 불필요하다. 결과적으로 그들은 "그들의 능력에 따라 공동체에 봉사하고 그들의 필요에 따라 보수를 받는다."[3] 마르크스는 결국 완전 혹은 순수 공산주의를 이상으로 하고 있었다.

마르크스와 엥겔스에게 공산주의는 경제발전의 궁극적 단계로 간주되었다. 즉 봉건주의에 기원을 둔 과정은 자본주의를 거쳐서 진실한 사회주의로 발전한다. 마르크스주의는 긍정적이고 과학적으로 인간과 역사과정이 경제력에 의해 결정되는 세계관에 기초한다. 인류문제의 해결은 정치적이라기보다는 경제적이다. 역사변화의 핵심은 인간의 마음이 아니라 생산체계다.[4] 이런 점에서 마르크스와 엥겔스는 공산주의자와 사회주의자를 구별한다. 왜 공산주의자는 단순한 사회주의자가 아닌가?

엥겔스는 1888년 영문판 공산당선언 서문에서 1847년의 사회주의

---

2) Friedrich Engels and Karl Marx, *The Communist manifesto* (London: Penguin Books, 1985), 79.

3) Stern, *The Rise and Decline of International Communism*, xii.

4) A. J. Taylor, *Introduction, in Communist Manifesto* (Pelican Books, 1969), 18.

는 자본과 이윤의 위험에 대한 어떤 지적도 없이 모든 사회적 불만의 폐
해를 서툰 방법으로 제거한다고 공헌하는 가장 잡다한 사회적 돌팔이들
에 의해 사용된 말이었다고 주장한다.[5] 그에게 총체적 사회변화의 필요
성을 깨닫고 이를 분명히 나타내는 진실한 노동자는 공산주의자다. 공
산주의자는 장애물을 딛고 넘는 진실한 혁명가들이고 사회주의자는 혁
명에 관해 말하는 중간계급철학자다.

마르크스는 '낮은 단계의 공산주의'와 '높은 단계의 공산주의'라는
표현을 사용하는데, 전자는 '능력에 따라 일하고 노동에 따라 분배받는
사회'고 후자는 '능력에 따라 일하고 필요에 따라 분배받는 사회'다. 마
르크스는 혁명론자로서 혁명은 필요하고 선한 것이라고 믿었으며, 그의
전 생애를 통해 혁명활동에 관여했다. 그러나 그의 이상은 현실이 되지
못했다. 그의 공산주의는 정신만 있지 육체는 없다. 그래서 아무도 접해
보지 못했다. "대신 그는 누구보다도 더 증오를 받았으며 누구보다도 더
비방을 받은 사람이었다(엥겔스의 조사)."

공산주의의 유형

마르크스와 엥겔스의 공산주의

공산주의에 대한 이해를 위해서는 마르크스의 저작을 해석하는 견해 차
이의 핵심을 이해해야 한다. 마르크스의 초기 저작인 『1844년의 경제
및 철학초고(*The Economic and Philosophic manuscripts of 1844*)』
를 중심으로 소련학자나 일부 서구학자들은 후기 저작과 상충된다면서
무시하고, 공산주의가 권위주의체계로 발전한 것은 유일하게 가능한 발

---

5) Friedrich Engels and Karl Marx, *The Communist manifesto*, 62.

전노선이라고 주장한다.

　반면에 동유럽의 마르크스주의자들과 서구학자들은 초기저작이 마르크스를 이해할 수 있는 핵심이라고 주장한다. 이들은 권위주의적 공산주의는 마르크스의 당초 동기였던 인간에 대한 관심의 안목을 상실하게 만들었고, 또 비권위주의적 공산주의가 가능할 뿐만 아니라 마르크스로부터 제기된 유일하고 올바른 발전노선이라고 주장한다.

　마르크스의 초기저작의 핵심은 소외인데, 마르크스는 개인들이 소외로 인해 자본주의 사회에서 인간은 그 자체의 존재로서 전체적으로 충분하게 발전되지 않고 발전되어질 수도 없다고 본다. 이러한 주장들은 각각 자신들이 처한 상황이나 목적과 관련된다. 마르크스의 초기저작을 강조하는 측은 마르크스의 사상과 소련 등 권위주의적 공산국가를 분리하고 싶고, 소련을 중심으로 하는 주장자들은 자신들의 사회체계를 마르크스의 이론과 동일시하고 싶은 것이다.

레닌-스탈린주의

마르크스-엥겔스의 공산주의에 육체를 부여하고 그들의 전술을 발전시켜 공산주의 혁명으로 이끈 사람들은 마르크스의 추종자들 특히 레닌과 스탈린 그리고 모택동이었다. 마르크스는 이론으로 인간적 공산주의 사회를 묘사한데 반해 그의 추종자들은 권력으로 야수적(野獸的)공산주의를 실현하고자 했다.

　레닌은 권력의 탈취를 위해 마르크스주의를 전략전술로 이용했는데 전위당 개념, 제국주의론, 국가론, 프롤레타리아 독재론, 전략전술론 등을 통해 레닌이즘을 구성했다. 레닌은 1917년 '국가와 혁명'에서 '낮은 단계의 공산주의 사회'를 사회주의 사회로 정의해 사회주의와 공산주의를 구별했다. 한편 스탈린주의는 스탈린 자신의 혁명관, 그의 사회주의 건설방법, 그의 통치방식, 그가 만들어 놓은 정치·경제·사회·문화의 이데올로기체계 모두를 포함하는 종합적 개념이다. 이 과정에서 스탈린은 레닌의 프롤레타리아 독재의 개념을 당 독재의 개념으로 전락시켜 1인 독재를 당 독재로 위장하고 합리화했다. 레닌에 비할 수 있는 권위가 없던 스탈린은 자신에 대한 우상화와 반대파의 숙청 등을 통해 권력을 유지하면서 이른바 '전체주의 독재체계'를 구축했는데 전체주의에 대한 특성은 1951년 아렌트(Arendt)[6], 1954년 프리드리히(Carl J. Friedrich)와 브레진스키(Zbigniew K. Brzezinski)[7]의 저작에서 나타난다. 프리드리히와 브레진스키는 아렌트보다 더 상세하고 널리 적용 가능한 기술적 이론을 제공하고 있는데,[8] 핵심은 6가지 즉 ① 공식적 이념, ② 엘리트-지시의 단일 대중정당, ③ 테러경찰 통제 체계, ④ 매스 미디어 통제권의 거의 완전한 독점, ⑤ 지배정당의 독점적인 무기의 통제, ⑥ 중앙통제 및 지시경제 등이다.

소련연방이 붕괴되기 전까지 소비에트연방공산당은 마르크스주의를 토대로 결성된 러시아사회민주노동당에서 비롯되었다. 레닌은 러시아사회민주노동당의 한 분파를 이끌었는데, 이를 볼셰비키(Bol'sheviki, 다수파)라고 부른다. 볼셰비키는 폭력에 의한 혁명, 철저한 중앙집권에 의한 조직 통제를 주장했는데, 후신인 소련 공산당으로 이어졌다. 이런 점에서 소련공산당과 공산주의 그리고 볼셰비즘은 동의어로 사용되기도 한다.

모택동주의

모택동주의(Maoism)는 마르크스-레닌주의를 중국화한 중국공산주의

---

6) Hannah Arendt, *Origins of Totalitarianism* (New York: Harcourt, Brace and World, 1966).

7) C. J. Friedrich and Zbigniew Brzezinski, *Totalitarian Dictatorship and Autocracy* (New York: Praeger, 1956, 1961) 이 책은 많은 비판을 받아 왔다. 이 비판의 일부는 1965년 Friedrich혼자 낸 개정판에 담겨있다. 여기에서는 초판의 강한 관심으로 인해 초판을 중심으로 토론되고 있다.

8) Friedrich and Brzezinski, *Totalitarian Dictatorship and Autocracy*, 9.

로, 모택동을 중심으로 하는 중국의 공산주의자들에 의해서 만들어진 중국 공산당의 지도이념이다. 1945년 9월 중국공산당은 제7차 전당대회에서 "중국 공산당은 마르크스-레닌주의의 이념과 중국혁명의 실천을 통일한 사상인 '모택동사상'을 당의 모든 지침으로 한다"라는 문구를 추가했는데, 여기에서 '모택동사상'은 마르크스와 레닌주의를 중국의 실정에 적용시킨 농민 중심의 혁명방식을 말한다. 이러한 점은 모택동이 1943년의 논문을 통해 "우리는 마르크스-레닌주의의 말들을 공부하는 것이 아니라, 그들의 관점을 연구하고 문제를 찾아 해결하는 방식으로 접근해야 한다"고 지적한 데에서 잘 나타난다.

모택동은 농민을 부차적 세력이 아닌 주요 세력으로 활용할 것을 주장한 최초의 정통 마르크스-레닌주의자였다. 그의 정치철학개념의 핵심은 '군중으로부터, 군중에게로'라는 이른바 군중노선으로 대표된다. 군중노선의 핵심은 당의 정책이 옳고 좋게 되려면 그 정책이 반드시 군중(농민, 노동자)으로부터 나와야 하며 인민의 요구와 이익이 그 정책에 내포되어 있어야 한다는 것이다. 모택동은 마르크스 이론을 고수하면서 레닌의 '대립물 통일의 법칙'이라는 변증법관을 통해 나름의 모순론을 구성했다. 그는 사회가 언제나 모순으로 가득 차 있으며 이 모든 모순은 사회집단들 간의 계급투쟁으로 나타나고 모순들이 존재하는 데에서 사회의 변화가 초래될 수 있다고 주장했다.

북한공산주의

북한의 공산주의도 마르크스-레닌주의에 기초하고 있음은 물론이다. '조선민주주의인민공화국 사회주의 헌법' 제4조는 "조선민주주의 인민공화국은 마르크스-레닌주의를 우리나라의 현실에 창조적으로 적용한 조선노동당의 주체사상을 자기활동의 지도적 지침으로 삼는다"라고 규정하고 있다. 이것은 중국공산당이 마르크스-레닌주의에 모택동의 사상

을 가미한 것과 같다. "조선노동당은 마르크스-레닌주의와 우리나라 현
실에 마르크스-레닌주의를 창조적으로 적용한 김일성동지의 위대한 주
체사상을 자기활동의 지도적 지침으로 삼는다"는 조선노동당 규약전문
에도 잘 나타난다.

중국공산당은 모택동을 중심으로 하는 세력의 혁명에 의해 창설된
데 비해 북한공산주의는 한반도의 해방공간에서 북한을 점령한 소련에
의해 북한에 조직적으로 이식된 스탈린주의를 바탕으로 하고 있다. 북
한은 마르크스주의가 말하는 모순으로 인해 인민대중의 혁명적 투쟁으
로 사회주의 혁명이 일어나 자율적으로 공산정권이 수립된 것이 아니
다. 군사적으로 북한을 점령한 소련이 김일성을 스탈린 팽창정책의 전
위자로 만들어 북한에 공산정권을 수립한 것이다. 김일성은 소련의 지
원과 조종을 바탕으로 스탈린주의를 이식하고 여기에 김일성사상을 구
성해 접목시켜 북한공산주의를 만들었다.

김일성은 스탈린주의자로서 스탈린을 모방했다. 당시 스탈린은 개
인숭배를 통해 오류를 범할 수 없는 신의 지위에 올라있었다. 스탈린은
우상화와 더불어 공포정치, 대량숙청, 강제노동수용소, 정신병동, 테러
리즘, 비밀경찰의 조직망을 구축했는데 김일성-김정일 부자의 전체주
의체계는 바로 이를 옮겨온 것이다. 김일성의 '사회주의적 애국주의'와
'제국주의'는 스탈린의 '소비에트애국주의'와 '제국주의'의 모방이다.

스탈린이 사망하자 소련 내부 특히 후루시쵸프로부터 스탈린의 우
상숭배와 독재정치에 대한 비판이 제기되어 세계의 많은 공산주의자들
에게 확산되었다. 그러나 북한에서는 오히려 그를 찬양하는 실정이다.
결국 북한 공산주의는 스탈린주의의 계승이다. 다만 북한의 김일성주체
사상은 70년대 초에 조선로동당의 지도이념을 대체한 통치이념이다.
이 주체사상은 스탈린주의를 기본으로 하고 유교적 전통사상을 가미해
가부장적 통치이념으로 변질시켜놓은 것이다. 9)

공산주의의 현실

마르크스와 엥겔스의 공산주의 철학은 자본주의에 경각심과 자기혁신의 계기는 제공했으나 현실과는 괴리가 있다는 점이 분명해졌다. 러시아혁명이나 중국혁명은 마르크스가 예언한 것처럼 자본주의의 내부모순에 의해 프롤레타리아트가 자발적으로 주도한 것이 아니라 절대왕정에 대한 엘리트의 대항, 이 과정에서 권력을 장악하기 위한 개인이나 소수집단의 음모, 마르크스 이론을 바탕으로 한 근로대중에 대한 교묘한 선동에서 비롯된 것이다.

소련과 중국공산주의는 이제 소련과 중국을 짓누르는 지배이념이 아니다. 소련은 이미 15개국의 독립국가로 분열되어 정치적으로 민주화가 이루어진 것은 아니지만 전체주의 독재에서 벗어났고 중국은 아직 정치적으로는 권위주의체계가 유지되지만 소련과 중국 모두 자본주의 경제체계를 조심스럽게 수용해가는 중이다. 중국은 토지에 대한 점유권에 대해 상속, 매매를 허용해 사실상 사유화해가고 있다. 반면에 자본주의의 수용과정은 독재권력 엘리트에게 부정부패와 치부(致富)의 기회를 독점적으로 제공하면서 빈부격차를 심화시켜 마르크스의 우려를 현실로 만들어 가고 있다.

러시아를 중심으로 국가연합국가들과 중국이 공산주의 탈을 벗고 서방국가 속으로 진입하고 있는 상황에서 북한만이 공산주의의 장례식장을 지키고 있다. 그러나 정치, 경제철학으로서 마르크스주의가 사라진 것은 아니다. 마르크스-엥겔스는 국부적 현실을 전체로 인식하고 자신들의 이념이 전체 '인민'의 이념일 것으로 착각하면서 사회변화의 방정식을 잘못 설정했다. 그러나 그들이 상정하는 인간의 본질과 사회적 위치의 문제는 민주주의와 자본주의가 안아야 할 과제다. 물질만능주의

9) 안찬일, 『주체사상의 종언』(서울: 을유문화사, 1997).

속에 인간성의 상실과 빈부의 격차는 개인의 문제가 아니라 국가의 과제로 부각되고 있는 것이다.

우리나라의 공산주의

공산주의의 기원

1917년, 러시아에서 볼셰비키파가 정권을 잡으면서 세력강화를 위해 동맹군을 필요로 했던 러시아혁명세력과 만주에서 항일운동을 하던 한국인들은 운명적으로 붉은 깃발아래 함께 할 수밖에 없었다. 볼셰비키당은 한국의 민족주의를 이용해 시베리아 한인 거주자들을 동원했고, 한인들은 독립을 목적으로 이들과 협력했다. 여기에서부터 한국의 사회주의와 공산주의의 기원이 유래한다.

우리나라에서 공산주의 운동과 정당이 최초로 개시된 것은 1921년 1월 임시정부에 참여했던 이동휘 일파가 민족주의, 사회주의 요소를 결합한 새로운 당, '고려공산당'을 조직하면서부터다.

1919년에 모스크바에서 레닌의 주도로 공산혁명의 수출을 목적으로 결성된 코민테른은 1922년 말부터 한국 공산주의운동과 민족운동의 핵을 한국본토로 옮기기 위한 노력을 시작했는데, 1925년에는 김양수와 조봉암 등이 일본제국주의를 타도하고 공산주의를 실현하자는 취지로 최초로 조선공산당을 조직했고, 뒤이어 박헌영과 조봉암 등이 참가한 공산청년동맹이 결성되었다. 그러나 그해 11월에 신의주에서 발생한 예기치 않은 사건(신의주사건)으로 인해 구성원들이 국내외에서 검거되면서 두 조직은 궤멸되었다. 이로부터 조선공산당은 해방을 맞기까지 세 차례에 걸쳐 결성과 해체를 반복하게 된다.

남한의 공산당 결성

일제치하에서 지하활동을 해오던 공산주의자들은 1945년 광복을 맞아 조선공산당 재건에 들어갔다. 8월 16일과 20일에 각 세력들이 각각 조선공산당 재건을 추진하고 9월 14일에 이 세력들이 통합해 조선공산당이 재건되었다. 이어 1946년 9월초에 인민당(여운형), 신민당(백남운), 공산당(박헌영)이 합당해 근로대중, 인민의 정당으로서 남조선노동당을 출범시킨다. 그러나 이를 전후한 공산주의자들의 불법, 파괴행위에 대해 미군정 당국의 감시가 강화되고 박헌영에 대한 체포령이 내려지자 박헌영은 10월 중순에 북한으로 도피한다. 1948년 4월 평양의 남북정치협상 개최를 기회로 남조선노동당 간부들도 대거 월북해 북한의 최고인민회의 대의원의 직책들을 맡으면서 남조선노동당의 조직은 거의 와해상태에 이르렀고, 1949년 6월에는 남북노동당이 통합해 조선노동당이 탄생했다.

북한의 공산당 결성

북한에 진주한 소련 점령군 사령부는 1945년 10월 13일에 김일성에게 조선공산당 북조선 분국을 조직(후에 북조선 공산당)토록 한 뒤에, 북조선에도 완전히 독립된 당 중앙기관을 가져야 한다는 김일성 등의 주장에 의해 12월에는 당명을 북조선공산당으로 변경했다. 북조선공산당은 신민당(1946년 3월 창당)과 1946년 8월에 합당해 조선노동당으로 당명을 바꾸고 중국 연안에서 활동한 김두봉(연안파)을 당 중앙위원회 정치원원장으로 김일성(소련파)과 주영하(국내파)를 부위원장으로 하는 체제로 출범했다.

남한의 조선인민공화국 창설과 좌초

남한에서는 1945년 9월 4일에 여운형, 박헌영, 정백, 허헌 등이 이승만을 주석으로, 여운형을 부주석으로, 허헌을 총리, 김구를 내무부장으로 하는 조선인민공화국을 창설하기에 이른다. 조선인민공화국(인공)은 미군이 진주할 것에 대비해 정부로서의 기득권을 차지하려고 서둘렀다. 그러나 9월 8일 진주한 미군은 한 달 후인 10월 10일에 인공을 비합적인 조직으로 규정하고 해산하도록 했다. 인공은 미군당국의 불법화와 이승만의 귀국, 중경임시정부요인들의 환국, 한민당을 위시한 민족진영단체들의 인공해체결의 등으로 인해 위기에 봉착하자 임시정부와 통합을 시도했으나 거부되었다. 또한 주석으로 추대된 이승만도 독립촉성중앙협의회를 결성하면서 인공과의 관계를 단절했다.

공산주의자의 활동양상

1945년 12월 17일 모스코바에서 미·영·소 3국의 외상회의가 열려 미·영·중·소 4개국이 5년간 한국을 신탁통치한다고 결정했다. 이에 임정 인사들은 물론 조선공산당도 신탁통치 반대운동을 전개했다. 그러나 조선공산당은 돌연 찬탁으로 돌아서면서 완전해방과 독립을 갈망하는 국민으로부터 격분을 사게 되었다. 이 과정에서 박헌영은 수세국면을 탈출하고자 반미운동, 총파업의 주도 등 공세적 전술을 사용했다. 또한 미소공동위원회에서는 찬탁과 반탁의 대립상황을 타개하기 위해 좌우합작의 통일정부수립을 위한 좌우합작위원회 결성에 합의했으나 좌익진영은 일방적 찬탁고집에서 물러나지 않아 실효를 거두지 못했다.

남조선노동당은 북한으로 옮기기 전까지 남한에서 일어난 여러 사건 특히 국대안(국립서울대학교안) 반대사건, 제주4·3사건, 여순사건 등에 직접 관련된 것으로 인식되면서 국민들로부터 기피, 배격의 대상이 되었다. 반공주의자인 이승만의 집권과 동시에 공산주의는 국시에 위배되는 이념이었고, 사회주의도 용공이념으로 간주되었다. 특히 김일성이 1950년 6월 25일 남침을 기도해 민족상잔의 참혹한 전쟁을 불러왔고, 이 전쟁과정에서 200만 명이 사상한 것으로 집계되었다. 이 전쟁을 사주한 소련, 전쟁을 수행한 김일성, 그리고 이를 지원한 중국 등 공산주의 국가와 그 수뇌들에 대한 증오는 너무나 당연하다. 특히 전쟁과정에서 북한군뿐만 아니라 북한군에 편승한 남한의 불평분자, 공산주의자들은 같은 동네의 주민들에게 개인감정을 폭발시켜 공산주의 이름으로 살생과 약탈을 자행했다.

남조선노동당의 불법적 행동에 이어 한국전쟁 과정에서 보인 공산주의자들의 행태는 공산주의의 본질이 무엇이든 우리 국민들에게는 배척과 타도의 대상이었고, 이승만 정권의 반공주의는 확고한 정당성을 담보하게 되었다. 이로부터 우리나라에서 공산주의는 머리에 뿔이 달린 괴물로 인식되었다. 마르크스가 그렸던 이상과 본질은 레닌과 스탈린에 이르러 정권을 장악하고 유지하는 간교한 수단으로 전락했다. 이 수단을 습득하면서 스탈린의 지원을 받은 김일성은 북한을 무자비하게 통치할 수 있었다. 남한의 공산주의자들은 일제하에서는 일본에, 해방 후 미군정하에서는 미군에, 정부수립 후에는 이승만을 비롯한 우익세력에 의해 쫓기고 숨어야 했다.

우리나라의 반공주의

권위주의 정권의 안정수단

우리나라의 공산주의는 너무나 단정적이다. 공산주의의 이념은 완전히 무시되었다. 공산주의자들도 이념보다는 수단에 집착했다. 감시와 탄압, 그리고 시시각각으로 달라지는 촌음을 다투는 권력투쟁에서 살아남기 위해서는 '이기는 전략'만이 필요했다. 미래의 비전이나 장기적인 지지를 필요로 한다면 공산주의 이념을 전파해야 하지만 단기전의 승리는 조급증에 바탕을 둔 전술이 우선한다. 우익진영도 마찬가지였지만 공산세력들은 이 과정에서 스스로의 무덤 속으로 들어갔던 것이다.

권위주의적인 정권에게 반공주의는 권력안정을 위한 유용한 수단이었다. 반공은 표현과 집회, 결사의 자유를 자신들의 손아귀에 장악할 수 있는 정당한 무기였다. 1988년 서울 올림픽 개최 당시 소련과 헝가리 등 구 공산권 국가들이 참가했고, 1990년 소련과 수교함으로서 공산세계에 대한 문호가 개방되었다. 1991년 9월 남북한이 국제연합에 동시에 가입했으며 1992년에 정상회담을 통해 중국과 외교 관계를 수립했다. 노태우정권과 특히 군부정권에 항거했던 김영삼 문민정부도 대북정책은 반공을 기저로 하고 있었다. 그럼에도 비록 선언적이고 정치적이긴 하지만 적극적인 대북교섭과 공산국가들과의 외교관계수립은 북한과 공산주의에 대한 혐오스럽고 적대적인 인식의 변화를 수반하도록 했다.

특히 88년에 야당의 현역 국회의원인 서경원의 밀입북, 89년에는 유명작가인 황석영 방북(1989.3.24), 목사인 문익환(1989.3.25), 전국대학생대표자협의회 대표자격의 학생 임수경(1989.6.30) 외에 같은 해에 신부인 문규현의 방북 등은 타도와 기피대상이던 공산주의를 접촉대상으로 인식을 바꿔놓았지만 '공안정국'을 몰고 왔다. 공안정국의 긴요한 통제수단은 국가보안법이었다.

국가보안법

국가보안법은 1948년 11월 발생한 여순 사건을 계기로 남한의 좌익세력을 제거하려는 의도로 제헌의회에서 일제의 치안유지법을 모체로 해 제정(1948년 12월 1일 공포·시행)된 것이다. 국가보안법은 제정이후 1949년 12월 19일의 제1차 개정을 시작으로 1980년 12월 31일의 제6차 개정에서 별도로 시행해 오던 반공법을 폐지·흡수해 현재에 이른다. 국가보안법은 주로 치안질서유지를 목적으로 하였으나, 반공을 목적으로 하는『반공법』까지 흡수해 명실상부한 국가의 안전보장법으로서 개편된 것이다.

국가보안법은 그동안 공산주의 활동은 물론이지만 공산주의에 관한 고무찬양이나 심지어는 공산주의에 관한 서적의 소지나 탐독까지도 제한해 지적 호기심을 가진 많은 지식인들과 학생들을 전과자로 만들었다. 다만 북한은 여전히 남한을 적화통일의 대상으로 삼고 있는 상황에서 북한의 활동을 찬양·고무·선전하거나 이에 동조하는 행위는 국가의 존립 등에 실질적 해악을 끼칠 위험성이 있다는 점에서 보안법이 존재할 수 있는 당위성이 있다. 그러나 그동안 국가보안법은 정권에 따라 고무줄법으로 운영되면서 공산주의와 남북통일문제와 관련된 진보적인 사상과 표현에 대한 자유를 제한하는 역기능을 낳았다. 국가보안법은 개폐논쟁의 중심에서 상당히 탄력적으로 적용되고 있으나 시한부운명이다.

남북정상회담

문민정부의 김영삼대통령과 북한 김일성주석 간에 남북정상회담(1994년 7월 25일 예정)이 합의되었다는 소식은(7월 8일 김일성의 사망으로 불발되었지만) 그동안 요괴이거나 두려움의 존재였던 김일성이 정상적인 지도자로서 우리의 대등한 상대라는 인식으로 전환되는 계기가 되었다.

재야정치인으로서 특히 남북과 통일문제에 관심을 보이면서 나름의 정책을 제시해왔던 김대중은 대통령이 되면서 1998년 6월에는 현대그룹 회장 정주영의 '소떼 방북'을 지원하고, 같은 해 11월에는 금강산 관광길을 개통함과 아울러 1945년 한반도가 분단된 이후 55년 만에 처음으로 2000년 6월 15일 역사적인 남북정상회담과 '6·15 남북 공동선언'을 발표하였다.

김대중대통령의 방북과 6·15남북공동선언은 북한과 공산주의에 대한 근본적인 인식의 변화와 적극적인 토론의 장을 확장했다. 시체로 인식되던 북한에 체온이 감지되었다. 2002년 5월에는 보수야당 국회의원으로, 특히 박정희 전 대통령의 딸이라는 점에서 보수세력의 한 대표인 박근혜가 방북해 김정일과 회담하면서 이념의 벽을 넘어 북한에 대한 인식의 지평을 넓혔다. 2007년 10월 2일, 노무현대통령이 걸어서 군사분계선을 넘고 평양개성고속도로를 통해 평양에 도착하는 모습에서 북한은 더 이상 먼, 이상한나라가 아니라 우리의 동족이 사는 우리의 국토라는 사실이 분명했다. 유령으로 인식되던 공산주의가 인간의 사고가 체계화된 여러 이념 가운데 하나라는 점이 드러난 것이다.

대북정책의 남남갈등

김대중, 노무현정권은 정경분리원칙 아래 북한의 핵무기개발과 여러 차례의 군사도발10)과는 별개로 교류와 협력을 지속했다. 남북한 당국 간의 갈등과는 관계없이 민간의 대북교류를 자유화했다. 정부는 보수층의 의구심을 의식해, 최소한의 대북 견제장치 성격을 나타내고자 예산이 소요되는 대북지원에 대해서는 상호주의 원칙을 지키겠다고 밝혔으나, 서해교전과 같은 무력충돌에도 불구하고, 금강산사업에 대해 정부 차원의 지원을 함으로써 보수세력으로부터 '퍼주기'라는 거센 반발을 야기했다.

김대중, 노무현 정권은 대북정책에 대해 집권세력이라는 위치에서 상대적으로 소수인 진보세력을 중심으로 보수에 맞섰다. 이로써 국민적 합의를 전제로 해야 하는 대북문제가 보수와 진보의 양극적, 비타협적 구도로 편성되면서 남남갈등의 지형을 나타냈다. 남남갈등을 유발하는 이러한 대북정책은 결국 공산주의 이념에 대한 지평은 확장했으나 보수

---

10) 대표적인 군사도발은 연평해전으로 2002년 가을에 일어났으며, 노무현정부가 들어서기 직전 (2003년 2월 취임)의 일이다. 북한군의 발사로 야기된 남북 군함간의 충돌로 우리장병 6명이 전사하고 19명이 부상하였으며, 북한군도 50명 이상 사망한 것으로 추정된다.

세력의 북한에 대한 적대감을 고조 강화하도록 만들었다.

북한은 수순한 공산주의와는 다른 이념집단이라는 점은 이미 앞에서 언급했다. 공산주의 이념은 북한과 구별되어 토론되어야 한다. 마르크스와 엥겔스가 추구했던 인간해방의 비전으로서의 공산주의, 공산당 선언에 나타난 '각자의 자유로운 발전이 모두의 자유로운 발전의 조건이 되는 연합체'라는 내용과 소외로부터 인간의 완전한 본질을 찾기 위한 소유문제의 재검토는 자유롭고 평등한 정의사회를 위해 반드시 토론의 주제가 되어야 한다. 긴 역사를 통해서 보면 모든 국가는 이념의 요람과 무덤이 존재한다. 시대상황에 따라 어떤 이념은 사장되고 다른 이념은 소생한다. 공산주의도 그러한 과정을 거치고 있다.

제11장 민족주의

민족주의는 이념인가?

민족주의는 분류와 개념화에서 아주 골치 아픈 대상이다. 민족주의가 하나의 이념인가의 여부에 대한 합의가 없다. 민족주의가 아주 강력한 힘을 가지고 있음에도 불구하고 아직도 민족주의가 무엇인지에 관한 합의도 없다. 우선 민족주의가 하나의 이데올로기(이하 이념으로 표기)인가의 문제다.

민족주의가 이념인가의 여부에 관한 문제를 피하는 경우도 있지만,[1] 많은 학자들은 민족주의를 이념으로 단정하는데 주저하거나 이념으로서는 충분한 요건이 결여되어 있다 면서도 이념으로 다룬다. 다른 이념들과 결합되는 경우를 제외하고는 정치체계와 같은 문제에 뚜렷한 입장을 갖

---

1) D. Miller, *On Nationality* (Oxford, Clarendon, 1995).

지 않기 때문에 완전한 이념일 수는 없지만 신념체계가 어떤 집단에 의해 진실로서 받아들여진다는 기본적인 의미에서는 이념2)이라는 관점과 특별한 이념으로 취급되기 어려운 다른 이념들과 뒤엉켜 있다3)는 지적 그리고 이념 여부의 양극단에서 어정쩡한 태도를 취하면서 엄밀히 말하면 민족주의는 일련의 이상과 가치를 포함하지 않았다는 점에서 이데올로기는 전혀 아니라면서도 자신의 저서에서는 민족주의에 관해 한 장을 할애하는 경우4)도 있다.

민족주의는 개념적 구조가 사회정의, 사회의 배분, 그리고 주류이념이 집중하는 갈등관리의 문제에 대한 자신의 해결책을 제시하지 못하기 때문에 이념의 포괄적인 기준을 충족하지 못한다는 주장5)과 현대 이념들 가운데 결점이 있지만 가장 단순하고, 분명하며, 가장 세련되지 못하면서도 가장 광범위하게 퍼져있으며 인민대중의 감정에 가장 강력한 장악력을 가진 하나의 이념으로 간주하기도 한다.6)

그러나 민족주의가 하나의 믿음체계로 작용하고 있는 한 이념으로서의 성격을 배제할 수 없다. 오히려 민족주의는 각 민족단위에서 경쟁적이고 대안적인 사고가 아니라 독자적인 고유의 사고체계라는 점에서 이념의 범주에 포함된다. 특히 민족주의가 이념이냐의 여부보다는 그 본질이 무엇인가가 더 중요하다.

---

2) 리만 T 써젠트, 최한수(역), 『현대비교정치이데올로기』(서울: 도서출판 신유, 1991), 33.

3) T. Ball and R. Dagger, *Political Ideologies and the Democratic Ideal* (New York: Harper Collins, 1991), 18.

4) Heywood, *Political Ideologies: An Introduction* (London: Macmillan, 1992), 136.

5) Michael Freeden, "Is Nationalism a Distinct Ideology," *Political Studies* Vol. 46(1998), 752.

6) I. Adams, *Political Ideology Today* (Manchester: Manchester University Press, 1993), 82.

민족의 본질

용어의 기원

민족주의를 구성하는 핵심개념은 민족이다. '민족'이라는 단어는 출생을 의미하는 라틴어 동사 nasci로부터 연유되어 당초에는 공통적인 혈통을 의미했으며, 명사 nationem은 혈통과 인종을 함의했다. nation은 근대적 관념으로 16세기 영국에서 최초로 나타났고,[7] 17세기 초까지는 한 지역의 주민을 의미했다.[8] 민족(nation)은 19세기와 20세기 초까지 인종(race)과 동의어로 사용되었다. 민족이 근대 공동체의 형태로 나타난 것은 18세기 말 이후며 민족주의가 이념과 운동으로 나타난 것도 이 시기이고 역사적으로는 인종이 민족의 기반이었다.

민족은 인종이나 국민 심지어는 국가와 혼동되기 때문에 용어의 구별이 필요하다. 인종(ethnie)은 특정 영토와 결합된 선조의 신화와 역사 및 문화를 공유한 사람들이다[9] 이러한 인종은 인간의 선천적 특성(용모, 골격 등)에 의한 분류(예. 아시아 인종, 황인종, 백인종)다. 민족은 국민과도 혼동되는데 국민은 정치체계 내에서 일정한 주권의 지배대상으로서 일종의 법률적 구분대상이다.

민족(nation)은 경우에 따라서 국가(state)와 혼용되면서, '민족국가'라는 말로 발전하기까지 했다. 영국에서는 이미 17세기에 'nation'이 국가나 국가와 협력하는 하위 정치체로서의 국민(staatsvolk)의 의미

---

7) Liah Greenfeld, "Types of European Nationalism," J. Hutchinson and A. D. Smith(eds.), *Nationalism* (Oxford: Oxford University Press, 1994), 167.
8) Walker Connor, "A Nation is Nation, is a State, is an Ethnic Group, is a …," J. Hutchinson and A. D. Smith(eds.), *Nationalism* (Oxford: Oxford University Press, 1994), 38; Guido Zernatt, "Nation : The History of a word," in Review of *Politics* 6 (1944), 351~366.참조.
9) A. D. Smith, *The Ethnic Origins of Nations* (Oxford: Blackwell, 1986), 32.

를 얻음으로써 민족과 국가는 일치하는 동의어가 되었다.[10] 국가가 미국의 경우처럼 여러 인종으로 구성되기도 하지만 여러 민족으로 구성되기도 한다. 구 소련의 경우 수십 개의 민족으로 구성된 최소한 15개의 소국가가 소비에트사회주의연방을 구성했던 다민족 국가였다. 국가는 단일민족 외에도 그 이상의 민족이나 혹은 인종도 포함하는 것이다.

민족의 특성

민족은 포괄적으로 '공통적 문화에 명시된 심리적 구조와 공통적인 언어, 영토, 경제생활의 기반위에 형성된 역사적으로 구성된 사람들의 안정적 공동체'[11]다. 즉 사람들의 한정된 공동체로서 공통적 언어, 공통적 영토, 공통적 경제생활과 경제적 유대, 공통적 문화를 바탕으로 하는 공통적 심리구조인 것이다.[12]

민족의 요체는 무정형으로서[13] 심오한 수평적 동료의식으로 상상되는 제한되고 주권을 가진 상상의 정치공동체다.[14] 심리적 구조나 민족적 특성은 관찰자에게 무형의 어떤 것이지만 그 자체가 민족에게 특별한 문화적 공통성을 현시한다면 정형적이고 무시될 수 없는 것이다.

사람들의 한정된 공동체로서의 민족은 인종이나 부족의 공동체가

---

10) 한스-울리히 벨러, 이용일(역), 『허구의민족주의』 (서울: 푸른역사, 2007), 54.
11) Joseph Stalin, "The nation" in J. Hutchinson and A. D. Smith, *Nationalism* (Oxford: Oxford University Press, 1994), 18–20.
12) 스미스(Anthony D. Smith)는 민족의 특성을 7가지로 구별한다. 1) 다른 비구성원들과의 문화적 차이 2) 전체적으로 자유로운 이동을 가진 영토적인 접근성 3) 상대적으로 큰 규모와 인구 4) 유사집단과 갈등 및 동맹의 외적인 정치적 관계 5) 상당한 집단의 감정과 충성심 6) 평등한 시민권을 가진 직접적인 구성원 7) 공통적인 노동체계를 중심으로 하는 수직적 경제통합 등이다.; Anthony D. Smith, *Theories of Nationalism* (end ed.) (New York: Holmes & Meier Publishers, 1983), 186.
13) Walker Connor, "A Nation is Nation, is a State, is an Ethnic Group, is a …," in J. Hutchinson and A. D. Smith, *Nationalism*, 36.
14) Benedict Anderson, *Imagined Communities: Reflections on the Origin and Spread of Nationalism* (London: Verso, 1991), 6–7.

아니라 역사적으로 구성된 공동체다. 미국은 물론 영국이나 독일, 프랑스, 이태리 등은 여러 다양한 인종과 부족으로 구성된 민족인 반면에 사이프러스(Cyrus)와 알렉산더(Alexander)대제국은 역사적으로 구성되고 다른 인종과 부족으로 형성되었지만 민족이라기보다는 전쟁의 승패와 정복에 따라 이합집산된 일시적으로 느슨하게 연계된 집단들의 혼합이다. 민족은 일시적이거나 단명한 혼합이 아니라 사람들의 안정적인 공동체인 것이다. 그렇다고 모든 안정적 공동체가 민족을 구성하는 것은 아니다. 오스트리아와 러시아는 안정적 공동체이지만 민족이라기보다는 단지 국가적 공동체일 뿐이다.

공통적인 언어는 민족의 특징이다. 앤더슨(Benedict Anderson)은 언어가 상상의 공동체와 특별한 결속감을 창조하는 능력을 가진다는 점에서 중요하며,[15] "인간언어의 숙명적 다양성 위에 자본주의와 인쇄술이 수렴됨으로써, 그 기본 형태에서 근대 민족을 준비하는 새로운 형태의 상상의 공동체 형성의 가능성을 창조했다"며 언어와 함께 인쇄술의 발달이 민족주의 형성에 중요한 수단이었음을 강조한다.[16] 모든 민족에게는 하나의 공통언어가 있지만 하나의 언어를 사용하는 모든 사람이 반드시 하나의 민족을 구성하는 것은 아니며, 반드시 다른 민족이 다른 언어를 사용하는 것도 아니다. 모든 구성원이 동시에 몇 가지 언어를 사용하는 민족은 없지만, 이것이 동일한 언어를 사용하는 두 민족이 있을 수 없다는 것을 의미하는 것도 아니다.

민족적 공동체는 공통적인 언어 없이는 상상할 수 없는 반면에 국가는 공통언어를 가질 필요가 없다. 오스트리아의 체코민족과 러시아의 폴리시(Polish)는 각자 공통적 언어를 갖지 않았다면 민족으로서의 존

---

15) Anderson, *Imagined Communities: Reflections on the Origin and Spread of Nationalism*, 133.

16) Anderson, *Imagined Communities: Reflections on the Origin and Spread of Nationalism*, 45-46.

립이 불가능했을 것이다. 반면에 러시아와 오스트리아의 보전은 국경 내에 몇 종류의 다른 언어들이 있다는 사실로 인해 영향을 받지 않는다. 여기에서는 사람들이 사용하는 언어를 말하는 것이지 공식적인 정부의 언어를 말하는 것은 아니다.

영국인과 미국인은 동일한 하나의 언어(영어)를 사용하지만 하나의 민족을 구성하는 것은 아니다. 언어가 민족에 중요한 요소인 것은 확실 하지만 베버(Weber)의 말대로 공통적인 언어가 민족을 구별하는 필요 충분조건은 아닌 것이다.[17)]

하나의 공통적인 영토도 민족의 특징이다. 한 민족은 오래도록 체계 적인 교제로서 대를 이어 함께 사는 사람들의 결과다. 사람들은 공통적 인 영토가 없다면 오랜 기간 함께 살 수 없다. 영국인과 미국인은 원래 같은 영토에서 살면서 한 민족을 구성했지만, 일부가 영국으로부터 새 로운 영토, 미국으로 건너갔고 시간이 지나면서 새로운 미국 민족을 형 성한 것이다. 영토가 다르면 다른 민족이 형성된다. 그러나 공통적인 영 토 자체만으로 민족이 창설되는 것은 아니다. 여러 부분의 민족을 하나 로 결합시킬 내적인 경제적 유대가 필요하다. 영국과 미국사이에는 그 런 유대가 없기 때문에 그들은 다른 두 민족을 구성한 것이다.

공통적인 경제생활, 경제적 결합, 공통적인 문화를 보여주는 공통적 심리적 구조도 민족의 특성이다. 여기에는 민족을 구성하는 사람들의 특정한 정신적 복합성이 존재한다. 민족 간에는 삶의 조건뿐만 아니라 민족적 문화의 특수성에서 그 자체를 명시하는 정신적 복합성의 차이가 있다. 미국과 영국, 아일랜드는 단일 언어를 사용함에도, 3개의 다른 민 족을 구성하는 것은 상이한 현존의 조건으로 인해 여러 세대를 거치면 서 발전한 독특한 심리적 구조 때문이다.

---

17) Gerth and Mills, *From Max Weber: Essays in Sociology* (Routleedge & Kegan Paul: London, 1948),172-3.

민족의 특성은 한 번에 고정되는 것이 아니고 삶의 상태에 따른 변화로 수정된다. 민족은 '활동적 사고의 과정과 관련된 사람들 가운데 교체에 의해 창조되고 유지되며'[18] 모든 순간에 존재하기 때문에 민족의 특징에 대한 인상을 남긴다. 민족은 우선 종족에 기반을 둔 통치체계의 전통에 근거해 발전하고 서서히 민족주의와 그 추종자들에 의해 독립된 행위주체로 만들어진 '고안된 질서'[19]로, 전부 고안된 것이 아니라 역사적 전통들의 요소들에서 많은 부분 짜깁기된 것이다.[20]

민족주의의 본질

민족주의는 특수한 상황과 특별한 시기 및 장소에서 필요한 사회적 조건이 존속하는 동안에만 존재할 수 있는 것이다.[21] 민족주의는 현실적으로 혹은 상징적으로 공통적인 역사적 경험과 미래에도 분리된 독자적 집단으로서 함께 살고자 하는 열망을 가진 사람들의 집단을 통합하는 감정이 언어로 표현되는 것을 의미한다.

민족주의(nationalism)라는 용어가 등장한 것은 1400년대 초로 보이는데 프랑스에서는 1798년에 사용되었지만 19세기 초까지는 나타나지 않았고, 영국에서는 1836년 옥스퍼드(Oxford) 영어사전에서 신의 선택물이라는 교조를 의미했다.[22] 그러나 1775년의 폴란드의 분할, 1776년 미국의 독립선언, 1789년과 1792년의 프랑스 혁명의 개시와 제2국면, 1807년 피히테(Johann Fichte)의 독일국민에 대한 연설 등은

---

18) D. Miller, *On Nationality* (London: Oxford University press, 1995), 6.
19) 한스-울리히 벨러, 이용일(역), 『허구의민족주의』 (서울: 푸른역사, 2007), 38.
20) 한스-울리히 벨러, 이용일(역), 『허구의민족주의』, 69.
21) G. Day and A. Thompson, *Theorizing Nationalism* (New York: Palgrave Macmillan, 2004), 41.
22) Smith, *Theories of Nationalism*, 167.

민족주의의 분명한 출현을 나타내준다.[23) 각각의 민족주의는 그 자체 및 시간에 따라 다르게 표현되어 왔다. 역사나 발전과정의 뿌리가 짧은 미국의 민족주의와 영국이나 아시아의 민족주의가 같을 수는 없다.

민족주의는 신념체계로서, '주권, 중심적인 충성의 대상, 집단적 결속의 기반을 가진 국민 개개인의 정체성의 근원'[24)으로 새로운 사상과 새로운 감정으로 인간의 머리와 가슴을 채우고 그의 의식을 전환시키는 사고나 사고의 힘이다.[25)

민족이 일정한 사상체계를 형성하고 그 사상체계가 민족구성원들에 의해 구체적으로 표출될 수 있을 때 비로소 민족주의적인 성격을 갖게 된다. 민족국가는 곧 민족주의를 실현시켜 나가는 정치조직체다. 이러한 조직체를 바탕으로 해 한 민족의 정치. 경제. 사회. 문화적인 욕구를 구체적으로 실현 시킬 수 있는 것이다.

민족주의는 무엇보다도 인민의 자유와 주권이 핵심이다. 사람들은 우선 자유로워야 하기 때문에 외부의 억압으로부터 벗어나야 하고, 자신의 운명을 스스로 결정해야 하며 자신의 나라에서 주인이 되어야 한다. 자신의 자원을 스스로 관리해야 하고, 내부의 목소리에만 복종해야 한다. 이런 것들은 동포애를 수반한다. 사람들은 단합해야 하고 내부분열을 해소하며 하나의 역사적인 영토에 집결되고 법적 평등성과 하나의 공공문화를 공유해야 한다. 영토는 모국으로서 오직 역사적 권리에 의해 그들의 것이며 그들 선조의 땅이고, 문화는 선조로부터 물려받은 전통적 유산이기 때문에 확실한 동질성의 표현이다.[26) 민족주의는 이러한 인식의 총체적 신념이다.

23) J. Hutchinson and A. D. Smith, *Nationalism* (Oxford: Oxford University Press, 1994), 5.

24) Liah Greenfeld, *Nationalism: Five Roads to Modernity* (Cambridge, Massachusetts: Harvard University Press, 1992), 3.

25) Hans Kohn, *The Idea of nationalism* (New York: 1967), 18.

26) J. Hutchinson and A. D. Smith, *Nationalism*, 4.

민족주의는 ① 공통의 국토, 인종, 언어, 혹은 역사적 문화에 대한 사랑, ② 정치적 독립, 안전, 민족의 지위에 대한 열망, ③ 모호하고 때로는 초자연적이며, 민족으로 알려진 사회적 유기체에 대한 정신적 헌신의 상승작용 ④ 개인의 삶의 목적이 민족 그 자체라는 당연한 추론으로 민족에 대한 유일한 신조 ⑤ 자신의 민족이 다른 민족들 가운데 최고는 아니더라도 우월해야 하며 이 목적을 향해 진취적 활동을 해야 한다는 신조27)를 함의한다. 민족주의는 또한 ① 집단이나 민족의식의 부분으로서의 자각 ② 집단이나 민족적 일체성과 동일시 ③ 약간의 예외가 있지만, 한정된 집단에 대한 지리적 범위 ④ 집단에 대한 애정이나 애국심 ⑤ 집단을 강화시키기 위해 고안된 행동에 대한 요구 등이다.28)

현대의 민족주의는 광의적으로는 '이념체계, 독트린, 민족공동체를 만들고, 작동시키며, 통합시키는 것을 돕고, 근대적 통치체계를 정당화 시키는 세계관'29)이다. 협의적 의미로는 ① 공통적인 국토, 인종, 언어, 역사문화의 사랑 ② 민족에 대한 정치적 독립, 안전, 위상에 대한 열망 ③ 민족 혹은 인민으로 알려진 막연하고 때로는 초자연적, 사회적 유기체라는 인식 ④ 민족 그 자체가 목적하는 추론과 함께 개인들이 오로지 민족을 위해 사는 신조(dogma) ⑤ 비록 다른 민족보다 최고는 아니지만 민족이 우월하거나 우월해야 하며 이 목적을 위해 공격적 행동도 취해야 한다는 교의(doctrine)를 나타낸다.30)

민족주의는 정치운동의 추구나 국가권력의 행사 그리고 민족주의자의 요구나 행동이 ① 명백하고 독특한 특성의 민족이 존재하고 ② 민족의 이익과 가치가 모든 다른 이익과 가치에 우선하며 ③ 민족은 가능한

27) Boyd C. Shafer, *Nationalism: Myth and Reality* (New York: Harcourt, Brace & World, Inc., 1955), 10.
28) 리만 T. 사젠트, 최한수(역), 『현대비교정치이데올로기』.
29) 한스-울리히 벨러, 이용일(역), 『허구의민족주의』, 38.
30) Shafer, *Nationalism : Myth and Reality*, 6.

한 독립적이어야 한다는 것을 전제로 하는데, 이것은 민족이 최소한의 정치적 주권을 확보해야 하는 정당한 근거가 된다.[31] 그리고 민족국가는 내외적인 폭력수단의 직접적 통제와 법에 의한 제재의 지배, 구분된 경계를 가진 영토에 대한 행정적 독점권을 유지하는 제도적 통치형태를 의미한다.[32]

국가주의자(Statist)는 민족주의를 영토적 주권적 단위로 한정한다. 이 경우 민족주의는 식민지배자에 의해 수립된 영토내의 식민지화된 인구의 새로운 정치공동체로서의 자치정부에 대한 열망이다. 반면에, 민족주의 운동가는 이러한 논거를 바탕으로 민족주의라는 자아의식을 창안하는데, 결국 민족주의가 민족에게 자의식을 깨닫게 하는 것이 아니라 자아의식이 없는 곳에서 이러한 논거를 통해 자아의식을 창안하는 것이다.[33]

인종주의자(ethnicist)는 민족주의를 공통적 문화 및 단정된 혈통으로 한정된 대규모의 정치화된 인종집단으로 본다. 중요한 것은 민족주의운동은 제도화된 국가권력의 구조 내에서 이루어져야 하고 그렇지 않을 경우 분리주의자나 공산주의자의 지향과 관련된다.

민족감정과 민족주의

민족주의가 민족구성원들의 심리적 일체감이라고 볼 때 민족주의를 구성하는 것은 민족구성원들의 충성심이다. 그러나 이 충성심은 민족주의라기보다는 민족감정에 해당한다. 민족감정과 민족주의는 밀접히 관련되어 있지만 민족과 민족국가가 다른 것처럼 이들도 구별되어야 한다. 민족

31) John Breuilly, *Nationalism and the State* (Chicago: The University of Chicago, 1985), 3.
32) Anthony Giddens, "The Nation as Power-Container," in J. Hutchinson and A. D. Smith, *Nationalism* (Oxford: Oxford University Press, 1994), 34-35.
33) E. Gellner, *Thought and Change* (London: Weidenfeld and Nicholson, 1964), 168.

감정은 민족주의보다 상대적이다. 민족감정은 민족에 대한 최고의 충성심, 민족의 통일성과 순수성, 자율성과 각성에 대한 열망의 감정이다.

"사람들은 감정이나 감상으로 민족주의자가 되는 것이 아니라 비록 모호하게 드러나지만 진심에서 우러난 성실성과 객관적이고 실용적 필요성으로부터 민족주의자가 된다."[34] 민족주의는 대다수의 국민에게 전파되고 국민 모두에게 전파되기를 요구하는 마음의 상태로서, 정치조직의 이상적 형태로서, 그리고 모든 창조적 문화의 힘과 경제적 복지의 근원으로서 민족국가를 인식한다.[35]

민족주의의 표출과 확산

민족주의는 초기에 공식적 민족주의(official nationalism)라는 민족과 왕조제국의 의도적인 결합물에서 출발해, 1820년대부터 유럽에서 번성한 대중민족주의운동과 그 반동으로 발달되어 이제는 한 전형이 되었고, 이런 민족주의들은 미국과 프랑스 역사들이 모델이다.[36] 민족주의는 미국과 프랑스혁명기간에 사회, 정치 및 지적으로 강력하고 폭발적으로 표출되었다.

미국과 유럽에서 혁명의 원인은 다양했지만 감정과 지적 내용은 점점 더 민족주의적이고 결과적으로 절대주의국가에서 민족국가로의 민주적 전환이 이루어졌다. 일본은 1868년 명치유신을 통해 도쿠가와 막부시대의 사양(斜陽)과 함께 프랑스혁명을 모델로 해 시민의 민족주의 고양을 위한 교육에 착수해 일본사회의 근대화와 민족국가 건설에 성공했다.

---

34) Gellner, *Thought and Change*, 160.
35) Hans Kohn, *The Idea of nationalism*, Ch. 1.
36) Anderson, *Imagined Communities: Reflections on the Origin and Spread of Nationalism*, 86-87.

민족주의는 제국의 지배에 있는 유럽과 중동 그리고 아시아 전역에 걸쳐 식민지배로부터 벗어나려는 20세기의 탈식민지 운동의 원동력으로서 반식민적 민족주의로 자리 잡았다. 20세기 초의 양차대전은 물론 기타의 여러 전쟁과도 연계되었으며 1918년 미국의 윌슨대통령의 민족자결주의 천명은 각국의 민족주의를 고취시켰는데 우리나라에서도 3·1운동이 일어나는 배경으로 작용했다.

1940년대와 50년대 아시아와 아프리카의 반식민지운동의 범람과 미국의 흑인운동의 결과로 서방국가들은 어떤 '인종적 부활'을 경험해야 했다. 부활은 1960년대의 혁명에 다시 나타나는 것이었다. 모택동과 체게바라에 의해 고무된 해방운동과 유고슬라비아, 중국, 베트남, 예멘, 소말리아, 앙골라에서의 혁명이념은 민족적 공산주의와 밀접히 연계되어 있다. 퀘벡, 스코틀랜드, 웨일즈 등에서는 인종적 자율이나 독립을 요구하는 운동이 출현했고 최근 동유럽의 국가분리독립 및 중동의 분쟁, 인도의 인종분쟁, 구소련연방의 붕괴와 그에 소속되어 있던 국가들의 독립으로까지 이어졌다.[37)]

국제주의와 세계주의

민족주의를 해석하거나 정의하는데 사용된 요소(공통의 영토, 공통의 언어, 공유된 전통, 역사, 인종, 국가지위 등)들은 결국 다른 민족들과의 배타성을 전제하는데, 민족주의는 일종의 정치이념으로서, 반드시 배타성의 형태인 것은 아니며, 어느 특정 공동체와 일체성을 가져야 되는 것도 아니다. 미국은 가장 좋은 예다. 그럼에도 근대 세계에서 민족주의

---

37) 민족주의가 관련된 전쟁의 사례에 대해서는 Louis L. Snyder, *The New Nationalism* (ithaca, New York: Cornell University Press, 1968), 9-10을 참조할 것.

는 가장 공통적이고 중요한 배타성의 형태다.

민족주의가 자신이 속한 집단을 중심으로 하는 사고라면, 국제주의(Internationalism)의 핵심은 다른 국민들과 다른 문화들이 받아들여질 수 있는 범위 내에서 전체에 대한 강조다. 국제주의는 민족주의에 깔려있는 감정 대신에 이성을 강조한다. 국제주의자들은 민족주의에서 일어나는 감정을 반대하고 민족주의가 국가 간의 분열과 위험스런 충돌을 가져온다고 주장하면서 세계가 어떤 방식으로든 연합되어야 한다고 생각한다.

민족주의가 한 국가 내의 사람들 간의 연대의식을 요구하는 것처럼 국제주의도 세계의 모든 개인들 간의 연대의식을 요구한다는 점에서 둘이 유사하다. 한편 세계주의(Globalism)는 연대가 아니라 오히려 해체라는 점에서 민족주의나 국제주의와 상반된다. 세계주의는 이른바 세계가 한 지붕의 지구촌으로 변화한다는 논리를 배경으로 하지만 결국 이념이 아니라 신자유주의의 전위논리에 불과하다.

민족주의의 기능

에밀 뒤르켐(Émile Durkheim)은 반세기전 이미 현대사회는 점점 더 전문화되고 기능적으로 다양화되지만, 공유된 규범과 가치 그리고 공통적인 제도적 틀로 함께 결속되는 특성을 갖는다[38]고 갈파했지만 민족주의는 오늘날까지 통합을 위한 장치로서 이 부분에 긍정적 기능을 수행해왔다. 민족주의는 종교를 대신하는 중요한 대안이며, 더욱이 종교와는 달리 세속적 틀로써 고결성과 신념 및 가치의 시민체계를 증진하고 잠재적으로 과도한 자유가 신앙과 결합되는 것으로 해석될 수 있다.[39]

38) E. Durkheim, *Division of labour in Society* (New York: Free Press, 1960).

민족주의는 민족들이 현재의 상황에 대해 공통된 인식을 공유할 뿐만 아니라 미래의 목표도 공통적이기 때문에 민족의 공통적 활동과 연관된다. 민족주의는 여러 형태로 기능이 수행된다.

① 통합적 기능: 정치적으로 분단된 민족들이 단일국가로 통합을 성취하려는 수단으로서 이태리와 독일의 경우처럼 국가의 영토통합과 공고화가 그 예다.

② 현상유지적 기능: 러시아, 헝가리, 독일제국의 경우처럼 다양한 민족국가의 구성부분으로 붕괴를 막으려는 다민족 국가의 노력을 반영한다.

③ 독립적 기능: 민족주의는 폴란드, 우크라이나, 체코, 슬로바키아, 발트, 핀란드처럼 소수민족이 자치를 성취하려는 열망으로부터 나올 수 있다.

④ 동포애적 기능: 민족적으로 밀접한 관련이 있으면서도 타국의 지배하에 있는 지역 민족들과 연합을 이루려는 노력으로 그리스, 루마니아, 불가리아의 경우다.

⑤ 식민지 확장적 기능: 국가들이 자신의 제국주의 입장을 강화하는 도구가 된다. 영국, 프랑스, 포르투갈, 스페인, 벨기에, 네덜란드 등이다.

⑥ 공격적 기능: 더 큰 부, 영토, 인민, 권력을 획득하기 위한 동기부여로 나치 독일, 파시스트 이태리, 일본의 경우다.

⑦ 경제확장적 기능: 힘으로 개발도상국가에 대해 경제적 이익을 확보하기 위한 시도를 수반한다. 미국과 구 소련연방의 경우다.

⑧ 반식민주의적 기능: 가나, 나이지리아, 콩고, 인도, 인도네시아, 시리아, 요르단의 경우들은 아프리카, 아시아, 중근동의 전 식민지 국가에서 신생민족국가 창설을 촉진했다.[40)]

---

39) Day and Thompson, *Theorizing Nationalism*, 50.
40) Louis L. Snyder, *The New Nationalism* (Ithaca, New York: Cornell University Press, 1968), 3-4.

우리나라의 민족주의

민족주의의 기원

우리나라의 민족주의는 단일 민족으로서 종족적, 혈통적 또는 인종주의적 민족주의다. 우리나라는 반만년의 역사에서 고려의 통일 이전까지는 부족국가형태로 분열되어 수많은 외침에 시달려왔다. 우리 선조들이 중국의 각 부족의 침입을 받을 때 연합해 대항한 것은 종족주의의 발현일 것이다. 조지훈은 통일신라가 고구려, 신라, 백제의 3국의 유민(遺民)의 힘을 합쳐 당나라를 축출한 것이 우리나라 민족의식의 기원으로 본다.[41] 고려의 승려인 일연(一然)은 고려 충렬왕 7년(1281년)에 단군을 국조로 하는 단군신화를 비롯한 많은 신화와 전설을 담은 삼국유사(三國遺事)를 지어낸다. 단군신화는 우리에게 배달민족으로서의 긍지를 갖게 하였다. 단군신화는 민족주의적인 역사학자, 예를 들면 최남선이나 신채호 등에 의해 우리 모두가 한 혈족의 종족임을 인식하도록 만들었고, 수많은 외침 속에서, 일본의 36년간 식민지배에서도 우리의 종족적 정체성을 유지하도록 만들었다.

　우리나라의 민족주의는 일제강점의 36년간 일본이 내선일체(內鮮一體)와 초민족적 제국개념으로 우리민족을 일본민족에 예속시키려는 식민지 인종주의 작업에 대한 반발로 강력한 종족적 민족주의로 강화되었다. 일본은 식민지배과정에서 일본 인종을 우월한 인종으로 전제하면서 일본의 식민지배에 대한 정당화를 시도했고, 이러한 태도에 우리의 본능적 반발은 민족주의를 더욱 다지는 계기가 된 것이다. 일본의 인종주의 전략과 강압통치는 6·10만세와 3·1운동 등 민족적 저항으로 표출되었고 이 과정에서 우리의 민족적 이념은 공고화되었다. 로빈슨

---

41) 조지훈, 『한국민족운동사』 (서울: 일지사, 1973).

(Michael Robinson)의 주장처럼 "혈통에 대한 깊은 존경심이 천년 동안이나 생활화되어 있던 사회에서 일본의 그런 정책은 가장 깊은 분노만 낳을 뿐이었다."[42]

역대정권의 민족주의의 전개

해방 후에 집권한 이승만대통령은 일민수의(一民主義)를 제창했나. 일민주의는 남북한을 통틀어 하나의 단일민족을 강조하는 민족주의였다. 단일민족의 강조는 두 가지 배타성을 딛고 있었다. 하나는 배일감정이었다. 역사적으로 수많은 외침에 시달렸던 우리민족에게, 시기적으로 가장 최근에 지배당했던 일본에 대한 강한 거부감정은 배일사상으로 자리잡아 민족주의의 중요한 부분을 구성한다. 반일감정은 우리의 민족주의의 한 부분의 동력으로 작용하고 있는 것이다.

역대 위정자들은 배일감정을 적절히 활용했다. 북한도 반일감정을 민족주의의 핵심으로 담고 있다. 다른 하나는 반공주의였다. 반공주의는 친미주의자인 이승만대통령에게 소련을 종주국으로 하는 북한에 대한 가장 간명한 반대이념이었다. 이승만대통령의 이러한 노선은 해방정국의 주도권을 통해 건국 후 집권의 유효한 무기였다. 이승만대통령의 반공주의는 북한의 한국전쟁 도발로 더욱 강화되었고 이후 군부정권이 종식될 때 까지 국시가 되었다. 반일, 반공은 전통적인 우리의 종족주의와 결합해 하나의 새로운 민족주의로 발전했다고 볼 수 있다.

이승만대통령이 일민주의와 배일감정, 반공주의를 수단으로 하는 민족주의를 통해 권력안정과 연장을 했다면 박정희정권은 5·16쿠데타를 민족혁명으로 불렀고 서구의 민주주의를 그대로 이식하기 보다는 이른바 민족적 민주주의론을 제기했다. 박정희대통령은 자립국가를 추구

---

42) Carter Eckertm et al, *Korea Old and New: A History* (서울: 일조각, 1990), 318; 신기욱, 『한국 민족주의의 계보와 정치』(서울: 창비, 2009), 82에서 재인용.

하면서 경제적 자립의지를 곧 민족의 자립을 위한 수단으로 삼았고, '조국근대화'를 민족의 중흥을 목표로 하는 민족주의로 승화시켰다. 박정희대통령의 조국근대화는 민족주의에 구체적 추진체를 장전한 실행노선이었던 것이다. 여기에 새마을 운동이라는 전략으로 민족주의는 근대화의 역동으로 발로되었다.

우리나라는 단군을 시조로 하는 단일 종족이라는 관점에서, 종족적 민족주의는 혈족중심의 민족주의로 전개되어 타 종족에 대한 배타주의로 발전했다. 역사적으로 끊임없는 외세의 침입에 대한 본능적 반응일 것이다. 배타주의는 조선 말기에는 쇄국정책과 천주교의 박해로 나타났다. 외국인들에 대한 배타성은 선별적이다. 곳곳에서 중국식당을 운영하던 중국인들의 상당수가 미국 등지로 이주했다. 한국인들의 배타성, 외국인에 대한 한국정부의 까다로운 간섭 때문이었다. 미국에 대해서는 선진 강대국에 대한 사대주의적 관념과 건국 및 한국전쟁과정에서 미국의 지원에 대한 호의, 북한과 대치상태에서의 한미동맹에 대한 의존적 태도가 결합한 현실적 대응을 하고 있다. 반면에 상대적으로 저개발국가인 동남아의 국민들에게는 부정적이다.

김영삼정권의 '세계화'정책도 가장 한국적인 것이 가장 세계적이라는 주장으로 민족의 단결과 정체성을 강조했고, 신토불이(身土不二)가 큰 관심을 모았다. 이러한 변화과정에서 우리 민족주의가 안고 있는 배타성은 약화되지 않고 있다.[43] 김대중정권에서는 8·15해방 40주년을 전후해 이산가족 상봉이 서울과 평양에서 이루어졌다. 이념적으로, 군사적으로 대치상태에 있는 양측이 서로 소수나마 이산가족을 만날 수 있도록 한 것은 바로 가족, 혈족, 종족을 중심으로 하는 민족주의의 발로다.

노무현대통령은 유독 민족의식이 강했다. 노무현대통령은 미국과

---

43) Samuel Kim(ed.), *Korea's Globalization* (New York: Cambridge University Press, 2000), 263

일본에 대해 아주 배타적 인식을 표출했다. 2005년 노무현대통령은 자주국방을 이유로 전시작전권 환수를 추진해 2012년의 환수를 결정했다. 노무현대통령의 '자주'는 바로 민족주의의 다른 표현이다.[44] 노무현대통령은 미국에 대해서는 의식적 고자세, 일본에 대해서는 저항적 대응을 통해 국민들의 민족주의를 자극했다.

우리나라 민족주의의 현실과 과제

우리나라의 민족주의는 정치와 문화적 주도자들에 의해 용암처럼 외연적으로 표출되지만, 흐르는 지하수처럼 민족을 구성하는 개개인의 의식 속에 도도히 흐른다. 정치와 문화적 주도자들의 행태가 개개인의 민족주의 의식과 일치하지 않을 때는 민족구성원들의 저항이 따른다. 정치 지도자들이나 문화가들은 민족 각자에 내재된 민족주의, 때로는 감정의 기복을 살피지 않을 수 없다. 자칫하면 사대주의 또는 친일이라는 비판에 직면하기 때문이다. 정치인들이나 사회의 활동가들 심지어는 일반 시민들도 한국 민족에게 내재된 민족주의와 상충되는 언행을 하면 민족구성원들의 엄청난 저항에 직면한다. 내재된 민족주의는 반만년역사를 통해서 다져진 종족주의를 바탕으로 하기 때문에 어느 다른 나라의 민족주의보다 견고하다. 한국의 민족주의는 사실상 종족주의이며 종족의 감정체계다.

---

44) 노무현의 미국에 대한 배타적 의식은 한미연합사령부가 행사하도록 되어 있는 전시작전권을 우리국군으로 환수하는 정책에서 잘 나타난다. 노무현은 당시 야당과 군 원로 등 보수진영의 반대 속에 2009년 10월 22일 한미안보연구회 국제회의(SCM)에서 당초 2012년 4월 12일자 환수를 재확인 하였다. 한미간에는 1950년 7월에 한국군의 전시, 평시 작전권이 유엔군에 이양된바있다. 그 이후 1994년 12월 평시작전권을 44년 만에 미군으로부터 환수 받았고, 2012년 환수를 결정했다. 그러나 2010년 6월 7일 이명박과 오바마는 전시작전권 환수를 2015년 12월로 연기하되 재 연기는 없는 것으로 합의했다. 전시작전권의 연기는 천안함 사태로 한반도에 조성된 새로운 냉전기류 때문이었다. 2000년 6·15남북공동선언 채택으로 한반도에 새 지평이 열린지 10년 만에 다시 그 이전의 상황의 상황으로 거슬러 올라가게 되었다.

종족주의는 오히려 종족 간의 심각한 갈등을 유발 할 수 있다. 우리
나라의 한국전쟁, 캄보디아 내전, 월남전의 참상은 이를 극명하게 보여
준다. 종족주의를 효과적으로 관리하면 한 종족으로서의 강한 연대의식
과 에너지를 창출할 수 있다. 우리에게 종족주의는 반만년의 역사를 통
해서 외세에 대한 저항정신으로 작용했다. 종족주의는 남한에서는 개발
의 원동력으로, 북한에서는 주체사상을 중심으로 하는 단결의 원동력으
로 작용했다.

북한에서는 반미주의와 반일주의를 기본으로 하는 반제국주의논리
가 주체적 민족주의로 나타났다. 김일성의 주체사상은 반소사상(反蘇
思想)에서 기인한다.45) 북한은 1970년에 들어서면서 마르크스, 레닌주
의를 벗어나 주체사상을 최고의 이념으로 끌어올렸다.46) 북한의 주요
이데올로기는 사회주의나 공산주의가 아니라 주체사상을 핵심으로 하
는 민족주의다.

주체사상은 김정일에 이르러 김일성주의로 포장되면서 북한의 민족
주의뿐만 아니라 통치이념으로 작용하고 있다. 북한이 계급에 매어달리
는 것보다 민족주의를 고수하는 것은 앞으로 통일에 대비해 다행스런
일이다. 북한이 소련이나 중국에 의지해 민족주의를 약화시켜간다면 우
리의 민족통일의 이념은 약화되기 때문이다.

다른 종족에 대한 강한 배타성을 가진 한국의 종족주의로서의 민족
주의는 세계화의 흐름에 배치되는 반면에 강한 지역주의를 유발한다.
최근 들어 타 종족들이 우리나라에 많이 상주하게 되면서 '다문화'라는
용어가 등장했다. 해방이후 우리나라에 거주하는 타 종족은 주로 중국
인들이었으나 최근에는 세계 각국의 인종들이 모여들고 있다. 아시아권

---

45) 서대숙, "민족주의, 공산주의 그리고 민주주의 : 한국의 경우," 『동아연구』(서울: 서
    강대학교 동아연구소, 1987), 65.
46) 신기욱, 『한국 민족주의의 계보와 정치』(서울: 창비, 2009), 146.

인종들로는 한국 남성들과 결혼하는 여성, 근로자 그리고 한국의 각종 기술 등을 배우려는 외국인들이 급격히 증가하면서 우리의 배타적인 종족주의가 국제주의에 걸림돌로 작용하게 되었다.

우리의 종족들도 세계적으로 흩어져 살고 있는 상황에서, 순수한 인도적 차원에서도 우리나라에 온 외국인들에 대해 강한 배타적 감정을 갖는 것은 이율배반적이다. 남한은 문화적으로 강한 민족주의를 갖고 있지만 북한은 정치적으로 민족주의를 강화한다. 북한의 '주체'는 곧 북한의 민족주의이고 이는 한민족의 종족주의를 바탕으로 한다. 남한의 민족주의가 배타적이라면, 북한의 민족주의는 폐쇄적이다. 북한의 이러한 민족주의의 특성은 분명히 마르크스의 이념에도 배치된다. 북한에게 중요한 것은 체제유지이기 때문이다.

북한은 남한에 대해 종족으로서의 정체성을 내세우지만 정치에 의해 통제되기 때문에 자유로운 표출이 불가능하다. 북한의 체제나 지정학적 특성상 한편으로는 소련, 다른 한편으로는 중국의 강한 영향권에 있다. 남북한이 한 국가, 한 민족을 건설하는 실질적 통일을 목표로 하고 있는 우리에게 민족주의적 관점에서 북한의 현실은 다행스러움과 우려가 혼재하고 있다. 북한의 민족주의가 계속 고양되도록 하고 중, 소의 영향권에서 독립할 수 있는 길로 유도하는 것은 바로 우리가 당면하고 있는 또 하나의 과제다. 민족주의는 민족과 함께 영원하지만 주체사상은 타는 촛불에 불과하다.

우리나라는 다른 나라와 달리 단일 종족으로서의 민족을 구성하면서 다른 한편으로는 상반된 이념 속에 두 개의 국가 국민으로 분열되어 있다. 대한민국 국민으로서의 민족주의, 한민족으로서의 종족주의 속에 살고 있다. 대한민국 국민으로서의 민족주의는 북한 민족과 대립적 관계인데 비해 종족으로서의 민족주의 관점에서 보면 남북한 국민들은 통합되어야 할 대상이다. 민족주의와 종족주의에 대한 미래지향적 방향

설정이 중요하다. 우리의 민족주의는 국제주의를 지향해야 하는 한편 민족주의와 종족주의가 대북정책에 적절히 반영되어야 하는 것이다.

제12장 파시즘

공산주의는 자신의 무게로 인해 무너졌고 파시즘은 제2차 세계대
전의 패배로 붕괴되었다. 파시즘은 급진적이고 반자유주의적이라
는 점에서는 비보수적이지만 반공적이라는 점에서는 비진보적이
면서 기조에는 오히려 강한 민족주의가 흐르고 있다.

파시즘의 기원

파시즘은 20세기를 형성한 거대한 정치이념 중의 하나이면서도, 정치용어
들 가운데서 의미가 가장 모호한 이념중의 하나다. 파시즘은 또한 용어 자
체의 명확성은 차치하고서라도, 민주주의, 자유주의, 사회주의, 공산주의
처럼, 어떤 정치적 함의도 갖고 있지 않다. 파시즘(fascism)은 이태리어
'파쇼(fascio, 라틴어 faces)'를 기원으로 하는데 '한 덩어리로 묶은 다발'
또는 '연합'의 의미지만, 이 어원적 의미만으로는 파시즘의 많은 내용을

전달할 수 없다.[1]

이 용어는 19세기 후반에 이태리 혁명가들이 혁명에 몸과 마음을 다 바친 투사들의 결속을 다지기 위해 '파쇼'라는 용어를 사용하고, 1919년에 무솔리니가 '파시즘'이란 용어를 사용함으로써 일반화되었다. 이 당시에 이 용어는 무솔리니의 전유물은 아니었고 다양한 정치단체들이 사용하는 일반적 용어였다.[2]

파시즘은 전쟁 자체의 직접적인 산물이다. 1919년 이전에는 파시스트 정당이나 파시스트 교조가 존재하지 않았다. 주요 혁명세력의 하나인 러시아 공산주의가 19세기 유럽의 마르크스이론 및 러시아 혁명이론의 직접적인 발전이었다면, 파시즘은 제1차 세계대전에 의해 폭발된 또 다른 주요한 급진세력의 새롭고 더 근원적인 관념이었다.

파시즘이 이처럼 다양한 현상을 묘사하면서 개념적 혼란이 야기되자, 파시즘을 무솔리니의 경우에만 한정하고 히틀러 정권은 나치즘, 그리고 그들과 친족관계인 다른 정권들은 모두 각각의 이름으로 불러야 하고 각각의 현상을 모두 별개의 현상으로 취급해야 한다는 주장들도 제기되었다. 팩스턴(Robert O. Paxton)은 파시즘이 다른 '주의'들과 본질적으로 다르며, 파시즘이란 용어를 함부로 쓰거나 폐기해서는 안 된다면서 파시즘은 20세기 가장 중요한 창조물로서, 좌파와 자유주의적 개인주의에 맞서는 대중 운동이었다고 주장한다.[3]

파시즘의 탄생

제1차 세계대전은 19세기 자유주의의 기반을 붕괴시키고 혁명의 시대

---

1) Stanley G. Payne, *Fascism: Comparison and Definition* (Wisconsin: The University of Wisconsin Press, 1890), 4.

2) Robert O. Paxton, *The Anatomy of Fascism* (New Yorl: Alfred a. Knopf, 2004), 손명희, 최희영(역), 『파시즘』(서울: 교양인, 2004), 29.

3) 손명희, 최희영(역), 『파시즘』, 62, 64.

를 개막하며 과거보다 더 많은 정치적 갈등을 야기한 전례 없는 대 재난
이었다. 유럽에서 파시즘은 급격한 산업화 및 도시화와 함께 제1차 세계
대전의 참화와 전쟁이 남긴 정치적, 정신적 공항 때문에 발흥하고 급속
하게 전파되었다. 파시즘의 전조는 이미 1914년 이전으로 거슬러 올라
가 수십 년에 걸쳐 생겨난 것이었다.

파시즘은 반자유주의적, 반민주적, 또는 루소의 '일반의사' 와 같은
계몽주의 철학을 바탕으로 하고 있는 동시에 다른 한편으로는 민족적
전통을 내세우고 보편성을 부정하는 반계몽주의 철학을 따르고 있다.
물론 19세기 사상가들로부터 파시즘에 이르는 직접적인 끈이 제시되고
있는 것은 아니다. 파시즘에는 마르크스나 존 스튜어트 밀, 버크, 토크
빌 같은 사람들의 지적토대가 없다. 파시즘은 일관되고 논리 정연한 철
학에 연결되어 있다기보다는 파시즘적 행위를 형성한 일련의 '결집된
열정'에 연결되어 있다고 보는 것이 더 타당하며 그 바닥에는 열정적인
민족주의가 깔려있다.[4]

이런 종류의 이념적 상황은 다시 파시즘의 사상을 키우는 적당한 환
경을 제공했다.[5] 파시즘과 나치즘의 발흥은 일부 산업화된 국가에서 민
주주의와 자본주의가 국민의 욕구를 충족하지 못한 데서 비롯된 것이
다. 모든 나라에서 민주주의와 자본주의가 실패한 것은 아니었지만, 상
당수의 사람들은 고생스럽던 1920년대와 30년대에 절실하게 필요했던
해결책을 민주주의가 제시하지 못하는 것을 목도하면서 파시즘과 나치
즘에 눈을 돌렸던 것이다.

이탈리아 파시스트들이 하나의 공식적으로 요약된 일단의 교의를
개발한 것은 무솔리니가 권력을 잡고 난지 10년 후(1932년)의 일이었

---

4) 손명희, 최희영(역), 『파시즘』, 108.
5) Walter laqueur, *Fascism: Past, Present, Future* (New York: Oxford University, 1996), 26.

고, 유럽전역에 걸친 파시스트 정당들과 운동들의 확산은 히틀러의 승리 이후에 나타난 것으로 추정된다.[6] 이탈리아 파시즘의 경우 처음에는 급진적으로 정향되었으나 집권 후에는 본질적인 관점에서 더 온건해졌지만 마지막 단계에서는 초기의 급진적 상태로 회귀되었는데 그 양상은 도시마다 달랐다.

파시즘은 어떤 경우 죽은 것 같았지만 다른 형태로 등장했다. 2차대전 이후에 파시스트는 신파시스트, 우익 극단주의자, 급진적 민족주의 인민운동 등 다양한 이름으로 출현했는데, 한결같이 강력한 민족주의적 정향과 반자유주의 그리고 반공주의라는 공통점을 갖고 있다.

파시즘의 본질

파시즘이라는 용어가 전달하는 일반적 관념은 '폭력적이고, 무자비하며, 독재적이고, 심지어는 비인간적인 무서운 모습이다. 파시즘은 또한 구체적으로는 유럽의 거리에서 일어났던 수많은 행군들, 시민폭력, 공격적인 전쟁, 테러와 선전, 수백만의 희생에 대한 장면들을 마음 속에 떠올리게 한다. 이런 관념들은 역시 공산주의에도 이어지기 때문에 공산주의 정권도 대부분의 파시스트로 범주화된다. 그러나 파시즘을 이런 관념을 토대로 정의하는 것은 이태리 파시즘에 대한 본질을 파악하기 어렵게 만든다.

'파시즘'이라는 용어는 정치적 담론에서 오용과 남용의 결과로 인해 신빙성이 상실되었다. 파시즘은 급진주의, 외국인 혐오증, 남성위주의

---

6) 유럽과 일본 및 아메리카 등지로의 각 국가별 파시즘의 출현과 특성에 관해서는 Payne, *Fascism: Comparison and Definition*, 107-176을 참조할 것.

성차별주의, 우익보수와 반동적 견해, 스탈린주의 등과 동의어로 사용되었다. 그러나 반이민주의자가 파시스트가 아니고, 모든 반유대주의자가 파시스트도 아니며, 모든 극단적 민족주의자가 파시스트도 아니다.[7] 파시즘에 대한 혼돈과 모호성은 권력을 획득한 사례가 몇 가지에 불과하기 때문이다.

파시즘은 무솔리니(Mussolini)에 의해 탄생되고 주도된 파시즘과 일반적 파시즘으로 구별된다. 일반적 파시즘은 대표적으로는 독일의 나치즘을 비롯해 이태리 파시즘 이전에 나타났던 파시즘적 현상 및 그 이후 유럽과 그 밖의 다른 지역에서 최근까지 나타나는 파시즘의 현상들을 말한다. 파시즘은 정적인 현상이 아니기 때문에 어떤 시기에 어떤 사회에서 어떤 형태로 나타났다가 잠복되기도 하며, 지역과 시기에 따라 특성이 다를 수 있지만 기본적인 특성은 공유한다.

파시즘의 역사적 전개과정은 파시즘의 개념을 정리하는데 더 어려움을 가중한다. 파시즘은 ① 도덕적 위기의 결과 ② 광범위한 심리학적 무기력 ③ '무정형의 대중'이 정치로 진입한 결과 ④ 계급투쟁의 결과로 나타난 현상[8]으로 보는가 하면 ① 자본주의의 폭력적, 독재적 대리인 또는 중산계급의 급진주의의 표현도구 ② 20세기 보나파르티즘(Bonapartism)에 상응하는 자율적인 권위주의적 정부형태 ③ 극도의 신경자극적, 혹은 병리적인 사회심리적 충동 또는 문화와 도덕적 붕괴의 산물 ④ 동일한 민족적 역사의 결과 또는 급진적인 새로운 질서의 창안에 대한 목표의 산물 ⑤ 근대화에 대한 반란 혹은 발전 결과의 국면 ⑥ 20세기 전체주의의 전형적인 명시 등으로 기술된다.[9]

---

7) Walter Laqueur, *Fascism: Past, Present, Future*, 7.

8) Anthony James Joes, *Fascism in the Contemporary World: Ideology, Evolution, Resurgence* (Boulder, Colorado: Westview Press, 1978), 7.

9) Payne, *Fascism: Comparison and Definition*, 177-190.

파시즘의 특성은 ① 반자유주의, 반공산주의, 반보수주의, 윤리주의적 이념의 추구, 의지주의의 철학적 원칙 ② 민족주의적인 1당 권위주의, 전체주의와 카리스마적 리더십, 군국주의화와 대중정당, 시민군의 목표로서 대중동원의 시도 ③ 민족적 조합주의, 민족적 사회주의, 민족적 협동조합, 민족적 경제구조의 조직, 부분적인 사회주의의 정치경제 등을 포함한다.[10]

파시즘은 근대 정치현상으로, 민족주의적이고 혁명적이며 반자유주의적이고 반 마르크스주의적이고 시민군 정당의 형태로 조직되며, 정치의 전체주의적 개념과 신화에 기초한 이념을 담는다. 파시즘은 보수주의자와 민족적 사회주의자, 극우파라는 각기 다르지만 어울리지 못할 수도 없는 세 성분이 자유롭게 혼합되는 제도이며, 법치를 희생하더라도 활력이 넘치는 순수한 국가를 재건하고자 하는 공동의 열정과 거기에 걸 맞는 공동의 적을 매개로 해서 하나로 결합된 강력한 합성물이다.[11]

파시즘은 또한 1당과 조합주의적 대표를 통한 민족적 사회통합의 목적을 갖고, 과도한 민족주의, 범민족주의, 반의회주의, 반자유주의, 반공산주의, 인민주의 그리고 반무산계급, 부분적으로 반자본주의, 반유산계급, 반성직적 혹은 최소한 비성직적 운동, 그리고 특별한 유형과 수사로서, 법과 폭력적 전략의 결합에 의해 전체주의적 목적을 갖고 권력을 획득하기 위해 선거참여를 병행하는 활동적 간부들의 폭력적 행동에 대한 준비에 의존하는 정치적 현상이다.[12]

---

10) Payne, Fascism: Comparison and Definition, 43, 211.

11) 손명희, 최희영(역), 『파시즘』, 646.

12) J.J. Linz, "Some Notes: Toward a Comparative Study of Fascism in Sociological Historical Perspective," W. Laqueur(ed.), *Fascism: A Reader's Guide* (Harmondsworth: Penguin, 1979), 24–26.

파시즘의 유형

이탈리아 파시즘

파시즘의 유형으로는 전통적으로 이탈리아의 파시즘과 독일의 나치즘, 신파시즘과 새로운 파시즘, 신나치즘 등으로 구별된다. 이탈리아 파시즘은 1919년에 세워진 이후 많은 다른 유럽지역에서 유사한 운동으로 이어졌다. 파시즘의 출현은 유럽의 다른 지역에 급진적인 민족주의적 정치를 자극했고 몇몇 국가들에게는 직접적인 모방을 자극했다. 1923년에는 루마니아 파시스트당이 탄생했다. 반면에 공산주의는 유럽 좌파에 의해 탄생되었으면서도 주로 유럽 좌파에 의해 거절당했으며 다음 세대에는 러시아 정권으로 한정되었다.

파시즘에 철학적 설명과 정당성을 제공한 교의는 로마진군(March on Rome, 1922.10)의 시기에 말과 행동으로 분명하게 만들어 졌으며, 특별히 무솔리니 지배의 전 기간에 걸쳐 정교하게 다듬어지고 장식되었다. 파시즘은 1922년 이후에 이태리에서 권력을 장악했고, 10년 후에 독일 나치즘으로 이어졌다. 1930년대의 동유럽과 스페인에서도 유사하게 강력한 세력이 대두되었다. 역사가들은 제2차 세계대전 전의 전체적인 세대를 유럽의 파시스트세대로 언급한다.

조이스(Anthony James Joes)는 파시스트(fascist)라는 용어를 ① 무솔리니 하의 이태리 정부의 체계와 이념 ②이탈리아 파시즘을 닮은 모든 신념들, 지도자들, 정당들, 정권들을 가리키는 것으로 사용한다. 그리고 이태리 파시스트 이념의 기본적 특성을 ① 최고의 실체로서 국가에 의해 조직되고 표현된 민족으로서의 민족주의(nationalism) ② 이기주의를 사주하고 인간평등성의 환상에 기초하는 자유주의의 거부 ③ 도덕적 실체로서의 국가에 대해 철저히 봉사하는 국가주의(statism) ④ 분배가 아닌 생산증가의 생산주의 ⑤ 계급협동으로서의 조합주의

⑥ 위계적 권력으로서의 권위주의 ⑦ 소수지배와 다수지배의 엘리트주의 등으로 구분한다.[13]

엘리트주의는 권위주의를, 생산주의는 조합주의를 함의한다. 모든 특성들은 민족주의에 함의된다. 그러나 파시스트 이념에 인종주의는 존재하지 않는다. 인종주의는 로마제국 전통의 세계주의와 일치하지 않고, 많은 이민 및 이탈리아의 침공의 역사와 상반된다. 이것이 이탈리아 파시즘과 독일의 나치즘의 가장 근본적인 차이의 하나다.

무솔리니에게 이탈리아 민족에 참여하기 위한 기본적인 기준은 의지였다. 반면에 히틀러에게 국민의 자격은 유전적으로 이어받는다. 이탈리아 파시즘은 함축적으로 보편적이다. 좋은 의지를 가진 어느 이탈리아인이면 파시스트주의자가 될 수 있다. 누구나 원하면 이탈리아인도 될 수 있다. 무솔리니는 사회주의자로 태어났고, 사회주의 지도자로서 최초의 민족적 탁월성을 성취한 것과 이 초기의 공식적인 경험은 그의 일생에 결정적인 인상으로 남았다.[14] 그러나 마르크스주의자들과 파시스트주의자들 모두 무솔리니의 사회주의자 기원과 정통성을 숨기려 하거나 심지어는 부정하려고 한다.

파시즘과 나치즘의 경제이론은 사회주의와는 다르다. 나치즘은 재산이 개인의 수중에 있지만 정부가 지시하는 대로 사용되어야 하며 심지어는 압류도 가능하다고 본다. 파시즘도 경제조직은 궁극적으로 국가에 의해서 통제된다는, 국가통제적 기업조합의 사상을 포함하고 있다.

---

13) Payne, *Fascism: Comparison and Definition*, 6.

14) Joes, *Fascism in the Contemporary World: Ideology, Evolution, Resurgence*, 45. 당시에 파시즘은 유일한 광범위한 새로운 국가세력이고 대중동원을 고무하고 다소의 노동자 농민의 제한된 지지를 이끌어 냈지만 1921년 선거에서 유권자의 약 15%를 넘지 못했고, 1922~1923년에는 그보다 약간 높았지만 다수당이 되기는 어려웠다. 오히려 다른 주요세력인 사회당, 자유당, 카도릭당들이 상당한 지지를 받고 있었다. 무솔리니가 수상이 될 수 있었던 것은 파시즘만의 리더로서가 아니라 전형적인 이태리의 의회연합의 리더였기 때문이었다. Payne, *Fascism: Comparison and Definition*, 43.

독일 나치즘

파시즘의 개념에는 나치즘 즉 독일 민족사회주의(German National Socialism)의 특성이 중요한 자리를 차지한다. 나치즘은 파시즘과 별개의 종류가 아니라 파시즘의 한 부류다. 민족사회주의로 불리는 나치즘 (Nationalsozialismus, Nazism)은 민족사회주의 독일노동자당 (National-sozialistische Deutsche Arbeiterpartei, 일반적으로 NSDAP 로 불린다)의 공식 이념이다. '나치즘'이라는 표현은 1933년과 1945년 사이에 들어선 나치 독일 독재정권 (제3제국)과 관련해 사용되며 독일어 Nationalsozialismus(민족사회주의)를 줄인 표현으로 주로 히틀러를 반대하는 세력들이 사용한 경멸적인 비칭이다.

나치 독일에 관해 파시즘 용어를 체계적으로 사용한 것은 정치적인 동기였다. 많은 좌파들은 나치당과 같이 아주 싫어하는 정당에 (민족적) 사회주의라는 고상한 용어를 적용하는 데 본능적인 거부감을 갖고 나치와 함께 파시스트로 불렀던 것이다. 파시즘에 관한 대부분의 이론가가 파시즘을 언급할 때, 그들은 사실상 민족사회주의를 의미한다.

'민족사회주의'라는 용어는 원래 프랑스의 민족주의 작가인 모리스 바레스(Maurice Barrès)가 처음 만들어낸 것이다. 미국에서 목장을 경영하다 실패한 후에 파리로 돌아와 반유대주의자로 폭력집단을 결성해 유대인 상점과 사무실을 습격하는 등의 활동을 한 귀족주의적 모험가인 모레 후작(Marquis de Mores)을 '최초의 민족적 사회주의자'라고 부르면서 비롯된 것이다. 15)

민족사회주의의 이념은 제1차 세계대전이 끝난 1918년 이후부터 제2차 세계대전이 시작되기 이전에 전개된 운동에서 수립되었다. 민족사회주의는 원래 부분적인 집산주의를 지지하는 정치경제의 어떤 개념을

15) 손명희. 최희영(역), 『파시즘』. 122-23

대표하고 1920년에 히틀러의 민족사회주의 독일노동자당 창립에서 반복되었다. 민족사회주의는 부분적인 집산주의 혹은 혼합경제, 부분적으로 국가 혹은 집산적이지만 대부분 사기업과의 혼합경제를 유지했다.

양차 대전 사이에 유럽의 모든 권위주의적인 민족주의운동 가운데 오직 히틀러의 민족사회주의만이 큰 권력과 활력을 달성하고 스스로 잠재적인 세계적 역사세력이 되었다. 그러나 민족사회주의를 어떻게 정의하고 어떻게 이해할 것인지에 대한 궁극적인 질문에 대한 답은 합의가 어렵다.16) 다만 한나 아렌트(Hannah Arendt)는 나치즘의 주요한 특징을, 서구 전통의 어떤 부분에도 의존하지 않고 있으며, 독일이든 아니든, 가톨릭이든 신교든, 그리스 혹은 로마든, 이념적으로 말하면, 전통적 기반이 전혀 없이 시작하는 것이라고 규정한다.17)

민족사회주의의 우익 선구자들에 의해 상상된 문화적 혁명은 인민(Volk)의 부활, 전통적인 가치로의 회귀, 자연적 위계가 존재하는 공동체의 회복에 기초하고 있다. 독일 사람의 공동체에 대한 개념은 사회에 대한 서구인의 사고와 대등하다. 프랑스에서는 인민보다 민족을 강조하고, 독일은 인민에 대한 신화와 인종주의를 더 강조하는 반면에 이태리는 민족과 국가의 역할을 더 강조한다.

신파시즘과 새로운 파시즘

파시즘 외에 신파시즘(neofascism)이라는 용어도 등장했다. 신(neo)은 기존 파시즘의 새로운 현상으로 역사적인 파시즘과 같지 않다는 것

---

16) Payne, *Fascism: Comparison and Definition*, 51-52.
17) Steven Aschheim, "Hannah Arendt and Karl Jaspers: Friendship, Catastrophe and the Possibilities of German-jewish Dialouge," in idem, *Culture and Catastrophe: Germans and Jewish Confrontations With national Socialism and Other Crises* (New York: New York University Press, 1996), 112; Richard Steigm Ann-Gall, "Nazism and the Revival of Political Religion Theory," Roger Griffin(ed.), *Fascism, Totalitarianism and Political Religion* (New York: Routledge, 2005), 84에서 재인용.

을 분명히 하지만, 역사적 파시즘과 신파시즘의 차이에 대한 명백한 답은 불가능하다. 그 당시에도 지금처럼 다양한 여러 파시즘이 있었기 때문이다. 신파시즘은 극단적인 우익의 전통을 따르는 파시즘이나 민족적 혁명 심지어는 민족적 볼셰비즘의 전통을 따르는 파시즘도 있지만 구분선은 거의 명확하지 않다. 이러한 파시즘들은 한편으로는 격렬한 민족주의, 국가권력과 인민의 순수성에 대한 신념, 자유-의회질서에 대한 반감 그리고 다른 한편으로는 자본주의에 대한 반대와 같은 중요한 특징을 공유한다.

신파시즘은 가정의 엄격한 가치에 대한 회복, 환경 등 보수적 가치를 주장한다. 신파시스트들은 종교적인 노선은 없으나 기독교와 밀접한 협력을 선호한다. 이러한 공통적 현상에도 방향과 강조점에 차이가 있다. 단순히 신파시즘이라는 용어보다는 우익극단주의, 우익급진주의, 급진적 우익인민주의, 민족적 인민주의, 민족적 혁명 등의 용어를 사용할 수 있지만, 이런 용어들에 대한 일반적 동의가 충분한 것은 아니다.[18] 우익, 극단, 혹은 급진이라는 용어의 사용은 만일 둘 또는 그 이상의 공존을 가정한다면, 하나는 보수적이고 다른 하나는 급진적인 의미를 지닌다.

신파시즘 외에 새로운 파시즘(new fascism)도 있다. 새로운 파시즘은 역사적 파시즘을 제외한, 신파시즘의 다른 이름인 동시에 더 최근의 파시즘 현상을 나타낸다. 새로운 파시즘은 공산주의에 반대하지만, 공산주의에 대한 위험은 이미 정지되었고 소련 유형의 사회주의는 이미 죽었기 때문에 결과적으로 반자본주의를 전면에 내세운다. 이들은 자유주의적 자본주의, 자유무역, 다민족 협력, '월가'를 반대하지만, 그에 대한 분명한 대안은 제시하지 못한다. 복지국가와 세금에 대해서는 분명한 입장이 없다. 외국자본에 대해 민족적 중산층을 보호한다고 약속한다. 이것은 낡은 레닌의 개념이고, 21세기에 적용할 조건은 아니다.

---

18) Laqueur, *Fascism: Past, Present, Future*, 7–8.

신나치즘

파시즘과 마찬가지로 나치즘에도 신나치주의를 뜻하는 신나치즘 네오나치즘(Neo-Nazism)이 있다. 1920년대부터 제2차 세계대전이 종결될 때까지 독일 민족운동을 이끌었던 나치주의의 현대판 버전이라고 할 수 있다. 신나치주의는 1960년대 서독에서 시작되어 이후 영국, 이탈리아 등 유럽 각국으로 널리 퍼져갔다.

현재의 신나치주의는 독일민족의 민족주의가 아닌 백인들의 인종차별주의로 바뀌어 전 세계적으로 확산되고 있다. 이들은 머리를 빡빡 밀고(스킨헤드) 주로 검은 가죽옷을 입으며 타 인종에 대한 폭행을 일삼는 것이 특징이다. 러시아에도 신나치주의자(스킨헤드족)들이 늘어나고 있다. 프랑스의 민족전선(French Front National), 이탈리아의 북부동맹(Italian Northern League)과 신나치(Neo-Nazi), 오스트리아의 자유당(Freedom Party of Austria) 등이 네오나치즘을 지향하는 극우 정당들이다. 독일의 극우정당에는 공화당과 독일인민동맹 혹은 독일국민연합(Deutsche Volksunion)이라 불리는 정당이 있다.

파시즘과 나치즘의 관계

파시즘과 나치즘은 의심의 여지없이 밀접히 연관되어 있다. 이들은 비이성주의, 전체주의, 엘리트주의, 군국주의, 제국주의 개념들을 공유한다. 파시즘과 나치즘은 모두 국가의 할당된 임무는 최대다수의 최대행복을 보호하는 것이 아니라, 국가의 이익이 항상 개인의 권리에 우선한다고 생각한다. 국가권력은 리더십에 기초하고, 이 리더십의 정당성은 국민이 리더를 추종한다는 사실에 기초한다. 리더는 인민의사의 구현체이고 파시즘은 역설적으로 진실한 민주주의다.[19]

---

19) Walter laqueur, *Fascism: Past, Present, Future*, 25.

파시즘과 나치즘이 담고 있는 관념을 ① 비합리주의, ② 사회적 진화론, ③ 민족주의, ④ 국가예찬, ⑤ 리더십 원리, ⑥ 인종차별정책(민족사회주의에 해당), ⑦ 반공주의 등으로 드는 학자[20]나 또는 ① 비합리주의, ② 인종주의, ③ 전체주의, ④ 엘리트주의, ⑤ 조합국가, ⑥ 제국주의, 7) 군국주의 등으로 기술하는 경우[21] 등이 있다. 이러한 차이는 사용하는 용어나 강조점의 차이에서 비롯되기도 하지만 파시즘과 나치즘은 이태리와 독일의 철학 및 지적인 전통차이로 인해 중요한 점에서 다르다.

독일 사람들은 이태리 사람들보다 반동적인 비합리주의를 더 잘 수용한다. 이태리의 파시즘은 독일에서는 충분하게 발전되지 않은 현상인, 조합주의적 국가경제를 채용한다. 히틀러는 인종주의에 집착하는 반면에 무솔리니는 국가에 관한 더 이상적인 이론을 강조한다. 파시즘과 나치즘은 발전과정에서도 다른데, 파시스트들은 일종의 지적 방법과 일반적인 정향을 갖고 다소의 어려움은 있었지만 공고한 파시스트 이념에 도달했으나 나치(Nazis)는 원숙하고 발전된 이념에는 결코 도달하지 못한 것 같다.

파시즘과 전체주의

현상이 새로 나타나면 기존의 개념들은 더 이상 적절하지 않다. 그 현상을 묘사할 새로운 개념이 필요하다. 이러한 현상은 제1, 2차 세계대전 기간에 소련과 파시스트 이태리, 나치 독일정권에 적용되었던 개념의 변천에서 잘 나타났다. 이 정권들에게 적용되었던 '전체주의'와 '독재'

---

20) 최한수(역), 『현대비교정치이데올로기』, 192–203.
21) Leon Baradat, *Political Ideologies : Their Origins and Impact* (Uer Saddle River, New Jersey : Pearson Prentice Hall, 2006), 218–233.

의 기존 개념은 더 이상 적절하지 않게 보인다. 이 정권들에게 적용되었던 '전체주의'의 개념은 변화되었고 여기에 새로운 개념의 '정치종교'가 추가되었다. 동일한 역사적 실체에 관한 개념들이 역사적 변화과정에서 다른 운명을 가진 것이다.

1950년대 이후 냉전기간에 파시즘은 반공주의 선전도구로 활용되었으며, 1990년대 이후의 파시즘은 전체주의 및 정치종교문제와 관련해 새로운 관심의 대상이 되었다. 파시즘을 전체주의로 표현한 것은 파시즘에 반대한 의회지도자이며 파시즘의 대표적 희생자 중의 한 명이었던 조반니 아멘돌라(Giovanni Amendola, 1882~1926)였다. 그는 1923년에 공직을 독식하려는 파시스트들의 음모를 비난하는 글에서 '전체주의(totalitaria)'이라는 용어를 처음 고안했다.

무솔리니에 반대하는 세력들은 이 표현의 의미를 확장해 전권을 장악하려는 파시스트들의 야욕을 공격하는 일반적인 용어로 사용했으나, 무솔리니는 오히려 이 용어를 자랑으로 받아들였다. 부정적인 별칭의 본뜻이 긍정적인 뜻으로 뒤집히는 경우가 간혹 있는 것이다.22)

파시즘을 전체주의로 묘사하는 데는 의견이 다양하다. 전체주의에 관한 주요 이론가인 아렌트는 무솔리니의 이태리를 전체주의로 보지 않았다.23) 프리드리히(Carl J. Friedrich) 등도 나치 독일을 소련과 함께 전체주의로 분류했다.24) 일반적으로 무솔리니의 이태리보다는 나치독일과 스탈린의 소련을 전체주의로 묘사한다.

팩스턴은 그러나, 나치즘과 공산주의가 통제의 수단에만 초점을 맞추면 둘 사이의 중대한 차이점이 불분명하지만 정권의 목표나 사회의

---

22) 손명희·최희영(역), 『파시즘』, 472.

23) Hannah Arendt, *Origins of Totalitarianism* (New York: Harcourt, Brace and World, 1966), 257-260, 308.

24) Carl J. Friedrich and Zbigniew Brezezisnki, *Totalitartian Dictatorship and Autocracy* (New York: Praeger, 1965).

동학, 권력의 획득과정, 관료 및 기업가, 교회를 비롯한 전통적 엘리트 층과의 관계에서는 달랐다고 지적한다. 스탈린의 목표는 보편적인 평등 이었으며, 혁명에 의해 급격히 단순해진 시민사회를 다스렸기 때문에 전통사회의 유산들과 갈등이 불필요한 반면에, 히틀러는 지배인종의 패 권을 목표로 삼았고, 전통적인 엘리트층의 동의와 지지를 거쳐 정권을 획득하면서 이들과의 갈등을 거쳐야 했다고 분석한다.[25]

전체주의에 대한 재 각성은 소비에트 체계가 붕괴되고 공산주의 학 자들이 전체주의의 개념을 자유롭게 연구하면서 그리고, 전체주의에 대 한 관심의 재개는 정치의 신성화와 종교의 정치화에 관한 관념들이 나 타나면서 각각 비롯되었다. 새롭게 조명된 전체주의는 독점적 권력을 열망하고, 합법 또는 불법적 수단을 불구하고, 권력을 잡은 후의 주요한 목적이 기존의 정권을 파괴하거나 변형하고 1당 정권에 기초한 새로운 국가를 건설한다는 관념이다.

전체주의는 피통치자의 복종, 통합, 동질화를 추구하고, 정치종교 의 형태에서 제도화되고, 인간은 전체주의 정당의 혁명적이고 제국주의 적인 정책을 실현하는데 육체와 정신을 바친다는 것이다.[26] 전체주의 는 이를 통해서 새로운 인간과 새로운 시민을 창조하기 위해 인류학적 혁명을 이루어 내고자 하는 것이다.

파시즘 정권의 전체주의 특성에 대해 회의적인 견해도 있지만 [27]파 시즘은 전체주의에 대한 이태리 방식이었고, 파시스트 전체주의는 파시 스트 운동/정권의 정치적 행동들은 물론 이념에서도 나타났다. 그렇다 고 전체주의라는 용어를 파시즘과 등식화시키는 것은 파시즘과 전체주

---

25) 손명희, 최희영(역), 『파시즘』, 475.

26) Emilio Gentile, "Fascism, Totalitarianism and Political Religion: Definitions and Critical Reflections on Criticism of an Interpretation," Roger Griffin(ed.), *Fascism, Totalitarianism and Political Religion* (New York: Routledge, 2005), 33–34.

27) Emilio Gentile, "Fascism, Totalitarianism and Political Religion," 60.

의에 대한 본질을 이해하는데 장애가 된다. 파시즘으로서의 전체주의는 특정 시기의 특정 지도자와 그 정권을 중심으로 구별되어야 한다.

전체주의적인 관점에서 파시즘에 대한 설명은 역사적 파시즘에서 변화되는 여러 형태의 파시즘과도 관련된다. 파시즘과 전체주의는 완성 또는 한정적인 형태가 아니라 항상 진행하기 때문에, 모든 파시즘과 전체주의는 이상적인 통합의 관점에서는 미완성이고, [28] 정적인 것이 아니라 동적인 것이며, 어느 특정 시대의 특정 현상이 아니라 어느 시대 어느 정권에서나 나타날 수 있는 현상이기 때문이다.

파시즘의 전체주의적 사고는 민족주의의 한 형태로 나타난 반면에 스탈린의 전체주의는 스탈린의 공포적인 권력통제를 모델로 하고 있다. 다만 파시즘과 전체주의를 동일시하는 것은 파시스트들의 행태가 스탈린식의 통치행태와 유사한 특성을 공유하고 있다는 점에서 제기된 것이다. 케빈 패스모어(Kevin Passmore)에 따르면 "전체주의라는 용어는 이탈리아 파시스트들이 이탈리아 대중을 '민족화'하려는 자신들의 노력을 정리하기 위해 고안한 것으로, 반 마르크스주의적 사회과학자들은 이 전체주의의 개념을 파시즘과 연동해 공산주의를 비난했다." [29]

파시즘과 정치종교

파시즘과 관련해 전체주의라는 용어는 널리 사용되었지만 정치종교라는 용어는 그리 널리 사용되지 않았다. [30] 정치종교는 종교의 세속화와

---

28) Emilio Gentile, "Fascism, Totalitarianism and Political Religion," 59.
29) Kevin Passmore, *Fascism: A Very Short Introduction* (London: Oxford University, 2002), 강유원(역), 『파시즘』 (서울: 뿌리와 이파리, 2007), 41.
30) Philie Burrin, "Political Religion : the Relevance of a Concept," *History and Memory* Vol.19 No.1-2(Fall 1997), 321.

정치의 종교화를 동시에 의미한다. 정치종교가 기능적으로 종교에 상응하는지 또는 현상학적 의미에서 완전한 종교에 해당하는지에 관한 논쟁은 끝이 없다. 정치종교는 파시즘이 마치 종교처럼 신성한 의식과 언어를 동원해 신도들을 모으고 그들을 흥분시켜 자기 망각적 열정 속으로 빠져들게 하며 계시된 진리를 설교한다는 점을 서술해주는 용어다. 정치종교의 개념은 파시즘의 착근과 권력행사의 방식, 사회와 윤리의 세속화에 따른 진공상태의 보완, 공산주의에 대한 반대 등의 내용을 담고 있다.31)

'정치종교'라는 용어는 프랑스 혁명 당시로 거슬러 올라간다. 1793년 비랜드(Christoph Martin Weiland)가 혁명군의 사상주입을 묘사하는 용어로 처음 사용했으며, 1930년대에는 공산주의, 파시즘, 나치즘과 동등한 의미로 사용되었다. 그 이후 정치종교는 공산주의와 나치즘에 자주 적용되었다.32)

정치종교는 정치와 종교 간의 중간단계를 구성할 수 있는 하나의 방식으로, 지상의 인간존재에 관한 주요하고 명백한 의미 및 궁극적인 목적을 고려하면서, 세속적인 존재의 신격화와 신화로의 변형을 통해 이념, 운동, 정권을 신성하게 하는 종교적 정치행태다.33) 신생 신화는 이미 종교적인 기반을 포함하며 종교적인 의미와 깊게 물들어 있고, 현대의 구원적인 요소를 가진 정치종교의 전형적인 특성을 파시즘에 부여한다.34) 따라서 파시즘은 정치종교다.

종교는 개인이나 공동체의 운명이 최고의 존재에 좌우된다는 사고이며, 인간의 존재에 대한 의미와 목적을 해석하고 정의하는 신념과 신화, 상징들로 구성된다. 종교가 반드시 신과 일치하는 것은 아니므로 정

---

31) 손명희, 최희영(역), 『파시즘』, 477-478.
32) Burrin, "Political Religion," 322-324.
33) Gentile, "Fascism, Totalitarianism and Political Religion," 34.
34) Gentile, "Fascism, Totalitarianism and Political Religion," 62.

치를 신성화하는 표명으로서, 종교적 속성을 가진 정치운동을 정치종교
라는 용어를 사용해 정의하는 것은 아주 그럴 듯하다.[35] 젠틸(Emilio
Gentile)은 파시스트정권 아래에서 파시스트 정당과 전체주의 경험 간
의 연계를 강조하면서 전체주의와 정치종교로서의 파시즘을 아래와 같
이 기술한다.

> 파시즘의 전체주의적인 본질은 정치와 종교의 혼합이고, 파시스트
> 창안물이 아니라 프랑스 혁명 후의 민족주의의 역사에 속한다. …
> 전체주의 국가는 본질상 종교의식과 상징, 인간의 물질적이고 도
> 덕적 실제성을 총체적으로 에워싸는 종교적 특성을 갖는다고 말할
> 수 있다.[36]

정치종교로서 파시즘은 비합리주의적 주제와 분명한 관련성을 가져
야 한다. 전체주의 형식이 갖는 신화와 조직, 비합리성과 합리성의 연계
는 다른 조직화된 종교들과 분리할 수 없는 정치종교의 요소다.[37] 파시
즘과 나치즘은 지도자들의 빈번한 신 또는 신의 섭리에 대한 기원과 무
신론에 대한 끊임없는 공공연한 비난에서 드러나듯이 사실상 종교에 아
주 근접한다.

파시즘은 1920년대부터 '파시스트 종교', '정치와 시민종교', '이태
리 종교'라는 표현을 사용했다. 나치 지도자들도 기독교 신앙에 호소하
면서 종교적인 용어들로 자신들을 언급했는데, 히틀러는 자신의 정당에
대한 모델로서 가톨릭교회를 찬양했으며, 1926년에는 당의 강령을 '우
리 종교의 기본교재'로 불렀다.[38] 나치 자신은 나치즘이 기독교적이라
고 주장했으나 정치종교이론가들은 나치의 '인종신학'이 종교적이었지

---

35) Gentile, "Fascism, Totalitarianism and Political Religion," 69.
36) Gentile, "Fascism, Totalitarianism and Political Religion," 47.
37) Gentile, "Fascism, Totalitarianism and Political Religion," 71.
38) Burrin, "Political Religion," 333.

만 반기독교적이라고 주장한다. 분명한 것은 대부분의 나치당원들은 그들의 운동이 정치종교라고 믿지 않았다는 것이다.[39]

파시즘은 종교에 직접적으로 개입했으나 관심은 정치적인 것이었지 신학적인 것은 아니었다. 파시즘은 그 자신의 신념, 신화, 의식을 구축했고 국가의 신성화에 집중했으며, 파시스트 종교의 가치범위에 전통적인 종교를 통합하려고 시도했다. 파시스트가 설정한 가장 야심찬 목적이었다.[40]

정치종교가 시민종교와 다른 점은 역사적 사명에 관한 극단주의적이고 배제적 본질을 갖는 것이다. 정치종교는 다른 이념 및 운동들과의 공존을 받아들이지 않는다. 공동체의 우월성을 단언하는 반면에 개인의 자율성을 부정한다. 반대투쟁의 무기로 폭력을 정당화한다. 정치종교는 정치종교계율을 준수하고, 자신의 신념과 신화체계 내에서 전통종교와 협력을 목표로 그들과 상징적 공존관계를 수립하려고 한다. 파시스트종교는 금세기의 많은 다른 제도적 이념과 마찬가지로 목적을 달성하는 데는 실패했으나, 그 시도의 역사적 중요성은 근대 사회에서 '정치의 신성화' 과정에 대한 분석과 관련해 아직도 적실성이 있다.

우리나라의 파시즘

우리나라에서는 파시즘을 파시즘의 일반적 개념 즉 전체주의, 군국주의의 요소에 초점을 맞추어 권위주의 독재체계와 관련시키고 있다. 권위

---

39) Richard Steigm Ann-Gall, "Nazism and the Revival of Political Religion Theory," Roger Griffin(ed.), *Fascism, Totalitarianism and Political Religion* (New York: Routledge, 2005), 99.

40) Emilio Gentile, "Fascism as Political Religion," *Journal of Contemporary History*, Vol. 25(1990), 230.

주의적인 권력을 비유적으로 말할 때나, 보수 극우세력의 활동과 관련해 파시즘이라고 부른다. 이런 현상은 일본의 극우세력의 활동을 상징하지만 극우세력의 근본 입장이 반공주의라는 점에서는 우리나라와 공통적이다. 이러한 특징들이 파시즘(그리고 나치즘)을 전체적으로 나타내기에는 너무 제한적이다.

어떤 대상과 사안에 대해 대통령이 강력한 권력을 행사하는 경우도 파시즘으로 비판한다. 이런 현상은 야당이나 반정부단체들이 집권당과 정부를 공격할 때 경멸적인 구호의 일종으로 사용한다. 우리사회에서 파시즘이란 용어가 얼마나 무분별하게 남용되는가를 단적으로 보여주는 예다.

파시즘은 역사에서 다양한 형태로 존재했기 때문에 엄밀한 의미에서 정의하기가 어렵다는 점에서 보면 어떤 정치현상을 파시즘적이라고 부르면 바로 파시즘일 수 있다. 그러나 엄밀히 말하면 파시즘은 오직 이탈리아 무솔리니 정권이나 독일의 히틀러 '나치즘'을 가리키며 확대하면 일본의 '군국주의'가 해당한다. 그리고 근대에 나타나는 신파시즘이나 신나치즘을 지칭할 수 있다. 이런 점에서 우리나라에서 엄밀한 의미의 파시즘 현상을 찾기는 어렵다. 다만 모든 정치현상은 파시즘적 요소를 담고 있고 그런 요소가 강화된다면 바로 파시즘으로 연결될 수 있는 가능성은 어느 정치체계나 마찬가지이며 이러한 요소는 우리도 안고 있다.

제5부

국가의 특성과 구조

제13장 국가의 특성과 역할

"나라가 생기는 것은 우리 각자가 자족하지 못하고 여러 가지 것이 필요하게 되기 때문일세. …

　한사람이 한 가지 필요 때문에 다른 사람을 맞아들이고, 또 다른 필요 때문에 또 다른 사람을 맞아들이는 식으로 하는데, 사람들에게는 많은 것이 필요하니까, 많은 사람이 동반자 및 협력자들로서 한 거주지에 모이게 되었고, 이 생활공동체에다가 우리가 국가(polis)라는 이름을 붙여주었네. …

　그러면 이론상으로 처음부터 나라를 만들어보세, 나라를 세우는 것은 우리의 필요를 위한 것이니 … 여러 가지 중에서도 가장 중대한 것은 생존을 위한 음식물의 마련이고(…)둘째 것은 주거의 마련일 것이며, 셋째 것은 의복 및 그와 유사한 것일세" (플라톤 국가 2권 369 c)

"… 여러 부락으로 구성되는 완전한 공동체가 국가인데 … (아리스토텔레스, 정치학, 1252b27) … 이로 미루어 국가는 자연의 산물이며, 인간은 본성적으로 국가 공동체를 구성하는 동물(즉 사회적 동물)임이 분명하다.…" (아리스토텔레스, 정치학, 1253a1)

국가의 본질

용어의 기원

국가는 우리말로는 '나라'로서 장소를 나타내는 의미다. 한자어로는 천자나 제후가 다스리는 곳을 나타낸다. 이러한 어의는 영어의 국가를 나타내는 'state'와도 상통한다. state는 라틴어 stare(서다)에서 비롯되었으며 구체적으로는 라틴어 status(상태나 조건)에서 나왔는데, status는 교황이든 황제든 통치자나 왕국의 상태 또는 조건을 가리키는 경우에 사용되어 중세에는 지배자, 왕국, 또는 군주지위의 조건이나 상태를 의미했다.[1] 국가라는 용어를 최초로 사용한 것은 마키아벨리라는 주장도 있지만, 그가 군주론에서 사용한 국가라는 용어는 현대적 의미의 국가라기보다는 '조건'이나 '상태'의 중세적 사고(思考)였다. 그럼에도 전통적 정치집단을 국가로 부른 것은 마키아벨리의 지적 유산과 현실에서 비롯되었다는 점은 대부분이 수용하고 있다.[2]

국가의 개념

현대국가의 개념은 베버(M. Weber)가 제시한 정의가 좋은 출발점이 된다. 그에게 국가는 정해진 지리적 범위 내에서 사회활동의 지배를 위한 기관으로, 자신의 영토 내에서 강제수단으로 지배할 수 있으며, 다른 사회제도에 대해 우월성을 가진 고정적이고 분명히 식별 가능한 제도를 통해 지배하는 존재다.[3]

국가는 법의 근원으로서 지배자와 피지배자 모두에게 지속적으로 적용되는 공권력을 갖고, 주어진 영토 내에서 그 내부의 모든 다른 결사

---

1) Andrew Vincent, *Theories of the State* (New York: Basil Blackwell, 1987), 16, 18.
2) Vincent, *Theories of the State*, 18.
3) H. H. Gerth and C. Wright Mills, *From Max Weber: Essays in Sociology* (London and Boston: Routledge & Kegan Paul Ltd., 1974), 82-83.

체, 조직, 집단에 대해 패권 또는 우월권을 주장하며, 자원과 강제력에 대한 최대한의 통제력과 최고의 권한 즉 주권을 가진 존재다.[4] 국가는 또한 '국제사회가 공식적으로 인정한 존재로서 기존 영토 내에서 폭력의 제거에 집중하고 재산권을 확립하며 사회를 규제하는 중앙집권적이고 제도화된 권력의 복잡한 장치'[5]다.

국가가 갖는 주권 가운데 대내적 권력은 공권력으로서, 정당성을 확보한 국가의 강제력이다. 가정의 부모나 작업장의 감독 등과 같은 다른 사회조직과 국가를 구별하는 가장 대표적인 특징은 국가가 강제력을 행사하는데 필요한 정당성에서 최고의 근원을 가지고 있다는 것이다. 국가의 특징은 시민들이 일반적으로 수용하는 강제력의 사용을 통해 지배할 권한을 가진 것이다. 그러나 사람들에게 많은 일을 하도록 강요할 수는 있지만 최선을 다하도록 강요할 수는 없기 때문에[6] 국가는 규제뿐만 아니라 적당한 보상과 정보를 통해 국민을 정해진 목표로 유도한다.

국가가 공통적으로 갖는 특성은 국민과 영토 및 주권 그리고 국제적 인정이다. 국민, 영토, 주권을 국가의 3요소라고도 하는데, 이는 대내적 측면이고 세계화시대에 국제적으로 인정을 받지 못하면 사실상 국가로서의 역할을 다 할 수 없기 때문에 국제적 인정이 추가되어야 한다. 지구촌 사회에서 국민은 정부가 있는 영토 내의 거의 대부분의 사람들이지만 다른 국가의 영토에 거주하는 재외동포도 포함된다. 영토의 개념도 점차 확대되어가고 있다. 국가나 기업 또는 개인이 해외에서 토지를 구입하는 경우 형식적으로는 그 나라의 영토지만 실질적으로는 구입해서 사용하는 나라의 영토라고 할 수 있다.

---

4) Vincent, *Theories of the State*, 19, 20.

5) M. Levi, "The State of the Study of the State," in Ira Katzenelson and Helen V. Milner(eds.), *Political Science: The State of the Discipline* (New York: W. W. Norton & Co., 2002), 40.

6) Milton Fridman, *Capitalism and Freedom* (Chicago: University of Chicago Press,1962).

그러나 지구상의 국가 중에는 이러한 특성에 예외적인 경우도 있다. 타이완은 중국의 요구로 인해 유엔으로부터 제외되었으나 사실상 국가다. 팔레스타인 해방기구는 100개국 이상에 대표부 또는 사무소를 설치하고 있으며 74년 유엔 옵서버가 됐고, 1988년 11월 팔레스타인 민족회의(PNC)가 알제리에서 열린 특별회의를 통해 팔레스타인 국가의 창설을 선포함으로서 스스로 국가를 표방하고 있지만 영토는 없다.

우리나라는 한반도라는 영토에는 국제사회가 인정한 두 개의 국가가 존재한다. '대한민국'과 '조선민주주의인민공화국'이다. 미국과 유럽의 많은 나라들은 여러 민족들이 하나의 국민을 구성하는데 반해 우리나라는 하나의 민족이 2개 국가의 국민을 구성한다. 물론 주권도 다르다. 중국과 대만도 우리와 유사하다. 예멘과 베트남, 캄보디아, 독일도 통일 전에는 이와 유사했다. 이를 분단국가로 부른다.

국가의 기원

국가의 개념을 기준으로 할 때 1500년대까지는 국가라는 용어가 정치용어로 존재하지 않았다.[7] 근대국가의 등장이 16세기 이후라는 의미다. 국가가 16세기 이후의 산물이라면 그 이전의 인류사회는 어떻게 유지되어 왔으며 국가의 출현배경은 무엇인가? 국가의 등장은 원시 씨족 및 부족사회와 그리스에서 발견되는 도시국가의 형태 이후 다양한 형태의 지배체계를 거쳐 16세기에 이르러 국가라는 유기체가 형성된 것으로 불수 있다.

실제 통치체계로서의 국가는 약 1만 년 전 메소포티미이에서 생겨난 최초의 농경사회까지 역사가 거슬러 올라가며[8] 국가 성격의 유기체는 고대 그리스의 '도시국가(polis)'에서 형태를 볼 수 있다. '도시국가'라

---

7) Vincent, *Theories of the State*, 14.
8) Francis Fukuyama, *State-Bulding*, 안진환(역), 『강한국가의 조건』 (황금가지, 2005), 15.

는 용어는 행정중심지를 나타내는 성채(acropolis)에서 유래되어 그리스 문명의 고전시대에 모습을 갖춘 정치형태에 대한 이름으로 그 자체가 하나의 국가다.

도시국가의 기원은 논란의 여지가 있지만 아마도 경제 쇠퇴기에 부족체계가 붕괴된 뒤, 흩어진 집단들이 BC 1000~800년 그리스 반도(半島)와 에게 해(Aegean Sea)의 섬 그리고 소아시아 서부에 정착해 도시국가의 독립된 핵심(核心)을 이루었던 데 있는 것 같다. 이들은 인구가 늘어나고 상업 활동이 활발해짐에 따라 이주민들을 해외로 보냈고, 그 결과 대략 BC 750~550년경 지중해와 흑해 연안에 비슷한 도시국가들이 세워졌다. 도시국가의 영토는 보통 시민들(politai)이 서로를 잘 알고 있을 정도로 아주 좁았는데, 플라톤은 5,040세대(약 2만 명 상회)로 기재했다.[9] 이런 사회에서는 모든 결정이 모든 사람들이 참여한 가운데 평등한 직접적 결정이었다는 점에서 정치형태는 이른바 직접민주정치로 불린다.

이 시기에 생긴 수천 개의 도시국가는 매우 다양했다. 각자 자유와 독립을 지키려는 분립주의(分立主義)는 자랑인 동시에 약점이었다. 도시국가의 최고기관은 모든 주민들이 참여하는 민회(parlamento, concio, arengo)와 집정관들로 구성되는 행정부였다. 주체하기 힘든 민회를 대신해 일찍부터 시참사회(市參事會)가 일상적인 정치·입법 업무를 맡기 시작했으며, 헌법이 점점 복잡해지자 여러 위원회가 생겨났다. 이러한 상황은 도시마다 상당히 달랐다. 도시국가가 도시들의 연합으로 이루어진 국가라는 의미로 잘못 이해되어서는 안 된다.

국가의 형태는 이미 그리스 시대에 나타났고 그 필요성은 일찍이 아리스토텔레스(Aristotle)로부터 비롯되었으나 국가의 기원을 논리적으

---

9) Plato, *The Laws*, T. J. Saunders(trans.)(Harmondsworth, Middlesex: Penguin Books, 1970), 249 참조.

로 제시한 것은 흡스(T. Hobbes)였다. 흡스는 리바이던(leviathan)을 통해서 국가의 모습을 잘 묘사하고 있다. 즉 흡스의 리바이던은 국민을 하나의 거대한 공동체(국가)로 모으는 용어로서 개인들이 정책에 동의 하든 안하든 집합된 국민의 이익을 위해 활동하는 존재였다.

국가를 리바이던의 관념으로 묘사한 것은 국가가 자유에 대한 위협 으로 인식되었기 때문이다. 리바이어던(Leviathan)은 초기에는 구약성 서 욥기41장에서 묘사되고 있는 신화적인 거대한 바다 물 속의 동물의 이름과 거대한 권력과 부의 인간을 의미하는 용어에서 거대한 규모의 국 가에 대한 관념으로 발전했다.10) 국가는 결국 사회로부터의 요구에 대 한 반응이고 사회의 집합적 능력을 증진하는 도구로서 고안된 것이다.11)

국가의 유형별 특성

빈센트는 국가가 '지배자와 피지배자 모두의 위에서 정체(polity)에 질 서와 영속성을 부여하는 공권력'12)이라는 관점에서 국가의 사고에 대한 이론적이고 자의식적인 형식(formulation)을 절대국가론, 입헌국가 론, 도덕국가론, 계급국가론, 다원국가론으로 분류한다.13) 이러한 분류 의 핵심기준은 배타적이고 독점적인 공권력이 누구에게 부여되어야 하 고 부여되고 있으며 어떤 목적으로 어떻게 행사되어야 하며, 행사되고 있는가, 즉 국가의 특성에 관한 것이다.

대부분의 국가의 특성에 대한 이론은 흡스의 계약론을 바탕으로 하

---

10) Levi, "the State of the Study of the State," 43.
11) Axel Hadenius, *Institutions and Democratic Citizenship* (Oxford: Oxford University Press, 2001), 131.
12) Vincent, *Theories of the State*, 218.
13) Vincent, *Theories of the State*, 45-217, 222-223.

는 절대주의론과 로크의 계약론을 바탕으로 하는 자유주의가 초보적 입헌주의 관념의 토대를 이루었다. 마르크스의 계급론은 계급국가론으로, 그리고 로크의 자유주의와 애담 스미스, 리카르도(D. Ricardo)의 주장들은 다원주의국가론으로 발전했고 다원주의 국가론은 코포라티즘이라는 대응관념을 유발시켰다.

절대주의 국가론

절대주의는 우주적 사상과 주권론을 결합시킨 17세기의 사고로 절대적 입법권, 재산권, 신권, 국가의 이성, 인격 등에 대한 이론이 핵심이다. 국가의 존재는 주권이 전제되어야 하는데 이 주권은 군주 개인에 의해 적절히 구현된다. 절대군주(absolute sovereign)는 신(神)적인 인간으로 왕국을 소유하고 국민과 토지는 군주의 재산이고 군주의 통치는 신의 허락에 의해 이루어지며, 공권력을 통해 신권(가공이든 실제든)을 구현한다.

군주 개인이 국가이고 국가가 군주 개인이며 군주의 이익이 국가의 이익이고 군주는 공익을 진정으로 판가름하는 유일한 사람이라는 인식이다. 이러한 국가의 이성론은 인격론으로 이어져 국가가 통치자 개인과 동일시되고 있다. 절대주의론은 그 당시의 국가현상에 대한 기술이며 현대국가의 특성과는 아주 다르다. 예외적으로 북한은 아직도 상징조작과 억압을 통해 절대주의 국가관념을 유지시키고 있다.

입헌주의 국가론

입헌주의 국가론은 절대주의 왕정이 쇠퇴하고 국민주권사상과 행정기관의 독립성이 발전되면서 18세기에 나타난 국가에 대한 사상적 기초다. 입헌주의는 특히 자유주의사상과 불가분의 관계를 갖고 있다. 자유주의국가의 필요조건은 정부의 권력과 권위가 입헌적 규칙과 실천체계에 의

해 제한되어야 하며 개인들의 자유와 평등은 법의 지배를 통해서 존중
되어야 한다는 것이다.

입헌주의에서 국가는 헌정질서의 수호자로서 권력을 제도화하며 시민
과 법, 정치제도 간의 관계를 규정한다. 헌법은 볼링브로크(Bolingbroke)
가 정의한 '어떤 확고한 이성적 원리로부터 나온 법과 제도, 관습의 집합
으로서, 확실한 공공선을 지향하며, 공동체가 지배받기를 동의한 바에
따라 구성한 일반적 체계'14)다.

입헌국가론은 현재의 국가의 성격을 구성하는 민주정체(democratic
polity)와 관련된다. 입헌주의는 오늘날의 자유민주주의 핵심사상으로
이어지고 있는데 자유 평등 개인의 권리와 같은 피할 수 없는 근본적 가
치들을 옹호하기 위해 질서 있는 변화를 유지하고 권위의 다원화를 보
장하는 중요한 제도적 장치로서 권력분립 및 견제와 균형을 핵심으로
한다.

다원주의 국가론

다원주의 국가론은 자유주의 이념을 바탕으로 출발한 국가에 대한 사고
다. 다원주의는 한 국가 내에 상대적으로 자유로운 조직들이 둘 이상 복수
로 존재하며 정부관리나 민간집단 그리고 개인들 간에 권력과 권위가 광
범위하게 분산되어 있는 현상을 말한다. 다원주의 국가론에서 국가는 경
쟁적인 집단들 및 개인들의 요구와 이익을 여과하는 정치적 시장이다.15)
국가는 정당 및 집단들로부터 불거지는 갈등을 중립적 위치에서 조정하
는 중재자로 활동하거나 또는 국가기관들(정부와 의회 등)은 정당과 이
익집단들을 배경으로 하는 정책을 수립하고 집행하는데 필요한 예산확

---

14) Charles Howard McIlwain, *Constitutionalism : Ancient and Modern* (New York:
　　Cornell University Press, 1940), 4에서 재인용.
15) Ronald H. Chilcote, *Theories of Comparative Politics*, 2nd ed. (San Francisco:
　　Westview Press, 1994), 150.

보를 위해 서로 경쟁하게 된다.

다원주의는 권력이 엘리트의 독점에서 사회의 여러 목적적 집단들 (이익집단)에게 분산되어 이 집단들이 정책결정과 집행에 주도적으로 참여하는 것이다. 다원주의 사상의 중심적 가치는 자유며 이 자유는 권력과 권위가 집단으로 분산되는 것을 나타내고, 이 자유는 오직 여러 집단들의 다양성의 맥락에서만 존재할 수 있다고 본다.

그러나 어느 나라도 각 집단들에게 국가권력이 분산, 귀속되지 않기 때문에 다원주의론은 추상적 개념이지 실제로 존재하는 것은 아니다. 어떤 국가에서도 모든 이익집단들이 동등하게 조직되고 동등한 자원을 갖고 정치과정에 참여하는 것이 아니고 자유롭고 평등하게 경쟁할 수 없다는 점에서 다원주의 국가론은 자칫 엘리트와 자본가 집단, 또는 구심력이 강한 집단들이 사회의 이익을 지배할 우려가 있다. 다원민주주의 옹호자였던 달(Robert A. Dahl)도 후기 그의 저작들에서 상이한 이익집단들이 행사하는 영향력 간의 불균형을 지적했다.[16]

코포라티즘 국가론

코포라티즘(Corporatism)은 다원주의 국가론의 변형으로 나타난 국가의 특성이다. 코포라티즘은 자본주의의 경제원칙을 존중하면서 국가의 개입을 인정하는 형태로 흔히 '조합주의'라고 부르는데, 노동조합 (unionism)이나 노동조합주의(syndicalism)와 혼동 될 수 있다. 또한 '조합'은 다원주의적 이익대표의 개념과 교차되기 때문에 코포라티즘의 개념에 나타나는 집단들과 국가 간의 유기체적이며 공동체적인 의미를 표현하지 못한다. 코포라티즘은 기업엘리트에 의한 지배를 의미하는 것이 아니고 기업, 노동자, 국가 등과 같은 작은 단위가 아니라 전체의 구

---

16) Robert A. Dahl, *Dilemmas of Pluralist Democracy: Autonomy versus Control* (New Haven, Connecticut: Yale University Press, 1982).

성체로서의 사회와 정치를 보는 것이다.[17]

민주적 코포라티즘에서는 기업과 노동자 영역이 각기 하나의 조직을 결성해 하나의 거대한 노동자 연합이 구성된다. 이러한 연합체는 중앙집권적으로 운영되며 국가 지도자들과 이른바 '이익조율(concertation interest)'을 위한 정기모임을 갖고 정책결정을 하게 된다.[18] 국가와 관련한 코포라티즘의 특성은 사회의 각각의 직능집단들과 국가가 제도적으로 융합되고, 집단들은 국가의 일정한 통제를 준수하고 각자의 범주 내에서 각각의 독점적 대표권을 부여받아 구성원들의 이익을 정부정책에 반영하며 정부는 정책결정과 집행의 모든 단계에서 정책에 영향을 받는 모든 이익집단들과 직접 상대하는 형태다.[19]

코포라티즘은 국가와 구성 집단들과의 권력관계에서 국가의 권력과 영향력이 지배적인 경우와 대등적 협의관계인 경우를 바탕으로 구별되는데 여러 명칭이 있지만[20] 국가코포라티즘과 사회코포라티즘으로의 대별이 대표적이다.[21] 전자는 제1, 2차 세계대전 사이의 파시즘과 나치즘 등 독재정치의 사회통제 메커니즘을 의미하는 경우와 그 이후 포르투갈과 스페인, 일부 남미국가들의 권위주의체계의 경우로 국가로부터 강요되는 참여와 활동이고, 후자는 민주정치체계의 형태로 자발적 참여

17) A. S. Mcfarland, *Neopluralism* (lawrence, Kansas: University Press of Kansas, 2004), 107.

18) Mcfarland, *Neopluralism*, 107-108. 코포라티즘의 효용성에 대해서는 논란이 있지만 북유럽의 예외에도 중간 단계의 정부(예를 들면 미국의 경우 각 주정부)에 적용가능성도 있고 실제 이런 요소들이 많이 담겨있다. 이런 의사결정과정을 가지고 있는 나라들은 독일, 오스트리아, 스위스, 벨기에, 네델란드, 덴마크, 스웨덴, 핀란드, 노르웨이 등이 있다. Peter J. Katzenstein, *Small states in World Markets* (Ithaca, New York : Cornell University Press, 1985).

19) B. Jessop, "Corporatism, Parliamentarism and Social Democracy,"; P. C. Schmitter, "Still the Century of Corporatism?,"; P. C. Schmitter & G. Lehmbruch(eds.), *Trends Toward Corporatist Intermediation* (London: Sage Publications, 1979), 13, 195.

20) 이에 관해서는 양동안,『민주적 코포라티즘』(서울: 현음사, 2005)을 참조할 것.

21) Schmitter, "Still the Century of Corporatism?," 20-21.

에 의한 협력관계로 스웨덴의 경우다. 후자는 흔히 네오코포라티즘이나 민주적 코포라티즘으로 불린다.

다원주의 모델과 달리 코포라티즘은 정부와 기업, 노동자 간의 협동 및 공동으로 결정한 정책을 집행할 권한으로 인해 보편적 이익의 거시 경제정책을 수립하고 집행할 가능성이 다원주의보다 높다는 점에서 긍정적이다. 그러나 코포라티즘은 정치경제정책을 수립하고 집행하는 과정에서 각각의 이익을 전제로 참여하는 집단들의 요구와 성격 및 국가 기관과의 관계가 달라지면서 새로운 환경에 직면했다.

정부기관과 협상할 집단들은 전통적 성격의 집단들뿐만 아니라 정부와 이익집단 어느 쪽과도 갈등을 유발할 수 있는 사회운동집단들이 대거 출현하면서 협상대상자가 다각화되었다. 또한 사회의 각 집단들은 각기 이념과 세력에 따른 주도권 경쟁으로 항상 대립과 갈등을 안고 있다.

도덕국가론

도덕국가론은 헤겔(Hegel)의 심오한 형이상학을 배경으로 한다. 헤겔은 실정법, 법원, 경찰 및 행정부들을 시민사회의 기관인 동시에 국가기관으로 보고, 이 기관들의 기능이 개인 혹은 사적 이익을 조화시키고 증진시키면 시민사회의 기관으로 분류하고, 구성원들이 현재의 공동체를 소중히 여기고 그를 결합시키는데 기여하면 국가기관으로 분류했다. 헤겔에게 국가의 목적은 시민들의 행복에 있으며, 공적인 목적과 사적인 목적이 동일할 때만 안정적이다.

사적인 목적은 개인의 행복, 존엄성, 부(富) 혹은 덕성(德性)같은 것이며 공적인 목적은 정의 혹은 사회질서의 어떤 형태나 양상 혹은 자신이 속한 국가의 승리를 의미한다. 공적인 목적이 단지 사적인 목적을 달성하기 위한 수단으로서가 아니라 국가의 목적을 위해 필요한 것이기 때문에 실제 공적인 목적과 사적인 목적은 동일하다.[22]

도덕국가론에서 인간의 운명이 국가 내에서 발전하는 것은 국가가
피할 수 없는 권력이기 때문이 아니라 국가가 인간의 본질 혹은 합리적
피조물로서의 인간의 내적 본질에서 발전하기 때문이라고 본다.[23] 헤
겔은 시민 즉 국가 구성원으로서만 자유롭다고 주장하지만, 어떤 국가
도 어떤 시민이 속한 공동체나 결사를 모두 포함할 수는 없으며 국가 내
에 포함되지 않는 많은 공동체가 존재한다는 점에서 그의 주장은 과도
하다.[24] 개인 또는 집단 차원에서 국가의 한계를 뛰어넘는 많은 관계들
이 존재하며 특히 현대의 지구촌화와 인터넷 체계는 이 범위를 더욱 확
장한다. 도덕국가론은 국가의 윤리관을 통해 사회의 다양한 세력 간의
갈등을 해소하는 기반을 구축할 수 있겠지만 다른 한편으로 국가주의나
파시즘, 나치즘의 형태로 변질되는 배경이 되기도 했다.

계급국가론

계급국가론은 마르크스와 엥겔스의 저작들로부터 시원된 마르크스주의
자들이 보는 국가의 특성이다. 마르크스에게 국가는 사유재산의 소유권
을 통해 특수 이익을 추구하는 개인들의 권리를 정당화하는 조직이다.
따라서 이들에게 국가는 비록 모호하지만 계급관계의 표현 또는 응축물
이다.[25] 계급론에서 공권력은 지배계급의 이익을 위한 제도적 응축형
태로, 자본축적을 목표로 하며 사유재산을 옹호한다.

마르크스 등에게 국가는 자산가들이 국내외적으로 자신들의 재산과
이익을 서로 보장해 주기 위해 필연적으로 취하지 않으면 안 되는 조직
형태에 불과하다. 국가는 지배계급에 속하는 각 개인들이 그들의 공통
된 이익을 실현하는 형태라는 것이다.[26] 이것은 제임스 밀(J. Mill)의

22) John Plamenatz, *Man and Socity*, Vol. 2 (London: Longman, 1963), 250-251.
23) Vincent, *Theories of the State*, 19, 20. 119-120.
24) Plamenatz, *Man and Socity*, Vol. 2, 250-251, 264-265.
25) Vincent, *Theories of the State*, 19, 20. 148.

재산보호수단으로서의 국가론과 정면으로 배치된다.

밀은 강자가 항상 그들의 합당한 몫보다 더 많이 얻으려고 할 것이고 그대로 두면 항상 약자로부터 노동의 산물을 빼앗으려고 할 것이기 때문에 사람들은 단결해 그들 모두를 보호하는데 필요한 권력을 소수에게 위임해야 한다고 본다. 그러므로 정부는 본질적으로 다른 사람의 탐욕으로부터 각자의 노동의 산물을 보호하기 위한 수단이다. 다만 정부 그 자체가 일부 사람들을 다른 사람들보다 더 강력하게 만들어, 지배자들이 보호하기로 되어 있는 그 국민을 약탈할 수 있도록 하는데 이를 방지하기 위한 장치가 또한 정부다.[27]

마르크스주의자들에게 계급이 사라지게 되면 국가도 사라지기 때문에 국가는 잠정적 현상이다. 레닌은 자본주의 사회에는 고유의 국가가 존재하며 이 국가는 국가사멸 단계인 무계급사회에 이르는 정치적 과도기에 해당하는 과도기의 국가로서 프롤레타리아 혁명에 의해 철폐되고 프롤레타리아 국가 또는 반국가(semi-state)가 존재하며 공산주의의 더 높은 단계에 들어가면 이 국가도 자연히 사멸된다고 주장했다. 이것이 곧 무정부주의를 의미하는 것은 아니다. 마르크스, 엥겔스가 국가소멸론을 예언했던 것은 사실이지만 국가가 계급사회에 필요하다는 것은 인정한다.[28]

이상에서 토론된 국가의 특성에 관한 이론들을 국가와 국민사이의 권력관계로 분류하면, 국가가 국민에게 행사하는 권력의 정도에 따라 절대국가와 계급국가, 국가코포라티즘은 국가가 시민사회에 강력한 권

26) 맑스, 엥겔스, 포이에르바흐, "유물론적 견해와 관념론적 견해의 대립" 『중공중앙』; 맑스, 엥겔스, 레닌, "쓰딸린저작편역국(편역)", 『맑스엥겔스선집』 (북경: 인민출판사, 1985), 88-89.

27) Plamenatz, *Man and Socity* Vol. 2, 27-28. 김홍명(역), 『정치사상사 2』 (서울: 풀빛, 1986), 236.

28) Plamenatz, *Man and Socity* Vol. 2, 318-319.

력을 행사하며 통제한다. 반면에 다원국가와 사회코포라티즘은 시민사
회에 대한 간섭을 최소화하며 시민의 자유를 최대화한다. 입헌국가는
기본적으로는 입헌주의와 대의체계를 기본으로 하지만 헌법의 내용과
정치과정에서 입헌자유주의 국가일수도, 또는 입헌독재국가일수도 있
다. 도덕국가론도 그 관념의 해석과 행사에 따라 입헌적 민주국가나 또
는 군국주의의 전체국가가 될 수 있다.

국가의 기능별 특성

국가의 기능적 특성을 나타내는 역할은 국가에게 부여된 권력을 행사하
는 당위적 활동을 말한다. 국가의 기능은 국가에 대한 사상과 관념, 헌
법, 제도, 국가의 정책에 따라 좌우된다. 국가의 기능은 국가가 보유한
권력을 무엇에 얼마나 행사하느냐와 관련해서 야경국가론, 최소국가
론, 행정국가론, 복지국가론 등 다양하지만 현대국가의 기능은 결국 국
가가 국민에 대해 자유와 평등을 어떻게 구현되는가에 따라 구별된다.

야경국가론

야경국가론은 17세기 중엽에서 19세기 중엽에 걸친 자유주의적 관점의
이론으로, 국가는 외적의 침입을 막고 국내 치안을 확보하며 개인의 사
유재산을 지키는 최소한의 임무만을 행하고, 나머지는 자유방임에 맡길
것을 주장하는 관점이다. 야경국가라는 용어는 독일의 사회주의자 라살
(Ferdinand Lassalle)이 그의 저서 『노동자 강령』에서 당시의 영국 부
르주아지의 국가관을 비판하는 뜻으로 쓴 말이다.

　야경국가는 현대 경제학자들이 정부의 기능을 오직 밤에 도둑을 잡
는 일만 하는 것과 같은 것으로 낮추어 부른 것이며, 정부의 예산규모를

최소한으로 줄이는 '값싼 정부(cheap government)'라고도 한다. 야경국가의 관념은 정부의 기능을 생명, 자유, 재산의 보호에 둔 자유주의 이론의 개척자인 로크(J. Locke)에 사고에 연원을 두고 있다. 로크의 사상은 미국 정치혁명의 사상적 지주로 작용했다는 점에서 미국의 건국자들이 야경국가의 사상을 받아들이는 과정에서 바로 작은 정부에 대한 인식도 공유되고 있었다.

야경국가는 19세기까지 유럽 대부분의 지역에서 후기 봉건주의와 민주주의 전 단계의 과정에 있는 국가들 특히 영국에서 나타난 형태로 자유주의 철학을 반영하고 있었는데, 자유방임의 원리가 지배하던 19세기에는 아담 스미스(Adam Smith)의 주장처럼 사회가 이른바 보이지 않는 손에 의해 전체적으로 조화를 이루게 된다고 보았다. 국가는 개인의 자유로운 활동을 보장하기 위해 최소한의 기능만을 수행하는 '야경국가' 혹은 '소극적 국가'를 추구해야 한다는 것이다.

야경국가는 어감으로 경찰국가를 연상하지만 경찰국가와는 오히려 반대의 개념을 갖는다. 경찰국가는 원래 18, 19세기의 계몽전제군주의 통치하에 있었던 강권적 전제군주국가를 말한다. 중세의 절대전제군주국가는 중세적인 다원적 분열의 극복을 위해 강력한 국가권력을 배경으로 경찰권을 확대·강화하였고, 경제정책면에서 중상주의를 통해 국부(國富)의 증대를 도모했다. 특히 프로이센에서는 중상주의와 부국강병책을 중심으로 한 각종 복지·보호행정으로 국내산업을 육성해 국민경제와 국민국가 확립을 추진했는데, 당시에는 이와 같은 치안·복지행정을 경찰(Polizei)이라고 했다. 경찰이란 경찰권·행정권을 포함한 국가권력과 같은 것으로 오늘날의 정책과 통하는 것이었다.

경찰국가는 제2차 세계대전 전의 일본의 특별고등경찰, 나치스의 비밀국가경찰 게슈타포를 비롯한 독일·이탈리아, 스탈린 치하의 소련 등을 비난할 때 사용해온 용어다. 이것은 잔인한 사상탄압과 국가권력

의 남용을 나타내고 있다. 현재도 정부가 사회질서 등을 이유로 경찰력
을 강화하는 경우 경찰국가라고 비난한다.

최소국가론

19세기의 자유주의 철학을 바탕으로 하는 제한국가와 야경국가론은 20
세기 말에 최소국가론으로 다시 부활한다. 특히 로크의 자유주의 전통
을 계승하는 노직에 의해 최소국가의 논리가 강화되었다. 노직(Robert
Nozick)은 그의 영향력 있는 저서 '무정부, 국가, 그리고 유토피아'에서
최소국가(minimal state)는 정당화될 수 있는 국가로서는 가장 확대된
국가로서 이보다 더 확대된 국가는 어떤 국가이던 사람들의 권리를 침
해한다고 주장한다.[29] 국가의 역할은 오직 강제력을 막는데 한정되어
야 하며 국가의 역할이 증대하고 권력이 강화되면 오히려 부자들에게
더 유리하다는 주장이다.

> … 경제적으로 부유한 사람들은 거대국가에서 다른 사람보다 유리
> 한 경제적 혜택을 얻는데 국가의 권력을 이용할 수 있기 때문에 더
> 큰 정치권력을 요구한다. 그런 권력이 존재하는 곳에서 사람들이
> 이런 국가권력을 자신의 목적을 위해 사용한다는 것은 당연하다.
> … 최소국가는 권력이나 경제적 이득을 바라는 사람들이 국가를 그
> 렇게 점유하거나 조종하는 기회를 가장 많이 줄인다.[30]

노직은 더 나아가 최소국가를 아래와 같이 묘사한다.

> "최소국가는 타인이 어떤 방법으로도 우리를 수단이나 도구, 방편,
> 자원으로 이용할 수 없는 신성불가침의 개인으로 대우한다. 즉 최
> 소국가는 우리를 존엄성을 가진 개인적 권리들의 소유자인 인격으

29) Robert Nozick, *Anarchy, State, and Utopia* (New York: Basic Books, Inc.,
    Publishers, 1974), 149.
30) Nozick, *Anarchy, State, and Utopia*, 272.

로 대한다. 최소국가는 우리의 권리를 존중함으로써, … 개인적 혹
은 우리가 선택하는 사람들과 함께, 우리가 할 수 있는 한, 우리의
삶을 선택하고 우리의 목표와 우리 스스로 바라는 생각을 실현하도
록 허용한다."31)

노직에게 국가는 홉스나 로크가 말한 자연상태에서 무질서에 의한
개인의 자유와 권리가 침해될 수 있는 요소를 막아주는 역할에 한정되
는 권력만을 행사해야 한다. 국가의 권력이 커질수록 오히려 부자가 그
자신들의 이익을 위해 그 권력을 더 활용할 수 있게 된다고 보았다. 노직
의 주장에는 국가가 개인의 자유와 권리의 보호기관으로서 역할을 해야
도덕적으로 정당하다는 점과 국민들은 서로 협동해야 한다는 내용이 담
겨있다. 이것은 우리에게 지향하는 목표점은 제시해주지만 그것을 어떻
게 구현할 것인가에 대해서는 많은 논란이 따를 수밖에 없다.

노직의 이런 주장은 훔볼트(Humboldt)의 초기논문 '정부의 영역
및 의무론(On The Sphere and Duties of Government, 1972)'에 나
타난 엄격한 최소국가론 즉 개성과 자기개발에 관한 낭만주의적 이상
에 근거해 국가는 오직 강제력을 막는데 한정되어야 한다는 주장을 잇
는 것이며,32) 고전적 자유주의의 재언명으로서 자유시장에 대한 보수
적 옹호론과 대조되며 결국 야경국가론과 맥을 같이한다. 그레이(John
Gray)는 자유주의가 반드시 최소국가를 요구한 것은 아니며 특히 훔볼
트(Humbolt), 스펜서(Herbert Spencer), 노직(Robert Nozick)등이
국가의 기능은 권리보호와 정의옹호에 한정되어야 한다고 주장했지만
이런 주장은 자유주의 전통에서 소수에 불과하며 고전적 자유주의자들
은 국가가 권리보호와 정의옹호를 넘어 다양한 범위의 서비스 기능을
담당해도 좋다는 점을 인정하고 있다는 점에서 최소국가보다는 제한정

---

31) Nozick, *Anarchy, State, and Utopia*, 333-334.
32) John Gray, *Liberalism* (Minneapolis: University of Minnesota Press, 1986), 34.

부용호론자들이라고 분석한다.33)

자유주의자들의 최소국가론은 특히 20세기 후반에 들어서면서 미국의 레이건정부와 영국의 대처정부가 추구한 신자유주의적 정책을 정당화시키는 이론적 토대로 작용했다. 하비(David Harvey)는 미국의 주요기업들이 연구소와 대학들의 경제 및 경영학부에 재정을 지원하고, 기업들이 지원한 풍부한 재원을 바탕으로 신자유주의의 가치를 고무하는 책들이 출간되었는데 그 대표적이고 영향력 있는 저서로 노직의 저서(아나키, 국가, 유토피아)를 들고 있다.34)

복지국가론

산업사회가 발달하고 독점, 과점 등 국가경제를 파괴할 수 있는 자본주의 경제구조의 모순으로 인해 문제점들이 노정되면서 이른바 '보이지 않는 손'에 의한 사회의 조절기능에 대한 신뢰가 무너지게 되었다. 복지국가론은 국민에게 최소한의 생활을 보장해주고, 경제문제에 국가가 적극적으로 개입해 시장을 파레토 최적(Pareto optimality) 상태로 유지하려고 노력하는 국가의 필요성이 제기되면서 대두되었다.

복지국가론은 국가가 국민의 공공복리를 주요한 기능으로 하는 국가다. 복지(welfare)란 '사람들의 만족 상태'를 의미하는데, 복지국가란 국가권력이 소득의 재분배 효과가 나타나도록 모든 경제세력의 자유로운 활동을 의도적으로 수정해, 주로 최저생활수준의 보장에 초점을 맞추고 완전고용과 기회균등을 목표로 해, 보다 정의롭고 안정된 사회를 이루고자 하는 것이다. 이러한 관념은 특히 롤스(Rawls)에 의해 크게 부각되었다.

개인들의 자유에만 초점을 맞추어 최소국가를 지향하면서 그 개인

---

33) Gray, *Liberalism*, 73-74.
34) 데이비드 하비, 최병두(역), 『신자유주의』(서울: 한울, 2007), 65.

들이 속한 공동체에 대한 관심을 소홀히 한 기존의 자유주의들과는 달리 롤스는 국가의 역할을 강조한다.[35] 그는 평등한 자유를 목표로 하면서 이를 구현하기 위해 국가의 개입을 강조하는 사회민주적 복지국가론을 제시한다. 그는 분배적 정의를 실현하기 위한 국가의 기구를 할당부, 안정부, 양도부, 분배부로 구성해 불합리한 시장권력의 형성을 막고, 고용증대와 안정을 유지하며 일정한 수준의 복지를 보장하고 필요의 요구를 존중하며, 과세와 재산의 필요한 조정을 통해서 분배의 몫에서 어느 정도의 평등을 유지하게 된다고 주장한다.[36]

현대국가에서도 스웨덴을 비롯한 대부분의 북유럽국가들은 복지국가를 표방하고 있다. 야경국가를 지향하던 미국은 1929년 후버가 대통령에 당선된 지 채 1년도 되지 않아 사상 최악의 대공황을 맞게 되었지만 자유방임적 작은 정부론을 고집하며 공황을 더욱 악화시켰다. 이어 루스벨트의 대대적 개혁정책으로 안정적 성장 궤도에 들어서게 되는데, 루즈벨트의 뉴딜은 야경국가를 복지국가로 전환시킨 '뉴페러다임'이다. 핵심은 정부가 시장에 적극 개입해 자유방임적 경제를 수정하고, 사회보장 및 노동자 권익 보호 시스템을 확립한 것이다.

행정국가론

행정국가론은 행정권이 상대적으로 우월한 지위를 확보한 국가체계를 말한다. 입법부와 사법부에 대한 행정부 우위현상은 첫째, 입법부로부터의 권한 흡수를 통해 위임입법과 준입법권의 증가, 재량권 및 정책결정 기능의 확대, 행정부예산제도의 발달 등을 통해 이루어 졌으며, 둘째, 사법부로부터는 행정부의 각종 심판권과 준사법권의 증가, 행정재

---

35) John Rawls, *A Theory of Justice* (rev. ed.)(Cambridge, Massachusetts: The Belknap Press of Harvard University Press, 1999).
36) Rawls, *A Theory of Justice*, 243-245.

판권의 흡수 등을 통해 이루어져 왔다.[37] 또한 행정국가에서 행정은 사회의 질서유지뿐만 아니라 국민의 사회경제생활을 주도하면서 적극적으로 관여하고 있다.

행정국가론은 산업혁명과 이에 따른 자본주의의 급진적인 발전, 과학기술의 발달, 인구의 급증, 도시화의 진행 등과 함께 야경국가가 초래하는 각종 사회적 문제와 빈곤, 고용요구 등으로 종래의 소극적인 입헌국가로서는 대처가 불가능해지고 행정의 필요성이 요구됨에 따라 대두되었다.

행정국가론은 19세기 자유주의적 법치국가에서 국가가 필요악으로서 소극적 역할만을 수행해야 한다는 즉, 최소의 개입이 최선의 역할이라는 약체정부관 혹은 안보정부관에 대한 반테제다. 이러한 행정주의는 헌정주의의 수단으로서 자리 잡았고 현대사회의 복잡성과 복지주의의 필요성에서 그 위치를 유지하고 있지만 과도한 행정권력의 사용은 관료적 권위주의로 변질되기도 했다. 대의민주주의 이론은 공공정책은 국민에 의해 선출된 대표에 의해 만들어져야 한다는 것을 전제로 한다. 그럼에도 선출되지 않은 관료들이 공공정책을 결정한다면, 대의민주주의의 방식이 변질된다. 그렇더라도 현대정치에서 관료는 필수적 요소다.

관료제에 대한 적극적인 관심은 '근대국가에서 실질적인 지배자는 반드시 그리고 불가피하게 관료며, 권력은 의회의 연설이나 군주의 선언을 통해서가 아니라 행정업무를 통해 행사된다'는 베버의 주장과 관련된다.[38] 베버는 관료조직의 특성을 1) 명확한 규칙에 따른 공적 업무의 계속성 2) 체계적인 분업 3) 명확한 행정적 위계 4) 관리의 기술적 훈련 5) 관리의 공공책임과 행정의 국가재정 6) 관직의 비소유 7) 공공업

---

37) 최창호. 하미승. 『새행정학개론』 (서울: 삼영사, 2007), 35.

38) Max Weber, *Economy and Society*, G. Toth, and C. Wittich(ed.)(Totawa, New Jersey: Bedminster Press, 1986), 3: 1393.

무의 성문성(成文性)을 들었다.

관료제는 부패하고, 업무는 업무시간을 채울 만큼 확장된다[39]는 일반원칙을 바탕으로 제시된 '파킨슨 법칙'[40]과 위계조직에서 개개의 피고용인들은 각자의 무능수준이 상향되는 경향[41]이라는 '페터 원칙'의 병리현상[42]도 과제로 제기되고 있다. 국가의 기능을 수행하는 중추세력이 관료집단이기 때문에 행정국가론은 기능의 범위나 강도는 다양할 수 있지만 그 존재는 계속될 것이다.

이상에서 토론한 국가의 기능을 국가권력이 시민사회에 행사하는 권력과의 관계로 나타내면 표 13-2와 같다.

행정국가와 복지국가의 역할이 야경국가와 최소국가보다 국가권력을 더 강하게 행사한다. 행정국가는 현대국가에서 필요하지만 자칫 관료적 권위주의나 국가코포라티즘을 배경으로 해 입헌주의를 무력화시킬 수 있는 요소를 가지고 있다. 행정국가는 국가역할의 수단으로서 그 한계를 명확히 하고 입헌주의를 기본으로 의회의 강력한 통제와 감시를 통해 권위주의화가 방지되어야 한다.

행정국가가 국가기능의 수단이라면 복지국가는 국가기능의 목표

표 13-2   국가의 기능정도

강	약
행정국가론	야경국가론
복지국가론	최소국가론

---

39) C. Northcote Parkinson, *Parkinson's Law and other Studies in Administration* (New York: Ballantine, 1964), 15.

40) C. Northcote Parkinson, *Parkinson's Law and other Studies in Administration*.

41) Laurence J. Peter and Raymond Hull, *The Peter Principle* (New York: Bantam, 1972), 15.

42) Peter and Raymond Hull, *The Peter Principle*.

다. 야경국가와 최소국가는 강자와 부자를 더욱 강하고 부유하게 만들기 때문에 복지국가는 이를 보완하기 위한 기능을 국가가 담당한다는 것이다. 이것은 결국 자유에 평등을 접목시키는 것이다. 그만큼 국가는 시민사회와 시장에 간섭하게 되고 시민사회와 시장의 자유는 축소된다. 물론 롤스는 국가의 개입이 오히려 자유를 보호한다고 주장한다. 즉 그는 평등한 자유로서의 정의를 강조한다.

현대국가의 기능

국가의 기능에 대한 가장 공통적 실제는 국가에 대한 전통적인 관념인 '생명과 재산의 보호'로서 외국의 침략과 국내의 불법자들로부터 개인의 생명과 재산을 보호하는 것에서 비롯된다. 문명의 발달은 국가의 기능에 대한 기대가 인간의 기본권에 대한 보호와 육성뿐만 아니라 경제의 성장과 적절한 분배로 확대되었다. 현대국가는 그 이상의 기능이 기대되고 상당부분을 수행하고 있다. 국가는 다양한 제도와 기관, 사회적 규범, 정부인사 혹은 일반인의 활동가들을 통해서 기능을 수행하는데, 국가가 책임을 지고 수행하고 수행해야 하는 공통적이고 구체적인 주요 기능은 아래와 같다.

 1) 국가는 구성원들의 생명과 재산을 지키는 국가 안보와 사회질서의 유지기능을 수행한다. 국가는 이를 위해 군대를 유지하며 경찰과 사법부를 설치·운영한다. 군대를 유지하기 위해서는 막대한 재정부담이 필요하기 때문에 적정규모와 군의 수요를 충당하는 방법을 놓고 개병제와 모병제에 대한 논란이 있을 수 있다. 사법부의 운영은 국민의 자유의 보호와 억제의 양면성을 갖는 문제기 때문에 정교한 검토가 필요하다. 이 과정에서 자유주의자들은 국

가권력의 최소화를 바탕으로 하는 야경국가의 기능을 주장하지만 행정주의자들은 모든 절차를 제도화해 엄격한 시행의 필요성을 강조할 것이다.

2) 국가는 계약의 강제자인 동시에 보호자다. 시장(市場)은 안정된 정부와 법의 지배에 의존하게 된다. 국가는 계약을 보호하고 교환비용을 줄이며, 잠재적 거래대상에 대한 정보, 자원, 교육, 자본생산의 각각의 형태를 제공한다. 개인 간 또는 기업 간의 여러 계약은 정부와 법의 존재로 인해 준수되고 이행된다. 마르크스주의자들은 국가의 이러한 기능을 자본가의 도구로 비판한다. 자유주의자들은 국가의 시장개입을 거부하면서도 국가가 보호막이 되어주는 것을 찬성하는 반면에, 복지주의자들은 국가의 기능이 자칫 자본가들에게 치중될 것을 염려할 것이다.

3) 국가는 개인들이나 기업들이 필요하지만 사적으로 공급할 될 수 없는 공공재를 제공한다. 개인들이 독자적으로 하기 어려운 사회기간시설은 국가가 부담한다. 모든 시장이 국가가 제공하는 기반시설이 필요한 것은 아니지만 복잡한 거래망은 기반시설이 필요하다. 이런 공공재의 생산이나 운영은 교환비용을 감소시키고 기업가들로 하여금 생산 및 유통자본의 확충과 효율적 활용, 숙련노동자들의 양성과 이를 통한 생산성 강화 및 적절한 배분을 보장하도록 한다.[43] 국가가 어느 정도로 부담해야 하는지, 어떤 기능을 수행해야 하는지에 관해서는 자유주의자와 공동체주의자, 복지주의자들 간에 논쟁의 대상이 될 수 있다.

4) 국가는 정치경제적 측면에서 사회보장을 제공한다. 복지국가에 대한 기능의 문제는 특히 실업자, 해직자 혹은 영세민들의 삶, 그중에서도 주거, 의료 보건, 자녀 교육, 노후대책에 대한 국가책임의 정도에 관한 것이다. 이 기능은 자유주의자들에게는 불만의 대상이지만 복지주의자들에게는 핵심과제다. 롤스가 제기한 사회

---

43) Levi, "The State of the Study of the State," 42.

정의 즉 최소한의 사회적 평등과 경제적 평등의 실현은 국가의 이
기능을 통해서 구현되기를 기대하지만 실제는 '정치적 수사'에 그
치는 경우가 허다하다.

5) 국가는 다양한 협력과 교환활동을 촉진하는 네트워크와 사회관
계를 창안하고 보호하는 기능을 통해서 정치체 내의 시민정신과
교양을 고취한다. 이러한 기능은 현대국가가 국가만의 독주지배
가 아니라 코포라티즘적 성격을 갖고 거번먼트(government) 보
다는 거버넌스(governance)로 불리는 데에서도 잘 나타난다. 즉
국가는 야경적 기능이나 경제, 복지적 기능 외에 사회의 다양한
시민세력 및 집단들과 연계해 더 다양한 기능을 수행하고 있다.

6) 국가는 국민으로부터 돈(세금이나 국채 및 벌금)을 강제로 받아
낼 수 있는 유일한 기관이다. 이 돈을 재원으로 해 국가의 기능에
소요되는 비용을 충당한다. 국가의 모든 기능 (심지어는 법을 집
행하는데 필요한 인건비까지)은 돈이 필요하게 된다. 이 돈의 대
부분은 세금을 통해서 충당되는데 이 세금을 누구로부터 어떤 원
칙에 의해 받아들이나 하는 문제는 미묘한 문제다. 자유주의자들
에게는 재산권의 침해로 볼 수 있다. 노직은 세금을 강제노역과
유사한 것으로 성격을 규정한다.

"근로소득에 대한 과세는 강제노동과 같은 것이다 …즉 n시간 근로
에 대한 소득을 징수하는 것은 그 사람으로부터 n시간을 빼앗는 것
과 같으며, 이것은 그 사람에게 다른 사람의 목적을 위해 n시간을
강제로 일하도록 하는 것과 같다."[44]

노직은 세금에 대해 이렇게 보면서도 다른 과세이론을 제시하
지 않았기 때문에 그의 최소국가의 설명은 실패한 것이라는 평가
를 받고 있다.[45] 자유주의자들이 세금 그 자체를 부정하거나 거
부하는 것은 아니다. 납세여부는 연령, 성별, 학력 등 외에도 투표

---

44) Nozick, *Anarchy, State, and Utopia*, 169.
45) Gray, *Liberalism*, 124.

권의 중요한 제한사항이었다. 자유주의자들은 누진 소득세가 자칫 가난한 다수가 부유한 소수를 착취하게 될 것이고 결국 부의 창출동기를 무너뜨린다고 생각했다.

롤스는 점진적으로 부의 분배를 바로잡고 정치적 자유의 공정한 가치와 기회의 공정한 평등을 해치는 힘의 집중을 막기 위해 여러 가지의 상속세와 증여세를 부과하고 유산권에 제한을 가해야 한다고 제시한다. 이와 함께 누진세, 비례적인 소비세 등을 통해 재산의 광범위한 분산을 장려하게 될 것으로 기대한다.46) 롤스는 이러한 세금을 통해 평등한 자유의 제도와 공정한 가치를 지키고 교육기회의 평등을 확립하게 된다고 본다.47)

국가의 기능을 시민의 복지로 확대시키는 경우는 결국 국가가 시민의 사적 생활에까지 개입하는 결과를 초래 할 수 있다. 국가로부터 여러 명목의 세금을 강요당하는 부자는 이를 최소화하기 위해 국가에 영향력을 행사하려고 할 것이다. 가난한 시민들은 국가의 혜택을 기대하면서 권력의 영향을 실질적으로 거부할 수 없을 것이다. 이러한 배경은 정치적 태도는 물론 국민의 표현과 결사 등 사적 생활에도 영향을 미치면서 자유의 제한을 초래할 수 있다. 따라서 국가의 기능 증대에 대한 관심은 부패 및 비효율성 뿐만 아니라 국민의 기본적 자유의 제한에 역기능을 배제 할 수 있는 제도가 필요하다.

7) 국가는 대내적으로 국민의 생명과 재산을 보호하고 대외로부터의 이러한 위협을 방지 할 뿐만 아니라 외국과 접촉하는 국민이나 해외에서 거주하거나 활동하는 국민을 대표하고 보호한다. 21세기의 세계화 현상은 국제간의 교류가 확대되고 다국적 기업 활동이 증대되면서 국민들은 세계 각처에 거주하거나 활동하는데, 이 배경에는 국가의 존재가 중요하다. 이 사람들에게 소속국가가 없으

---

46) Rawls, *A Theory of Justice*, 245.
47) Rawls, *A Theory of Justice*, 246.

면 그 나라에 거주하거나 활동할 수 있는 권리나 자유가 부여되지 않는다. 이들에게 국가는 후견자인 것이다. 각 국가들은 자기 나라의 국민이 외국에서 부여받는 권리에 대해 민감하다. 만일 차별 대우를 받는다면 해당자 개인의 문제가 아니라 한 국가의 국민과 주권의 문제로 확대된다.

우리나라의 국가의 기원

단군신화와 개천절

우리나라는 고조선에 기원을 두고 5천년의 역사를 가지고 있다. 기원은 건국신화에 나타나있다. 세계 어느 나라든 '건국신화'를 갖고 있다. 신화(神話)는 말 그대로 '신들의 이야기'만을 뜻하는 것이 아니라 신을 숭상하는 인간들의 이야기다. 신화에는 어떤 특정한 역사적 사건이나 상황이 직접 기록되어 있기보다는 상징화되어 나타나는 경우가 보통이다. 단군신화는 우리 역사상 최초의 국가인 고조선의 건국신화인 동시에 우리 민족사의 출발점으로서, 단군은 민족의 유구성과 독자성의 상징으로 인식되어 왔다.

단군신화는 발생과 전승이 가장 오래된 것으로, 기원전 1000년경 발생했을 것이라는 설이 유력하다. 단군신화는 13세기에 쓰인 일연의 삼국유사(三國遺事)에 그 모습을 보이고 삼국유사 외에 이승휴의 제왕운기 등에도 최초의 기록이 나타난다. 삼국유사의 기록에 따르면 위서(魏書)나 고기(古記)에서 인용했다고 하는데, 이 책들이 전해지고 있지 않아 현재로서는 삼국유사가 가장 오래된 기록으로 우리에게 익숙한 내용이다.

환인의 서자 환웅이 자주 세상에 내려가 인간세상을 구하고자 하므로 아버지가 환웅의 뜻을 헤아려 천부인(天符印) 세 개를 주어 세상에 내려가 사람을 다스리게 하였다. 환웅이 무리 삼천을 거느리고 태백산 꼭대기 신단수 밑에 내려와 그곳을 신시라 이르니 그가 곧 환웅천왕이다.…

이때 곰 한 마리와 범 한 마리가 있어 같은 굴속에 살면서 환웅에게 사람이 되게 해달라고 빌었다. 환웅은 이들에게 신령스러운 쑥 한줌과 마늘 20개를 주면서 이것을 먹고 100일 동안 햇빛을 보지 않으면 사람이 된다고 일렀다. 곰과 범은 이것을 받아먹고 근신하기를 3.7일(21일)만에 곰은 여자의 몸이 되고 범은 이것을 못 참아서 사람이 되지 못하였다.

웅녀는 그와 혼인해주는 이가 없으므로 신단수 아래에서 아이를 가지게 해달라고 빌었다. 이에 환웅이 잠시 변해 혼인해 아이를 낳으니 그가 곧 단군왕검이다. 단군왕검은 당고(唐古: 중국의 요임금)가 즉위하고 50년이 되는 경인년에 평양성에 도읍을 정하고 비로소 조선이라 일컬었다. 이어서 도읍을 백악산의 아사달로 옮겼는데 그곳을 궁흘산 또는 금미달이라고도 하였다. 단군은 1500년 동안 나라를 다스렸다.…

단군신화는 다윈의 진화론(종의기원: 1859년)보다 반세기 이상을 앞서 극단적인 진화론으로 단군의 탄생을 기술한 것이라는 점에서 구약성서의 천지창조와 비교된다. 구약의 창세기1장은 "하나님이 천지를 창조하셨는데 땅이 혼돈하고 공허하며 흑암이 깊음 위에 있고 …"로 시작된다. 이 상황에서 하나님은 "빛이 있으라 하심에 빛이 있었고" … 빛과 어둠을 나누어 밤낮을 구별했다. 1장 5절에는 "빛을 낮이라 칭하고 어둠을 밤이라 칭하시니라 저녁이 되며 아침이 되니 이는 첫째 날이니라"로 나타난다.

구약성서의 창세기는 이스라엘의 건국자로 등장하는 모세가 기술한 것으로 알려져 있다. 여기에서 하나님은 구약성서에 나타난 이스라엘인 즉 유대인들이 섬기는 '야훼'라는 신을 우리말의 'ᄒᆞᄂᆞᆯ님'에 해당하는 하느님으로 번역한 것이다. 창세기의 천지창조는 창세기의 기술 당시의 지구와 우주에 대한 잘못된 과학적 지식을 바탕으로 하고 있음을 쉽게 알 수 있다. 이교도 풍자가 켈수스는 이와 관련해 〈성서〉의 천지창조 이 야기를 문자 그대로 받아들이는 것을 아래와 같이 꼬집고 있다.

> "그처럼 천진난만한 사고방식에 놀라워하며, 하늘에는 태양도 달 도 별도 없는데 어떻게 날이 존재할 수 있단 말인가? 더없이 위대 한 하나님이 벽돌공처럼 "오늘은 이런 일을 하고, 내일은 저런 일 을 하겠다." 그리고 셋째 날에는 또 이런 일, 넷째 날에는 저런 일, 다섯째와 여섯째 날에는 또 어떤 일을 하는 등 자기 일을 나누어 처 리했다고 생각하는 것은 어처구니가 없지 아니한가! 그런 하나님 이라면 보통의 일꾼처럼 지쳐서 여섯째 날 후에 쉬는 날이 필요하 다고 해서 놀랄 것도 없을 것이다. 휴식이 필요한 하나님, 두 손으 로 일하는 하나님, 막노동 십장처럼 지시를 내리는 하나님의 행동 은 도무지 하나님답지 않다고 촌평할 거리도 못 된다."[48]

개천절이 국경일로 채택된 것은 우리 민족의 역사적 출발을 기념하 기 위한 것이다. 조선조 세종 때는 원구단을 세워 민족의 주체의식을 높 이고 제천의 정신을 되살리기도 했고 그 이후 1909년 나철에 의해 대종 교가 만들어지면서 대종교 자체의 경축일로 제정하고 해마다 행사를 거 행하였다. 대한민국 임시정부는 음력 10월 3일을 개천절로 정하고 중국 으로 망명한 대종교와 합동으로 이 날을 경축했다.

역사학계에서는 역사의 과학적 연구라는 이유로 단군조선사를 소홀 하게 취급해 왔다. 다행히 교육인적자원부가 2007학년도 고교 역사 교 과서에 고조선 건국 과정을 공식 편입하기로 함으로써 우리나라 건국기 원은 단군조선으로 공식화되었다. '단기'는 단군이 이 땅위에 나라를 세

---

48) T. Freke, and P. Gandy, *The Jesus Mysteries : Was the "Original Jesus"a Pagan God?* (New York : Three Rivers Press, 1999), 113.

운 이후부터의 연도 계산법으로 서거정 등이 편찬한 동국통감의 기록에 따라 '기원전 2333년설'을 채택한 것이다. 기원전 2333년이라는 수치는 일연이 단군이 나라를 세운 때가 중국의 첫 번째 인금인 요임금이 즉위한 해보다 50년 뒤와 같다고 한 데 근거했다. 이 연대에 따라 서거정 등 왕의 신하들이 주도해 저술한 동국통감에는 기원전 2333년이라는 수치가 등장한다. 그러나 국사 교과서에서는 아무런 설명 없이 이를 건국연대로 제시하고 있다.[49]

대한민국 정부 수립 후 1949년부터는 양력 10월 3일을 개천절로 삼아 국경일로 지정하고, 교육이념을 홍익인간으로 하며, 연호로 단기를 사용했다. 단기는 1948년부터 1961년까지 우리나라에서 공식적으로 사용되다가, 1962년부터 현재의 서기를 사용하기 시작했다. 우리나라 헌법 전문에 '대한민국은 3·1운동의 숭고한 독립정신을 계승하고'라는 구절과 3·1독립선언문의 '조선건국 4252년 3월 1일'이라고 기록된 것도 같은 맥락이다.

개천절은 우리나라의 탄생기념일로 8·15광복절 보다 더 중요하고 의미 있는 날이다. 광복절도 개천절이 있기 때문에 가능하다. 정부는 개천절을 4대 국경일로 정하고 기념한다. 그럼에도 불구하고 국조인 단군에 대해서는 소홀히 대접하고 있다. 단군은 신으로 인식될 대상이 아니라 역사적으로 우리나라를 개국한 인물로 숭앙되어야 한다.

개천절은 4대 국경일임에도 불구하고 단군제는 사직단에서 초라하게 치러진다. 국가원수는 당연히 단군 전에 예를 갖춰야 한다. 대통령을 비롯한 3부요인은 최소한 개천절에는 단군 전에 참배해야 한다.

---

49) 송호정, 『단군, 만들어진 신화』 (서울: 산처럼, 2004), 215.

제14장 국가와 연합국가의 구조

근대국가는 크게 2가지의 구조적 다양성을 가지고 있다. 단일국가와 연방국가다. 단일국가는 우리나라를 비롯한 세계 대부분의 국가형태다. 연방국가는 미국, 캐나다, 호주, 오스트리아, 독일, 스위스, 벨기에 등이 해당한다. 연합국가는 단일국가와 연방국가가 하나의 국가인데 비해 국가를 단위로 하는 국가 간의 연합체다. 구 소련연방을 구성하던 국가들이 결성한 독립국가연합과 유럽연합이 예다.

단일국가

단일국가는 하나의 중앙집권적인 정부단위가 존재하며, 모든 다른 하위 정부의 단위들은 중앙정부의 행정적 하부기관이다. 단일국가 지지자들은 중앙집권적 국가가 대중에게 잘 봉사하는 권위 및 신뢰의 관계와 사회망의 수립에 기여한다고 주장한다. 단일국가의 지방정부의 관리들은 임명되거나 때로는 지방의 유권자에 의해 선출되지만, 그들의 권력은 중앙정부의 관리들에 의해 축소되거나 견제를 받는다. 같은 단일국가라도 상이한 정치적 전통으로 인해 국가별로 중앙집권화의 정도는 다르다. 영국과 프랑스는 다같이 단일 국가지만 영국의 지방정부는 더 큰 자율성과 활력을 갖고 있다.

영국처럼 지방정부의 권한과 역할이 큰 경우는 연방제의 모습을 닮게 된다. 단일국가의 지방자치정부 권한과 역할이 계속 증대되고 분권화가 제도화될수록 국가의 형태는 단일국가와 연방국가의 사이에 어느 한 위치를 차지하게 될 것이다. 각 국가들은 은하수처럼 분포를 이루어 연방국가와 단일국가의 구별이 점점 더 어려워지거나 불필요할 수도 있을 것이다. 이런 점에서 준연방제(semi-federation)개념이 제시된다.

준연방제는 단일국가와 연방제의 중간에 위치한 구조를 나타내는 용어로 사용된다. 준연방제는 단일국가이면서도 권력분산의 정도가 크기 때문에 단일국가나 연방국가로 분류하기 어려운 구조를 구분하기 위한 용어다. 준연방제는 외교 국방은 중앙정부가 장악하지만 기타 정책은 지방정부에 최대한의 자율권을 부여하는 구조로 최대로 확대된 지방자치제의 형태라고 할 수 있다. 이 경우 각 지방정부는 지역실정에 맞는 정책을 수립집행하기 때문에 정책의 적합성이 높고 주민 참여와 책임의식이 제고될 수 있으며, 그 정책이 성공하면 전국적으로 확대하도록 하고 성공적이지 못하다면 그 정책에 의한 폐해는 한 지역으로 최소화될 수 있다.

우리나라는 중앙집권적인 단일국가에서 지방자치제도가 도입되면서 지방분권이 점차 진행되고 있으나 중앙집권체계 속에서 지방자치정부의 독립성은 취약할 뿐만 아니라 지방자치단체들의 자치능력도 낮은 수준이다. 권력분산과 지방정부의 권한 및 역할이 확대되는 것이 반드시 필요하고 중요한 것만은 아니다. 우리나라의 실정에 맞는 지방자치제도와 그에 따른 운영방안이 더 연구·검토되어야 한다.

연방국가

연방제의 기원과 발전

'연방제(federation)'라는 용어는 다양한 의미를 전달하기 때문에 정책입안자나 이 분야를 전문적으로 연구하는 학자들에게도 보편적으로 수용되는 정의는 없다.[1] 연방을 의미하는 영어 'federal'은 조약, 동맹을 의미하는 라틴어 'feodus'에서 유래되었다. 헤브라이(Hebrew)말 brit가 계약(covenant)을 의미하는 것처럼 계약, 평화를 의미하는 헤브라이 말 살롬(shalom)은 brit와 같은 어원으로 계약을 통해 하나의 전체를 창설하는 것이 진실한 평화라는 것이다.[2] 이러한 용어의 신학적 사용이 정치용어로 적용되면서 'federal'이라는 용어는 명백한 정치적 개념으로 전환되었다. 연방헌법은 두 정부단위 즉 중앙 및 지방정부 간의 권력분립 또는 입법권의 분산을 규정하는 계약적 합의다.

연방의 사고가 세속화된 것은 17~18세기였는데, 19세기까지는 신학적 뿌리를 담고 있었기 때문에 서구 학자들은 연방제의 기원을 성경에서 찾는다.[3] 오늘날 우리가 인식할 수 있는 기본적인 연방주의의 관점을 지닌 첫 정치체계는 고대 히브리 국가며 그 원칙은 성경에도 언급되어있다는 것이다.[4]

연방제는 고대 페르시아(Persia) 및 로마(Rome)와 싸우기 위해 연

---

1) Jonathan Lemco, *Political Stability in Federal Governments* (New York: Praeger, 1991), 5.

2) Daniel J. Elazar, *The Vocabulary of Covenant* (Philadelphia: Center for the Study of Federalism,1983).

3) Delbert Hillers, *Covernment: The History of the Biblical Idea* (Baltimore: Johns Hopkins University Press,1969); George E. Mendenhall, *Law and Covenant in Israel and the Ancient Near East* (Pittsburgh: University of Pittsburgh Press,1955).

4) Elazer,"Federalism," David L. Sills(ed.), *The International Encyclopedia of the Social Sciences* (New York: Macmillan Co. and Free Press,1968), Vol. 5, 353-365.

합한 그리스 동맹(Greek Leagues)을 비롯해 일련의 경험들이 있었다. 13~15세기에는 이태리 연방이 탄생되었고 정점은 네덜란드의 성공적인 성(省) 연합이었다. 이 연방은 200년 이상 지속되었다. 스위스 연방은 나폴레옹의 패전 후 1814년 그의 괴뢰 헬베티아(Helvetia) 공화국의 해체를 통해 근대형태로 부활되었다.[5]

영국식민지였던 북아메리카가 1776년에 고전적 연방인 미합중국을 형성했고, 다른 많은 연방의 경험들은 이 미국의 모델을 따른 것이었다. 1921년에는 현존하는 구조로서의 스위스 연합(Swiss Confederation)이 창설되었다. 그러나 19세기에 라틴 아메리카와 20세기에 아프리카 및 남 아메리카 북동부의 카리브(Carib)는 실패로 나타났다. 몇몇의 식민제국의 분해가 성공적인 현재의 연방의 길을 연 사례도 있다. 미국, 오스트레일리아, 캐나다는 과거의 식민국가가 아직도 아주 고도의 정치적 안정성을 갖고 존속하는 몇 안 되는 연방국가다.[6]

세계적으로 3,000개 가량의 인종 및 부족집단이 존재하며 현존하는 160개 이상의 주권국가 중 140개 이상의 국가가 다인종 국가다. 이 국가들의 3분의1 이상이 다른 정체와 동반하고 있거나 하나의 영토 안에서 연방정부와 지방정부의 공유지배와 자율지배에 필요하고 적합한 연방원칙을 적용하고 있다.[7] 민족국가의 이념 ― 단일민족 단일국가 ― 은 존재하지만 민족국가 그 자체는 드물다.

연방제는 동맹 이후에 합병의 다음 단계로 해석될 수 있으며, 구성단위의 동질성과 전통을 보존하면서 국가를 창설하고 유지하는 것을 목표로 한다. 본질적으로 연방적 협약은 동반자 관계며 계약에 의해 수립되고 규제된다. 연방으로의 통합과정은 전체정부의 존재에서 두 정부의 차원

---

5) Lemco, *Political Stability in Federal Governments*, 7-8.

6) Lemco, *Political Stability in Federal Governments*, 8.

7) Daniel J. Elazar, *Exploring Federalism* (Alabama: The University of Alabama Press, 1987), 8-9.

— 분립하지만 대등한 — 즉 연방수준과 부분정부를 요건으로 한다.[8]

연방제도는 두 가지 다른 상황의 반응에서 발전된 것으로 보인다.[9] 하나는 민족통합 또는 더 큰 지역적 자유를 확보하기 위해 연방정부와 지방정부 간의 정치권력을 헌법적으로 배분함으로써, 이미 연계된 국민을 통합하기 위한 수단으로 사용되었다. 미국이 이 형태의 좋은 예다. 다른 한편으로 연방제는 연방의 기본단위를 구성하는 개별정체에 대한 유대를 붕괴시키지 않고 중요한 목적을 위해 분열된 국민들을 통합하기 위한 수단으로 사용되었다. 이 경우 연방정부는 범위와 권한이 제한되고, 지방정부를 통해 기능하며, 지방정부들은 그들의 충분한 자율권을 보유하고, 실질적인 권한은 지방정부가 좌우한다. 유고슬라비아가 이 경우다.

연방제의 본질

연방제는 '정부의 활동이 연방정부와 지방정부로 분리된 상황에서 각각의 정부가 최종적 결정을 할 수 있는 정치구조'[10]다. 연방제의 대표적인 정치구조는 중앙정부와 지방정부 사이에 권력의 분리가 보장되는 것이다. 정부의 활동이 연방정부와 지방정부로 분할되고 각각의 정부는 최종결정권을 갖는 정치조직으로,[11] 가장 단순한 정의는 자율지배, 공동지배다.[12]

연방을 구성하는 각 구성단위 정부를 지방정부로 부르는 것은 개념상의 혼란을 야기할 수 있다. 단일국가의 지방자치단체도 지방정부로

---

8) P. Taylor, *International Organization in the Modern World : Regional and the Global Process* (London: Pinter, 1993), 90.

9) Elazar, *Exploring Federalism*, 116.

10) William H. Riker, "Federalism," Fred I. Greenstein and Nelson W. Polsby(eds.), *Handbook of Political Science Government Institution and Processes* (Reading, Massachusetts: Addison-Wesley, 1975), 101.

11) William H. Riker, "Federalism," Fred I. Greenstein and Melson W. Polsby(eds.), *Handbook of Political Science Government Institution and Processes*, 101.

12) Elazar, *Exploring Federalism*, 12.

부르기 때문이다. 여기에서는 연방정부의 각 구성단위의 정부도 편의상 지방정부로 부르고자 한다. 지방정부가 연방국가의 각 구성단위의 정부인가 혹은 단일국가의 지방자치단체인가는 토론하는 내용으로 충분히 구별될 수 있기 때문이다.

연방제는 연방국가마다 다른 특성을 가지고 있기 때문에 공통적인 특성을 묶어내기는 쉽지 않다. 일반적으로 근대 연방체계의 특성은 국민과 중앙 및 연방정부를 구성하는 각 구성단위 정부 즉 지방정부 사이에 직접적인 의사소통 라인이 존재하고, 국민에게 중앙 및 지방정부에 직접 영향력을 행사하도록 허용하며, 정부에게도 국민에 대한 직접적인 권한을 행사하도록 허용하는 것이다. 연방제의 이러한 특성은 지방정부의 시민들에게 연방정부의 국민 및 시민의식을 갖도록 만들뿐만 아니라 연방체계의 성공적 유지의 요건이 된다.

연방정부는 공동체에 대한 정부의 권력이 특정 사안에 대해서는 전 지역에 하나의 독립된 권한이 존재하고 다른 사안에 대해서는 독립된 지역적 권한이 존재하며 각각의 권한이 대등하고 정해진 범위 내에서 다른 권한에 예속되지 않는 원칙에 따라서 실질적으로 분할될 때 존재한다.[13] 역사적으로 많은 이론가들은 연방구조가 이질적인 국가 내에서 인종, 종교, 언어, 이념, 계급기반의 소수권리가 보호되고 합의가 고취되는 가장 인기 있는 장치의 하나라고 주장해왔다. 연방제는 둘 또는 그 이상의 중첩되는 지배권을 제공하고 각자가 실질적인 자율권을 갖지만 또한 각자는 헌법의 강제대상이 되기 때문이다.

연방의 원칙은 자율규제와 공유법칙의 결합과 관계된다. 강력한 연방정부를 확립하는 동시에 지방정부 자체의 권력을 가진 지방자치정부를 인정함으로써 상호 건제와 균형을 위한 권력의 경쟁적 중심을 설정

---

13) K. C. Wheare, *Federal Government*, 4th ed (London: Oxford University Press, 1963), 35.

한다. 다원주의자들의 입장에서 보면 연방제는 개인의 자유를 보장하는 한 부분으로서 압도적인 전국적 다수에 대항해 지역 및 지방의 다양성을 옹호하는 구조다. 반면에 갈등론자들의 관점 특히 매디슨(Madison)의 저작들을 보면 연방제가 정치 및 경제 엘리트의 수중에 권력을 집중시키기 위한 반다수주의자의 계획으로 고안되었다고 본다.

연방제의 특성

연방제의 핵심적 특성은 연방제의 다양한 형태만큼이나 다양하기 때문에 특성을 몇 가지로 요약하는 것은 너무나 많은 예외를 남기게 되지만 공통적인 핵심적 특징은 다음과 같이 몇 가지로 요약 될 수 있다.

① 연방정부와 지방정부의 분권이다. 연방국가는 권한이 둘 또는 그 이상의 정부단위로 분산된다. 연방정부나 지방정부도 실질적인 연방정부 내에서 절대적인 지배권을 행사할 수 없고, 권력을 공유하면서 그 권력을 행사하는데 어느 한쪽의 권한이 박탈될 수 없다는 것을 보장하는 것으로, 지방정부의 정책이 여러 측면에서 국가정책과 반대되더라도 헌법이 지방정부에게 허용한 부분에 고도의 자율성을 갖고 단독으로 할 수 있다는 것이다.14)

② 연방제의 시민은 연방정부와 지방정부 양쪽 모두에 대해 권리와 의무가 존재한다. 시민은 연방정부에 대해서는 연방헌법, 지방정부에 대해서는 지방정부의 법에 의해 영향을 받으며 연방정부와 지방정부의 공직에 대한 선거권을 갖는다.

③ 연방정부나 지방정부는 공통적으로 책임을 공유하면서 정책결정, 재정, 정부활동의 관리 등에서 공통적으로 참여한다. 이러한 공통적 참여는 고도의 공식적 제도나 비공식 합의를 기반으로 할 수 있다.

---

14) Elazar, *Exploring Federalism*, 157-168.

④ 역사적, 헌법적으로 고정된 권력의 분화는 탈중앙집권화를 유지
   하는데 필수적이다. 모든 연방체계는 권한을 완전히 또는 부분적
   으로 내부적이나 지역적으로 분화한다. 소위 미국에서 말하는
   '지역민주주의(territorial democracy)'형태다. 연방제는 기본
   적으로 분권을 전제한다는 점에서 민주성이 담보되어야 한다. 이
   런 점에서 권위주의 국가는 제외된다. 그렇다고 이것이 연방주의
   가 민주주의와 동일하다는 뜻은 아니다. 민주적이지 않은 연방국
   가도 있었다. 구소련과 같은 공산주의 국가와 군부가 권력을 장
   악한 권위주위 국가는 민주적인 연방국가로 인정될 수 없다.

⑤ 연방제가 헌법에 의한 지배형태라는 점에서, 연방정부와 지방정
   부 모두를 보장하는 성문헌법이 존재한다.[15] 헌법모델은 미국헌
   법이 극명한 예로서, 정체의 기본적 구조, 제도, 절차의 윤곽을
   규정한다.[16] 권력분립은 성문법에 구체적으로 규정되지만 연방
   국가마다 다르다. 외교문제와 같은 어떤 분야는 항상 연방정부의
   관할 하에 놓이지만 교육, 사회문제, 재정권과 같은 분야는 연방
   정부와 지방정부에 권한이 종종 분산위임된다.

⑥ 단일국가도 상당한 분권화를 내포할 수 있기 때문에 연방제가
   단순히 분권국가와 동등한 의미를 갖는 것은 아니다. 즉 스페인
   과 이태리처럼 상당한 지역화를 가진 국가도 있지만 이 경우 준
   연방국가와 지역화된 단일국가 간의 분명한 경계가 존재하지 않
   는다.[17]

⑦ 연방제는 지방정부가 연방정부로부터 탈퇴할 수 있는 권한을 갖
   지 못하고 국가영역 내에서 국가법이 우선하게 되는 형태다. 대
   표적인 예는 미국, 캐나다, 서독, 스위스, 인도, 브라질 등이다.

---

15) Elazar, *Exploring Federalism*, 22-23에서 재인용.

16) Elazar, *Exploring Federalism*, 157-168.

17) J. Althusius, "Federalism," in Jan-Erik Lane and Svante Ersson(ed.), *The New Institutional Politics: Performance and Outcomes* (New York: Routledge, 2000), 86-87.

연방제의 형태

연방제는 정부의 분할 즉 연방정부와 지방정부 간의 분권의 정도가 각 연방국가마다 다르다. 분권의 정도는 단일국가의 지방분권과 연방국가의 분권의 중첩 또는 접점에서부터부터 지방정부에게 권한이 대폭 이양된 연방국가에 이르기까지 다양한 스펙트럼을 형성한다. 모든 국가들을 대상으로 중앙집중적인 단일국가와 연방국가로 구분하거나 또는 연방국가를 표방하는 나라의 연방형태를 범주화하는 것은 쉽지 않다. 단일국가와 연방국가를 구별하는 기준을 제시하는 공적인 국제법이 존재하지 않는 상태에서 권력이 연방정부와 지방정부로 이원화된다고 해도 그 내용이나 정도, 형식 등에 많은 차이가 있기 때문이다.

많은 학자들은 연방형태의 헌법을 가진 국가들을 연방국가로 보지만,[18] 미국, 오스트레일리아, 캐나다, 스위스 등 네 나라만을 충분한 규모의 연방국가로 보는 경우[19], 또는 14개 국가를 연방체계, 21개 국가를 연방제도를 가진 국가로 보면서 헌법적 측면에서는 단일국가형태를 갖는 덴마크(Denmark)나 영국(United Kingdom) 핀란드(Finland)도 포함시키는가하면[20] 44개 국가를 연방제국가로 보는 등[21] 다양하다.

지난 20년간 5명의 학자와 브리타니카 백과사전(Encyclopaedia Britannica)이 연방국가로 분류한 27개 국가 가운데 모두가 의견일치를 보인 나라는 15개 국가다.[22] 분권화의 형태를 가진 국가들로 연방적 성

---

18) Frederick K. Lister, *The European Union, the United Nations, and the Revival of Confederal Governance* (London: Greenwood Press, 1966), 19.

19) Kenneth C. Wheare, *Federal Government*, 4th ed. (Oxford: Oxford University Press, 1964).

20) Elazar, *Exploring Federalism*, 43–46.

21) Lemco, *Political Stability in Federal Governments*, 77.

22) J. Althusius, "Federalism," in Jan-Erik Lane, and Svante Ersson(eds.), *The New Institutional Politics: Performance and Outcomes* (New York: Routledge,

격을 가진 국가들은 아프가니스탄(Afghanistan)을 비롯해 많은 국가들이
있다.23) 연방정부를 구성하는 하위 단위정부 즉 지방정부의 형태도 다
양하다. 아르헨티나, 오스트레일리아, 브라질, 인도, 말레이시아, 멕시코, 나
이지리아, 베네수엘라, 미국은 주(states)이며 캐나다는 성(provinces),
오스트리아와 독일은 주(Lander), 스위스는 주(cantons), 유고슬라비
아와 구 소련은 공화국(republic)이다.

　연방형태는 광범위하게 다양한 관계에 적용되었는데 미국의 집단다
원주의와 개인의 자유를 지지하는 연방제, 스위스의 지역에 대한 자유
를 지지하는 연방제, 인도의 언어적 기반의 연방제, 베네수엘라의 온건
한 분권의 도달수단으로의 연방제 등이다. 인종차이를 조정하기 위한
연방장치는 캐나다, 벨기에, 스페인, 나이지리아, 영국, 말레이시아 등
에서 전보다 더 광범위해졌다.24)

　근대 연방제는 원칙적으로 3가지 모델이 있다. 미국형, 스위스형, 캐
나다형이다. 스위스형은 영속적이고 가치 있는 분쟁조정을 고려해 토착인
종과 언어적 차이를 기반으로 설립된 최초의 근대연방이다. 캐나다체계는
다문화사회뿐만 아니라 연방체계가 웨스트민스터(Westminster) 모델
에 따른 의회정권과 결합될 수 있다는 이상에 바탕을 두고 있다.25)

2000), 82. 즉 아르헨티나(Argentina), 오스트레일리아(Australia), 벨기에(Belgium), 브라
　　질(Brazil), 캐나다(Canada), 독일(Germany/FRG), 인도(India), 말레이시아(Malaysia),
　　멕시코(Mexico), 나이지리아(Nigeria), 파키스탄(Pakistan), 러시아(Russia/USSR),
　　스위스(Switzerland), 미국(USA), 유고슬라비아(Yugoslavia)등이다.

23) 이에 해당하는 국가는 아래와 같다. Afghanistan, Antigua and Barbuda, Bhutan,
　　China, Colombia, Cyprus, Denmark, Fiji, Finland, Georgia, Ghana, Indonesia,
　　Italy, Japan, Lebanon, Namibia, Netherlands, New Zealand, Papua New Guinea,
　　Portugal, Solomon Islands, Sri Lanka, Sudan, Tanzania, Ukraine, United Kingdom,
　　Vanatau. Elazar(ed.), *Federal System of the World* (Essex: Longman, 1991);
　　Elazar, "Federalism," S. M. Lipset(ed.), *The Encyclopedia of Democracy* (London:
　　Routledge, 1995).

24) Elazar, *Exploring Federalism*, 10.

25) Elazar, *Exploring Federalism*, 47.

연방제의 유지

연방제는 어떻게 안정성을 유지하는가? 연방제가 성공하기 위해서는 헌법장치뿐만 아니라 충만한 연방주의 정신, 목표의 추구에 상호 인내심과 자제력, 연방활동의 실질적인 결과뿐만 아니라 연방체계에 대한 고려가 필요할 것이다. 공통적인 이익 특히 경제 및 안보적 이익은 성공적으로 연방을 강화하는 필요조건이다.26)

연방제의 존속에 필요한 조건에 대한 주장도 다양하다. 정치인의 군사, 외교적 필요성에 대한 바램27), 군사 및 외교적 필요성 외에 경제적 이익과 행정의 효율성, 언어, 문화, 역사, 지리적 요인을 제시하면서,28) 특히 인종, 언어, 문화, 종교, 사회적 균열의 여부를 연방의 존속수명에 아주 중요한 요소로 지적한다.29) 이러한 조건들은 제도 및 법률적 측면에서 연방제도의 안정에 이상적 유형을 나타내주지만 실제 많은 예외가 존재한다. 말리(Mali)연방, 우간다(Uganda), 카메룬(the Cameroons), 파키스탄(Pakistan), 인도네시아(Indonesia)의 경우다.

성공적인 연방체계는 연방을 구성하는 지방정부들의 경계가 얼마나 영속적이냐에 좌우된다. 이것이 경계가 변경될 수 없다는 것을 의미하는 것은 아니지만, 그러한 변화는 헌법의 문제로서 소속된 정체의 동의에 의해서만 가능하며 극단적인 상황을 제외하고는 일어나지 않는다. 연방체계에서 지방정부의 정치는 인구와 부(富)가 아주 평등해야 하고 또한 최소한 탈중앙집권화가 유지된다면 지리적 혹은 숫자적으로 큰 주

---

26) Elazar, *Exploring Federalism*, 247.

27) William H. Riker, "Federalism," in Fred Greenstein, and Nelson W. Polsby (eds.), *Handbook of Political Science: Governmental Institutions and Processes* (Reading: Addison-Wesley, 1975).

28) Lemco, *Political Stability in Federal Governments*, 11.

29) W. S. Livingston, "A Note on the Nature of Federalism," *Political Science Quarterly* 67 (March 1952), 81–95; K. C. Wheare, *Federal Government*, 4th ed. (London: Oxford University Press, 1963), 36.

나 작은 주에서 동등성을 이루어야 한다.

연방의 통합이나 붕괴의 배경은 사회학적 요인의 중요성 외에는 정치 및 경제적 요인들도 강조되어야 한다.30) 강력한 지도자의 주도권은 연방 구조를 마무리하고 유지하는데 주요한 요건이다. 유고연방은 티토대통령 이 물러나자 붕괴되었고 그 뒤 독립국가들 간의 내전이 일어나기도 했다. 독재지배를 추구하는 강력한 사람은 권력분화의 촉진에 관심이 없기 때문 에 연방체계와 갈등을 갖는다. 가나(Ghana)의 엔크루마(Nkrumah)는 가나가 독립하기 전에 제안된 연방구조 실패의 요인이었다.31) 1인의 강 력한 지도자에 의한 정부를 여러 엘리트들이 공동으로 참여하는 정부로 대체하는 것도 연방원칙의 성공적 요인이다. 아랍 에미리트연합(United Arab Emirates)의 경우 엘리트구성에 함께 연합한 페르시아 만(gulf)의 족장들이 권력을 공유할 수 있도록 하는데 기초가 되었다.32)

지방정부들의 지역적 다양성은 연방의 유지에 결정적으로 중요하 며, 효과적인 지역자율성은 연방의 생존에 필요하다. 전자는 연방을 단 일국가로 변형시키지 못하게 하며, 후자는 정부로 하여금 대규모 기반의 이점을 활용하고 그 기능을 더 잘 수행하도록 할 수 있다.33) 그러나 연방 의 안정성과 지역의 자율성은 상대적이라서 중앙집권적일수록 안정성 은 높고 지방분권적일수록 연방의 존속에는 부정적일 수 있다. 일부 연 방국가들은 중앙집권화수준이 높아져서 단일국가를 닮아가고, 대부분 의 성공적인 연방국가들도 고도의 정치적 중앙집권화를 강조하면서 연 방구조를 유지한다.34)

하나의 연방이 유지되려면 어느 한 지방정부가 압도적으로 지배하는

30) Lemco, *Political Stability in Federal Governments*, 17.
31) Elazer, *Exploring Federalism*, 241
32) Elazer, *Exploring Federalism*, 246.
33) Ramesh Dutta Dikshit, *The Political Geography of Federalism* (New Delhi: Macmillan Co., 1975).
34) Lemco, *Political Stability in Federal Governments*, 17.

것을 최소화하기 위해 어느 정도의 지방정부들이 있어야 한다는 주장이 있다. 얼마의 지방정부가 필요한 가에 대해서는 견해가 나뉘어 있지만, 경쟁적인 지방정부들 간의 계속적인 대면적 갈등의 가능성을 감소하기 위해서는 최소한 10개 지역이 필요할 것이라는 주장이다.[35] 지방정부가 얼마이어야 한다는 기준은 없지만 최소한 두 개의 지방정부로 구성된 두 단위 연방은 특히 긴장감소의 충분한 기회를 제공하지 못하기 때문에 붕괴되기 쉽고, 어느 한 지방정부가 아주 우월한 연방제는 기능할 가능성이 없다는 것이다. 에티오피아의 에리트리언(Ethiopian-Eritrean)연방의 붕괴요인은 다른 요인도 있지만 이것도 중요한 요인이다. 여러 지방정부로 구성되는 다단위 연방제도는 소수의 연방구성단위의 경우보다 연방이 성공할 훨씬 더 좋은 기회가 된다. 인도, 나이제리아, 말레이시아는 10개주 이상인 반면 파키스탄은 4개주뿐이다.

그러나 이러한 내용들이 연방의 안정에 필요한 모든 조건들을 포함하는 것은 아니다. 많은 연구자들은 연방의 유지나 소멸에 영향을 미치는 요인을 제시했다.[36] 연방의 유지는 무엇보다도 중앙정부와 연방정부의 조화가 필요하며, 조화는 지방정부의 규모, 지방정부의 수, 내적 동질성, 입법권의 분산, 행정권의 책임성, 재정재원, 정부 간의 협의 및 협력, 지방정부들이 연방정부에 대응하는 정치제도들의 유연성 등에 좌우된다.[37] 연방제도는 내부의 지지가 없어도 외부의 세력에 이해 이루어지기도 한다. 카메론(Cameroun)연방은 영국과 프랑스 식민지로 분열된 국가를 통일시키는데 수용될 수 있는 방식으로 만들어진, 두 식민지배 세력에 의해 발전된 장치였다.

35) Lemco, *Political Stability in Federal Governments*, 18.
36) Lemco, *Political Stability in Federal Governments*, 16.
37) Ronald L.Watts, "Survival or Disintegration," in Richard Simeon(ed.), *Must Canada Fail?* (Montreal and London: McGill-Queens University Press, 1977), 42-60.

연방제의 붕괴

구소련은 15개의 공화국으로 구성된 연방국가였다. 소련헌법은 연방을 구성한 공화국을 '주권적 소비에트 사회주의국가'라고 규정해, 각 공화국에 주권이 있고 구성된 공화국이 연방으로부터 탈퇴할 수 있는 권한을 가지고 있다고 밝히고 있었으나, 실제적인 탈퇴 절차에 대해서는 언급하지 않았다.

소비에트 연방은 공산당에 의한 강력한 중앙통제가 유지되었기 때문에 민족문제가 표면화되지 않았으나, 1980년 후반 고르바초프의 등장으로 개혁과 개방을 추진하면서 각 지역에서 연방을 구성하는 각 공화국의 민족자결운동은 더욱 활발하게 진행되었는데, 이것이 각 공화국의 주권선언과 독립선언으로 발전해 소비에트 연방은 점차 붕괴의 위기를 맞게 되었다. 1991년 9월 소비에트는 발트 3국의 독립을 승인했고, 12월에는 러시아, 우크라이나, 벨로루시는 독립국가연합(CIS: Commonwealth of Independent States)의 창설에 합의하고, 다른 소련 가맹 공화국들도 CIS에 연달아 가입했기 때문에, 12월 25일 고르바초프 대통령은 사임하고, 소련연방은 해체되었다.

'유고슬라비아 사회주의 연방공화국'은 1963년에 탄생했지만 1989년 동유럽의 변혁으로 여러 민족들을 묶어주던 이데올로기가 사라짐으로써 크로아티아, 보스니아-헤르체고비나, 슬로베니아, 마케도니아 등 4개 공화국이 독립을 선언하면서 연방체제가 무너지고 세르비아와 몬테네그로 공화국이 유고 연방체계를 유지하기 위해 1992년 4월 신유고연방을 결성했다.

체코슬로바키아 의회는 1990년 3월에 국명을 '체코슬로바키아 연방공화국'으로 변경하였으며, 1990년 6월에는 신헌법에 따라 자유총선을 실시하고 새로운 민주정부를 구성했다. 1993년 1월 1일에는 체코슬로바키아 연방공화국이 92년의 연방의회 승인에 따라 체코와 슬로바키아

2개의 공화국으로 분리되었다.

파키스탄은 1971년 12월 다시 인도와의 사이에 분쟁이 일어나 인도가 동파키스탄을 점령하면서 동파키스탄은 벵글라데시로 독립을 선언해 버렸다. 싱가폴은 1965년 말레시아로부터 독립했다. 중앙아프리카 연방은 말라위와 짐바브웨, 잠비아로 구성되어 있었는데 1963년에 붕괴되었다.

이상의 예에서 보는 것처럼 연방국가는 항상 유동성을 안고 있다. 연방국가의 붕괴는 결국 민족국가로 독립하는 경우다. 여러 민족이 하나의 연방국가를 형성하는 것이 긍정적인지 혹은 연방을 해체하고 개별국가로 독립하는 것이 더 유용한지에 관한 비교는 어렵다. 다만 기존의 연방국가는 소련의 경우처럼 연방정부의 강제력에 의해 유지되거나 결성된 경우도 있지만 대부분은 각자의 필요에 의해 연방을 이룬 것이라면 안정적으로 유지되는 것이 더 긍정적일 것이다.

연방제의 분열요인에 대해서는 정치적 타협이나 연방문제 해결에 대한 지지의 감소가 연방분열의 결과로 이어진다거나,[38] 비타협의 경우 아주 작은 사건이 이탈이나 내전을 촉발시키며, 통합을 위한 전통적 동기 및 외적 영향력의 소멸이 긴장을 조장한다는 주장,[39] 정치적 요소들이 아니라 사회적 동원과 커뮤니케이션 형태가 연방의 존속에 가장 중요하며, 구성단위 간의 상호작용이 증가하면 연방통합을 긍정적으로 고취하고 상호작용이 감소되면 분열결과를 초래한다는 주장[40] 등 다양하다.

연방의 중요한 분열요인은 지방정부들의 문화, 경제 및 사회적 균열이 서로 중첩되거나 단절되어 형평을 이루기보다는 서로를 강화해 지역

---

38) Thomas M. Frank, *Why Federations Fail: An Inquiry into the Provisions for Successful Federation* (New York: New York University Press, 1968).

39) Ronald L. Watts, "Survival or Disintegration," in Richard Simeon(ed.), *Must Canada Fail?* (London: McGill-Queens Univ. Press, 1977).

40) Karl Deutsch, et al., *Political Community in the North Atlantic Area* (Princetion: Princetion University Press, 1957).

집단들 간에 분극화나 갈등을 야기하는데서 비롯된다는 주장에 주목해야 한다.[41] 파키스탄으로부터 방글라데시의 탈퇴, 말레이시아로부터 싱가포르의 탈퇴는 연방정향의 정치문화가 부재하거나 충분한 공통적 이익이 결핍된 요인을 갖고 있다. 인종갈등이 너무 심해 연방구조나 제도로 해결될 수 없을 경우 등도 연방제붕괴의 한 요인이 된다. 중앙아프리카연방의 붕괴는 흑백갈등이 한 요인이었다. 나이지리아의 경우는 인종갈등을 성공적으로 관리한 경우다.

신생독립국가를 연방제로 연결시키려는 시도에서 강력한 지도자들의 경쟁적 이익이나 인종갈등, 정치문화의 차이 등이 실패의 요인이 되기도 한다.[42] 동아프리카공동체(East African Community)는 유럽공동체(European Economic Community)로 대표되는 경제연합제로 추진되었으나 케냐, 탄자니아, 우간다의 경쟁 때문에 붕괴되었다.

인적 물적 자원의 결핍도 연방제실패의 한 요인이다. 연방제를 통해 충분한 서구적 복지를 제공하지 못한다거나 연방제를 관리할 인적자원이 부족한 경우다. 인도와 나이지리아의 경우 충분한 인구, 교육받은 집단의 인적자원이 존재했다. 공유된 권력체계 내에서 일할 사람들의 문화적 성향도 아주 중요하다.

연방제의 기능

연방제는 여러 국가로 분리될 국가들이 하나의 국가를 형성한다는 점에서 국가의 규모가 증대하고 국가의 힘도 늘어나게 된다. 가장 현저하게 유리해지는 것은 외부에 대한 방위력의 증대와 전쟁의 예방으로, 연방국가를 형성하지 않았더라면 상호 전쟁이 일어날 수 있는 것을 막을 수 있

---

41) Seymour Martin Lipset, *Political Man* (Garden City: Doubleday and Co., 1960), Ronald L. Watts, "Survival or Disintegration," in Richard Simeon(ed.), *Must Canada Fail?* (London: McGill-Queens University Press, 1977), 53-54.
42) Elazer, *Exploring Federalism*, 224-248.

는 것이다. 유고연방은 해체되면서 구성 국가들 간에 전쟁이 일어났다.

연방제는 경제적 공동번영의 기회를 찾을 수 있다. 생산과 교환과정에서 국내와 국외의 상황은 아주 다르다. 연방은 모든 경제활동이 국내에서 일어나는 것이기 때문이다. 연방제는 또한 최소한 지방정부별로 새로운 정책을 도입 시행하는 과정에서 시행착오를 어느 한 지방정부에 국한 할 수 있기 때문에 역기능을 최소화 할 수도 있다. 만일 국가 단위로 시행했다면 그 비용은 더 컸을 것이다.

연방제는 권력분산이라는 점에서는 더 민주적인 것으로 인식된다. 연방정부의 주창자들은 연방제가 구성원들이 최대의 효율성으로 공통과제를 수행하기 위해 단합하며 아울러 분권화와 자율성을 극대화한다고 주장한다. 이에 관해서는 많은 논쟁이 있다.[43] 연방주의는 단일국가보다 시민에 대한 반응성이 높고, 관리의 선출과 공공정책을 결정하는데 직접적인 공공참여를 증가시킴으로써 정책결정에 실질적인 영향을 가진 선거된 관리의 수를 최대화하는 결과를 가져온다. 특히 중앙집중화된 정치권력에 대한 19세기 자유주의자의 공포를 거울로 해 액튼 경(Lord Action)의 유명한 "권력은 부패한다. 절대권력은 절대적으로 부패한다"는 관점에서 연방제는 두 수준의 정부사이에 권력을 분리함으로써 권력의 독점을 방지해 자유의 결과를 가져올 것이라고 기대한다.

그러나 재정의 분권화, 국가의 풍요증대와 경제성장, 수입에 대한 분배를 기준으로 한 사회적 평등, 민주주의 정도, 헌법의 지속성을 기준으로 한 정치의 안정성 등을 중심으로 분석한 결과 연방국가가 단일국가에 비해 재정의 분권화에 대한 영향 외에는 분명한 영향을 발견하지 못했다는 주장도 있다.[44] 또한 연방국가나 단일국가구조 모두 지역적

---

43) Mark N. Hagopian, *Regimes, Movements, and Ideologies* (New York: Longman, 1984), 31-32.

기반의 동질성과 분리주의자의 위협으로부터 취약하며, 소수집단의 권리를 침해할 수도 있다. 단일국가는 분명히 더 문제가 있을 수 있으나, 실제는 정치적 의지에 관한 문제다. 1960년대 미국 남부주의 인종정책에서 소수인종의 보호에 대한 정치적 의지가 없으면 연방제도 단일국가보다 나은 것이 아니라는 점을 보여준다. 이런 점에서 국가가 연방 또는 단일구조의 헌법인가의 문제가 중요한 것이 아니라 정치적 의지가 갈등을 해소하고 국민의 정체성을 지속시키는 것이 중요한 기반이다.

　연방제는 만병통치약이 아니다.45) 연방주의가 성공적으로 작동하기 위해서는 인민정부에 대한 공헌, 정치적 협력의 강력한 전통, 강제력의 사용을 최소화하는 체계를 유지하는데 필요한 자제력 등 특별한 유형의 정치 환경이 요구된다.46)

연합국가

연합국가의 본질

연합제(confederation)는 국가의 구조와는 다른 국가연합이다. 연방제가 하나의 국가를 중심으로 연방정부 즉 중앙정부와 여러 지방정부로 구성되며 주권은 연방정부에 귀속되는 것과는 달리, 연합제는 국가를 단위로 해 개별국가가 대외 및 대내적 주권을 보유한 채 국가 간에 협정을 바탕으로 구성된 국가연합형태다.

　연방제는 오직 하나의 중앙정부만을 갖지만, 연합제는 각각의 구성

---

44) J. Althusius, "Federalism," in Jan-Erik Lane and Svante Ersson(eds.), *The New Institutional Politics: Performance and Outcomes* (New York: Routledge, 2000), 90-97.

45) Lemco, *Political Stability in Federal Governments*, 167.

46) D.J. Elazar, "Federalism," in D. Shills, *International Encyclopaedia of the Social Sciences*, Vol. 5 (New York: Macmillan, 1968), 365.

단위가 중앙정부를 보유한다. 연방제에서 지방정부는 연방정부에 주권을 귀속시키지만 연합제에서는 협정에 의한 일부 권한만을 위임한다. 연방제가 국가 간의 화학적 결합이라면 연합제는 물리적 결합이다. 연합제는 따라서 단일국가나 연방국가와 같은 중앙정부가 존재하지 않기 때문에 여기에서는 연합국가의 구심조직을 각각의 구성 국가들과 구별하는 용어로 독립국가연합과 구별해 '연합국가'로 부르기로 한다.

연합국가는 국가지위를 박탈하지 않고 법적으로 결합하는 협약-헌법형식의 성문기본법을 토대로 국가가 연합한다. 이 성문법은 연합을 구성하는 국가들이 독자적으로 행사할 대부분의 정부권력을 그대로 두고 최소의 위임만을 규정한다. 연합국가는 부과된 업무를 수행할 수 있도록 구성국가들이 자금을 제공할 의사를 전제로 하며, 해당 국가의 주권을 위협하지 않는 방식에서 행정 및 사법적 기능의 수행을 규정한다.[47]

연합국가는 독립된 단위정부에 대한 영향력이 아주 미미하다. 소속국가가 오히려 연합국가의 요구에 응할 것인지, 어느 정도까지 응할 것인지의 여부를 결정한다. 연합국가는 소속국가의 자발적 기여에 의해 역할을 하기 때문에 개인 시민들은 연합국가로부터 받는 영향을 간접 또는 원격적으로 느낄 뿐이다. 이러한 점에서 시민의 입장에서 연합국가는 무의미하다. 오히려 이러한 연합국가를 구성하는 국가들이 어떤 구조를 가지고 있느냐가 더 중요하다. 주권은 항상 해당 국가에 귀속된다. 연합은 국가가 아니다. 왜냐하면 주권이 해당 국가를 통해서 행사되기 때문이다. 따라서 국가형태로서의 '연합국가'는 존재할 수 없고 다만 국가연합의 형태인 것이다.

연합국가의 대표적인 사례는 적지 않다. 역사적으로는 미국에서 혁

---

47) Frederic K. Lister, *The European Union, the United Nations, and Revival of Confederal Governance* (Connecticut: Greenwood Press, 1996), 33-34.

명전쟁 동안 준연합제(quasi-confederal)제로서 북미연합(American Confederation: 1781~1787)이 존속했다. 스위스에서 1291년~1798년과 1814년~1848년까지 존속했고 이 당시에 각 주들은 군사력을 행사하고 발전시킬 수 있는 권한이 부여되었다. 독일공화국(Deutsch Republik)은 1589년~1795년 그리고 독일연합(Germanic Confederation)은 1815년~1866년에 존속했다. 현재의 대표적 사례는 독립국가연합(Com- monwealth of Independent States)과 유럽연합(European Union)이다.

독립국가연합

독립국가연합은 소련연방이 해체되면서 1991년 12월 구 소련 15개 공화국 가운데 11개 국가가 참여해 출범한 연합국가다. 그 후 1993년에 그루지아가 참여해 현재의 회원국은 라트비아, 리투아니아, 에스토니아를 제외한 12개국이다. 우크라이나가 1991년 12월 1일 분리·독립을 국민투표를 통해 가결하면서 소련의 붕괴와 새로운 연합체탄생의 급박한 상황전개를 거쳤다. 그로부터 일주일 뒤 러시아 대통령 옐친은 벨라루시아, 우크라이나 대통령과 함께 벨라루시아의 민스크에서 독립국가연합 협정에 조인했고(민스크 협정, 8일), 12일에는 5개 공화국(카자흐스탄, 우즈베키스탄, 투르크메니스탄, 타지키스탄, 키르기즈스탄)이 독립국가연합에 지지를 밝혔다.

　고르바쵸프도 12월 17일 옐친과의 회담을 통해 1992년 1월 1일부터 '독립국가연합'의 출범을 인정했고 이어 1991년 12월 21일 카자흐스탄 수도 알마타에서 11개 공화국 지도자들이 '독립국가연합' 형성 의정서에 서명한 4일 뒤(12월 25일) 고르바쵸프가 "… 구체제는 새로운 체제가 정비되어 가동을 시작하기 전에 붕괴되었다. … 본인은 국가 개혁을 위한 정책들을 지지하고 … 대통령직에서 물러난다. …"는 사임연설을

마지막으로 대통령에서 물러남으로써 새로운 연합이 탄생되었다.[48)]

국가연합의 창설은 러시아와 군소 국가들의 이해에 의한 산물이다. 러시아는 자국의 경제력과 군사력을 이용하면서, 구소련국가들을 국가연합체에 묶어두기 위한 노력으로, 다른 회원국들은 자국의 군사 및 경제력의 안정을 위해 러시아의 도움이 필요하기 때문에, 회원국들은 서로 다른 이유이지만 협력에 공감하고 있는 것이다.[49)]

독립국가연합은 '단일국가가 아니다'는 점을 분명히 하고 회원국의 주권평등과 국제법상 자주적이고 평등한 주체로서 독립국가연합이 초국가적 권한을 가질 수 없다는 점을 천명하고 있다(헌장 제1조). 독립국가연합은 정치, 경제, 환경, 인문, 문화 그리고 기타영역에서 전면적이고 균형적인 경제 및 사회발전과 국제평화, 안전보장 등에서 군사력과 군사비 지출의 감소, 핵을 비롯한 대량 살상무기의 근절 등의 협력을 목적(헌장 제2조)으로 한다. 독립국가연합의 보편적인 원칙은 주권존중, 국가영토의 순수성과 국경의 견고성, 대내외정책의 상호불간섭, 국가간 협력, 회원의무의 성실한 이행 등이다.[50)] 참여 국가는 연합으로부터 탈퇴할 권리가 있다(헌장 제9조).

연합의 최고기관은 모든 회원 국가를 대표하는 국가정상들로 구성되는 국가정상협의회다. 회의는 년 2회 개최되며 안건의 결정은 만장일치제이기 때문에 개별국가에 불리한 결정은 불가능하다. 국가정상협의회 외에 국무총리협의회가 있는데 여기에서는 회원국의 행정부 사이의 협력을 조정하게 되며 년 4회 개최된다. 국가정상협의회 및 국무총리협의회는 합동회의를 개최할 수도 있다. 각각의 협의회의 의장직은 개별 회원국 나라 이름의 러시아 알파벳 순서에 따라 순번대로 수행한다. 협

---

48) 이영형, 『독립국가연합(CIS)의 이해』(서울: 엠애드, 1999), 45–49. 이 책은 러시아에서 수학한 저자가 러시아의 1차 자료를 토대로 저술되었다는 점에서 유용한 참고문헌이다.
49) 이영형, 『독립국가연합(CIS)의 이해』, 21.
50) 이영형, 『독립국가연합(CIS)의 이해』, 248.

의회의 결정사항은 외무장관 협의회, 조정-상담 위원회, 국방장관 협의회, 국경군 사령관 협의회 등에서 구체적으로 실행된다. 독립국가연합은 유럽연합의 의회와 같은 의회는 존재하지 않고 대신 각국의 의회 대표위원으로 구성되는 의회 간 총회를 통해 협력문제를 심의한다. 독립국가연합의 운영예산은 할당제에 기초해 배당된다.

독립국가연합은 군사적 위협과 군사력 사용을 자제하는 계약으로 집단안전보장조약(1992년)을 맺고 있다. 참여국가 중에서 어떤 나라가 다른 국가나 국가블럭으로부터 공격을 받을 경우 연합회원국에 반대하는 침략으로 규정하고 군사문제를 포함한 모든 필요한 원조를 제공하게 된다. 경제동맹조약(1993년)을 통해 시장관계에 기초한 단일경제 공간의 단계적 형성과 상품, 서비스, 자본, 노동력의 자유로운 이동 등 단일경제 체계로 발전하는 토대를 이루고 있다. 경제동맹조약의 이행을 위한 실행조치로 자유무역지대 창설협정이 서명되고(1994년) 러시아와 벨로루시, 카자흐스탄 등 3개국은 관세동맹을 체결했다(1995년). 그러나 이러한 협정들이 실효를 제대로 거두지 못하게 되어 2001년에는 유라시아공동체(EEC: Eurasian Economic Community) 가 창설되었고 다음해 5월 EEC 1차 정상회의가 개최되기도 했다. 그 간의 상황은 협정들이 갖는 귀속성의 한계와 회원국들의 다양한 이해관계로 인해 여러 협정들이 본래의 효과를 이루지는 못하고 있는 것으로 나타나고 있다.

독립국가연합이 국제사회에서 어떤 성격의 기구 혹은 결사인지에 관해서는 다양한 견해로 갈릴 수 있다. 국제사회에는 유엔을 우산으로 해 다양한 기구들이 존재한다. 이 기구들 가운데 정부 간 국제기구(IGO: Inter-Governmental Organization)와 독립국가연합은 상당히 공통성을 갖는다. 독립국가연합은 UN에서 국제적 지역조직체의 신분을 획득한 정부 간 국제기구지만,[51] 정부 간 국제기구에서 국가의 의무는 법

---

51) 이영형, 『독립국가연합(CIS)의 이해』, 256.

적구속력이 없는 권고의 성격인데 비해 독립국가연합은 국가연합의 규약에 구속력이 있다는 점에서 다르다.

독립국가연합은 정부 간 국제기구인 동시에 그와는 구별되는 국가 간 연합체인 것이다. 소련의 학자들도 독립국가연합의 성격에 대해 연방제의 요소가 담겨있다는 주장과 국제기구라는 주장 그리고 이 둘의 성격을 모두 포함하고 있다는 주장 등으로 갈린다.52) 연방제라는 주장에서 보면 국가연합의 구성국가들이 70여 년간 함께 연방을 구성해왔다는 점에서 회원국들은 사실상 연방제적 인식이 잔존해 있을 것이다.

독립국가연합은 구소련의 지정학적 공간에서 분열이 다시 원상으로 회복되는 과정에서 어떤 정도의 결속을 보이게 될 것이다. 독립국가연합은 구소련의 종주국이었던 러시아를 중심으로 결성되고 유지되며 운영될 뿐만 아니라 사용언어도 러시아어라는 점에서 사실은 러시아를 중앙정부로 하는 일종의 연방성격도 배제할 수 없다. 이러한 점에서 러시아를 중심으로 하는 연방제적 요소가 강화되고 있는 가운데 회원국들은 연합에서 벗어나려는 움직임도 일고 있어53) 독립국가연합은 당분간 연합의 위치에서 연방의 어느 공간으로 이동할지가 주목된다.

구소련의 붕괴로 100여개 이상의 민족54)이 18개 국가로 분산되었다가 다시 15개 국가가 독립국가연합을 창설한지 초기 5년간, 연합은 집단안보 문제를 비롯해 경제와 사회분야의 협력협정을 1,300개 이상이나 작성55) 하면서 현재에 이르고 있다. 독립국가연합이 다시 구소련의 연방체계로 회귀할지 아니면 현재와 같은 국가연합으로 시간을 끌며 지속될지에 관해서는 아직 알 수 없다. 70여 년간의 동거는 다른 민족들이 함께 공동체를 구

---

52) 이영형, 『독립국가연합(CIS)의 이해』, 252-257.
53) 이영형, 『독립국가연합(CIS)의 이해』, 260-261.
54) 이영형, 『독립국가연합(CIS)의 이해』, 207.
55) 이영형, 『독립국가연합(CIS)의 이해』, 20.

성할 수 있다는 실례를 보여주는 것인 동시에 현재의 국가연합은 과거의
공동체는 허물어져도 원래대로 다시 복원되는 관성을 보여주고 있다.

유럽연합

유럽연합(EU: European Union)은 유럽에 위치한 국가들이 결성한 국
가연합이다. 유럽 국가들의 경제, 사회 발전의 촉진과 공동방위정책을
포함하는 공동외교안보정책의 이행을 통해 국제무대에서 유럽의 일체
성을 옹호하며, EU시민권제도의 도입을 통해 회원국 국민의 권리와 이
익을 강화하고 유럽연합의 공동가치, 기본이익 및 독립수호, 유럽연합
및 회원국의 안보강화 등을 목표로 하는 국가협의체다.

초기인 1957년에는 6개국(프랑스, 독일, 이탈리아, 벨기에, 네덜란드,
룩셈부르크)으로 시작한 이후 9개국(영국, 아일랜드, 포르투갈, 스페인,
그리스, 오스트리아, 덴마크, 스웨덴, 핀란드)이 더 가입했고 2004년에
10개국(에스토니아, 라트비아, 리투아니아, 폴란드, 체코, 슬로바키아,
헝가리, 슬로베니아, 키프로스, 몰타)이 추가 가입했으며 2007년에는 2
개국(불가리아, 루마니아)이 더 가입해 2008년 현재는 27개국이 회원인
거대한 지역통합체다.

유럽연합(EU)은 1950년5월 프랑스 외무장관이었던 슈망(Robert
Schuman)의 제창으로 창설된 유럽석탄철강공동체(ECSC: European
Coal and Steel Community)를 시작으로 추진되어 1952년 유럽방위
공동체(EDC: European Defence Community)에 대한 논의에 이르게
되었다. 1953년 이를 정례화하기 위한 유럽정치공동체(EPC: European
Political Community)의 설립제안이 실패로 돌아간 이후 일시적인 정체
위기를 겪었다. 그 이후 유럽통합은 경제부문을 중심으로 진행되어오다
가 1957년에 체결된 로마조약(Treaty of Rome)을 토대로 유럽경제공
동체(EEC: European Economic Community)가 탄생되고 1987년 단

일유럽의정서(SEA: Single European Act)에서 유럽정치협력의 강화를 규정하였고 1993년 발효한 마스트리히트조약(Treaty of Maastricht)은 유럽공동체가 시장통합을 넘어 정치·경제적 통합체로 진전하기 위한 기반을 제공하게 되었다.

퍼시스(Murray Forsyth)는 유럽통합에 대해 직접적으로 신중히 고려하게 만든 3가지 표준적인 이론을 적시한다.[56] 첫째는 전쟁의 위협에 대응하는 가장 적절한 입헌적 안전판으로 연방의 확대를 주창한 칸트(Immanuel Kant)와 관련된 사상의 유산에서 논리를 이끌어 낸다. 둘째는 가능한 한 국민들에게 권한이 가까이 주어지도록 민주적 틀 내에서 효율적 정부를 보장하는 방식의 고안과 관련된 민주이론의 요소에서 이끌어 낸다. 셋째는 연방화의 경향과 과정에 대한 학자적인 고려로, 연방결과를 가져오는 배경조건과 사회운동들의 분석을 내포한다.

유럽연합은 1968년 이후 관세동맹을 통해 관세장벽을 철폐하고, 1999년1월1일 경제통화동맹(EMU: Economic and Monetary Union)의 완성과 단일통화인 유로화 도입으로 경제적 통합의 절정을 이루었다. 유로화는 국제시장에서 달러화와 함께 양대 통화로서 유럽을 단일 경제체계로 만들어 가는 역할을 수행하고 있다.

EU는 2000년 12월 니스(Nice) 정상회의를 거쳐 2004년 로마에서 EU 회원국 정상들이 '유럽헌법 제정조약(EU 헌법: Treaty Establishing of Constitution Europe)'에 서명함으로써, 정치적 통합도 상당한 진전을 이루고 있다. 유럽의회는 2005년 1월 헌법조약을 압도적 다수로 승인하였다. 이 표결은 각국의 국내비준이 필요하기 때문에 법적 효력은 없었지만(non-binding), 회원국(당시 25개국)에서 직접투표로 선출

---

56) Murray Forsyth, "The Political Theory of Federalism and Confederalism : the Relevance of Classical Approaches," J.J Hesse and V. Wright(eds.), *Federalizing Europe? The Costs, Benefits, and Preconditions of Federal Political Systems* (Oxford; New York: Oxford University Press, 1996), 33-35.

된 의원들이 압도적으로 지지한 것은 정치적으로 큰 의미를 갖고 있다.

EU헌법은 국제법상의 조약인 동시에 국내법상 헌법적 요소를 함께 포함하며, 각 회원국의 국민이 EU시민으로 추가적인 권리를 가지고, EU헌법과 EU 각 기관의 법률은 회원국 법률보다 상위다(6조). 그러나 유럽연합은 회원국과의 관계를 마스트리히트조약에 명기된 보충성의 원칙(Principle of Subsidiarity)에 따르고 있다.57)

EU는 유럽정상회담으로 불리는 회원국 정상들로 구성되는 유럽이사회(European Council)와 여기에서 결정되는 사항을 집행할 각료들로 구성되는 각료이사회 및 집행위원회를 두고 있다. 유럽이사회의장(European Council President) 및 외무장관(Union Minister for Foreign Affairs)직은 EU의 행정부격인 집행위원회의 집행위원장과 함께 지도부를 구성한다. 의장은 새로 신설된 조항에 따라 선출되는 외무부장관과 함께 유럽연합을 대외적으로 대표한다는 점에서 유럽연합의 대통령인 셈이다. EU는 이사회의 결정을 인구규모와 정치적 형평성을 고려해 회원국별로 투표권을 차등으로 부여하는 가중다수제(QMV: Qualified Majority Voting)58)를 기본으로 하면서 분야별로 만장일치제 등을 병행하고 있다.

EU는 입법(유럽의회), 사법(유럽사법재판소), 행정(EU집행위원회) 기능을 두고 있다. 유럽의회는 처음에는 1958년의 로마조약에 의해 각국의 의회에서 파견한 의원들로 이루어졌으나 1979년 이후부터는 5년 단위의 직접선거에 의해 구성된다. 의회는 의원 수와 다양한 언어를 고

---

57) 보충성의 원칙은 유럽연합이 모든 영역에서 회원국을 정치적으로 대표하는 것은 아니고 회원국 수준에서 문제가 해결되지 않을 경우만 공동체가 권한을 행사하도록 하는 것이다.

58) EU의 가중다수제는 전체회원국의 최소 55% 이상의 국가가 합의하고 이들 찬성국가들이 EU 전체인구의 65% 이상을 대표할 수 있으면 합의가 이루어진 것으로 결정한다. 그러나 EU 전체 인구의 약41%를 차지하는 영국과 독일 프랑스가 담합을 통해 주요 의제를 독점할 가능성을 막기 위해 전체인구의35%, 4개국 이상의 동의로 의사결정을 저지할 수 있다.

려해 주로 상임위원회 중심으로 운영되는데, 의회 본연의 입법기능은 제한되어 있으나, 각료이사회의 법안에 대한 거부권, 집행위원회 불신임권, 예산결정권 등과 함께, 40여 개에 걸친 입법분야에서 집행위원회 및 각료이사회와 더불어 공동입법권한을 갖는다.59)

집행위원회(유럽위원회)는 27개 회원국에서 각각 1명씩 추천되는 27명으로 구성되어, 입법제안권을 독점하며 거의 모든 의사결정과 집행과정에 관여하는 핵심기구다. 사법재판소는 각종 조약과 유럽연합기구들이 제정한 법령을 해석하고 적용하며 보장하는 기관이다.60) 유럽연합은 사법재판소의 권한과는 별개로 공동체법의 일반원칙 즉 최고성원칙과 직접효력원칙의 적용을 받는다. 최고성의 원칙은 유럽연합의 조약과 행정조치는 회원국의 국내법에 우선하며 회원국법원은 이를 수용할 의무를 가진다는 것이며 직접효력원칙은 회원국의 정부와 함께 개인과 법인에게도 직접적인 효력을 미친다는 것이다.

유럽의회의 예산은 EU 총 GDP의 1.2% 내외에서 자체예산을 운용하며 조달은 경제규모에 따라 회원국에 할당된 금액과 수입관세, 회원국의 VAT세금 등에서 조달하는데, 2007년부터 2013년까지의 총예산 규모는 8,624억 유로에 달한다. 이 예산의 집행은 회계감사원(Court of Auditors)으로부터 감사를 받는다. 감사는 유럽연합 기구의 재정운용 및 예산지출의 적법성과 회원국 정부 등 유럽연합의 예산을 집행하는 모든 기구가 대상이다.

유럽은 80여개 민족, 35개 종교, 37개 언어로 구성된 매우 이질적 지역기반을 극복하고 27개 주권국가 국민 4억 9,200만 명이 하나의 국가를 향해 나아가고 있다. EU 회원국가의 모든 시민들은 이미 유럽연합의 시민이 되었다. 이 EU 시민권은 이미 존재하는 권리들을 보장해 주

---

59) 김시홍 외, 『유럽연합의 이해』(서울: 높이깊이, 2006), 66.
60) 김시홍 외, 『유럽연합의 이해』, 71.

도표 15-1 국가의 구심정도에 따른 구분

U	SF	F	A	B	C	CF
단일국가	준연방제	연방제				연합제

었을 뿐만 아니라 새로운 권리, 즉 회원국가의 어디에서든 살며, 일하고 공부할 수 있는 권리를 부여했다. 1848년 마치니(G. Mazzini) 주재의 평화회의 연설에서 빅토르 위고(Victor Hugo)는 "우리 대륙에 있는 모든 국가들이 언젠가는 하나의 유럽이라는 형제애를 이룰 날이 올 것이다. … 우리는 미합중국과 유럽합중국이 얼굴을 마주하고 해양을 건너 서로에게 다가설 날을 보게 될 것이다" 라고 예언한지 160년, 통합을 시도한지 반세기를 지나면서 유럽은 하나의 연방국가 모습으로 미국을 닮아가고 있는 것이다.

이상의 국가구조와 연합구조를 중앙정부를 중심으로 하는 구심적 정도에 따라 구분하면 도표 15-1로 나타낼 수 있을 것이다. 도표 15-1에서 B는 유럽연합, C에서 CF까지는 독립국가연합의 위치를 상정할 수 있다. U에서 F까지는 단일 국가지만 F부터 C까지는 연방국가이고 그 다음부터는 국가연합구조다.

구소련연방의 해체와 새로운 독립국가연합의 결성, 유럽연합의 급속한 발전과 병행해 다른 한편에서 지역주의 경향도 늘어나고 있다. 동남아국가연합(ASEAN)은 항공교통, 해상교통, 비즈니스 서비스, 통신, 관광 등 5개 서비스 분야의 교역을 자유화하며 경제블록을 이루고 있다. 뿐만 아니라 서아시아지역협력연합(SAARC), 북미자유무역연합(NAFTA), 아시아태평양경제협력(APEC) 등의 지역블록도 결속을 강화해 가고 있다. 세계는 각 지역별로 연합체의 모습으로 나아가고 있는 것이다.

한국의 국가구조

단일국가

한반도를 통해서 본 우리나라의 국가구조는 휴전선을 경계로 해 두 개의 정부 즉 휴전선 남쪽에는 대한민국, 북쪽에는 조선민주주의인민공화국이 존재한다. 그동안 한국은 남한만이 유일한 합법정부로 보고 있는 반면 북한은 북한만이 독자적인 정부라고 주장해왔다. 그러나 국제사회에서는 양측을 동시에 UN에 가입시켜 사실상 두 개의 단일국가체제로 받아들였다. 남한과 북한은 과거의 상호불인정의 적대적 관계에서 상호의 실체를 인정하면서 통일을 모색함으로써 정치적으로는 결국 1민족 2국가 형태를 사실상 서로 인정하기에 이른 것이다.

　　우리나라는 국토와 종족의 분단 상태에서 남북한이 전쟁 없이 서로 교류와 협력을 통해서 하나의 국가로 통일을 이루기 위한 여러 방안들을 제시해 왔다. 남북한이 무력으로 대치하고 있는 상황에서 가능한 방법은 느슨한 연합부터 시작하는 방안이 설득력 있게 제기되며 그 하나가 바로 낮은 단계의 연방제다.

통일의 모색: 낮은 단계의 연방제

분단된 이후 2000년 6월 남북 정상들(김대중-김정일)이 최초로 만난 남북정상회담에서는 6·15남북공동선언을 통해 남과 북은 "통일을 위한 남측의 연합제 안과 북측의 낮은 단계의 연방제 안이 서로 공통점이 있다고 인정하고 앞으로 이 방향에서 통일을 지향한다"고 합의했다. 이 선언은 비록 모호하고 추상적이지만 분단이후 남북이 수시로 서로 통일방안을 발표했으나 메아리에 그치다가 남북의 정상들이 최초로 합의한 통일방안이라는 점에서 의미가 크다. 이 통일방안은 아울러 우리에게 낮은 단계의 연방제에 대한 논란을 불러왔다. 당시 두 정상이 낮은 단계의

연방제에 관해 나눈 얘기를 '국가기록원 나라기록관 자료'를 통해 알아
본다.[61]

2000년 남북정상회담에서 북한은 연방제를 선호한 반면 남한은 국
가연합을 제시했다. 회담 초기에 김정일 국방위원장은 북한이 1980
년에 내놓은 통일방안인 고려민주연방공화국 창설방안을 고집했
다. 이에 대해 김대중 대통령은 "과연 현실적으로 당장 통일을 이
룩할 수 있겠는가"라며 북한이 주장하는 고려연방제가 이치에 맞
지 않다고 반박했다. 김정일 위원장은 "현실적으로 지금 당장 통일
한다고 하는 것은 어려운 일인 것 같다"며 낮은 단계의 연방제를 제
안했다. 김정일 위원장은 낮은 단계의 연방제의 개념에 대해 다음
과 같이 설명했다.

"낮은 단계의 연방제라고 하는 것은 정부의 각료급은 각료급대로
협의기구를 만들고, 또 국회는 국회대로 의회차원에서 협의기구를
만들고, 정상 간에는 지금과 같이 정상 간에 서로 만나서 남북 간의
모든 문제를 서로 협의해서 합의하며, 또 합의한 것을 실천해 나가
는 것이 우리가 생각하는 낮은 단계의 연방제입니다. 협의체 구성
과정에서 중앙정부를 하나 마련하는 것이 어떻겠습니까."

이에 대해 김대중 대통령은 "현실적으로 연방정부를 설치하는 것은
불가능하다"며 "김 위원장이 생각하는 낮은 단계의 연방제나 우리
가 생각하는 남북연합이 서로 통하는 데가 있으니까 그런 방향으로
노력을 하되 앞으로 같이 이 문제를 협의해 나가자"라고 제안했다.
이러한 주장에 김정일 위원장도 '사실상 외교권과 군사권을 통합한
다는 것은 불가능한 일'이라는 점을 인정했다.

북한은 '낮은 단계 연방제'에 대해 김일성 주석이 1989년 3월 평양
을 방문한 남한의 문익환 목사에게 언급하고, 1991년 신년사에서

---

61) 정창현, 『낮은단계의 연방제』, 국가기록원. http://contents.archives.go.kr/next/content/
listSubjectDescription.do?id=007200

밝힌 소위 '느슨한 연방제'와 같은 것으로 설명하였다. 또한 '조국 통일을 위한 전민족대단결 10대강령'에서도 이를 천명한 것으로 설명하였다. 북한은 낮은 단계 연방제가 '북과 남에 존재하는 두 개 정부가 정치, 군사, 외교권을 비롯한 현재의 기능과 권한을 거의 그대로 가지게 하고 그 위에 민족통일기구를 내오는 방식으로 북남관계의 민족공동의 리익에 맞게 통일적으로 조정해 나가는 것을 기본내용'으로 하고 있다고 설명했다.

이상의 내용에 나타난 것처럼 낮은 단계의 연방제는 두 개의 국가(정치, 군사, 외교권 보유)에 기초한 국가연합으로 연방제라는 용어를 사용했지만 연방제의 한 형태로 분류하기는 어렵고 두 개의 국가, 두 개의 정부로 사실상 국가연합체다. 개별국가를 전제로 하는 유럽연합(EU)이나 구소련연방의 후신인 독립국가연합과 유사한 형태로 공통점은 각각의 독립된 중앙정부가 존재한다는 점이다. 명칭으로는 연방제이고 실제 내용은 국가연합인 것을 '낮은 단계'라는 수식어로 구분하고 있다.

'낮은 단계'는 레닌이 공산주의사회로 발전하는 과정의 사회주의 단계를 나타내는 용어로 사용했는데 김정일이 이 용어를 사용한 것은 우연이 아닐 것이다. '낮은 단계'는 남북한 국가연합으로부터 연방제 사이의 어느 지점에 위치하는, 연합제보다는 구심적이지만 연방제보다는 더 원심적 구조라는 인식을 준다. 낮은 단계의 연방제는 단일국가모델을 중심으로 남한의 남북연합과 북한의 고려연방제가 서로 접근하는 모델이다. 낮은 단계의 연방제 즉 연합제는 우리의 공식적 통일방안에 의한 최종적 국가모델이 아니라 중간단계다. 1989년에 마련된 '한민족공동체 통일방안'은 과도적 통일체제인 '남북연합(The Korean Commonwealth)'을 거쳐, 통일헌법이 정하는 바에 따라 총선거를 실시해 통일국회와 통일정부를 구성함으로써 완전한 통일국가인 통일민주공화국을 수립하는 것으로 되어 있다.

통일 한국의 국가모델은 1민족 1국가 1체제 1정부의 단일국가체계다. 이것은 당위적인 목표다. 북한의 통일방안에 의한 '고려민주연방공화국 창설'의 국가는 1민족 1국가 2제도 2정부의 연합국가 모델이다. 그러나 국가연합은 통일이 아니라 각각의 독립국가의 존속이다. 이런 점에서 낮은 단계의 연방제가 자칫 영구 분단을 초래할 수 있다는 우려도 당연하다.

우리나라는 국제적으로 남과 북이 UN에 동시 가입한 각각의 주권국가다. 그럼에도 남북한이 공식적으로는 한반도에 '하나의 국가'만이 존재한다고 주장하는 특수한 상황이다. 우리의 헌법과 국가보안법은 북한을 '국가'로 인정하지 않고 있다. 따라서 우리는 국가연합이라는 용어 자체를 사용할 수 없다. 우리의 민족공동체 통일방안의 2단계도 국가연합이 아니라 남북연합이다. 결국 낮은 단계의 연방제는 두 정상이 만나 어떤 형식이든 통일방안에 대한 비전을 제시해야 하는 상황에서, 두 개의 중앙정부를 인정하면서 점진적으로 통일에 접근해야 하는 현실을 바탕으로 해서 나온 고육책이다. 따라서 용어상으로는 연방제이지만 내용상으로는 연합제의 혼혈방안이다.

어떤 선언이나 정책은 상황에 따라 항상 유동적이다. 남북한이 통일도 가장 멀게는 연합에서 시작할 수도 있지만 단일국가로 출발 할 수도 있다. 종족이라는 끈이 언젠가는 단일국가나 연방국가로 나아갈 것이라는 기대를 준다. 우리는 모든 가능한 방안에 대해 이해해야 한다. 세계의 역사에서는 단일국가가 연방국가로, 또한 연방국가가 연합국가로 변화된 경우, 분단국가가 단일국가로 통일된 경우도 있다. 모든 현상은 장기적으로 정체되지만 점진적으로 또는 급진적으로 변화되기도 한다. 통일문제도 마찬가지다. 연방제와 연합제에 관해 토론하는 이유도 여기에 있다.

남북통일문제는 서로 상대가 있는 과제다. 따라서 서로의 신뢰가 소중하다. 남북 정상이 합의한 사항은 지키면서 상황에 따라 수정 보완하는 것이 중요하다. '낮은 단계의 연방제'는 모호성으로 인해 수정보완이 오히려 쉽다. 그럼에도 김대중대통령 이후의 정권들은 이 선언을 중요하게 여기지 않았다. 6·15선언의 당사자가 존재하는 상황에서 합의내용은 외면한 채 저마다 통일정책을 던져놓으면 한쪽의 당사자가 어떻게 받아들일 것이며 무슨 실효성이 있는가?

제6부

한국민주주주의의 대전환

제15장 한국민주주의의 대전환

새로운 정치사회: 봉사와 명예

정치는 사회구성원들의 일반의사를 바탕으로 정향된 가치와 이념에 따라 사회의 공적 재원을 확보하여 모든 인민들이 최대의 자유와 평등한 삶을 누리도록 하는 공적 작용들이다. 정치는 지배욕구의 충족을 갈망하는 탐욕과 허영에 찌든 사람들의 감언과 술수가 판을 치는 가면무도회의 무대나 춤판이 아니다. 정치인은 자신의 이익보다는 인민의 의사를 대변하고 취합해 정책에 반영하여 인민의 사회적 바람을 구현하기 위한 헌신으로 인민으로부터 존경을 받고 명예가 널리 선양되는 사람이다. 인민은 권력과 금력에 의한 소수 엘리트를 제외한, 진정한 민주주의 가치(자유와 평등)를 담고 사는 사회구성원의 총체이다.

　권력은 봉사의 도구로, 돈은 사회를 위한 나눔의 재원으로, 전문성은 사회의 기술과 문명의 발달을 위한 지식으로 활용되어 이 주체들 즉 정치인, 경제인, 전문가들은 각각 헌신과 기여를 통한 명예와 존경의 대상이다. 권력의 소유자는 봉사와 헌신으로, 돈의 소유자는 절제와 봉사, 나눔의 정신으로, 전문가는 연구와 기예로 기여하고 명예와 보람으로 여기고 인민들도 이들에게 박수와 존경을 보내는 사회를 조성해야 한다.

권력과 돈 그리고 전문성이 공익보다는 사익으로 허우적거리면 권력은 국가를 계급화하고 경제는 권력의 눈치를 보며 전문가는 꾀를 제공하여 굶주린 하이에나처럼 끝없이 돈을 좇는 천박한 사람들의 격투장으로 전락하는 사회, 약자들은 강자들이 쳐 놓은 현란한 오락과 짜릿한 스포츠, 감정을 쥐어짜는 드라마의 환상적 덫에 걸려 자신들의 처지를 착각하는 사회에서 인민들이 교활한 정치인과 탐욕스런 자본가들에게 보일 수 있는 반응은 기껏해야 안방에서 신종 인터넷 매체를 통한 조롱뿐이다.

좋은 정치는 엘리트와 인민들, 특히 엘리트들의 인성(personality)과 가치의 대전환이 전제되어야 한다. 우선 엘리트들의 우월감과 특권 및 권위의식이 소멸되어야 한다. 인민이 주인의 자리를 차지하고 유지할 수 있는 의식과 제도가 필요하다. 이러한 의식은 이념으로 표출되고 이를 바탕으로 정치, 경제 사회체계를 개혁하고 문화를 창조·발전시키게 된다.

자유와 평등은 인간의 생명과 같이 소중한 가치다. 자유와 평등의 구현이 바로 사회정의다. 그러나 자유는 상대적이어야 하고 평등은 처방적이어야 한다. 평등한 자유도 자유를 침해하지만 불평등한, 무제한의 자유도 자유를 침해한다. 자유로운 평등은 곧 불평등이지만 부자유한 평등은 자유의 제한인 동시에 평등의 저하다. 자유민주주의는 권력에 대한 여러 제한을 통해 인민의 자유와 평등의 보장 및 보호를 목표로 하는 실행이념인 동시에 대의민주주의를 통해 인민의 요구에 어느 정도 반응하는 정치방식이다. 그러나 자유민주주의에 대한 이런 인식이 자유민주주의에 대한 환상을 심어주는 반면에 한계를 간과하거나 덮어버림으로써 오히려 자유민주주의가 갖는 역기능을 심화시킨다. 그 대표적

한계는 강자의 자유와 강자의 평등중심인 강자를 위한 정치다.

개인의 자유는 권력이 아니라 도덕과 상식 및 윤리 등 규범에 의해 제한되어야 한다. 권력은 규범과 사회의 질서를 파괴하는 방종과 다른 사람의 자유를 침해하는 과도한 자유를 제한한다. 평등은 기회의 평등과 함께 합당한 조건적 평등을 통해 모든 사람들에게 평등하게 향유되어야 한다.

자유민주주의의 평등은 부분적이고 소극적인 평등이다. 자유민주주의는 경제이념으로 경제적 자유주의(자본주의)와 사회주의 모두를 채택한다. 자본주의는 경제적 불평등을 전제로 한다. 자본주의는 '불평등'을 '성장'으로 대응한다. 파이(pie)를 키워야 분배의 몫도 커진다는 주장이다. 성장의 결과를 논리적으로 보자. 예를 들어 A는 100을, B는 10을 가지고 10배로 성장했을 때 A는 1,000, B는 100이다. 성장의 결과 당초 A와 B의 차이는 90이었으나 성장이후는 900으로 늘어났다. 그런데 시장경제에서 자본력은 단순 비례가 아니라 상승작용으로 인해 '승수효과'를 야기할 수 있기 때문에 부의 양극화는 심해질 수 있고, 또 이것이 현실이다. 뿐만 아니라 이런 성장 속에서도 늘 빈주먹만 쥐고 있는 서민, 밥을 굶고, 노숙하며, 하루하루의 삶에 고통과 시름이 떠나지 않는 사람이 있다. 어떻게 모든 인민이 고루 자유롭고 평등하게 살수 있는가? 이념의 대전환, 정치제도와 과정의 대전환이 필요하다.

인민주의적 자유민주주의

인민주의는 입헌적 대의제도가 갖는 한계를 극복하기 위해 인민의 참여를 확대하고 참여방식의 단순화를 통해서 인민의 지위를 강화하는 정치다. 이것은 대의민주주의를 인민주의로 대체하는 것이 아니라 인민의 참여확대로 대의민주주의를 보완하기위해 인민주의를 이식접목하자는 것이다. 이를 여기에서는 인민주의적 자유민주주의 또는 인민주의적 대의민주주의로 부르고자 한다. 그러나 이것은 엘리트의 기득권과 관계되기 때문에 엘리트 의식의 대전환이나 인민의 대각성이 선행되지 않고는 어렵다. 정당과 선거, 의회를 뛰어넘은 혁신적 사고를 향한 과감한 도전이 필요하기 때문이다. 인민주의는 또한 자본주의와 사회주의처럼 자유민주주의와 양단의 대치되는 이념이 아니라 혼합 또는 융합될 수 있는 이념이라는 점에서 자유민주주의의 반면교사이고 발전방향이며 점진적인 대안이며 동반자다.

파시즘이 한때 불같이 일어나 요동치다가 거품처럼 사라졌다면, 인민주의는 바위덩이에 짓눌려 아직도 싹이 움트지 못하는 바닷가의 해란초(海蘭草)에 비유될 수 있다. 해란초를 짓누르는 바윗덩이는 대의민주주의다. 바위덩이 같은 엘리트중심의 하향식 대의정치과정을 인민중심의 상향식 정치로 전환해야 한다.

인민주의적 대의민주주의는 정치제도와 과정 특히 정당과 선거 및 의회제도의 대전환을 통해 어느 정도 구현될 수 있다. 대의민주주의는 수입품이다. 이상과 현실, 겉과 속이 다른 존재다. 대의민주주의는 몸에 맞추기가 가뜩이나 까다로운 존재다. 대의민주주의는 서구에서 수 백년에 걸쳐 자라오면서 끊임없는 시행착오를 겪었다. 물론 대의민주주의가 이중적이고 까다로운 것은 그 속에 담겨있는 권력에 대한 인간들의 탐욕과 국민들의 굴종 시민들의 무관심·무기력에서 비롯된 것이다.

대의민주주의는 그럼에도 전제군주제의 압제 속에서도 자연법사상과 개인주의 그리고 경험주의적 입헌주의를 바탕으로 계몽주의와 함께 자라면서 민주주의의 이상을 어느 정도 구현하는데 현저한 기여를 한 것은 분명하다.

대의민주주의는 그러나 자체의 한계를 은폐한 채 자유민주주의에

대한 환상을 고착시키고 엘리트중심의 지배가치를 정당화하는 역기능
도 분명해졌다. 대의민주주의가 인민의 일반 의사를 제대로 대변하거나
반영할 수 없는 제도라는 점이 드러난 것이다. 그렇다면 그 대안은 무엇
인가? 가장 이상적으로는 '모든' 인민들이 다 정치에 참여하는 아테네의
직접민주정치를 복원하는 것이다. 그러나 실현불가능한 일이다. 그래
서 '모든'을 '가능한 최대다수'로 바꿀 수밖에 없다. 그렇다고 이것이 지
금의 선거제도처럼 상대적 다수를 의미하는 것은 아니다. '다수'는 최소
한 과반수이어야 한다. 참여의 확대만으로는 부족하다. 참여할 국정의
대상이 가운데 최소한 인민의 투표대상이라도 최대한 확대되어야 한다.

특히 우리나라의 대의민주주의는 절대군주제와 가부장적 위계문화
가 지속되는 과정에서 식민지배와 분단이라는 급박한 상황을 맞았고,
지배엘리트들의 권력의 파이에 대한 투쟁의 산물로 마련되다 보니, 새
로운 제도를 받아들여 소화할 수 있는 체질로 성장하지 못했고, 여러 부
작용이 수반되었다.

우리 체질에 맞는 정치제도는 무엇인가? 권력구조부터 살펴본다.
권력구조로서 대통령제, 의회제, 준대통령제는 이미 고정되어 있기 때
문에 새로운 창안보다는 선택과 부분적인 변형이 더 지름길이다. 어느
것이 가장 이상적인가? 의회제는 공고한 정당과 정예의 의원 수, 의원
들의 이념적 관용, 조화와 타협, 그리고 이 과정의 투명한 정치를 기초
로 하는 의회의 역할이 필수적이다. 영국을 비롯한 북유럽, 영국의 전통
과 문화로 자라온 북미와 대양주의 의회제 국가들에게 의회제는 '신토
불이'의 제도다. 반면에 우리와 이웃하고 있는 일본의 의회제는 극좌에
서 극우까지의 폭넓은 이념적 스펙트럼, 구성부분들의 단합을 통한 전
체의 안정된 구조를 가능하게 하는 오야붕(おや-ぶん)-꼬붕(こ-ぶ
ん)의 정치문화, 그리고 분권지배의 전통을 바탕으로 하면서, 정치체계
는 안정되고 있지만 기득권세력의 가계정치, 인맥정치로 신분차별시대

로의 역주행이 이어지고 있다.

우리나라는 혈연, 학연, 지연과 기득권세력과 재벌과의 유착 등을 토대로 기득권세력의 독과점적 정치형태가 고착될 우려가 있다. 혈연(血緣)이 사적 유대를 공고히 한다면 학연(學緣)은 공적 유대까지도 공고히 하는 것으로 나타난다. 지연(地緣)은 선거과정에서 가장 현저히 드러나고, 선거의 논공행상과정에서 공적 자원의 배분에까지 확대된다. 금권(金權)은 이 모든 것을 휘 감싼다. 다만 은밀하게 이루어지기 때문에 현시되지 않을 뿐이다. 의회제는 바로 이런 인연의 정치에서 벗어나지 못하면 소수 기득권자들을 중심으로 하는 '연(緣)의 정치'가 지배하면서 인민들은 들러리 장식품으로 전락될 수 있다.

미국형의 대통령제와 프랑스형의 준대통령제는 모두 의회권력에 의해 모습을 달리한다는 점에서는 유사하다. 집권당이 의회의 다수를 차지하면 대통령권력은 강화된다. 그러나 이 나라들은 의회주의의 오랜 전통으로 의회가 대통령권력을 적절하게 견제한다. 집권당이 소수라도 미국은 성숙한 의회주의로, 프랑스는 동거정부형태로 현상을 타파한다. 또한 미국은 양당제로, 프랑스는 재투표제로 대통령이 절대다수의 지지를 확보하여 인민지지의 정당성을 확보할 수 있다.

우리나라는 가부장적 유교문화로 인해 대통령권력은 제도를 뛰어넘을 수 있다. 제도적으로는 아무리 대통령권력을 제한해도 교묘하게 그 벽을 허물고 넘어선다. 집권당이 다수면 대통령은 황제의 면류관을 쓴다. 야당은 극한투쟁으로 달리고, 결국 국회의 회의장은 로마의 콜로세움, 의원들은 검 대신 명패를 든 집단 검투사를 연상시킨다. 로마의 콜로세움에는 비정한 관중들의 흥분이 들리지만, TV로 보여 지는 우리의 국회에 대해 국민들은 분노 속에서 낙담으로 주저앉을 뿐이다. 정치인들은 시간은 망각의 특효약이라는 것을 알기 때문에 어떤 수단이든 현재만 모면하려든다. 2010년 예산국회의 모습이 모든 것을 말해준다.

더구나 3명 이상의 후보가 난립하면서 30%내외의 지지율로 모든 권력을 거머쥐는 '전부(all)의 권력'이라는 점에서 정치과정은 항상 배제와 소외, 갈등과 독주 등의 비판이 따르게 된다.

프랑스형은 몇 가지 점에서 우리에게 선택의 대상이다. 첫째, 재투표제는 인민절대다수의 정당성을 확보한다. 둘째, 2차 투표과정에서 선거연합을 통해 양당 이상의 연립형 분권정부를 통해 권력의 제한적 분산이 가능하다. 셋째, 여소야대의 경우 동거정부로 대통령의 기본역할이 가능하다. 넷째, 대통령의 직선으로 정부의 구심성이 강화된다. 물론 프랑스형은 집권당이 단독으로 의석수의 과반수를 차지하면 자칫 황제적 대통령제로 변질 되 수 있기 때문에 하나의 기본모델일 뿐이며 다른 나라의 경우를 참조하여 우리에게 적절한 모형을 찾을 수 있다.

어느 구조든 자유민주주의의 정치과정은 정당이라는 유기체를 매개로 선거를 통해 대표를 선출하고, 그 대표들이 정치를 담당하는 정치방식이다. 정당은 최소한 20세기까지는 유용성이 있었다. 교통과 통신수단 특히 매스미디어가 발달하기 전에는 인민들이 이익을 표출하거나 대표를 선출하는데 정당은 의존의 대상이었다. 그러나 현재는 존재의 의미가 약화되면서 오히려 인민주의적 대의정치에 장애요소로 전락되고 있다. 그동안 정당이 수행한다고 인식되었던 많은 기능들은 21세기에 고도로 발달한 TV와 쌍방커뮤니케이션 매체인 인터넷, 스마트폰, 아이패드, 트위터 등이 더 편리하고 효과적으로 수행하고 있다.

의회제는 정당이 정부구성의 모체가 되지만 대통령제에서는 국민이 정부를 구성한다. 정당이 하는 일이라고는 선거를 통해 대표가 되려는 사람들을 대상으로 독과점적 공천을 통해 매개체의 역할을 하는 것이다. 대정당들은 특정 지역에 강한 연고성을 갖는 프로구단 같은 지역주의정당이면서, 수백 억 원의 국고와 기업으로부터 후원금을 모아 지출하는 준국가기관으로 변질되고 있다.

정당의 폐해를 공감하면서도 정당무용론에 대해서는 비현실적이라고 반박할 것이 뻔하기 때문에 현 단계에서 가능한 방향은 정당을 개혁하는 것이다. 정당중심의 선거를 일반 후보중심의 선거로 전환하고 정당후보자의 공천도 유권자에게 맡기는 것이다. 정당들에게 우선 배정하는 기호나 선거지원금을 선거공영제를 통해 인물중심으로 전환한다. 정당이 자발적 결사로 후보자를 내더라도 '공천'이 아니라 '인준'하는 형식으로 바꾸는 것이다.

선거는 다수결원리로 대표를 선출하는 과정이다. 다수결의 원리는 당연히 참여자의 수와 관계없이 전체의 반 이상의 지지를 바탕으로 하는 것이다. 그러나 이 다수제가 상대적 다수제로 변질되어 과반수의 기준이 사라졌다. 투표율이 50% 내외에 머물고 당선자를 상대적 다수로 결정하기 때문에 각 선거구별 유권자의 20% 내외의 지지로 대표, 즉 의원이 선출된다. 2010년 12월의 한나라당 의석이 170석을 넘어서지만 실제 한나라당 의원들이 득표한 총비율은 전체 유권자의 20%포인트에도 이르지 못한다. 대전환의 정치는 선거절차의 개혁과 재투표제 또는 이와 유사한 제도의 고안을 통해 이를 보완한다. 이 내용을 본문이 아닌 결론에 기재하는 것은 현실적이고 당위적이기 때문이다.

첫째, 우선 행정구역을 2단계로 축소하고 대표는 지방의원과 국회의원으로 2분하되, 현재 인구 만 명당 1명 비율인 5,000명을 기초단체에서 대선거구로 선출한 뒤에 이들 가운데에서 득표율 순위에 따라 1,500여명을 각 기초단체의회의 상임의원으로 하되, 각 기초단체별 의원 수 및 상임의원 수는 인구비례로 결정한다.

둘째, 지방상임의원 1,500여명 가운데 500명의 국회의원을 선출하고 이중에서 200여명의 상임의원을 선출한다.

셋째, 의회의 운영은 지방의회와 국회 모두 전원회의와 상임의원회의 2원제, 그리고 전원의원회는 총회와 분과위원회로 운영한다. 전원

의원회 분과위원회는 의제의 채택, 전체회의는 중요안건의 인준을
담당한다.

넷째, 의원의 선출방법은 기초단체별로 다양한 방법으로 하되 당선자
결정은 투표자의 과반수로 하며, 2차 투표를 실시하되, 2차 투표의
후보자격은 프랑스의 경우처럼 선거인의 13% 내외의 득표자로 한다.

다섯째, 비상임의원은 무보수명예직으로 하며 상임의원은 공무원의
근무기준에 준하여 상근하면서 소정의 세비를 받는다.

여섯째, 지방의원과 국회의원의 정책지원을 위한 시스템을 구축하고,
의원들이 필요한 모든 자료와 정보를 제공하도록 한다. 의원들은 언
제든지 필요한 정책자료를 제공받거나 설명을 들을 수 있다. 정책지
원팀은 의원들의 정책질의나 감사 또는 정책입안에 필요한 모든 활
동을 지원한다. 정책지원시스템은 정책전문기관일 뿐만 아니라 의
원들의 보좌관의 역할도 수행하도록 한다.

일곱째, 선거의 후보자는 지역의 예비선거를 통해 일정한 기준에 합치
되는 경우 입후보하되 정당의 역할은 공천이 아니라 인준으로 제한
한다.

여덟째, 예비선거는 인터넷이나 스마트폰 또는 직접투표, 우편투표 등
다양한 방법으로 2~3일에 걸쳐 한다.

아홉째, 유권자 외에 지방비상임의원에게 지방 및 국회상임의원 및 단
체장에 대한 소환권을 부여하도록 하며 소환은 적절한 법절차에 따
르도록 한다.

열째, 비상임의원의 임기 중 결원은 보충하지 않으며 상임의원의 결원
은 비상임의원중에서, 지방자치단체장의 결원은 해당 지역의 비상
임지방의원 중에서 충원한다.

　이상의 제도는 인민들의 정치참여를 확대하고 정당의 독과점화 방
지, 막대한 국고 및 지방비의 낭비와 의원들의 특권계급화, 불성실한 의
정활동, 과도한 지역구의 볼모현상을 막고 의원 본연의 임무에 충실하
여 존경을 받는 명예로운 대표, 효율적인 의회가 될 수 있도록 한다.

　상임의원은 선거구민과 직접 접촉할 시간이 적기 때문에 선거구민

과의 관계가 상대적으로 소원해 질 수 있고, 다음 선거에서 불리할 수도 있지만, 대신 상임의원은 실질적 의정활동을 통해 권위가 부여되고 매스 미디어의 집중조명으로 이미지가 제고되는 유리한 점으로 이를 극복할 수 있을 것이다.

이념공감의 정치: 자유주의(자본주의)와 사회주의

이념은 인간의 삶을 좌우한다. 이념은 강자들에게는 수호의 가치고 약자들에게는 저항의 가치다. '지배계급의 이념은 각 시대의 이념'이라는 마르크스의 예리한 지적을 떠올릴 필요도 없다. 어느 사회나 주류이념은 강자들에 의해 해석되기 때문에 강자들의 삶의 수단이다. 약자들의 이념은 기득권에 대한 저항적 성격을 갖기 때문에 이단적이고 배타적으로 취급된다. 약자에게 필요하고 유리한 이념도 강자들이 자신들에게 유리하게 편의적으로 재단된다.

정치의 대전환은 이념의 설정으로부터 비롯된다. 모든 이념은 인간의 본질에 관한 문제지만 결국 공동체의 가치기준이다. 이런 가치는 정치사상으로부터 배태되고 발전한다. 홉스가 자연권이론을 통해 군주의 권력과 신의 총체적 지배로부터 인간 및 개인의 독자적 위치를 찾아낸 이후에, 로크는 새로운 자연상태에서 인간의 자유와 평등의 본질을 추구했다.

자연법사상과 계몽주의자들이 인간의 자유와 본질을 기독교적 신이나 절대군주가 아니라 인간의 이성에서 찾은 것은 당시로서는 사상적 대전환이었다. 그러나 홉스는 왕권신수설에 안주한 반면에 로크는 왕권신수설을 극복하고 신분제적 질서를 비판했다. 휘그당을 비롯한 새로운 정치 세력을 배경으로 하고 있던 로크의 이러한 주장은 군주권력의 제한에는 유용했으나 다른 한편으로는 지배집단의 세력 확대로 이어졌다.

군주의 권력을 제한하기 위해 태어난 자유주의는 태생부터 시민계급으로 불리는 특권층을 위한 사상이었다. 노동자 농민 등 인민들은 제외되었고 돈없는 인민들은 투표용지도 받지 못하는 계급국가형태였다. 자연법을 바탕으로 하는 개인주의나 자유주의의 1차적 수혜자는 결국 강자들이었다.

자유주의자들은 국가가 노동자, 농민의 심각한 빈곤의 문제를 해결해야 한다는 주장을 반박했다. 국가의 개입은 개인의 자유에 대한 제한인 동시에 개인의 빈곤책임을 국가에 전가하는 것이고 오히려 개인의 근로동기를 저하시킨다는 이유였다. 구빈법이라는 그럴듯한 제도는 있었으나 무용지물이었다. 예나 지금이나 약자들은 강자들의 현란한 구호나 조삼모사의 제도에 기대를 걸고 위안을 삼으며 시간을 보낸다.

아담 스미스의 자유방임주의를 토대로 하는 자본주의 관념은 오히려 군주의 중상주의에 대한 도전적 대응이었지만, 개인적 부의 증대와 함께 공동체의 발전을 모색했다. 그러나 아담 스미스의 주장은 강자들의 자유와 부를 위한 탐욕의 정당화로 변질되었다. 오늘날에도 아담 스미스는 자본가들에 의해 멋대로 재단되어 악용되고 있다.

자유주의와 경제적 자유방임주의의 변질은 결국 평등사상을 일으켰다. 평등사상은 고대 플라톤까지 거슬러 올라간다. 이는 평등이 인간의 본성이라는 것을 나타내는 것이다. 계몽주의자 군(群)에서 특히 루소는 대표적인 평등주의자였다. 그는 자연 상태의 인간을 선한 존재로 인식함으로써 기독교의 원죄론을 사실상 외면하면서 사회의 불평등 기원에 관해 예리하게 통찰했고 프랑스혁명의 지적 기반을 제공했다.

불평등의 심화를 가져오는 자유주의와 자본주의에 대한 반테제로서 사회주의라는 새로운 이념이 태어난 것은 필연이고 정치경제사회의 대전환의 예고였다. 사회주의는 마르크스의 참여와 이탈로 기존의 사회주의 즉 생시몽, 푸리에, 오언 등의 공상적 사회주의와 과학적 사회주의 즉 마르크스주의로 분열되었다. 마르크스가 세상을 떠난 지 1년 후인 1884년에 영국에서는 사회개량의 수단으로서 혁명을 사용하지 않고 의회주의를 통하여 점진적으로 모든 정책을 실현함으로써 자본주의의 결함을 극복하자는 페이비어니즘(Fabianism)이 출현했고, 엥겔스와 함께 활동한 마르크스주의의 대표적 이론가인 베른슈타인은 수정주의(Revisionismus, 1899)로 이에 접근했다.

자유주의는 두 축 즉 자유민주주의와 자본주의로, 자유민주주의는 다시 선거주의로 그리고 자본주의는 수정자본주의와 신자유주의 등으로 변질되었다. 마르크스주의는 이념의 대립과 권력투쟁에서 변질되고 오도되어 되돌리기 어렵게 더럽혀졌다. 그러나 현실의 변혁수단보다는 역사의 거울로 자본주의 사회를 들여다보는데 필요한 지적도구로써의 가치는 여전히 지니고 있다.

사회주의는 마르크스-레닌주의를 피하고 대중에게 접근하기 위한 변신을 거듭했다. 하이예크는 영국의 사회주의가 복지와 사회사업을 들고 나와 집권하면 파시즘이 뒤따를 것이며 시장 매카니즘의 간섭은 전체주의로 가는 길이라고 호들갑을 떨었다. 그러나 그가 『노예의 길(*The Road to Serfdom*)』을 쓴 1944년 이후 영국은 사회주의 정권이 들어섰으나 파시즘은 나타나지 않았다. 소련의 전체주의가 시장메카니즘의 간섭에서 비롯된 것도 아니었다.

탈마르크스적 사회주의는 의회정치과정에서 대중들에 영합하기 위해 명칭도 사회민주주의 또는 민주사회주의로 변경했으나 실은 동일명칭이다. 많은 학자 또는 정치가들은 사회민주주의를 마르크스 사회주의의 유산자로, 민주사회주의를 마르크스 사회주의의 이탈 또는 페이비언사회주의로 구별하려고 하는가 하면 이 둘을 혼용하면서 탈마르크스 사회주의를 사회민주주의로 부르기도 하기 때문에 자칫 혼란이 따를 수 있다.

내가 여기에서 사용하는 사회주의는 현재 스웨덴 등 북유럽과 영국 노동당 등의 노선으로 대체로 민주사회주의로 부르는 사회주의다. 이 사회주의는 공상적 사회주의의 '공상'을 '현실'로, 마르크스 사회주의의 프롤레타리아 '혁명적 사회변혁'을 의회주의의 '점진적 개량'으로 수정한 사회주의다. 이 사회주의는 자본주의에 대한 무조건적 적대나 숭배가 아니라 자본주의가 필연적으로 야기할 수밖에 없는 불평등의 문제를 개선하고자 한다. 사유재산에 대한 통제가 아니라 인민의 평등한 자유와 공정한 기회의 평등 그리고 적절한 경제적 평등을 구현하기 위해 국가가 시장을 파괴하지 않으면서도 적절하게 조절할 것을 주장한다. 시장이나 대의제도 모두는 자본가와 노동자, 권력자와 인민들이 함께 만들어 놓았지만 그를 지배하면서 이득을 챙기는 것은 자본가와 권력자들이다. 사회주의는 이 왜곡의 교정을 주장하면서, 시장의 영향력 제한을 요구한다.

우리나라에서 사회주의는 인식적으로 공산주의와 동일시되기도 한다. 북한정권으로 인해 심지어 사회주의는 스탈린의 전체주의로 두렵게도 인식된다. 그러나 북한은 마르크스 사회주의나 공산주의도 아니다. 스탈린주의를 김일성 주체사상으로 재구성해 권력을 세습화하고, 통제 계획경제로 국민을 아사시키며, 해체되어 다시 구성되는 대상이다.

'사회주의'라는 용어는 진보적인 개혁정책 특히 경제관련 문제에 대한 보수주의자들의 유용한 공격무기다. 그러나 대부분의 용어는 상황에 따라 그 평가가 달라진다. 영국 자유당 당수로 수상직을 네 차례나 역임하면서 특히 1884년의 선거법개정으로 영국의 민주적 선거참여의 가능성을 연 윌리엄 글래드스턴(William Ewart Gladstone)도 정적으로부터 '민주주의자(democrat)'로 불린 것을 그의 일생중 가장 불쾌한 상처의 하나로 인식하고 있었다.[1] 이 당시 자유주의자들에게는 민주주의도 사회주의와 동일어였다.

오늘날 '민주주의'라는 용어는 모든 찬미적 언어 중에서 단연 으뜸이다. 마찬가지로 '사회주의'라는 용어를 당시의 '민주주의'라는 용어처럼 인식하는 정치인들은 스스로 사회주의에 대한 인식의 한계를 드러내는 것에 지나지 않는다. 프리드리히 하이예크가 염려했던 '사기업제도와 생산수단의 사적 소유를 철폐하고 이윤을 추구하는 기업가 대신 그 자리에 중앙계획당국이 들어서는 계획경제체계로서의 사회주의'[2]는 이제 찾아보기 힘들다. 따라서 사회주의는 하이예크가 염려했던 독재나 노예의 길이 아닌 것은 분명하다. 다만 사회주의의 실험이 부분적이고 아직 광범위하게 퍼져있지 않다는 점에서 그 길의 종착점에 대한 평가나 예단은 이르다. 자본주의가 수많은 질곡을 거쳐오고 있다는 점에서 보면 사회주의라고 평탄하지는 않겠지만, 자본주의의 공과는 사회주의를 평가할 수 있는 유용한 척도다.

셰리 버먼(Sheri Berman)은 미국사회의 보수주의자들이 꺼리는 사회주의(쉐리 버먼은 '민주사회주의'가 아니라 '사회민주주의'로 표기한다)에 과감히 접근한다. 그녀에게 사회주의는 '단순히 복지국가, 평등, 연대(solidarity)같은 특정 정책이나 가치의 수호자를 훨씬 능가하며, 단지 순화된 마르크스주의나 확대된 자유주의가 아니라, 적어도 독창적으로 구성되고, 독특한 이념이고 나름의 특별한 정치운동'[3]이다. 특히 20세기 후반의 사회주의자들은 이미 세상이 근본적으로 바뀔 수 있다는 이상주의나 이념에 대한 열정을 버렸으며, 대신 정치가 제공할 수 있는

---

1) Paul E. Corcoran, "The Limits of Democratic Theory," Graeme Duncan(ed.), *Democratic Theory and Practice* (New York: Cambridge University Press, 1983), 15.

2) 프리드리히 A. 하이예크, 김이석(역), 『노예의 길』(서울: 나남, 2006), 73.

3) Sheri Berman, *The Primacy of Politics: Social Democracy and Making of Europe's Twentieth Century* (New York: Cambridge University Press, 2006), 200. 이 책은 김유진(역), 『정치가 우선한다』(서울: 후마니타스, 2010. 12)로 출간되었다.

가장 중요한 일은 가능성에 관한 믿음이라고 인식한다는 것이다.

사회주의자들은 마르크스주의자들의 결정론이나 자유주의자들의 자유방임주의에 대응해. 모든 불리한 여건에도 불구하고, 사람들이 함께 노력하고 그렇게 해야 한다는 사고에 바탕을 둔 정치이념을 발전시키자고 호소한 결과 20세기의 가장 성공적인 정치운동이었으며, 21세기의 문제들도 그 형태는 설령 다를지라도 본질은 다르지 않기 때문에 사회민주주의가 거둔 성취가 반복되지 못할 이유는 없다는 것이다.[4]

그녀는 사회주의자들 운동의 특징을 '시장이 초래하는 부수적 피해로부터 시민을 보호하기 위해 국가를 사용하는 동시에 성장을 이끌어내기 위해 시장을 사용하는 열망, 국가의 개별구성원들이나 특정 이익에 대한 돌봄보다는 전체공동체의 이익을 위해 진정으로 노력하고자 하는 약속'으로 규정한다.[5]

그렇다고 이것이 계획경제나 통제경제를 의미하는 것은 아니다. "적당한 감독이 없이 규제받지 않는 시장은 다양한 정치·사회적 질병을 야기할 수 있으나 적당한 감독이 이루어지면 기적을 만들어 낼 수 있다는 관념의 이해가 그렇게 어려운 것은 아니다"[6]라는 버먼의 지적은 성장 또는 더 거창하게는 풍요라는 환상적 문구로 기득권자들의 이익이 보호되는 결과를 가져오는 자유주의자들의 뿌리 깊은 고정관념을 비춰볼 수 있도록 해준다.

사회주의자들은 공동선을 위한 공동행동의 가치와 가능성을 믿으며 누진세나 공공규제를 일종의 필요악으로 인식하는 자유주의자들과는 달리 국가와 공공부문이 더욱 적극적 역할을 할 때 더 좋은 사회가 만들어질 것이라고 생각한다.[7]

---

4) Sheri Berman, *The Primacy of Politics*, 218.
5) Sheri Berman, *The Primacy of Politics*, 212.
6) Sheri Berman, *The Primacy of Politics*, 213.
7) Tony Judt, *Ill Fares The Land* (New York : Penguin Press, 2010); 김일년(역),

깊고 넓은 강을 사이에 두고 양 끝에서 서로 목소리를 높이던 자본주의와 사회주의는 대의민주주의라는 강바닥이 점차 솟아오르면서 강물이 말라지자 접목되었다. 보수주의는 자본주의의 수호자인 동시에 공산주의나 사회주의에 대한 공격수 역할을 수행하면서도 사회주의를 잡은 끈을 놓을 수 없게 되었다. 사회주의는 자본주의와 경쟁에서 싸우면서 닮아간다는 말처럼 서로 한 발짝씩 앞으로 내디디면서 서로 닮아가고 있다.

많은 국가들에서 이 두 이념이 공감의 정치를 통해 교차되고 있다. 공감의 정치는 자유주의 즉 자본주의와 사회주의의 정책이 접목되어 혼합되는 것이기 때문에 관용이 전제되어야 한다. 서로의 신념에 대한 존중과 수용을 토대로 하는 관용은 이념에 대한 유연한 사고로의 대전환이 필요하다. 관용은 종교전쟁뿐만 아니라 조화와 타협을 통한 정치전쟁을 지양할 수 있는 정치적 가치다.

관용이 성숙하지 못한 사회는 단편적 이념만이 설쳐대면서 극과 극의 반전을 거듭한다. 사회적 혼란이고 역사의 퇴보다. 보수와 진보의 다람쥐 쳇바퀴 돌리는 대립이 아니라 인민들의 인간으로서의 자존과 현재의 삶을 격과 질을 향상하는데 필요한 사회적 문화를 조성하고 정책을 수립해야 한다. 이러한 관용의 대상에는 모든 이념 그리고 여기에 사회주의에 대한 새로운 이해도 포함된다.

동물농장으로 우리와 친숙한 오웰(George Orwell)은 카타로니아의 찬가(Homage to Catalonia, 1938)에서 사회주의가 평범한 사람들을 끌어들여 기꺼이 목숨을 바치게 하는 신비로운 힘을 가진 것은 평등이라는 이상을 가지고 있기 때문이라고 말한바 있다. 사회적 불평등이 사회적 불안정을 가져온다는 것은 새삼스런 일이 아니다.

사회주의는 자유주의(자본주의)와 보수주의라는 고삐가 필요하며,

『더 나은 삶을 상상하라』, (경기: 플래닛, 2011), 17.

자유주의나 보수주의도 사회주의로부터 적절한 충격이 요구된다. 고삐 풀린 사회주의는 버크의 염려처럼 미래나 이상에 취해 치기어린 행태로 혼란을 초래할 수 있고, 충격에서 벗어난 자본주의나 보수주의는 기득권세력의 이기적 집착과 탐욕으로 지진처럼 인민의 폭발로 혼란이 나타날 수 있다.

보수주의적 사회주의나 자유주의적 사회주의 또는 사회주의적 자유주의에 대한 성찰이 필요하다. 모든 이념들은 시대와 상황의 산물이다. 자본주의와 사회주의는 이미 현실에 상당히 적응하고 있다. 그것은 바로 이념 자체의 변화이며 그 변화는 끊임없이 이어지고 있다. 20세기의 자본주의나 사회주의에 포로가 되어 있는 사람은 바로 반자본주의적이고 반사회주의적인 사람이다.

국가의 기능

국가의 기능은 다양하기 때문에 어느 한 기능을 강조하기 보다는 복합적이어야 한다. 안보 등 대외적 기능에 대한 대내적 갈등은 항상 존재하는 것이 아니지만, 우리나라는 한 영토 안에 한 민족이 다른 이념의 두 개의 국가를 구성하고 있으면서 휴전선의 군사적 긴장과 함께 북한정권에 대한 대응을 둘러싸고 내부적 갈등이 존재한다.

국가의 대외적 기능을 제외한 대내적 기능에 관한 논쟁은 지금까지 토론해온, 즉 양립하기 어려운 민주성과 효율성 그리고 특히 생산의 증대와 복지의 확대, 더 적극적으로는 분배의 정의를 어떻게 조화시킬 것인가에 모아진다.

고전경제이론에 바탕을 둔 신자유주의가 그동안 배설해낸 여러 경제위기는 케인즈주의에 새로운 관심을 돌리도록 만들었다. 이것은 국가의 시장경제개입이다. 케인즈는 국가가 경제에 대해 상당수준 개입해야 한다고 주장하면서 경제위기를 피하기 위해 국가의 기능이 필요하다고 역설했다. 경제의 공적관리를 반대하는 경제학자들의 담론에 동조하면서 국가가 행사해야 될 경제권을 주저하는 정치인들을 향해 케인즈는 허공에 떠도는 목소리를 들으며 단지 몇 해 전에 삼류학자가 휘갈겨 쓴 글에 열광하는 죽은 경제학자의 노예라고[8] 일갈했다. 그렇다고 권력을 거머쥔 자들이 국가권력을 내놓은 것도 아니다. 국가안보와 사회질서의 유지라는 이름으로 권력을 강화하고 유지하는데 필요한 공권력은 오히려 편법적이고 심지어는 불법적으로도 계속 사용한 사실이 드러나고 있다.

마르크스가 경제를 철학적으로 접근했다면 사회적으로 접근한 영향력있는 인물은 칼 폴라니(Karl Polanyi)다. 폴라니는 경제를 통해서 사회를 보고자 했다. 이것은 하이예크가 『노예의 길』에서 자신의 개인주의적 입장을 자유주의로 설명하는 것과 큰 대조를 이룬다. 폴라니는 시장의 자기조정은 불가능하기 때문에 진정으로 자유로운 자기조정 시장경제란 존재한 적이 없고, 오히려 시장경제가 사회의 황폐화를 가져왔다고 진단하고, 국가를 통해서 시장이 인간의 자유와 공동체적 삶을 위한 제도가 되도록 해야 하기 때문에 국가의 개입은 필연적인 것으로 본다. 지금부터 70여 년 전의 폴라니의 이러한 주장은 주목을 받지 못했으나 20세기 말에 몰아닥친 IMF의 소용돌이는 새삼 폴라니에게 눈을 돌리도록 했으며 그의 열정적 주장은 바로 우리는 물론 자본주의 국가의 당면과제로 부각되어 있다.

국가의 개입은 자본가들만이 특권적으로 누리는 특권적 자유는 부분적으로 제한될지라도 대신 많은 인민들의 불안, 공포와 절망 그리고

---

8) Robert Skidelsky, John Maynard Keynes, *The Economist as Savior, 1920-1037*, Vol.2 (New York: Basic Books, 1976), 275.

굶주림으로부터의 자유를 증대하기 위한 것이다. 국가의 경제통제가 아니라 돌풍처럼 몰아닥치는 시장의 소용돌이를 막기 위해 사전에 체계적으로 조정하자는 것이다.

과거의 역사 특히 20세기 초 중엽의 파시즘과 나치즘의 역사는 경제위기가 자본주의는 물론 민주주의체계마저도 뒤흔든다는 것을 보여주었다. 물론 자유주의자의 대부인 하이예크는 파시즘과 나치즘을 사회주의적 경향의 필연적 결과로 보지만, 폴라니는 시장사회가 작동을 거부했던 데서 뿌리를 찾는다. 이것은 통제되지 않는 무방비적 시장경제에 대한 중요한 경고다. 20세기 초의 현상이 되풀이 되지는 않았더라도 그 전조가 될 수 있는 IMF나 더 최근의 금융대란은 자유시장에 대한 의구심과 불안감 속에 폴라니의 충고를 되새기게 만들었다.

자유시장의 자기조정능력의 상실은 수많은 기업을 도산시켰을 뿐만 아니라 가정을 파괴시키면서 직장인들은 물론 가정의 주부들까지도 거리로 내몰았다. 이것은 사회적 혼란이고 인간의 황폐화다. 특히 금융위기는 미국과 영국을 비롯한 이른바 경제선진대국도 사정권에서 피해갈 수 없었다. 오히려 이 나라들은 경제쇼크의 진원지였고, 공통성은 시장주의 추진이었으며, 경제가 국가와 분리될수록 그 위기의 심각성은 더했다.

경제적 위기는 특히 경제적 약자 이른바 서민에게는 직격탄이다. 빈부격차가 심화되고 사회의 양극화는 확대된다. 양극화로 인한 사회분열은 이미 퇴니스(Ferdinand Töonnies)가 지적한바 있다. "공동체에서 사람들은 모든 분열적 요인들에도 불구하고 본질적으로 통합되어 있는 반면에, 이익사회에서 사람들은 모든 통합적 요인들에도 불구하고 본질적으로 분열된다."[9]는 그의 갈파는 비록 주관적 일지라도 아주 예리하다. 사회의 양극화는 곧 사회의 분열이다. 소수의 개인에게는 풍요를 안

---

9) Jerr Z. Muller, *The Mind and the Market* (New York: Alhred Knopf, 2002), 230.

겨주지만 공동체는 비참해진다. 사회의 양극화는 가난한 사람에게는 고통과 절망을 주지만 부자에게도 불안과 공포를 안겨준다.

누가 이런 고통과 불안을 극복할 수 있는가? 종교인가? "낙타가 바늘귀를 나가는 것이 부자가 하나님의 나라에 들어가는 것보다 쉬우니라(마가복음 10:25)"는 예수의 완곡한 비유 외에 "돈을 사랑함이 일만 악의 뿌리(디모데전서 6:10)"라는 사도 바울의 직설적인 경고에도 불구하고, 헌금이나 시주가 종교단체들의 역점업무가 될수록 신도의 물질적 정신적 부담은 가중된다. 종교시설이 기득권자들의 세속적인 사교장이나 위세를 과시하는 장소로 비춰지는 한 종교는 오히려 마르크스가 제기한 '아편'으로서의 역할에도 미치지 못할 수 있다.

아담 스미스가 국부론에서 "우리가 저녁 식사를 할 수 있는 것은 푸줏간 주인, 양조장 주인, 그리고 빵집 주인의 자비심 때문이 아니라, 그들 자신의 이익에 대한 고려 때문"라고 갈파한 것은, 스미스가 선행이나 이타심, 박애 또는 우정의 가치를 간과하는 것이 아니라 사회를 하나의 거대한 가족으로 보고 내린 경제의 본질에 대한 통찰이다. 따라서 이러한 경제적 삶에서 약자들도 풍요롭지는 못하더라도 안정적으로 '저녁식사'를 즐겨야 한다는 것이 스미스의 생각이고 이에는 모두가 동의한다.

다만 파이를 놓고 먼저 키울 것인가, 나누면서 키울 것인가, 그리고 이 문제를 시장에 맡겨야 하는가 아니면 국가가 관여해야 하는가에 대해서는 첨예하게 대립되어 있다.

기득권세력은 자본주의를 명분으로 국가의 시장개입을 반대한다. 빈부격차해소에 대한 격랑을 제도가 아니라 정책이라는 일시적 수단으로 잠재우려 한다. 관개수리공사 대신에 임시제방을 쌓으려는 것이다. 우물을 파고 저수지를 만드는 것이 아니라 시든 풀에 임시로 물을 뿌리려는 것이다. 그러면서 포장은 '복지'이다. 명분은 '선 성장 후 분배'다. 그나마 인위적 분배가 아니라 결과적 분배다.

물이 넘치면 흐를 것이라면서 물 담는 그릇을 계속 키우면 언제 그릇이 채워져 넘치나! 결국 이 말은 물이 넘치기를 고대한 사람들에게 환상만을 심어주어 왔다. 세금을 늘리면 기업의 투자가 위축되고 개인의 근로능력이 저하된다며 아담 스미스의 논리를 교묘히 재단한다. 과연 그럴까? 세금과 투자 및 근로의 순기능 또는 역기능에 대한 자료가 있는가? 이 물음에 대한 명확한 대답이 어렵다면, 자본가들, 기득권세력들의 언술이나 위협에 불과하다.

국가의 적극적 역할은 인간의 삶을 시장에만 맡겨놓는 것이 아니라 정치 및 사회적 삶에 대한 시장의 영향을 가능한 한 최대로 제한하여 안정된 삶을 누리도록 하는 것이다. 시장은 경제뿐만 아니라 사회적 무한경쟁을 의미한다. 여기에는 기회의 평등이라는 기득권자 중심의 경쟁논리가 지배하기 때문에 약자는 영원한 패배자, 낙오자, 무능력자로 전락하게 된다. 국가의 역할은 바로 이런 약자를 보호하는 것이다. 이런 약자의 보호를 통해서 모든 계급의 사람들이 균형을 이루는 것이다.

기원전 380여 년경, 지금부터 2,500여 년 전에 플라톤이 저술해 지금까지 성서와 같은 고전이 된 '국가'의 중심주제는 바로 '정의'다. 플라톤은 묻는다. "무엇이 정의이며 어떻게 사회적 삶과 개인적 삶에서 실현될 수 있는가?" 여기에서 정의는 2가지로 요약된다. 하나는 어떤 사람에게 자신의 몫을 제공하는 것이고, 다른 하나는 친구들에게는 선을 행하며 적들에게는 해를 가하는 것이다. 플라톤의 이러한 사상은 사회적 자원의 적절한 분배를 중심으로 하는 공정으로서의 정의로 세계의 정치사회 및 철학계의 파장을 몰고 온 롤스의 '정의' 개념의 핵심으로 이어진다. '분배정의'의 문제는 따라서 어제 오늘의 특수한 상황에서의 문제가 아니라 인류의 보편적 대상이다.

누가 이 역할을 수행하는가? 현대국가의 중요한 역할이 바로 '사회적 가치'의 정의로운 배분인 것은 명백하고 당연하다. 사회적 가치는 매우 포괄적이만 그 핵심은 권력과 재산이다. 권력은 자유민주주의와 인민주의의 융합을 통해서, 재산은 자유주의와 사회주의의 공감을 통해서 각각 정의롭게 이루어 질 수 있을 것이다. 이것이 바로 자유민주주의의 대전환이다.

1830년 프랑스 혁명을 통한 7월 왕정의 오를레앙 왕조의 루이 필리프 왕의 밑에서 수상이 된 프랑수아 기조(François Guizot, 1787~1874)는 투표권 확대를 요구하는 시민들에게 일해서 부자가 되면 투표권을 얻을 수 있다는 뻔뻔스런 말로 대응하다 결국 1848년 2월 혁명으로 쫓겨났다. 이는 경제적 측면에서 오늘날 신자유주의자들이 들여다볼 거울이다. 이 거울에 2월 혁명과 같은 새로운 모습은 비춰지지 않도록 해야 한다. 투표권이 인간의 천부적 권리인 것처럼 인간다운 삶도 인간의 천부적 권리로서 목표가 아니라 원칙이고 결과여야 한다.

산업체의 소유나 운영관리의 주체논쟁은 공허한 담론이다. 경제는 경제적으로 정치는 정치적으로 대응하면 된다. 공기업의 불가피한 적자는 세금으로 메우고 흑자는 생산을 위한 재투자로 활용하되 이익에 대한 정의로운 배분이 따르면 된다. 국민의 돈이 들어간 산업체의 어떤 '자리'가 전관예우나 고위직의 부도덕한 고소득을 보장하는 것이 문제다. 목표는 사회구성원들의 보편적 행복을 최대화하는 것이어야 한다.

복지는 정책이나 목표라기보다는 원칙이고 결과다. 복지의 대상이나 범위를 놓고 갑론을박하는 것은 인권의 경시다. 복지는 인간의 삶의 문제다. 복지의 대상은 재산의 과부가 아니라 인간 그 자체다. 보수주의자들은 이 복지를 국가재정과 연계시킨다. 복지의 확대는 국가재정의 파탄을 초래하며, 복지의 핵심인 의료나 교육 등은 국가가 아니라 개인의 문제라는 것이다. 복지를 국가의 시혜나 국가의 부수적 역할로 접근하는 것이다. 만일 원칙이라면 보조금처럼 생각할 수 없다. 물론 어떤 기준은 필요하다. 그러나 원칙으로서의 복지와 시혜로서의 복지에 대한 관념의 차이는 국가기능의 우선성, 자원조달과 시행의 방법에 상당한 차이를 갖는다. 국가의 기능은 국방, 사회질서 그리고 다음으로 성장과 복지의 적절한 조화에 모아져야 한다. 고급 와인과 위스키, 소주와 막걸리가 각자의 취향이 아니라 사회적 지위와 돈에 의해 분류되는 사회는 능동적 성장도, 자율적 통합도 기대하기 어렵다.

공리주의자인 벤담은 이미 부자에게 세금을 거둬들여 그 돈을 가난한 자들에게 도와주면 행복의 총량은 증가한다고 제시한 바 있다. 단순한 논리지만 분명한 방향이다. 비례세율제의 도입과 비과세대상의 엄격화, 상속 증여세의 강화, 탈세의 차단 등의 세제개혁만으로도 서민들을 위한 어느 정도의 분배자원을 마련할 수 있을 것이다. 복지재원은 사회정의차원에서 모든 방법을 강구한 뒤에 평가할 문제다. 재원조달의 방법은 움직이지 않은 채 재원부족을 염려하는 것은 복지의 회피이고 반대며 저항이다.

10명의 부자들로부터 거둔 세금을 100명에게 배분하면 행복은 10명에서 11배인 110명으로 늘어나며 배분되지 못해서 안고 있던 불행의 정도까지 줄어드는 것을 감안하면 행복의 량은 그 이상으로 늘어날 수 있다. 물론 이것이 100명에게 직접 얼마의 돈을 나누어 준다는 것이 아니라 직간접으로 배분될 수 있는 제도를 구축하는 것이다. 마르크스가 셰익스피어의 말을 인용해 묘사한 것처럼 돈이 만인의 매춘부며 만국의 뚜쟁이의 속성을 갖는다면 누구의 손에 들어가든 시장으로 다시 나오게 된다. 다만 부자나 개인들이 소비할 수 있는 한계로 인해 한 사람의 부자보다 열 사람의 서민이 지출하는 돈이 더 많을 것이기 때문에 재분배가 경제에 결코 부정적일 수는 없다.

클린턴과 오바마정부에서 일한 바 있는 버클리대 로버트 라이시(Robert B. Reich)는 최근 저서[10]의 결론에서 CEO들은 점차 거세지는 국민들의 분노를 실감할 것이며, 미국은 정치가와 브로커, 기업가, 주류

언론으로 구성된 기득권자와 화가 솟을 대로 솟아 기득권자로부터 나라를 되찾기로 결심한 인민으로 분열될 것이라고 예견하면서 현재의 양당이 아닌 새로운 정당의 출현을 예고한다. 기득권세력은 공정한 부와 소득, 기회의 재분배를 위한 새로운 대안을 지지하지 않고 버티면 반동은 더욱 거세질 것이라고 경고한다. 그의 책은 아래와 같은 의미심장한 말로 맺는다.

> 소수가 부와 소득의 대부분을 차지하고 다수가 그 나머지 몫을 나눠 갖도록 구분된 나라에서는 어느 누구도 성공할 수 없다. 불균형(lopsidedness)은 경제적 성장만 약화시키는 것이 아니라 우리 사회의 구조도 분열시킨다. 경제의 근간에 대한 기본적 합의가 깨진다면 미국은 성공할 수 없다. 우리들 가운데 부와 명예를 얻어 성공하고 권력의 정점에 도달한 사람들의 행운도 안정적인 경제 및 정치체계가 좌우한다. 그러한 안정은 경제 및 정치체계가 우리 모두의 이익을 위해 작동한다는 대중의 신뢰를 바탕으로 한다. 그러한 신뢰가 상실되면 모두의 행복(well-being)이 위협받는다. 우리는 합리적인 국민이고, 개혁은 우리가 할 수 있는 유일한 합리적 선택이기 때문에 우리는 개혁을 선택할 것으로 믿는다.[11]

불평등을 완화하고 자유민주주의가 내세우는 '기회의 평등'의 '기회'가 모든 사람의 공정한 기회가 되도록 하기 위해서는 정치적 이념뿐만 아니라 경제적 이념과 그에 바탕을 두는 제도에 대한 대전환이 필요하다. 전체주의적 국가권력의 행사는 이제 불가능하다. 이집트, 리비아등 중동지역의 권위주의가 무너지고 있다. 중국과 북한도 결코 예외적일 수 없을 것이다. 엄청나게 바뀐 커뮤니케이션체계가 자유의 선동자,

---

10) Robert B. Reich, *After Shock The Next Economy and America's Future* (Vintage, 2010). 이 책은 안진환, 박슬라(역), 『위기는 왜 반복되는가』(경기: 김영사, 2011)라는 제목으로 번역·출판되었다. 여기에서는 이 두 책 모두를 참고했다.

11) Reich, *After Shock The Next Economy and America's Future*, 146.

전파자 역할을 효과적으로 수행하고 있기 때문이다. 자유주의자들이 주장하는 것처럼 국가의 기능증대가 노예의 길이 아님은 이제 명확하다. 국가사회의 중심 기능은 이제 고전적 자유의 구현은 물론 이지만 인간이 스스로 지향하는 목표를 스스로 결정하고 행동할 수 있는 이사야 벌린의 '적극적 자유'의 구현이 따라야 한다. 이런 자유를 통해서 인간의 본성이 충분히 발휘될 수 있다. 국가는 또한 이러한 소극적-적극적 자유의 실현과 함께 공동체의 회복 그리고 공정한 분배로서의 사회정의를 선도해야 한다.

경제방식으로서의 공정한 분배는 아주 복잡한 과제지만, 분명한 것은 인간의 경제적 평등을 어느 정도 보장하느냐의 문제다. 빈익빈 부익부의 심화는 부자나 빈자 모두에게 편안하고 행복한 삶을 보장하기 어렵다는 증좌는 많다. 극단적인 호사스러움과 극단적인 빈한함 모두를 극복하는 길이 필요하다. 이념적 틀의 변화가 없는 '공정한 사회'는 잠시 스쳐가는 바람에 불과할 수 있다.

종종 자본주의자들의 변호인으로 내세워지는 아담 스미스는 다음과 같이 기술했다.

"인생의 최후순간이 되어 육체가 고통과 질병으로 쇠약해지고, 자신의 적들의 불의, 동지들의 배은망덕으로 받았다고 생각하는 수많은 피해와 실망의 기억에 의해 마음이 쓰리고 괴로울 때가 되어서야 비로소 그러한 부와 권세가 사소한 효용만 지닌 허접한 것에 불과하고, 육체적 안락과 정신적 평정을 얻는 데는 장난감애호가에게 장난감 상자 정도의 쓸모밖에 없다는 것을, 그리고 부와 권세는 장난감 상자들과 마찬가지로 그것을 가진 사람에게 편리함 이상으로 번거로움을 더 많이 준다는 것을 깨닫게 된다"(아담 스미스, 『도덕감정론』 제4부 1장).

통일한국과 국가구조

국가의 구조는 다양하지만 통일한국의 국가구조에 대한 토론은 다양한 형태가 제시될 수 있다. 분단국으로서 통일은 민족적 염원이고 과제다. 신성한 의식과 언어를 동원해 신도들을 모으고 그들을 흥분시켜 자기망각적 열정 속으로 빠져들게 하며 계시된 진리를 설교한다는 점을 종교라는 용어로 서술한다면 상대인 북한은 '정치종교'집단으로 반동적 절대국가다. 북한은 극단적인 비합리적 정치과정을 지속하는 불안하고 불편하며 골치 아픈 상대다.

그러나 북한은 버리거나 피할 수 없는, 합쳐야 할, 통일의 상대다. '낮은 단계의 연방제'는 통일방안으로서 뿐만 아니라 모든 남북의 합의사항 가운데 남북의 정상이 만나서 합의한 유일한 내용이다. 낮은 단계의 통일방안은 분단고착화라는 주장도 있지만 시간이 지나면서 얼마든지 진전될 수 있는 탄력적이고 융통성 있는 과제다. 특히 '낮은 단계'는 마르크스와 레닌이 공산주의의 발전단계를 나타내면서 사용한 용어다. 김정일이 낮은 단계라는 용어를 사용한 것은 바로 이런 인식의 발로로서 발전도상의 한 국가형태를 가리킨 것으로 보인다. 통일정책은 각 정권마다 유사한 내용을 다른 표현으로 포장하기 보다는 기존의 합의를 준수하면서 점진적으로 보완·발전시키는 것이 중요하다.

계몽주의 철학자인 몽테스키외는 자신의 풍자적인 『페르시아인들의 편지들(*Persian Letters*, 1721)』에서 신(神)에 대해 다음과 같이 풍자한다. 프랑스인이 친구에게 아프리카를 여행한 이야기를 하면서 아프리카 조각들이 신을 뚱뚱한 흑인 여성으로 묘사하고 있어 충격을 받았다고 말하자, 그 친구는 만일 삼각형에 신이 있다면 그 신은 세 변을 가졌을 것이라고 대답했다는 것이다. 백인 프랑스인에게 신은 백인이고, 아프리카 흑인에게 신은 흑인이며, 심지어 삼각형 속의 신은 삼각형을 닮아 세 변을 가졌을 것이라는 얘기다. 왜? 모든 인간은 일생의 사회화 과정에서 형성된 자기중심적 사고와 판단의 노예다. 그 중에서 자기인식의 사슬을 풀고 새로운 세계에 도전하여 역사의 새로운 페이지를 장식하는 코페르니쿠스와 같은 선각자들이 있다.

우리사회의 대전환, 그것은 우리사회를 지배하는 엘리트 — 정치인 기업인 전문가 — 들이 자기인식의 노예로부터 탈출이다. 인민들은 기존의 현실의 허상에 대한 환상에서 깨어나는 것이다. 자유민주주의와 자본주의, 그리고 사회주의에 대한 인식의 대전환, 한국정치의 대전환은 여기에서부터 시작된다.

참고문헌

강원택. "국회의원선거제도의 개혁: 의원정수 및 선거구획정문제를 중심으로." 『국가전략』, 제3권3호, 2002.

김수행 외. 『제3의 길과 신자유주의』. 서울: 서울대학교 출판부, 2006.

김시홍 외. 『유럽연합의 이해』. 서울: 높이깊이, 2006.

김종민 편저. 『다원주의 정치이론』. 서울: 분도출판사, 1986.

김홍명(역). 『정치사상사 1. 2. 3.』. 서울: 풀빛, 1986.

노베르토 보이보 지음, 황주홍(역). 『자유주의와 민주주의』. 서울: 문학과 지성사, 1992.

노암 촘스키 지음, 이정아(역). 『촘스키의 아나키즘』. 서울: 해토, 2007.

노태돈. 『단군과 고조선사』. 서울: 사계절, 2000.

데이비드 하비 지음, 최병두(역). 『신자유주의』. 서울: 한울, 2007.

로버트 니스벳 지음, 강정인(역). 『보수주의』. 서울: 이후, 2007.

로버트 달 지음, 신윤환(역). 『다원민주주의의 딜레마』. 서울: 푸른산, 1992.

로버트 팩스튼 지음, 손명희·최희영(역). 『파시즘』. 서울: 교양인, 2004.

루드비히 폰 미제스 지음, 이지순(역). 『자유주의』. 서울: 한국경제연구원, 1988.

리만 T. 싸젠트 지음, 최한수(역). 『현대비교정치 이데올로기』. 서울: 신유, 1994.

린데만 지음, 오주환·진원숙(역). 『서양사회주의 역사』. 대구: 경북대 출판부, 1994.

맑스 엥겔스 포이에르바흐. "유물론적 견해와 관념론적 견해의 대립." 중공중앙 맑스, 엥겔스, 레닌, 쓰딸린저작편역국(편역), 『맑스엥겔스선집』. 북경: 인민출판사, 1985.

박우룡. 『전환시대의 자유주의』. 서울: 신서원, 2003.

박호성. 『사회민주주의의 역사와 전망』. 서울: 책세상, 2005.

베른슈타인 지음, 송병헌(역). 『사회주의란 무엇인가 외』. 서울: 책세상, 2002.

서대숙. "민족주의, 공산주의 그리고 민주주의: 한국의 경우." 『동아연구』. 서울: 서강대학교 동아연구소, 1987.

서병훈. 『포퓰리즘: 현대민주주의의 위기와 선택』. 서울: 책세상, 2008.

서정갑. 『공적 현실과 인간적 상황』. 서울: 연세대학교 출판부, 1998.

남궁곤(편). 『네오콘 프로젝트』. 서울: 사회평론, 2005.

송호정. 『단군, 만들어진 신화』. 서울: 산처럼, 2004.

신기욱. 『한국 민족주의의 계보와 정치』. 경기: 창비, 2009.

존 크리스먼 지음, 실천철학연구회(역). 『사회정치철학』. 서울: 한울아카데미, 2004.
안찬일. 『주체사상의 종언』. 서울: 을유문화사, 1997.
양동안. 『민주적 코포라티즘』. 서울: 현음사, 2005.
역사학연구소(편). 『역사속의 미래, 사회주의』. 서울: 도서출판 현장에서 미래를, 2004.
이근식, 황경식(편). 『자유주의란 무엇인가?』. 서울: 삼성경제연구소, 2001.
이나미. 『한국자유주의의 기원』. 서울: 책세상, 2001.
이봉희. 『보수주의: 미국의 신보수주의를 중심으로』. 서울: 민음사, 1996.
이영형. 『독립국가연합(CIS)의 이해』. 서울: 엠애드, 1999.
정태영. 『한국 사회민주주의 정당사』. 서울: 세명서관, 1995.
조지훈. 『한국민족운동사』. 서울: 일지사, 1973.
존 그레이 지음, 김용직·서명구(역). 『자유주의』. 서울: 성신여대출판부, 2007.
최병두(역). 『신자유주의: 간략한 역사』. 서울: 한울아카데미, 2007.
최창호, 하미승. 『새행정학』. 서울: 삼영사, 2007.
최한수. 『정치학연구방법론』. 서울: 대왕사, 1993.
최한수(역), 리만 T. 싸젠트(저), 현대비교정치이데올로기』. 서울: 신유, 1991.
최한수. 『자유와평등』. 서울: 동명사, 2003.
최한수. 『대통령 수상 준대통령』. 경기: 인간사랑, 2007.
최한수. 『현대정당론』. 서울: 을유문화사, 1993.
최한수. 『한국정치의 새도전』. 서울: 대정진, 1995.
케빈 지음, 강유원(역). 『파시즘』. 서울: 뿌리와 이파리, 2007.
케인즈 지음, 조순(역). 『고용이자 및 화폐의 일반이론』. 서울: 비봉출판사, 1985.
프란시스 후쿠야마 지음, 안진환(역). 『강한국가의 조건』. 서울: 황금가지, 2005.
플라무나츠, J. 김홍명(역). 『정치사상사 1,2,3권』. 서울: 풀빛 1986.
한상진, 박찬욱(역). 『제3의길』. 경기: 생각의 나무, 1998.
한스-울리히 벨러 지음, 이용일(역). 『허구의민족주의』. 서울: 푸른역사, 2007.
홉하우스, L. T 지음. 심성균(역). 『자유의 본질』. 서울: 현대미학사, 2006.

Abts, Koen, and Stefan Rummens. "Populism versus Democracy." *Political Studies*, Vol. 55, 2007.
Action, Lord, cited in Robert A. Nisbet. *The Quest for Community*. New York: Oxford University Press, 1969.
Adams, I. *Political Ideology Today*. Manchester: Manchester University Press, 1993.
Adams, John, cited in Richard Hofstadter. *The American Political Tradition*. New York: Vintage, 1973.
Adcock, F. E. *Roman Ideas and Political Practice*. Ann Arbor: University of Michigan Press, 1959.
Aldrich, J. H. "Rational Choice and Turnout." *American Journal of Political Science* 37, 1993.
Almond, Gabriel A. and G. Bingham Powell, Jr. *Comparative Politics: System, Process, & Policy* 2nd ed. Boston: Little, Brown and Co., 1978.

Althusius, J. "Federalism." Jan-Erik Lane and Svante Ersson(ed.). *The New Institutional Politics: Performance and Outcomes.* New York: Routledge, 2000.

Anderson, Benedict. *Imagined Communities: Reflections on the Origin and Spread of Nationalism.* London: Verso, 1991.

Anderson, Benedict. *Imagined Communities, Reflections on the Origins and Spread of Nationalism.* London: Verso, 1983.

Andreas, Schedler. "Anti-Political-Establishment Parties." *Party Politics,* Vol. 2, No. 3, 1996.

Ann-Gall, Richard Steigm. "Nazism and the Revival of Political Religion Theory." Roger Griffin(ed.). *Fascism, Totalitarianism and Political Religion.* New York: Routledge, 2005.

Arendt, Hannah. *Origins of Totalitarianism.* New York: Harcourt, Brace and World, 1966.

Arblaster, A. *Democracy,* 2nd ed. Buckingham: Open University Press, 1994.

Arblaster, Anthony. *The Rise and Decline of Western Liberalism.* Basil Blackwell, 1984.

Arditi, B. "Populism, or Politics at the Edges of Democracy." *Contemporary Politics,* Vol. 9, No. 1, 2003.

Aschheim, Steven. "Hannah Arendt and Karl Jaspers: Friendship, Catastrophe and the Possibilities of German-Jewish Dialouge." Robert Jonsen and Steven Aschheim(eds.). *Culture and Catastrophe: Germans and Jewish Confrontations With National Socialism and Other Crises.* New York: New York University Press, 1996.

Bagehot, Walter. *The English Constitution.* London: Oxford University Press, 1928.

Ball, T., and R. Dagger. *Political Ideologies and the Democratic Ideal.* New York, Harper Collins, 1991.

Baradat, Leon. *Political Ideologies: Their Origins and Impact.* Upper Saddle River, New Jersey: Pearson Prentice Hall, 2006.

Barber, Benjaman R. *Strong Democracy: Participatory Politics for a New Age.* Los Angeles: University of California Press, 1984.

Barker, Ernest. *Essays on GovernmentIn.* Oxford, 1951.

Beer, Samuel H. "The Representation on Interests in British Government : Historical Background."*APSR,* LI, 1957.

Bell, D. V. J. *Power: Influence and Authority.* New York: Oxford University Press, 1975.

Bennett, W. Lance. "Perception and Cognition: An Information-Processing Framework for Politics." Samuel L. Long(ed.). *The Handbook of Political Behavior,* Vol. 1. New York: Plenum Press, 1981.

Benoit, Kenneth, and John W. Schiemann. *Journal of Theoretical Politics* 13(2), 2001.

Benoit, Kenneth. "Evaluating Hungary's Mixed-Member Electoral Systems." Shugart, Matthew S. and Martin P. Wattenberg(eds.). *Mixed-Member Electoral Systems: The Best of Both Worlds*. Oxford: Oxford University Press, 2000.

Bentham, J. *Fragment on Government*. Oxford: Clarendon Press, 1891.

Bentham, J. "Anarchical Fallacies." in J. Bowring(ed.). *The Works*, Vol. 2. Edinburgh: William Tait, 1838.

Bentley, Arthur R. *The Process of Government*. Bloomington: Principia, 1949.

Berlin, Isaiah. "Two Concepts of Liberty." Robert M. Stewart(ed.). *Reading in Social & Political Philosophy*. New York: Oxford University Press, 1996.

Berlin, Isaiah. *Two Concepts of Liberty*. Oxford: Clarendon Press, 1958.

Bevie, Mark. *Democratic Governance*. Princeton: Princeton University Press, 2010.

Birch, A. H. *The Concepts and Theories of Modern Democracy*. New York: Routledge, 1993.

Birch, Anthony. "Approaches to the Study of Federalism." *Political Studies* 14, No. 1. 1966.

Birch, Anthony H. *The Concepts and Theories of Modern Democracy*. London: Routledge, 1993.

Blais, Andre and Agnieska Dobrzynska. "Turnout in Electoral Democracies." *European Journal of Political Research* 33(2), 1998.

Blais, Andre, and Louis Massicotte. "Electoral Rules," Lawrence LeDuc, Richard G. Niemi and Pippa Norris(eds.). *Comparative Democratic Elections*. Thousand Oaks, California: Sage, 1996.

Blais, Andre. and R. K. Carty. "Does Proportional Representation Foster Voter Turnout." *European Journal of Political Research* 18, 1990.

Blais, Andre, Robert Young, and Miriamlapp. "The Calculus of Voting: An Empirical Test." *European Journal of Political Research* 37, 2000.

Bobbio, N. *The Future of Democracy*. Cambridge: Polity, 1987.

Bogdanor, Vernon. *What is Proportional Representation? A Guide to the Issues*. Oxford: Martin Robertson. 1984.

Bottomore, T. B. *Elites and Society*. London : C. A. Watts,1964.

Breuilly, John. *Nationalism and the State*. Chicago: The University of Chicago, 1985.

Browning, Rufus, and Herbert Jacob. "Power, Motivation and Political Personality." *Public Opinion Quarterly* 28, 1964.

Burke, Edmund. *Reflections on the Revolution in France*. Conor Cruise O'Brien(ed.). New York: Penguin, 1968.

Burke, Edmund. "Thoughts on the Cause of the Present Discontents." in *The Works of Edmund Burke*, Vol. I. London: Henry G. Bohn, 1861.

Burnham, James. *The Managerial Revolution*. Bloomington: Indiana University

Press, 1940, 1960.

Burrin, Philie. "Political Religion: the Relevance of a Concept." *History and Memory*, Vol. 19, No. 1-2, 1997.

Burton, Michael, and John Higley. "Invitation to Elite Theory: The Basic Contentions Reconsidered." G. William Domhoff and Thomas R. Dye(eds.). *Power Elites and Organizations*. Beverly Hills: Sage Publications, 1987.

Calhoun, John C. *A Disquisition on Government*. New York: Political Science Classics, 1947.

Canovan, Margaret. "'People,' Politicans and Populism." *Government and Opposition*, Vol. 19, No. 3, 1984.

Canovan, Margaret. "Taking Politics to the People: Populism as the ideology of Democracy." Yves Meny And Yves Surel(eds.). *Democracies and Populist Challenge*. New York: Palgrave, 2002.

Canovan, Margaret. "Populism for Political Theorists." *Journal of Political Ideologies*, 9(3), 2004.

Canovan, Margaret. "Trust the People! Populism and Two Faces of Democracy." *Political Studies*, Vol. 47, No. 2-16, 1999.

Canovan, Margaret. "Two Strategies for the Study of Populism." *Political Studies*, 1982.

Canovan, Margaret. *The People*. Cambridge: Polity Press, 2005.

Catt, Helena. *Democracy in Practice*. New York: Routledge, 1999.

Chilcote, Ronald H. *Theories of Comparative Politics*, 2nd ed. San Francisco: Westview Press, 1994.

Christman, John. *Social and Political Philosophy: A contemporary Introduction*. New York: Routledge, 2002.

Cole, G. D. H. *Social Theory*. New York: Frederic A. Stokes, 1920.

Colomer, J. M. "Benefits and Costs of Voting." *Electoral Studies* 10(4), 1991.

Conniff, Michael L.(ed.). *Latin American Populism in Comparative Perspective*. Albuquerque: University of New Mexico Press, 1982.

Conniff, Michael L. "Introduction: Toward a Comparative Definition of Populism." Michael L. Conniff(ed.). *Latin American Populism in Comparative Perspective*. Albuquerque: University of New Mexico Press, 1982.

Connor, Walker. "A Nation is Nation, is a State, is an Ethnic Group, is a …" J. Hutchinson & A. D. Smith(eds.). *Nationalism*. Oxford: Oxford University Press, 1994.

Conway, L. F. "Populism in the United States, Russia and Canada: Explaining the Roots of Canada's Third Parties." *Canadian Journal of Political Science* 11.

Cornford, F. M. *The Republic of Platon*. New York: Oxford University

Press, 1960.

Crick, Bernard. *In Defence of Politics*. London: Penguin Books, 1983.

Crick, Bernard. *The American Science of Politics*. Berkeley: University of California Press, 1959.

Day, G., and A. Thompson. *Theorizing Nationalism*. New York: Palgrave Macmillan, 2004.

Dahl, Robert A., and Charles Lindblom. *Politics: A Study in Basing Point Legislation*. Ithaca : Cornell University Press, 1952.

Dahl, Robert A. "A Democratic Paradox." *Political Science Quarterly*, Vol. 115, No. 1, 2000.

Dahl, Robert A. *A Preface to Democratic Theory*. Chicago: University of Chicago Press, 1956.

Dahl, Robert A. *Dilemmas of Pluralist Democracy: Autonomy versus Control*. New Haven. Connecticut: Yale University Press,1982.

Dahl, Robert A. *Polyarchy: Participation and Opposition*. New Haven: Yale University Press, 1971.

Dalton, Russell. *Citizen Politics: Public Opinion and Political Parties in Advanced Industrialized Democracies*. Chatham, New Jersey: Chatham House, 2002.

de Tocqueville, Alexis. *Democracy in America* Vol. I. Henry Reeve(trans.). Phillips Bradley(ed.). New York: Alfred A. Knopf, 1945.

Dennis, J. "Theories of Turnout: An Empirical Comparison of Alienationist Perspectives." W. Crotty(ed.). *Political Participation and American Democracy*, 2nd ed. New York: Greenwood Press, 1991.

Deutsch, Karl et al. *Political Community in CommNorth Atlantic Area*. Princetion: Princetion University Press, 1957.

Diamond, L. J. J. Linz, and S. M. Lipset. "What Makes for Democracy?" L. Diamond, J.J. Linz, and S. M. Lipset(eds.). *Politics in Developing Countries: Comparing Experiences with Democracy*. Boulder, Colorado: Lynne Rienner, 1995.

Diamond, Larry. *Developing Democracy: Toward Consolidation*. Baltimore: The John Hopkins University Press, 1999.

Dikshit, Ramesh Dutta. *The Political Geography of Federalism*. New Delhi: Macmillan Co., 1975.

Dix, Robert H. "Cleavage Structures and Party Systems in Latin America." *Comparative Politics*, Vol. 22, No. 1, 1989.

Donaghy, Peter J., and Michael T. Newton, *Spain: A Guide to Political and Economic Institutions*. Cambridge University Press, 1987.

Dorrien, Gary. *The Neoconservative Mind: Politics, Culture, and the War of Ideology*. Pennsylvania: Temple University Press, 1993.

Duff, Ernest A. *Leader and Party in Latin America*. Boulder and London: Westview Press, 1985.

Durkheim, E. *Division of labour in Society*. New York: Free Press, 1960.

Duverger, Maurice. *Political Parties : Their Organization and Activity in Modern State*. Barbara and R. North(trans.). Methuen & Co. LTD, 1964.

Dworkin, Ronald. *Sovereign Virtue: The Theory and Practice of Equality*. Cambridge, Massachusetts: Harvard University Press, 2001.

Dye, Thomas. *Who's Running America?* The Clinton Years, 6th ed. Englewood Cliffs, New Jersey: Prentice-Hall, 1995.

Dyke, Van. *Political Science: A Philosophical Analysis*. Stanford. California: Stanford University Press, 1960.

Easton, David. "An Approach to the Analysis of Political System." *World Politics* 9, 1957.

Easton, David. *A Framework for Political Analysis*. Chicago: The University of Chicago Press, 1979.

Easton, David. *The Political System: An Inquiry into the State of Political Science*. New York: Alfred A. Knopf, 1971.

Elazar, Daniel J.(ed.). *Federal System of the World*. Essex: Longman, 1991.

Elazar, Daniel J. "Federalism." D. Shills, *International Encyclopaedia of the social Sciences*, Vol. 5. New York: Macmillan, 1968.

Elazar, Daniel J. "Federalism." S. M. Lipset.(ed.). *The Encyclopedia of Democracy*. London: Routledge, 1995.

Elazar, Daniel J. *Exploring Federalism*. Alabama: The University of Alabama Press, 1987.

Elazar, Daniel J. *The Vocabulary of Covenant*. Philadelphia: Center for the Study of Federalism, 1983.

Engels, Friedrich, and Karl Marx. *The Communist Manifesto*. London: Penguin Books, 1985.

Epstein, Leon D. *Political Parties in Western Democracies*. New York: Frederick A. Praeger, 1967.

Eckertm, Carter, et al. *Korea Old and New: A History*. 서울: 일조각, 1990.

etal., Heinz Eulau. "The Role of the Representative: Some Empirical Obsenations on the Theory of Edmund Burke." *APSR* L Ⅲ, 1959.

Fairlie, John A. "The Nature of Political Representation." *APSR* XXXIV, 4, 1940.

Farrell, David M. *Electoral Systems: A Comparative Introduction*. New York: Palgrave, 2001.

Federici, Michael. *The Challenge of Populism*. New York: Praeger, 1991.

Fieschi, Catherine. "Introduction." *Journal of Political Ideologies*, Vol. 9, No. 3, 2004.

Finer, H. *Mussolini's Italy*. New York: London, 1935.

Forsyth, Murray. "The Political theory of Federalism and Confederalism: the Relevance of Classical Approaches." J. J Hesse and V. Wright(eds.). *Federalizing Europe? The Costs, benefits, and Preconditions of*

Federal Political Systems. Oxford University Press, 1996.

Frank, Thomas M. *Why Federations Fail: An Inquiry into the Provisions for Successful Federation*. New York: New York University Press, 1968.

Franklin, Mark. *The Dynamics of Voter Turnout in Established Democracies since 1945*. New York: Cambridge University Press, 2003.

Freeden, Michael. "Is Nationalism a Distinct Ideology?." *Political Studies*, Vol. 46. 1998.

Freke, T., and P. Gandy. *The Jesus Mysteries: Was the "Original Jesus" a Pagan God?* New York: Three Rivers Press, 1999.

Friedman, Milton. *Capitalism and Freedom*. Chicago: Chicago University Press, 1962.

Friedrich, C. J., and Zbigniew Brzezinski. *Totalitarian Dictatorship and Autocracy*. New York: Praeger, 1961.

Gellner, E. *Thought and Change*. London: Weidenfeld and Nicholson, 1964.

Gentile, Emilio. "Fascism, Totalitarianism and Political Religion: Definitions and Critical Reflections on Criticism of an Interpretation." Roger Griffin(ed.). *Fascism, Totalitarianism and Political Religion*. New York: Routledge, 2005.

Gentile, Emilio. "Fascism as Political Religion." *Journal of Contemporary History*, Vol. 25, 1990.

Gerth, and Mills. *From Max Weber: Essays in Sociology*. London: Routledge & Kegan Paul, 1948.

Gerth, H. H., and C. Wright Mills. *From Max Weber: Essays in Sociology*. London and Boston: Routledge & Kegan Paul Ltd., 1974.

Giddens, Anthony. "The Nation as Power-Container." J. Hutchinson & A. D. Smith(ed.). *Nationalism*. Oxford: Oxford University Press, 1994.

Giddens, Anthony. *The Third Way: The Renewal of Social Democracy*. Cambridge: Polity Press, 1998.

Graber, Doris A. *Mass Media and American Politics* 5th ed. Washington D. C.: A Division of Congressional Quarterly Inc.,1997.

Gray, John. *Liberalism*. Minneapolis: University of Minnesota Press, 1986.

Greenfeld, Liah. "Types of European Nationalism." J. Hutchinson & A. D. Smith. *Nationalism*. Oxford: Oxford University Press, 1994.

Greenfeld, Liah. *Nationalism: Five Roads to Modernity*. Cambridge, Massachusetts: Harvard University Press, 1992.

Griffin, R. *The nature of Fascism*. London: Pinter, 1991.

Gumplowicz, Ludwig. *The Outlines of Sociology*. Philadelphia: American Academy of Political and Social Science, 1899.

Hadenius, Axel. *Institutions and Democratic Citizenship*. Oxford : Oxford University Press, 2001.

Hagopian, Mark N. *Ideals and Ideologies of Modern Politics*. New York:

Longman, 1985.

Hagopian, Mark N. *Regimes, Movements, and Ideologies.* New York: Longman, 1984.

Halifax. "The Character of a Trimmer." Walter Raleigh(ed.). *The Complete Works of George Savile. First Marquess of Halifax.* Oxford: Clarendon Press, 1912.

Hamann, Kerstin. "The Creation of Regional Identities and Voting Behavior in Spain." (paper presented to the Iiberian Study Group, Center of European Studies). Massachusetts: Harvard University, 1988.

Hamilton, Alexander, James Madison and John Jay. *The Federalist Papers.* No. 60.

Harmel, Robert, and Kenneth Janda. *Parties and Tberir Environments.* New York: Longman Inc., 1982.

Harrington, James. *The Commonwealth of Oceana.* Cambridge University Press, 1992.

Harvey, David. *A Brief History of Neoliberalism.* New York: Oxford University Press, 2005.

Hayek, F. A. *The Constitution of Liberty.* London: Routledge, 1960.

Hearnshaw, F. J. C. *Conservatism in England.* London: Macmillan and Co., Ltd., 1933.

Heberle, Rudolf. *Social Movements: An Introduction to Political Sociology.* New York: Appleton-Century-Crofts Inc., 1951.

Hennessy, Bernard. "On the study of party organization." William J. Crotty(ed.). *Approach to the Study of Party Organization.* Boston: Allyn & Bacon, Inc., 1968.

Heywood. *Political Ideologies: An Introduction.* London: Macmillan, 1992.

Hillers, Delbert. *Covernment: The History of the Biblical Idea.* Baltimore: Johns Hopkins University Press, 1969.

Himmelstein, Jerome L. *To the Right: The Transformation of American Conservation.* Berkeley and Los Angeles: University of California, 1990.

Hirczy, Wolfgang. "Compulsory Voting." Richard Rose(ed.). *The International Encyclopedia of Elections.* Washington D. C.: Congressional Quarterly Press, 2000.

Hirczy, Wolfgang. "Impact of Mandatory Voting laws on Turnout: A Quasi Experimental Approach." *Elector Studies* 13(1), 1994.

Hoffman, J. S., and Paul Levack(eds.). *E. Burke's Politics.* New York: Alfred A. Knopt, 1949.

Horowitz, Donald L. *A Democratic South Africa? Constitutional Engineering in a Divided Society.* Berkeley, California: University of California Press, 1991.

Huber, John, and G. Bingham Powell. "Congruence Between Citizens and

Policymakers in Two Visions of Liberal Democracy." *World Politics* 46, 1994.

Hume, David. *Essays, Moral, Political, and Literary* Vol. I. T. H. Green and T. H. Grose(eds.). London: Longman, Green, and Co., 1875.

Hutchinson, J., and A. D. Smith. *Nationalism.* Oxford: Oxford University Press, 1994.

Hutchinson, T. V. "Bentham as an Economist." *Economic Journal* LXVI(June), 1956.

Immerfall, S. "Conclusion: The Neo-Populist Agenda." H.-G. Betz and S. Immerfall(eds.). *The New Politics of the Right: Neo-Populist Parties and Movements in Established Democracies.* London: Macmillan, 1998.

Inglehart, Ronald. *Modernizations and Postmodernization.* Princeton, New Jersey: Princeton University Press. 1997.

J. Roland Pennock. *Democratic Political Theory.* Princeton, New Jersey: Princeton University Press, 1979.

Jackman, R. W., and Ross A. Miller. "Voter Turnout in Industrial Democracies During the 1980s'." *Comparative Political Studies* 27(4), 1995.

Jackman, Robert W., and Rose A. Miller. "Voter Turnout in the Industrial Democracies During the 1980s'." *Comparative Political Studies* 27(40)

Jackman, R. W. "Political Institutions and Voter Turnout in the Industrial Democracies." *American Political Science Review* 81, 1987.

Jagers, Jan, and Stefaan Walgrave. "Populism as Political Communication Style: An Empirical Study of Political Parties' Discourse in Belgium." *European Journal of Political Research* 46, 2007.

Jefferson, Thomas. *The Writings of Thomas Jefferson* Vol. 15. Andrew A. Lipscomb(ed.). Washington D. C.: Thomas Jefferson Memorial Association, 1903.

Jessop, B. "Corporatism, Parliamentarism and Social Democracy."; P. C. Schmitter. "Still the Century of Corporatism?" P. C. Schmitter, and G. Lehmbruch(eds.). *Trends Toward Corporatist Intermediation.* London: Sage Publications, 1979.

Jesse, Eckhard. "Split-Voting in the Federal Republic of Germany: An Analysis of the Federal Elections from 1953 to 1987." *Electoral Studies* 7, 1988.

Joes, Anthony James. *Fascism in the Contemporary World: Ideology, Evolution, Resurgence.* Boulder, Colorado: Westview Press, 1978.

John, Henry St. Viscount Bolingbroke. *Letters on the Spirit of Patriotism, on the Idea of a Patriot King, and on the State of Parties at the Accession of King George the First.* London: printed for A. Millar, 1749.

Karl, Terry Lynn. "Imposing Consent? Electoralism Versus Democratization in Salvador." Paul Drake and Eduardo Silva(eds.). *Elections and Democratization in Latin america*, 1980–1985. San Diego: Center for Liberian and Latin American Studies, Center for US/Mexican Studies, University of California at San Diego, 1986.

Katz, Richard S. "Party Organization and Finance." Lawrence LeDuc et al(eds.). *Comparing Democracies: Electiona and Voting in Global Perspective*. Thousand Oak: Sage, 1996.

Katz, Richard S. *Democracy and Elections*. Oxford: Oxford University Press, 1997.

Katzenstein, Peter J. *Small states in World Markets*. Ithaca, New York: Cornell University Press, 1985.

Kim, Samuel(ed.). *Korea's Globalization*. Cambridge University Press, 2000.

Kishlansky, Mark. "The Emergence of Adversary Politics in the Long Parliament." *Journal of Modern History*, Vol. 49, 1977.

Kohn, Hans. *The Idea of nationalism*. New York, 1967.

Kornhauser, W. *The Politics of Mass Society*. Glencoe: Free Press, 1959.

Kuhn, Thomas S. *The Structure of Scientific Revolutions*, 2nd ed. Chicago: University of Chicago Press, 1970.

Laclau, E. *Politics and Ideology in Marxist Theory*. London: Verso, 1977.

Laclau, Ernesto. *Politics and Ideology in Marxist Theory: Capitalism, Fascism, Populism*. London: NLF, 1977.

Ladd, Everett Carll Jr. *American Political Parties: Social Cbanges and Political Responses*. New York: W. W. Norton & Company, Inc.

Laird, John. *On Human Freedom*. London: Allen and Unwin, 1947.

Lakeman, E. *How Democracies Vote: A Study of Electoral Systems*, London: Faber, 1974.

Lane, Robert E. *Political Life: Why People Get Involved in Politics*. Glenloe, Illinois: Free Press, 1958.

LaPalombara, Joseph. *Politics Witbin Nations*. Englewood Cliffs. New Jersey: Prentice-Hall, Inc., 1974.

Laqueur, Walter. *Fascism: Past, Present, Future*. New York: Oxford University, 1996.

Lasswell, Harold D. *Politics: Who Get What, When, How*. New York: Neridian Books, 1958.

Lasswell, Harold D. *Psychopathology and Politics*. New York: Viking Press, 1962. Marcus, George E. "Psychopathology and Political Recruitment." *Journal of Politics* 31, 1969.

Lawson, Kay.(ed.). *Political Parties & Linkage: A Comparative Perspective*. New Haven: Yale University Press, 1980.

Lefort, C. *Democracy and Political Theory*. Cambridge: Polity, 1988.

Leiserson, Avery. "The Place of Parties in the Study of Politics," *American*

Political Science Review, Vol. LI, No. 4, 1957.

Lemco, Jonathan. *Political Stability in Federal Governments.* New York: Praeger, 1991.

Lenin, *State and Revolution.* New York: International Publishers, 1932.

Levi, M. "The state of the Study of the State." Ira Katzenelson and Helen V. Milner(eds.). *Political Science: The State of the Discipline.* New York: W.W. Norton & Co., 2002.

Levitsky, Steven. "Organization and Labor-Based Party Adaptation: The Transformation of Argentine Peronism in Comparative Perspective." *World Politics,* Vol. 54, 2001.

Levy, Marion J. Jr. *The Structure of Society.* Princeton, New Jersey: Princeton University Press, 1952.

Lewis, George Cornewall. *An Essay on the Influence of Authority in Matters of Opinion.* London: John W. Parker, 1849.

Lieber, Francis. *Manual of Political Ethics,* Vol. II, 2nd ed. Philadelphia: J. B. Lippincott and Co., 1876.

Lijphart, Arend. "The Political Consequences of Electoral laws, 1945-85." *American Political Science Review* 84, 1990.

Lijphart, Arend. *Electoral Systems and Party Systems: A Study of Twenty-Seven Democracies* 1945-1990. Oxford: Oxford University Press, 1994.

Lijphart, Arend. *Patterns of Democracy.* New Haven and London: Yale University Press, 1999.

Linz, Juan J. "Types of Political Regime and Respect for Human Rights: Historical and Cross-National Perspectives." Asbjorn Eide and Bernt Hagtvet(eds.). *Conditions for Civilized Politics: Political Regimes and Compliance with Human Right.* Oslo: Scandinavian University Press, 1966.

Linz, Juan J. "Some Notes : Toward a Comparative Study of Fascism in Sociological Historical Perspective." W. Laqueur(ed.). *Fascism: A Reader's Guide.* Harmondsworth: Penguin, 1979.

Linz, Juan J. *The Breakdown of Democratic Regimes: Crisis, Breakdown, and Reequilibration.* Baltimore: John Hopkins University Press, 1987.

Lipset, S. M. *Political Man.* New York: Double day, 1960.

Lipset, Seymour Martin. *Political Man.* Garden City: Doubleday and Co., 1960; Ronald L. Watts. "Survival or Disintegration." Richard Simeon(ed.). *Must Canada Fail?* London: McGill-Queens University Press, 1977.

Lister, Frederic K. *The European Union, the United Nations, and Revival of Confederal Governance.* Connecticut: Greenwood Press, 1996.

Livingston, W. S. "A Note on the Nature of Federalism." *Political Science Quarterly* 67, 1952.

Lock, John. *Second Treatise of Government.* C. B. Macpherson(ed.). Hackett

Publish Co. Inc., 1960.

Macpherson, C. B. *The Political Theory of Possessive Individualism*. New York: Oxford University Press, 1964.

Madison, James. *Federalist Papers* 10.

Maine, Thomas. *Sumner Popular Government*. London: John Murray, 1885; reprint. Indianapolis: Liberty Classic, 1976.

Mair, Peter. "Populist Democracy vs party Democracy." Yves Meny And Yves Surel(eds.). *Democracies and Populist Challenge*. New York: Palgrave, 2002.

Mannheim, Karl. *Ideology and Utopia: An Introduction to the Sociology of Knowledge*. Louis Wirth and Edward Shils(trans.). New York: Harcourt, Brace, and World, 1936.

Manuel, P. C., and A. M. Cammisa. *Checks and Balances?* Westview Press, 1999.

March, Luke. "From Vanguard of the Proletariat to Vox Populi: Left-populism as a Shadow of Contemporary Socialism." *SAIS Review* Vol. 27, No. 1, 2007.

Marger, Martin N. *Elites and Masses*. Belmont, California: Wadsworth Publishing Co., 1981.

Mazzoleni, Gianpietro. "The Media and the Growth of Neo-Populism in Contemporary Democracies." G. Mazzoleni, Julianne Stewart, and Bruce Horsfield(eds.). *The Media and Neo-Populism: A Contemporary Comparative Analysis*. Westport, Connecticut: Praeger, 2003.

McAllister, Ian. "Compulsory Voting, Turnout and Party Advantage in Australia." *Politics* 21(1), 1986.

McChesney, Robert W. *Rich Media, Poor Democracy: Communication Politics in Dubious Time*. New York, 1999..

Mcfarland, A. S. *Neopluralism*. Lawrence, Kansas: University Press of Kansas, 2004.

McIlwain, Charles Howard. *Constitutionalism : Anicent and Modern*. New York: Cornell University Press, 1940.

McLean, Iain. "Forms of Representation and Systems of Voting." David Held(ed.). *Political Theory Today*. Cambridge: Polity Press, 1991.

McLuhan, Marshall. *Understanding Media: The Extension of Man*. New York: McGraw-Hill, 1964.

Mendenhall, George E. *Law and Covenant in Israel and the Ancient Near East*. Pittsburgh: University of Pittsburgh Press, 1955.

Meny, Yves, and Yves Surel. "The Constitutive Ambiguity of Populism." Yves Meny And Yves Surel(eds.). *Democracies and Populist Challenge*. New York: Palgrave, 2002.

Merriam, C. E. *Political Power*. New York: Collier Books, 1934.

Merriam, Charles E. *New Aspects of Politics*. Chicago: The University of

Chicago Press, 1925.

Merton, Robert K. *Social Theory and Social Structure*. New York: The Free Press, 1949.

Milbrath, Lester. *Political Participation*. Chicago: Rand McNally, 1965.

Miliband, Ralph. *The State in Capitalist Society*. New York: Basic Books, 1969.

Miller, D. *On Nationality*. London: Oxford University press, 1995.

Mill, J. S. *Utilitarianism, Liberty, Representative Government*. London: J.M. Dent, 1920.

Mill, John Stuart. "Chapters on Socialism," *Fortnightly Review* Vol. 25, 1879.

Mill, John Stuart. *On Liberty*, 4th ed. London: Longman, Reader & Dyer, 1869.

Mill, John Stuart. *Political Economy*. 1879.

Mills, C. Wright. *The Power Elite*. New York: Oxford University Press, 1956.

Mosca, G. *The Myth of the Ruling Class*. Ann Arbor, Michigan: University of Michigan Press, 1958.

Mouffe, Chantal. *On the Political*. London: Routledge, 2005.

Mouffe, Chantal. *The Democratic Paradox*. London: Verso, 2005.

Mudde, Cas. "The Populist Zeitgeist," *Government & Opposition* Vol. 39, No. 3, 2004.

Mullins, Willard A. "On the Concept of Ideology in Political Science," *APSR* 66(June), 1972.

Nisbet, Robert. *Conservatism: Dream and Reality*. Minneapolis: University of Minnesota Press, 1986.

Norris, Pippa. "Introduction: The Politics of Electoral Reform." *International Political Science Review* 16, 1995.

Norris, Pippa. *Democratic Phonex: Reinventing Political Activism*. New York: Cambridge University Press, 2002.

Norris, Pippa. *Electoral Engineering: Voting Rules and Political Behavior*. New York: Cambridge University Press, 2004.

Norris, Pippa. "Legislative Recruitment." Lawrence LeDuc et al(eds.). *Comparing Democracies: Electiona and Voting in Global Perspective*. Thousand Oak: Sage, 1996.

Nozick, Robert. *Anarchy, State, and Utopia*. New York: Basic Books, Inc., Publishers, 1974.

Oakeshott, M. *Rationalism in Politics and Other Essays*. London, Methuen, 1962.

Oakeshott, M. *The Politics of Faith and Politics of Scepticism*. New Haven: Yale University Press, 1996.

O'Donnell, Guillermo. "Illusions about Consolidation." *Journal of Democracy* 7, No. 2, 1996.

Ostrom, Vincent. "Does Federalism Make a Difference?" *Publius* 3, No. 2

(Fall 1973).

William Riker. *Federalism: Origin, Operation, Significance*. Boston: Little, Brown and Co., 1964.

Pain, Thomas. "Common Sense." Nelson F. Adkins(ed.). *Common Sense and Other Political Writings*. New York: Bobbs-Merrill, 1953.

Panizza, F. "Introduction: Populism and the Mirror of Democracy." F. Panizza(ed.). *Populism and the Mirror of Democracy*. London: Verso, 2005.

Parenti, Michael. *Democracy for the Few*, 7th ed. New York: St. Martin's Press, 1995, 2002.

Parkinson, C. Northcote *Parkinson's Law and other Studies in Administration*. New York: Ballantine, 1964.

Parsons, Talcott. *The Structure of Social Action: A Study in Social Theory With Addresses*. London: Cohon & West : Glencoe, Illinois: Free Press, 1937.

Passmore, Kevin. *Fascism: A Very Short Introduction*. London: Oxford University, 2002.

Paxton, Robert O. *The Anatomy of Fascism*. New York: Alfred A. Knopf, 2004.

Payne, Stanley G. *Fascism: Comparison and Definition*. Wisconsin: The University of Wisconsin Press, 1890.

Pennock, J. Roland. "Hobbes's Confusing 'Clarity' — The Case of 'Liberty'." Keith C. Brown(ed.). *Hobbes Studies*. Oxford: Basil BlackWell, 1965.

Peter, Laurence J., and Raymond Hull. *The Peter Principle*. New York: Bantam, 1972.

Pinney, Harvery. "Government-by Whose Consent?" *Social Science*, XIII, 1938.

Pitkin, Hanna Fenichel. *The Concept of Representation*. Berkeley. Los Angeles: University of California Press, 1972.

Plamenatz, John P. *Man and Society*, Vol. 1. New York: McGraw-Hill Book Co. Inc, 1963.

Plamenatz, John P. *Man and Society*, Vol. 2. London: Longman, 1963.

Plamentz, John P. *Consent, Freedom and Political Oblizational*. London, 1938.

Barker, Ernest. *Essays on Government*. Oxford, 1951.

Barkar, Ernest. *Reflections on Government*. London: Oxford University Press, 1958.

Plant, Raymond. *The Plant Report: A Working Party on Electoral Reform*, Vol. 3. London: Guardian Studies, 1991.

Plato, *The Laws*. T. J. Saunders(trans.). *Harmondsworth*. Middlesex: Penguin Books, 1970.

Polanyi, K. *The Great Transformation*. Boston: Beacon Press, 1954.

Polsby, Nelson. *Community Power and Political Theory*. New Haven: Yale University Press, 1963.

Ponovan, John C., Richard E. Morgan, and Christian P. Potholm. *Peoples Power & Politics*. Massachusetts: Addison-Wesley Publishing Co., 1981.

Powell, G. Bingham. Jr. *Contemporary Democracies: Participation, Stability and Violence*. Cambridge, Massachusetts: Harvard University Press. 1982.

Powell, G. Bingham. "Voting Turnout in Thirty Democracies: Partisan, Legal and Socio-Economic Influence." R. Rose(ed.), *Electoral Participation: A Comparative Analysis*. Beverly Hills: Sage, 1980.

Powell, G. Bingham. Jr. "American Voter Turnout in Comparative Perspective." *American Political Science Review* 80(10), 1986.

Raaflaub, Kurt A. et al. *Origins of Democracy in Ancient Greece*. Berkeley: University of California Press, 2007.

Radice, Giles. *Democratic Socialism*. New York: Frederick A. Praeger, Publishers, 1966.

Rae, Douglas. *The Political Consequences of Electoral Laws*. New Haven, Connecticut: Yale University Press, 1967.

Ranney, Austin, and Willmoore Kendall. *Democracy and the American Party System*. Westport and Connecticut: Greenwood Press Publishers, 1974.

Reilly, Ben. "The Alternative Vote and Ethnic Accommodation: New Evidence from Papua New Guinea." *Electoral Studies* 16, 1997.

Rawls, John. *A Theory of Justice*(Revised ed.). Cambridge, Massachusetts: Harvard University Press, 1999.

Rawls, John. *Lectures on the History of Political Philosophy*, Samuel Freeman(ed.). Cambridge: The Belknap Press of Harvard University Press, 2007.

Rawls, John. *The Law of People*. Massachusetts: Harvard University Press, 2002.

Richardson, J. D.(ed.). *Messages and Papers of the Presidents*, 1789–1897, Vol. I, Washington D. C.: Government Printing Office, 1896.

Riker, William H. "Federalism." in Fred Greenstein, and Nelson W. Polsby, (eds.). *Handbook of Political Science: Governmental Institutions and Processes*. Reading: Addison-Wesley, 1975.

Robert, A. Dahl. "A Democratic Paradox." *Political Science Quarterly*, Vol. 115, No. 1, 2000.

Rousseau, Jean-Jacques. *The Social Contract*. Maurice Cranston(trans.). New York: Penguin, 1968.

Rousseau, Jean-Jacques. "Discourse on the Origin of Inequality." J. J.

Rousseau. *The Social Contract and Discourses.* G. D. H. Cole(trans.). Dent: London and Melbourne, 1982.

Rousseau, Jean-Jacques. *The First and Second Discourses.* Roger D. Masters(ed.). Roger D., and Judith R. Masters(trans.). New York: St. Martin's, 1964.

Runciman, W. G. *Social Science and Political Theory.* Cambridge: Cambridge University Press, 1963.

Ryn, Claes G. *Democracy and Ethical Life,* 2nd ed. Washington D. C.: Catholic University of America Press, 1990.

Sargent, L. T. *Contemporary Political Ideologies: A Comparative Analysis,* 7th ed. Chicago, Illinois: Dorsey Press, 1987.

Sartori, Giovanni. *Democratic Theory.* Detroit: Wayne State University Press, 1962.

Sartori, Giovanni. *Parties and Party Systems: A Framework for Analysis.* London: Cambridge University Press, 1976.

Sartori, Giovanni. *Comparative Constitutional Engineering: an Inquiry into Structures, Incentives and outcomes.* 2nd ed. London: Macmillan, 1997.

Schedler, Andreas. "Anti-Political-Establishment Parties." *Party Politics,* Vol. 2, No. 3, 1996.

Schmitter, P. C. "Still the Century of Corporatism?" P. C. Schmitter, and G. Lehmbruch(eds.). *Trends Toward Corporatist Intermediation.* London: Sage Publications, 1979.

Schmitter, Philie C., and Terry Lynn Karl, "What Democracy Is...and Is Not." *Journal of Democracy* 2, No. 3, 1991.

Schmitter, Philippe C. "Corporatism is Dead! Long Live Corporatism!" *Government and Opposition* 24, Winter.

Schumpeter, Joseph A. *Capitalism, Socialism and Democracy.* New York: Harper & Row, 1950.

Schumpeter, Joseph. *Capitalism, Socialism, and Democracy.* New York: Harper, 1947.

Schwarzmantel, John. *Ideology and Political.* London: Sage, 2008.

Shafer, Boyd C. *Nationalism: Myth and Reality.* New York: Harcourt, Brace & World, Inc., 1955.

Shils, E. *The Intellectuals in the Political Change in Underdeveloped Countries: Nationalism and Communism.* New York: Wiley, 1962.

Shils, E. *The Torment of Secracy: The Background and Consequences of American Security Policies.* Glencoe, Illinois: Free Press, 1956.

Shugart, Matthew S., and Martin P. Wattenberg(eds.). *Mixed Member Electoral Systems: The of Both Worlds.* Oxford: Oxford University Press, 2000.

Sills, David C.(ed.). *International Encyclopedia of the Social Science,* Vol.

9. New York: The Macmillan Co. and The Free Press, 1974.

Smith, A. D. *The Ethnic Origins of Nations*. Oxford: Blackwell, 1986.

Smith, Adam. *An Inquiry into the Nature and Causes of the Wealth of Nations*. New York: Modern Library, 1937.

Smith, Adam. *The Theory of Moral Sentiments*. Oxford: Clarendor Press, 1979.

Smith, Anthony D. *Theories of nationalism*, 2nd ed. New York: Holmes & Meier Publishers, 1983.

Snyder, Louis L. *The New Nationalism*. Ithaca, New York: Cornell University Press, 1968.

Stalin, Joseph. "The nation." in J. Hutchinson & A. D. Smith, *Nationalism*. Oxford: Oxford University Press, 1994.

Stanley, Ben. "The Thin Ideology of Populism." *Journal of Political Ideologies*, 13, No. 1, 2008

Stanley, Ben. "The Thin Ideology of Populism." *Journal of Political Ideologies* 13, No. 1-2, 2008.

Stern, Geoffrey. *The Rise and Decline of International Communism*. Aldershot: Edward Elgar,1990.

Sternhell, Zeev. "Fascist Ideology." W. Laqueur(ed.). *Fascism: A Reader's Guide*. Harmondsworth: Penguin, 1979.

Stewart, Robert M.(ed.). *Reading in Social & Political Philosophy*. New York: Oxford University Press, 1996.

Strauss, Leo. "On The Sprit of Hobbes's Political Philosophy." K. C. Brown(ed.). *Hobbes Studies*. Oxford: basil Blackwell, 1965.

Sweezy, Paul. *The Theory of Capitalist Development: Principles of Marxian Political Economy*. New York: Monthly Review Press, 1942.

Taagepera, Rein, and Mattew Shugart, *Seats and Votes: The Effects and Determinants of Electoral Systems*. New Haven: Yale University Press, 1989.

Taggart, Paul. *Populism*. Buckingham: Open University Press, 2000.

Taggart, Paul. "Populism and Pathology of Representative Democracy," in Y. Meny and Y. Sure(eds.). *Democracies and the Populist challenge*. Houndmills: Palgrave, 2002.

Taguieff, A. "Political Science Confronts Populism: From a Conceptual Mirage to a Real Problem." *Toles*, 103, 1995.

Tannsjo, T. *Populist Democracy: A Defence*. London: Routledge, 1992.

Taylor, A. J. P. *The Communist Manifesto with Introduction*. Pelican Books, 1969.

Taylor, John. *An Inquiry into the Principles and Policy of the Government of the United States*. Fredericksburg: Green and Cady, 1914.

Taylor, Lily Ross. *Party Politics in the Age of Caesar*. Los Angeles: University of California Press, 1968.

Taylor, P. *International Organization in the Modern World : Regional and the Global Process*. London: Pinter, 1993.

Tella, T. S. Di. "Populism in the Twenty-First Century." *Government and Opposition*, 32.

Tella, T. S. Di. "Populism and Reform in Latin America." C. Veliz(ed.). *Obstacles to Change in Latin America*. Oxford: Oxford University Press, 1965.

Truman, David B. *The Governmental Process*. Westport, Connecticut: Green-wood Press, 1951.

Truman, David B. *The Governmental Process*. New York: Alfred A. Knopf, 1958.

Tsebelis, George. *Nested Games: Rational Choice in Comparative Politics*. San Diego: University of California Press, 1990.

Tucker, Robert C.(ed.). *The Marx-Engels: Reader*. New York: W. W. Norton & Co.,1960.

Turner, Bryan S. *Equality*. New York: Tavistock Publications, 1986.

Tussman, Joseph. "The Political Theory of Thomas Hobbes." mpuhl, diss, 1947.

Urbinati, Nadia. "Democracy and Populism." *Constellations*, Vol. 5, No. 1, 1998.

Verba, Sidney, & Norman H. Nie. *Participation in America: Political Democracy and Social Equality*. New York: Harper & Row, 1972.

Viereck, Peter. *The Unadjusted Man*. Boston: Beacon Press, 1956; reprint, Westport, Connecticut: Greenwood Press, 1973.

Vincent, Andrew. *Theories of the State*. New York: Basil Blackwell, 1987.

Wallas, Graham. *Human Nature in Politics*. Lincoln: University of Nebraska, 1962.

Walzer, Michael. *Spheres of Justice: A Defense of Pluralism and Equality*. New York: Basic Books, 1983.

Watts, Ronald L. "Survival or Disintegration." Richard Simeon(ed.). *Must Canada Fail?* London: McGill-Queens University Press, 1977.

Weber, Max. "Politics as a Vocation." A. H. Gerth and C. Wright Mill (eds.). *From Max Weber: Essays in Sociology*. New York: Oxford University Press, 1958.

Weber, Max. *Economy Society*, Guenther Roth & Claus Wittch(eds.). New York: Bedminster Press, 1968.

Westlind, D. *The Politics of Popular Identity: Understanding Recent Populist Movements in Sweden and the United States*. Lund: Lund University Press, 1966.

Weyland, Kurt. "Clarifying a Contested Concept: Populism in the Study of latin American Politics." *Comparative Politics*, Vol. 34, No. 1, October, 2001.

Weyland, Kurt. "Neopopulism and Neoliberalism in Latin America: How

Much Affinity?" *Third World Quarterly,* Vol. 24, No. 6, 2003.

Weyland, Kurt. "Neopopulism and Neoliberalism in Latin America: Unexpected Affinities." *Studies in Comparative International Development,* Vol. 31, No. 3, 1996.

Wheare, K. C. *Federal Government,* 4th ed. London: Oxford University Press, 1963.

Wiles, Peter. "A Syndrome, Not a Doctrine: Some Elementary Theses on Populism." Ghita Ionescu. Enerst Gellner(eds.). *Populism: Its Meanings and National Characteristics.* London: Weidenfeld and Nicolson, 1969.

Wilhoit, Francis M. "The Quest for Equality in Freedom." *New Brunswick.* New Jersey,1979.

Wrong, Dennis Hume. *Power: Its Forms, Bases, and Uses.* New York: Harper & Row, 1979.

Zernatt, Guido. "Nation: The History of a word." *Review of politics* 6, 1944.

찾아보기

저자약력

저자_ 최한수

건국대학교, 서울대학교 대학원(석사)
건국대대학원(정치학 박사)
미국 University of Connecticut(Post Dr.)

현 건국대학교 정치외교학과 교수

CBS, KBS 정치부기자, 객원해설위원
건국대학교(학생처장, 정치대학장, 국제대학원장, 언론홍보대학원장)
미국 University of Illinois(Visiting Prof.)
한국정치학회 상임이사
민주평통상임위원
한나라당(송파(을)지구당위원장, 이회창 대통령후보 정무특보, 이회창
　　총재특보, 대통령선거 기획위원 및 TV토론대책 팀장, 정치개혁특
　　별위원회 자문단장, 이명박 대통령경선후보 정책특보)
무소속 이회창 대통령후보 정무특보
자유선진당(창당 기획 및 준비위원, 전략기획위원장)
민주화운동관련자 명예회복 및 보상심의위원회위원(백서편찬위원장)

■ 저서

『현대정당론』(을유문화사)

『한국선거정치론』(대왕사)

『한국정당정치변동 1』(세명서관)

『정치학연구방법론』(대왕사)

『민주주의와 민주정치』(대왕사)

『자유와 평등』(동명사)

『한국정치의 이해』(건국대학교출판부)

『한국정치의 새도전』(대정진)

『대통령 수상 준대통령』(인간사랑)

『한국정당정치론』(공저, 법문사)

『세계화와 국가전략』(공저, 건국대학교출판부)

『현대사회와 여론』(공저, 건국대학교출판부)

『21세기APEC의 비전』(영문, 공저, 프레서)

『경제위기 극복을 위한 새로운 체제관리방안』(공저, 북코리아)

Modern Political Parties (ed.) (Shin You)

『현대비교정치이데올로기』(역, 신유)

『미국정당정치론』(역, 신유)

『현실정치 교과서 정치(언론 발표 평론집)』(대정진)

『어느 정치학교수의 산과 삶의 언어들(언론발표 에세이집)』(신유) 외 다수